Q 739.
8P+6a.2.
Ⓒ

4208

DICTIONNAIRE
RAISONNÉ
DE BIBLIOLOGIE.

DICTIONNAIRE
RAISONNÉ
DE BIBLIOLOGIE,

CONTENANT,

1.° L'EXPLICATION des principaux termes relatifs à la Bibliographie, à l'Art typographique, à la Diplomatique, aux Langues, aux Archives, aux Manuscrits, aux Médailles, aux Antiquités, etc.; 2.° des Notices historiques détaillées sur les principales Bibliothèques anciennes et modernes; sur les différentes Sectes philosophiques; sur les plus célèbres Imprimeurs, avec une indication des meilleures éditions sorties de leurs presses, et sur les Bibliographes, avec la liste de leurs ouvrages; 3.° enfin, l'exposition des différens Systèmes bibliographiques, etc. Ouvrage utile aux Bibliothécaires, Archivistes, Imprimeurs, Libraires, etc.

Par G. PEIGNOT, *Bibliothécaire de la Haute-Saône, Membre-correspondant de la Société libre d'émulation du Haut-Rhin.*

Indocti discant, et ament meminisse periti.

TOME SECOND.

A PARIS,

Chez VILLIER, Libraire, rue des Mathurins, n.° 396.

AN XI. ——————— 1802.

trouvera aussi dans le chapitre VII de son *Addition à la vie de Louis XI* (in-8 assez curieux), des détails bibliographiques très-intéressans.

NEOGRAPHES. On donne ce nom à ceux qui écrivent et orthographient d'une manière nouvelle et contraire à l'usage ordinaire. La plupart des *néographes* se sont occupés à rapprocher l'orthographe de la prononciation ; leur but était sans doute louable, et il serait bien à désirer que l'on écrivît comme l'on prononce. Mais proposer cette réforme entière, et vouloir la faire exécuter du jour au lendemain, c'est tenter une chose, sinon impossible, du moins ridicule (1). Si l'on y parvient, ce ne sera jamais qu'insensiblement et en rectifiant, les uns après les autres, les mots dont l'orthographe est vicieuse. Les *néographes* du 16e siècle sont Sylvius, Meygret, Peletier, Rambaut, Joubert, etc. ; ceux du 17e sont Léclache, Lartigault, etc. ; ceux du 18e sont Vandelin, Dangeau, Dumas, l'abbé de Saint-Pierre et Voltaire, qui a été vivement réfuté par Dumarsais sur sa nouvelle manière d'écrire *français* au lieu de *françois*. Quelques spécieuses que soient les raisons de Dumarsais, la nouvelle orthographe de Voltaire gagne tous les jours, et ses partisans sont nombreux. *Néographe* vient de deux mots grecs qui signifient *nouveau* et *j'écris*, c'est-à-dire, *écriture nouvelle*.

NEOLOGISME. C'est ainsi que l'on appelle une introduction de nouveaux mots dans un langue, ou l'emploi

---

(1) Car il faudrait que tous les français prononçassent de la même manière ; et les normands, les picards, les bourguignons, les provençaux, ont tous des prononciations différentes ; en admettant le néographisme général, ils écriront tous différemment, et on verra des ouvrages français écrits et imprimés en cinq ou six dialectes.

de mots reçus dans des significations détournées, éloignées de celles que l'usage autorise ; ce qui rend le langage nouveau, recherché et bizarre. Dans tous les temps, on s'est récrié contre le *néologisme*. En 1726, l'abbé Desfontaines l'a tourné en ridicule dans un petit dictionnaire auquel il a donné le titre de *Néologique*. Cela n'a pas empêché que le 18e siècle n'ait eu un bon nombre de *néologues*, qui ont été en but aux plaisanteries de Voltaire et aux censures de tous les bons écrivains. La révolution française a donné lieu à un *néologisme* beaucoup plus abondant et malheureusement plus sérieux que celui dont se plaignaient Desfontaines et Voltaire. Dans la cinquième et dernière édition du Dictionnaire de l'académie, qui a paru en l'an 6 (1798), on a fait entrer beaucoup de mots nouveaux qui, nés au sein de la révolution, ne peuvent que conserver de cruels souvenirs, sans servir ni aux progrès, ni à la richesse de la langue. C'est ce qui a décidé l'institut national à refondre entièrement ce dictionnaire, et à en éliminer tous les termes nouveaux qui, insignifians ou mauvais, doivent être rejettés de notre langue. Le citoyen Louis-Seb. Mercier vient de publier un ouvrage intitulé *Néologie, ou Vocabulaire de mots nouveaux* à renouveller, ou pris dans des acceptions nouvelles, avec cette épigraphe tirée de Voltaire : *Notre langue est une gueuse fière ; il faut lui faire l'aumône malgré elle.* Paris, 1801, 2 vol. in-8.

NICERON (Jean-Pierre). Bibliographe, né en 1685, mort en 1738. Il est connu par une volumineuse compilation d'un style inégal, publiée sous le titre de *Mémoires pour servir à l'histoire des hommes illustres dans la république des lettres, avec un catalogue raisonné de leurs ouvrages.* Paris, 1727 — 1738, époque où parut le 39e vol. le 40e vit le jour en 1739, et le 41e en 1740.

NOINVILLE (Jacques-Bernard DUREY de). Ce membre de l'académie des inscriptions, dans laquelle il a fondé un prix de 400 liv. en 1733, a publié une *Dissertation sur les bibliothèques et les dictionnaires*, 1756, in-12, et plusieurs autres ouvrages étrangers à la bibliologie. Il est mort en 1768.

NOMOLOGIE. C'est ainsi qu'est intitulée la seconde classe du *Système bibliographique* de l'abbé Girard : par ce mot, il entend tout ce qui regarde la société dont la conservation est indispensablement attachée à l'observation des lois ; en conséquence, la *nomologie* embrasse, dans son système, la discipline, le droit civil, la corporologie, l'éthicologie, la thésmologie et la praxéonomie (*voyez* ces différens MOTS).

NOUE (Denis de la). Imprimeur du 17e siècle. Il exerçait son art à Paris, et se fit connaître très-avantageusement par un grand nombre de belles éditions, telles que celles de la *Somme de Saint Thomas*, 1677, 2 vol. in-fol., et de la *Concordance de la Bible*, 1635. On recherche cette *Concordance* à cause de la beauté de l'impression et de la sévérité de la correction. La *Noue* fut, par son mérite, associé à la grande compagnie des libraires, établie pour l'impression des pères et des usages réformés.

O.

OBELE. C'est un signe que l'on rencontre dans les anciens manuscrits. L'*obèle*, c'est-à-dire, la broche ou la flèche qui se figure ainsi ⸺, marque la répétition des mêmes phrases et les mots surabondans ou les fausses leçons. Dans les livres saints, elle indique les paroles employées par les Septante, mais qui ne se trouvent point dans l'hébreu. Les deux points qui suivent l'*obèle*, en fixent l'étendue. Cette marque est appelée *virgula censoria* par S. Jérôme. Aristarque marqua d'un *obèle* les vers qui passaient sous le nom d'Homère, et qui n'étaient pas de lui. Ceux qui n'en étaient pas dignes, quoiqu'ils en fussent, furent aussi notés de la sorte. Quand il croyait qu'un vers n'était pas à sa place, il le marquait ainsi ✱━━. Ausone dit des mauvais poëtes :

Pone obelos igitur spuriorum stigmata vatum.

L'*obèle* avec le point marque un doute si l'on doit ôter ou laisser le vers. Précédée de la diple ▷━━, elle sépare les périodes dans les comédies et les tragédies. Suivie de la diple ━━◁, elle marque que la strophe est suivie d'une antistrophe. (*Nouvelle Diplom.*)

OPISTOGRAPHIE. Ce mot signifie écriture de deux côtés. Les anciens n'écrivaient que d'un seul côté, et le revers de la page était blanc. C'était tellement usage de politesse, que saint Augustin, qui s'en écarte quelquefois, en fait des excuses. Jules-César semble être le premier qui, chez les romains, ait introduit l'*opistographie*, en écrivant aux généraux et aux gouverneurs. Les anciens imprimaient, dans leurs lettres, leur sceau au bas de la page écrite. La lettre ne se fermait, ni ne se pliait; l'usage de clore les lettres et de les cacheter remonte pour le moins au 8e siècle, et devint plus fréquent depuis le règne de saint Louis. Les chartes *opistographes* sont plus communes en Angleterre qu'en France.

OPORIN (Jean). Imprimeur de Bâle au 16e siècle. Né en 1507 de parens pauvres, *Oporin* eut à lutter, pendant la majeure partie de sa vie, contre la misère et le malheur. Il fut tour-à-tour, après avoir étudié le latin et le grec, maître d'école, précepteur, médecin et copiste de Jean Froben. Il eut successivement quatre femmes, dont la première était une furie; la seconde une prodigue; mais les deux dernières ne lui donnèrent aucun désagrément. Il eut pour amis, André Vesal, Erasme, Sixte Bétuleius, Joachim Camérarius et Conrad Gesner, qui a donné un catalogue des livres sortis de ses presses. Il avait essayé de la médecine sous Théophraste Paracelse, et s'en était dégoûté. On lui avait conseillé de s'adonner à la jurisprudence; il préféra l'art typographique, qui lui parut plus conforme à son goût pour les lettres; et en conséquence il se livra à l'étude et à l'imprimerie avec une ardeur inconcevable. Il s'associa pour l'imprimerie avec Robert Winter, son allié (1), et ils imprimèrent un grand nombre de bons livres. *Oporin* ramassa toutes les notes des savans qu'il put trouver sur les ouvrages des anciens, et les donna au public; enfin, il rendit son nom si célèbre, que les meilleurs écrivains de son temps voulaient qu'il imprimât leurs ouvrages; de ce nombre furent André Vesal et Erasme. Il avait pour devise un arion porté par un dauphin au milieu des flots, avec ces mots: *Inviæ virtuti nulla est via*. Lorsque ses affaires furent dérangées par sa trop grande générosité, il mit ces mots en place des premiers: *Fata viam invenient*. Il surpassa tous les imprimeurs allemands par la beauté de ses caractères grecs et par une exactitude scrupuleuse à donner des livres de la dernière correction, revoyant lui-même les épreuves, et enrichissant ses éditions de tables

---

(1) *Oporin* s'appelait *Herbst*, qui, en allemand, signifie *automne*; il changea ce nom de *Herbst* en celui d'*Oporin*, qui, dérivé du grec, signifie aussi *automne*. Winter signifie, en allemand, *hiver*, et Robert changea son nom de *Winter* en *Chimerinus*, qui, dérivé du grec, signifie également *hiver*. Ainsi nous devons à la réunion d'*automne* et d'*hiver* de très-bonnes éditions.

très-amples. On a d'*Oporin* de savantes *Scholies* sur différens ouvrages de Ciceron ; des *Notes* pleines d'érudition sur quelques endroits de Démosthènes ; une édition de trente-huit *Poëtes bucoliques*, etc. Ce savant imprimeur est mort le 6 juillet 1568, à 61 ans. Il fut inhumé dans la cathédrale de Bâle, au milieu des tombeaux d'Erasme, de Grinæus, d'Œcolampade et de Sébastien Munster. Il a laissé un fils.

OKYGRAPHIE. Le citoyen Honoré Leblanc a publié sous ce nom un nouveau système d'écriture rapide. L'objet de l'*okygraphie*, selon l'auteur, est de fixer, par écrit, tous les sons de la parole avec autant de facilité et de promptitude que la bouche les exprime, en syncopant, au moyen de trois nouveaux caractères, les lettres de l'alphabet ordinaire et les syllabes qui résultent de leur combinaison. Ces caractères sont figurés par un trait perpendiculaire et des espèces de demi-cercles dont la valeur change suivant leur position sur quatre lignes parallèles, semblables à celles sur lesquelles on écrit la musique.

L'ordre de l'alphabet *okygraphique*, qui est composé de vingt-quatre lettres, dont trois diphtongues, n'est pas le même que celui de l'alphabet ordinaire. Il est ainsi établi : B, P, D, T, J, C, G, K, V, F, Z, S, L, R, M, N, A, E, I, O, U, EU, OI, OU (1). On voit que

---

(1) Les huit premières lettres sont représentées par la perpendiculaire ; les huit suivantes par un demi-cercle, et les huit autres, voyelles ou diphtongues, par l'autre moitié du cercle. Ainsi le *b* s'exprime par une perpendiculaire au-dessus de la première ligne ; le *p* coupe cette première ; le *d* se place entre celle-ci et la seconde ; le *t* coupe cette seconde, ainsi de suite jusqu'au *k*, qui est la dernière perpendiculaire, coupant la quatrième ligne ; le *v* est un demi-cercle placé au-dessus de la première ligne ; l'*f* un pareil demi-cercle qui coupe cette première ligne, ainsi de suite

les lettres Y, X, H et Q sont supprimées ; l'Y est remplacé par l'I ; l'X par le G et le Z, ou le K et l's réunis ; l'H, ne se prononçant jamais, y est regardée comme inutile ; le Q s'y représente par le K ; le C n'y est compris que pour exprimer le CH ; les sons durs du C sont rendus par le K, et ses sons doux par l's. Cette dernière lettre y exprime aussi les sons doux du T, comme dans *faction*, *punition* ; mais elle n'y rend jamais le son du Z, que celui-ci garde exclusivement. Le G conserve toujours le son dur, comme dans *galon*, *guerre*, *gare*, et il est rendu par le J dans les cas où il en a le son ; enfin, l'F exprime le PH. D'après ces dispositions, voici la manière dont s'énonce l'alphabet okygraphique : B, BE, BÊ ou BÉ ; P, PE, PÊ ou PÉ ; D, DE, DÊ ou DÉ ; T, TE, TÊ ou TÉ ; J, JE, JÊ ou JÉ ; C, CHE, CHÊ ou CHÉ ; G, GUE, GUÊ ou GUÉ ; K, KE, KÊ ou KÉ ; V, VE, VÊ ou VÉ ; F, FE, FÊ ou FÉ ; Z, ZE, ZÊ ou ZÉ ; S, SSE, SSÊ ou SSÉ ; L, LE, LÊ ou LÉ ; R, RE, RÊ ou RÉ ; M, ME, MÊ ou MÉ ; N, NE, NÊ ou NÉ ; A, E, I, O, etc. Ces voyelles ou diphtongues conservent leur prononciation ordinaire. L'*okygraphie* rend, par un seul trait de plume, les lettres ci-dessus ; elle rend également, par un seul trait, les sons entiers qui suivent : *an*, *in*, *on*, *un*, *eun*, *oun* ; *ian*, *ien*, *ion* ; *abl apl*, *elb*, *epl*, *ibl*, *ipl*, *obl*, *opl*, *ubl upl*, *eubl eupl*, *oibl*, *oipl*, *oubl oupl* ; *agn*, *egn*, *ign*, *ogn*, etc. ; *aill*, *eill*, *ill* (prononcez comme *igl*), *oill*, *uill*, *euill*, etc. ; *aa*, *aï*, *ao*, *aïe*, *aïé*, *oïe*, *oïé*, *uïe*, *uïé* ; *éa*, *éé*, *éi*, *éo*, *éu*, *éeu*, etc. ; *ia*, *ié*, *ii*, *io*, *ui*, *uo*, etc. ;

---

jusqu'à l'*n*, qui est le dernier demi-cercle semblable, coupant la quatrième ligne ; enfin, l'*a* est le demi-cercle opposé, placé au-dessus de la première ligne, etc. ; et l'*ou* est exprimé par un dernier demi-cercle semblable qui coupe la quatrième ligne. Mais lorsque ces caractères sont liés, ils changent respectivement de position et de forme entre eux, ainsi que l'explique clairement la méthode de l'auteur.

oua, *oué*, *oui*, *ouo*, etc. ; *arie*, *arié*, *érie*, *érié*, *irie*, *irié*, *orie*, *orié*, etc. ; *anj*, *anch*, *inj*, *inch*, *onj*, *onch*, *amb*, *amp*, *imb*, *imp*, *omb*, *omp*; *anv*, *anf*, *inv*, *inf*, *onv*, *onf*; *and*, *ant*, *ind*, *int*, *ond*, *ont*; *anz*, *ans*, *inz*, *ins*, *onz*, *ons*; *ang*, *ank*, *ing*, *ink*, *ong*, *onk*; *anl*, *anr*, *inl*, *inr*, *onl*, *onr*.

Outre l'avantage de la réduction, l'*okygraphie* a celui de pouvoir s'employer de manière à couvrir ce que l'on écrit d'un voile impénétrable à tous les yeux, même les plus habitués à lire cette écriture ; l'auteur lui-même échouerait contre son inextricabilité, si on ne lui donnait la clef sous laquelle on a tracé, disposé et évalué les caractères ; et si on ne l'initiait dans le mystère des changemens et modifications incalculables qu'on aurait pu faire dans les caractères qui se lient entre eux ; ce que l'on connaît plus aisément en étudiant le système, que l'on pourra, sous ce point de vue, appeler aussi *crypt-okygraphie*. Mais il semble que la sténographie, comme toute espèce d'écriture, pourrait rendre le même service, en donnant aux caractères qui lui sont propres, des significations différentes.

On ne peut non plus se dissimuler que le changement de formes des trois signes primitifs de l'*okygraphie*, leur complication, l'attention scrupuleuse qu'il faut avoir de les placer entre ou sur la ligne musicale, ne rendent sa méthode difficile à pratiquer, et peu susceptible d'atteindre la célérité merveilleuse de la sténographie, sa rivale (*voyez* STÉNOGRAPHIE).

ORTHOGRAPHE. Parlons d'abord de l'*orthographe* relativement à la diplomatique, et ensuite nous en parlerons sous le rapport typographique. Nous avons déja dit ailleurs que, dès le 6e siècle, on ne parlait presque plus la langue latine en Italie, et même à Rome, du moins sa prononciation avait extraordinairement souffert ; et une prononciation vicieuse influe sur l'*orthographe*, et l'*orthographe* influe à son tour sur la prononciation et sur le style. Tous les grammairiens et tous les philologues sont d'accord que l'*orthographe* fut inconstante dans tous les siècles, surtout dans les premiers; que l'on prononçait l'*i* pour l'*e*, l'*e* pour l'*i*, l'*e* pour l'*a*, l'*o* pour l'*u* et l'*u* pour l'*o*, le *b* pour le *v*, etc., etc. On écrivait *defusœ* pour *diffusœ*, *aleis* pour *aliis*, *efisinam* pour *ephesinam*, *episcobum* pour *episcopum*, *apogrifum* pour *apocrifum*, *beneno vivis* pour *veneno bibis*, etc., etc. L'*orthographe* a quelquefois varié sous le même roi, sous le même référendaire (1), dans le même lieu, dans la même année, dans le même mois, et souvent dans le même acte. Pendant le 11e siècle, dans les formules qui accompagnent le chiffre du roi Henri Ier, son nom se trouve diversement écrit; ainsi, l'*orthographe* variant sur le nom du souverain, il ne faut pas être surpris de trouver tant d'autres noms si bizarrement écrits. Les inscriptions antiques, les médailles et les monnaies annoncent partout cette inconstance de l'*orthographe*, pour les noms d'hommes et de villes. Cette différence provient de ce que le même mot, prononcé par un français et un allemand, par un anglais et un italien, par un normand et un gascon, et généralement par des hommes de différentes nations et provinces, est susceptible d'une variété etonnante de sons, d'où naissent

---

(1) Sous la première race des rois de France, le *référendaire* était ce que l'on entendait avant la révolution, par chancelier ou garde des sceaux. Le grand *référendaire* avait la garde de l'anneau ou cachet royal; il souscrivait et scellait les patentes du roi, lui faisait rapport des placets et requêtes qu'on lui présentait, et portait les ordres et commissions aux juges. Les *référendaires* de la chancellerie romaine sont les douze plus anciens prélats qui ont droit de rapporter les suppliques des parties, comme en France le faisaient autrefois les maitres des requêtes au conseil. *Référendaire* vient du mot *referre*, rapporter.

les différentes manières d'écrire les mêmes noms. Depuis le 3e siècle jusqu'au pontificat de Grégoire III, la barbarie d'*orthographe* se manifeste sur les marbres et diplômes de France et d'Italie : depuis l'an 550 jusqu'à Charlemagne, on remarque beaucoup de fautes d'*orthographe*; depuis Charlemagne jusqu'après le commencement du 11e siècle, les mêmes fautes sont encore communes dans les chartes privées, mais plus rares dans les actes publics, et surtout dans les manuscrits du 9e siècle, qui sont corrects; enfin, on peut remarquer, en général, que l'*orthographe* vicieuse favorise les diplômes des 6e, 7e, 8e, 9e, 10e et 11e siècles : ils seraient suspects si l'*orthographe* en était régulière depuis le 6e siècle jusqu'à Charlemagne. Si l'*orthographe* d'un manuscrit en caractère oncial, comparée à la nôtre, se trouve assez régulière ; si la différence ne se fait remarquer qu'en trois ou quatre mots par page ; si les changemens de lettres se réduisent presque à des *e* pour des *i*, à des *b* pour des *v*, à des *d* pour des *t*, à des *o* pour des *u*, et réciproquement ; si, dans les composés d'*ad*, le *d* se maintient souvent à l'exclusion du *p* devant le *p*, et dans les mots où entre la préposition *in* ; si l'*n* conserve toutes les mêmes prérogatives, tandis que l'*m* devant l'*m* est préféré au *d*, comme *ammoneo* pour *admoneo*; si l'on découvre à peine quelques solécismes ou barbarismes dans ce manuscrit et tous les autres caractères d'antiquité présupposés, ou du moins non contredits, on aura de fortes raisons de le porter jusqu'au 5e siècle. Un manuscrit dont l'*orthographe* est aussi exacte qu'elle puisse l'être, humainement parlant, et dont le texte en minuscule serait orné de titres en onciale à gros œil bien tranché, doit être déclaré du 9e siècle. Ces trois indices conviennent à toutes sortes de manuscrits, et ne sont guère moins applicables aux temps postérieurs à Charlemagne, à l'égard des pays étrangers à son empire, et à l'égard des provinces méridionales de la France, qui profitèrent moins que les autres de la réforme dans l'*orthographe* établie par ordre de ce prince. (*Dict. dipl.*)

ORTHOGRAPHE. Nous allons maintenant parler de l'*orthographe* dans ses rapports avec l'art de l'imprimerie. Cet article doit être ajouté à l'esquisse que nous donnons ailleurs des procédés typographiques (*voyez* TYPOGRAPHIE). Commençons par la ponctuation ; on en reconnaît sept signes : 1.º la *virgule* (,) : elle sert à distinguer les divers objets qui concourent à completter le sens d'une phrase, ainsi qu'à diviser les différens membres de la phrase, tant que le sens demeure suspendu et incomplet. Les imprimeurs placent la virgule de différentes manières, selon la nation à laquelle ils appartiennent : les anglais, les allemands et les suisses la mettent immédiatement après la lettre, sans espace ; les italiens et les espagnols la mettent entre deux espaces égales ; et les français entre deux espaces inégales, dont celle qui précède la virgule est moins forte que celle qui la suit. 2.º Le *point et virgule* (;) : il divise les différens membres d'une phrase ; mais il ne doit jamais être placé qu'après un sens complet, à l'intelligence duquel ce qui peut suivre n'est pas nécessaire. Les imprimeurs nomment le point et virgule *petit-que*, parce qu'autrefois, dans les éditions latines, on imprimait *nosq; vosq;* pour *nosque, vosque ;* il se place dans la composition comme la virgule. 3.º Le *comma* ou les *deux points* (:) : ils ont à peu près la même propriété que le point et virgule ; ils se placent à la fin d'un sens qui pourrait subsister seul, mais qui laisse encore cependant quelque chose à désirer. Les imprimeurs les placent toujours entre deux espaces égales ; les étrangers placent le point et virgule et le comma comme les français. 4.º Le *point* (.) : il désigne un repos parfait, et annonce que la phrase est complette. Les imprimeurs français sont dans l'usage de le placer immédiatement après la lettre, sans espaces, et de le faire suivre d'espaces plus fortes que celles qui se trouvent entre les mots : les anglais, les allemands et les suisses placent le point entre deux espaces égales, et les italiens, ainsi que les espagnols, le mettent entre deux espaces, l'une fine devant, et l'autre forte après. 5.° Le *point d'interrogation* (?) : il termine toutes les phrases qui renferment une question. Les imprimeurs le placent entre deux espaces, l'une faible et l'autre forte. 6.° Le *point d'admiration* (!) : il termine toutes les phrases ou tous les membres de phrase dans lesquels on exprime quelque mouvement subit de l'ame, comme l'étonnement, la surprise : on le place comme le point d'interrogation. 7.° l'*apostrophe* (') : c'est une espèce de virgule élevée au-dessus du corps du caractère : elle remplace toujours une voyelle supprimée. Les imprimeurs la placent toujours sans espace entre les deux lettres auxquelles ce signe appartient. Passons aux autres signes d'*orthographe* usités dans l'imprimerie. La *parenthèse* () : elle sert à isoler au milieu d'une phrase, une autre petite phrase qui pourrait être supprimée sans altérer le sens. Ouvrir la parenthèse, c'est la placer dans ce sens (, et fermer la parenthèse, c'est la placer ainsi). Jamais la parenthèse ne doit toucher ni la lettre, ni le chiffre ; on doit l'en séparer par un demi-quadratin. Les *crochets*, [] qui ont à peu près la même destination que la parenthèse, ne sont plus en usage. L'*astérisque* ou *étoile* (*) : elle s'emploie ou comme renvoi (1), ou comme remplaçant des lettres supprimées (*voyez* ASTÉRISQUE). Les *croix* (†) et les *pieds-de-mouche* (¶) ne sont plus d'usage que dans livres de culte. Le *paragraphe* (§) : il indique une section de chapitre : on le met ou en ligne

---

(1) Depuis quelque temps on se sert pour signes de renvoi, de chiffres supérieurs sans parenthèse, au lieu de chiffres ordinaires entre deux parenthèses ; mais cet usage n'est pas encore généralement adopté.

perdue avec le nombre qu'il comporte, ou au commencement d'un alinéa. Les *guillemets* (») (*voyez* ce Mot). La *division* ou *trait-d'union* (-) : ce signe sert à joindre, soit les pronoms nominatifs avec les verbes dans les questions ou interrogations, comme dans *dis - je ;* soit les pronoms conjonctifs, personnels et impersonnels avec les verbes dans les impératifs, comme dans *sauvons - nous ;* soit dans les particules *ci, là, çà*, comme dans *celui - ci, celui - là, venez - çà.* On l'emploie aussi dans les mots composés, comme *cure-dent, arc-en-ciel* : il sert aussi à diviser les mots qui ne peuvent pas entrer tout entiers dans une même ligne ; mais il faut avoir l'attention de ne jamais, à la fin d'une ligne, diviser un mot de deux syllabes, ni deux syllabes quand l'une finit et l'autre commence par une voyelle ; il faut éviter surtout que deux lignes de suite se terminent par une division (1). L'*accolade* : ce signe sert à réunir les différentes parties d'une chose à son tout, ou à réunir divers objets pour éviter des répétitions. Il y a des accolades brisées et d'autres qui sont d'une seule pièce. Des *accens :* les cinq voyelles sont accentuées dans les lettres du bas de casse ; mais dans les grosses et petites capitales, les E sont les seuls que l'on emploie avec des accens, les seuls qui en portent. L'accent *circonflexe* se

---

(1) Quelques imprimeurs ont voulu faire un volume sans divisions ; mais il en est résulté qu'on y trouve des lignes espacées avec des quadratins, donnant alors trop de blanc, ce qu'on appelle colombier, tandis que d'autres lignes offrent des mots à peine séparés par une fine espace. Depuis peu ou a renouvelé l'usage de doubler le petit trait qui compose la division que l'on place à la fin d'une ligne, pour séparer un mot. Cet exemple, donné par Didot, est suivi par plusieurs imprimeurs ; Gryphe en agissait ainsi dès le milieu du 16e siècle. J'ai sous les yeux son *Enchiridion psalmorum*, petit in-16 de 1533. Les divisions y sont doubles avec le caractère italique, et simples avec le romain ; elles sont un peu obliques.

place toujours sur la voyelle qui précède une lettre supprimée par l'usage, comme dans *château*, *apôtre*, *fête*, au lieu de *chasteau*, *apostre*, *feste*. L'accent *aigu* ne s'emploie en français que pour les *é* fermés seulement. En latin, toutes les voyelles peuvent avoir l'accent aigu ; mais alors il ne sert qu'à indiquer les syllabes longues. L'accent *grave* ne se place en français que sur l'*a* quand il est isolé et qu'il ne vient pas du verbe *avoir* ; sur les *è* ouverts, comme dans *succès*, et sur l'*ù* dans la syllabe *où*, quand elle n'est pas copulative, comme dans *où allez-vous ?* La lettre *tréma* est une voyelle surmontée de deux points : elle est très-rare : il n'y a que les ë, ï et ü qui soient tréma. On ne s'en sert presque plus aujourd'hui que dans les mots *aiguë*, *ciguë*, pour les distinguer de ceux où la syllabe *gue* est muette, comme dans *figue*. Les lettres d'*abréviations*, que l'on appelle encore *lettres-titres*, sont aussi rares que les lettres tréma ; pour *gratiam*, on mettait *gratia* et un petit trait horizontal sur l'*a* ; ce petit trait tenait lieu de l'*m* après l'*a*. Lettres *capitales* : on en connaît des grosses et des petites ; les grosses excèdent le corps du caractère, bas de casse, de près de moitié, et les petites sont de la force même du corps. On doit toujours placer une capitale au commencement de chaque phrase en prose, et au commencement de chaque vers, dans un ouvrage de poésie, ainsi qu'aux noms propres de personnes, de lieux, de vaisseaux, de villes, de rivières, de provinces, de départemens, de montagnes, d'arts, de sciences, de dignités, de professions, etc. Les anglais mettent des capitales à tous les noms substantifs sans exception ; et les français, par un excès contraire, ont contracté, depuis quelques années, l'habitude de ne plus se servir de capitales dans la plupart des mots dont nous venons de parler. Les *moins* (—) sont des filets fondus sur l'épaisseur du corps de chaque caractère : ils remplacent les *dit-il* dans le dialogue, et servent à diviser les matières dans les titres, dans les sommaires, quand ceux-ci surtout sont trop longs et trop étendus. Les *points carrés* sont des points fondus sur le corps du quadratin : ils servent dans les catalogues, dans les factures, dans les bordereaux, etc. On les a mis en usage depuis peu : ils abrègent la besogne, la simplifient et en assurent la régularité. Les *lettres supérieures* sont celles qui excèdent le corps du caractère par le haut, et semblent s'appuyer sur lui, comme dans c^{ie}, n^o. Les lettres supérieures ne s'emploient pas fréquemment ; il est même rare qu'on en trouve de chaque corps dans toutes les imprimeries. Quand on en manque, on y supplée par des lettres d'un caractère inférieur, que l'on ajuste dans la ligne, en les parangonnant (1). On prend, par exemple, dans un ouvrage de gros-romain, des lettres de cicero ou de petit-romain ; dans un ouvrage de saint-augustin, des lettres de petit-romain ou de petit-texte, etc., ayant toujours l'attention que le petit caractère soit au moins de deux corps au-dessous. Les *lettrines* sont des lettres placées entre deux parenthèses (*a*), et servent d'indication de renvois pour les notes ou additions : on emploie indistinctement des chiffres, des astérisques ou des lettrines. Nous ne dirons rien ici des fractions, des signes du zodiaque, des phases de la lune, des signes de mathématiques, d'algèbre et de géométrie. Ces objets sont traités en détail dans le *Traité de l'imprimerie* du citoyen Bertrand-Quinquet, qui nous a fourni cet article ; nous y renvoyons les jeunes élèves qui se disposent à parcourir la carrière typographique : ils y trouveront les élémens de l'art de l'imprimerie, exposés

---

(1) Parangonner des lettres, c'est donner à celles d'un caractère inférieur, l'épaisseur du caractère supérieur avec lequel on les emploie : cette opération consiste à s'assurer du rapport des caractères entre eux, et à ajuster en dessous des demi-quadratins ou des espaces qui forment le même corps.

avec une grande netteté. Il est surprenant qu'il se soit glissé des fautes typographiques dans ce bel ouvrage (1); mais il n'en est pas moins très-précieux sous tous les rapports.

P.

PALEOGRAPHIE. Ce mot vient du grec et signifie *ancienne écriture*. On désigne ordinairement par ce terme les ouvrages qui ont rapport à l'écriture des anciens. Ainsi la *Diplomatique* de Mabillon est une espèce de *Paléographie* latine : Montfaucon a publié une *Paléographie* grecque, qui est pour le grec ce que la Diplomatique est pour le latin. L'abbé Barthelemy se proposait de publier une *Paléographie numismatique*, lorsque la mort l'enleva aux lettres le 11 floréal an 3 (30 avril 1795) (2). Il avait rassemblé beaucoup de matériaux pour cet ouvrage, et personne n'était capable de le porter à un aussi grand degré de perfection que lui (3). Il faut espérer que le public ne sera point privé d'un travail aussi précieux, et que les héritiers de cet estimable littérateur l'en feront promptement jouir.

PALIMPSESTE. Les tablettes sur lesquelles on raclait l'écriture précédente, pour y en mettre une nouvelle, s'ap-

---

(1) Il existe aussi une erreur de date à la pag. 10. Parmi les éditions du *Nouveau Testament grec* de Robert Etienne, on cite celui de 1549 comme étant l'édition *O ! mirificam*, avec la faute *pulres*. C'est celui de 1546 qui est connu sous ces dénominations. Mais, nous le répétons, ces bagatelles sont de légères taches à un très-beau tableau.

(2) Il lisait la quatrième Epître du premier livre d'Horace, lorsqu'il mourut.

(3) Il avait parcouru dans sa vie plus de 400,000 médailles, visité les plus beaux cabinets de l'Europe, et composé à peu près trois volumes in-folio sur la science numismatique.

pelaient *palimpsestes*. On lit dans une lettre de Ciceron à Trebatius, ces mots : « *Nam quod in palimpsesto, laudo equidem parcimoniam ; sed miror quid in illâ chartulâ fuerit, quod delere malueris, nisi forte formulas tuas : non enim puto te meas epistolas delere, ut reponas tuas.* Vous avez écrit votre lettre sur un *palimpseste*. Je loue votre économie ; mais j'ignore ce que renfermait précédemment cette tablette : je présume que c'était de votre écriture ; car vous n'auriez sans doute pas voulu effacer la mienne, pour y mettre la vôtre » (*voyez* TABLETTES).

PALLIOT (Pierre). Imprimeur de Dijon, dans le 17e siècle. Il était en outre historiographe des duché et comté de Bourgogne. Son mariage avec la fille d'un imprimeur de Dijon, le décida pour la profession de son beau-père, et il y excella. Il était surtout très-versé dans l'étude du blason et des généalogies ; exact, laborieux, infatigable, il avait des connaissances très-étendues. On a de lui les ouvrages suivans : le *Parlement de Bourgogne, ses origines, qualités, blazon*, 1660, in-fol. ; la *Vraie et parfaite Science des Armoiries, de Gelliot, augmentée de plus de six mille écussons*, 1660, 1 vol. in-fol. ; *Extrait de la Chambre des comptes de Bourgogne*, in-fol. ; *Histoire généalogique des comtes de Chamilly.* Non-seulement *Palliot* a imprimé les ouvrages dont nous venons de parler, mais il en a encore gravé le nombre infini de planches dont ils sont remplis. Il a laissé 13 volumes in-folio manuscrits, touchant les familles de Bourgogne. Il est mort à Dijon, en 1698, à 90 ans.

PALMER (Samuel). Bibliographe et imprimeur anglais. Il a exercé l'art typographique à Londres en 1724. On lui doit une *Histoire de l'Imprimerie*, écrite en anglais.

PALTHENIUS (Zacharie). Il a été l'un des plus célèbres

imprimeurs de Francfort, quoique ses éditions ne soient pas belles. Il était aussi traducteur et éditeur. Il imprimait en 1595.

PANCKOUCKE (Charles-Joseph). Imprimeur français, né à Lille en 1736, mort à Paris en l'an 7 (1799). Cet imprimeur, libraire et homme de lettres, a joui d'une grande réputation, qu'il doit aux vastes entreprises typographiques qu'il a conçues et exécutées avec succès. De ce nombre sont les *OEuvres de Buffon*; les *Mémoires de l'académie des sciences*; ceux de *l'académie des belles-lettres*; les *Voyages de l'abbé Prévôt*; ceux de *Cook*; le *Vocabulaire français*; le *Répertoire universel de jurisprudence*; l'*Abrégé des Voyages*, par Laharpe; l'*Encyclopédie méthodique*, continuée par Agasse, gendre de Panckoucke; le *Mercure de France*, etc. Comme homme de lettres, on lui doit: *Mémoires sur les mathématiques, adressés à l'académie des sciences*; une *Traduction de Lucrèce*, 1768, 2 vol. in-12; *Discours philosophique sur le beau*, 1779, in-8; *Plan d'une Encyclopédie méthodique, ou par ordre de matières*, 1781, in-4; *Traduction de la Jérusalem délivrée*, 1785, 5 vol. in-16; *Roland furieux*, traduit de l'italien de l'Arioste, avec Framery, 1787, 10 vol. in-12; *Discours sur le plaisir et la douleur*, 1790, in-8; *Nouvelle Grammaire raisonnée, par une société de gens de lettres*, Ginguené, Laharpe, Suard, François de Neufchâteau et Panckoucke, 1795, in-8; des *Mémoires*, etc.; Plusieurs pièces dans les *Journaux*, etc. Le père du précédent, André-Joseph Panckoucke, né en 1700, mort en 1753, libraire à Lille, est connu dans la république des lettrés par des *Elémens d'astronomie*, in-8; *Géographie à l'usage des négocians*, in-8; *Essais sur les Philosophes*, in-12; la *Bataille de Fontenoy*, poëme; *Manuel philosophique, ou Précis universel des sciences*, 2 vol. in-12; *Amusemens mathéma-*

tiques, in-12 ; *Dictionnaire des proverbes français*, in-12 ; les *Etudes convenables aux demoiselles*, 2 vol. in-12 ; l'*Art de désopiler la rate*, 2 vol. in-12 ; *Abrégé chronologique des comtes de Flandre*. On trouvera dans les *Siècles littéraires* du citoyen Desessarts, des détails sur la vie de Panckoucke père et fils (*voyez* BEAUMARCHAIS).

PANNARTZ (Arnold). Imprimeur du 15ᵉ siècle, et l'un des premiers ouvriers sortis de l'atelier de Mayence (1), qui, en 1465, transportèrent leur art en Italie au commencement du pontificat de Paul II. *Pannartz* fut attiré à Rome avec Conrad Sweynheim, imprimeur comme lui, par deux frères protecteurs des arts, Pierre et François de Maximis, qui leur donnèrent un local dans leur maison, où ils publièrent, en 1467, les *Epîtres familières de Cicéron*. Ils donnèrent, en 1468, *Epistolæ sancti Jeronimi*, 2 vol. in-fol. ; et cette même année la première édition de l'*Humanæ vitæ speculum*, revue par Jean André, évêque d'Aleria, dédiée à Paul II, fut exécutée par ces mêmes imprimeurs.

PAPIER. Matière subjective de l'écriture. Quoique l'on entende par ce mot tout ce qui sert à recevoir par écrit les pensées des hommes ; cependant on l'applique plus particulièrement au *papyrus* ou *papier* d'Egypte, aux pellicules, à l'écorce, au *liber* des arbres, au parchemin, au *papier* de coton, au *papier* de chiffons, etc. Il est présumable que, dans le principe, on a écrit sur des pierres, sur des briques,

---

(1) Ces ouvriers sont Conrad Sweynheim, Ulric Han, de Vienne en Autriche, appelé en latin *Ulricus Gallus*, et Pannartz : ils s'établirent d'abord au monastère de Sublac dans la campagne de Rome. Ils y donnèrent le *Donat*, sans date ; le *Lactance*, en 1465 ; et la *Cité de Dieu* de saint Augustin, en 1467.

sur des feuilles (1), sur des peaux de poissons, sur des boyaux d'animaux (2), sur des écailles de tortues, ainsi que le rapportent Mabillon, Montfaucon et Fabricius, qui parlent aussi des plaques de plomb, de bronze, des tablettes de bois, de cire et d'ivoire : mais nous ne traiterons ici que des espèces de *papiers* connus chez les anciens et chez les modernes, tels que le *papyrus*, le *papier* de coton, le *papier* d'écorce, *papier* d'asbeste, *papier* chinois et japonais, *papier* de linge, et enfin *papier* de différentes matières, récemment découvert.

LE PAPYRUS, le plus ancien de tous les *papiers*, était fait avec une espèce de jonc, nommé *papyrus*, qui croissait sur les bords du Nil. On ne sait pas quand il a été découvert. Selon Isidore, Memphis est la première ville qui ait la gloire de cette découverte ; selon Varron, il date de la fondation d'Alexandrie en Egypte, du temps des victoires d'Alexandre ; selon Pline, il est beaucoup plus ancien, puisque, d'après Cassius Hemina, ancien annaliste, on a trouvé dans une caisse de pierre sur le Janicule, les livres de Numa, écrits sur ce *papier*. Il parle encore d'une lettre

---

(1) Avant que les hollandais se fussent emparé de l'île de Ceylan, on y écrivait sur des feuilles de talipot. Le manuscrit bramin, en langue tulingienne, envoyé à Oxford, du fort Saint-Georges, est écrit sur des feuilles d'un palmier de Malabar. Il existe encore un autre palmier des montagnes de ce pays-là, qui porte des feuilles pliées et larges de quelques pieds, entre les plis desquels les habitans écrivent, en enlevant la superficie de la peau. Aux îles Maldives, les habitans écrivent sur les feuilles d'un arbre appelé macaraquean, qui sont longues de trois pieds, et larges d'un demi-pied. Dans différentes contrées des Indes orientales, les feuilles du musa ou bananier servaient à l'écriture, avant que les nations commerçantes de l'Europe leur eussent enseigné l'usage du *papier*. (*Encycl.*).

(2) On voyait dans une bibliothèque de Constantinople, du temps des empereurs, l'Iliade et l'Odyssée écrits en lettres d'or, sur un boyau de dragon, de la longueur de 120 pieds.

en *papyrus*, écrite de Troie par Sarpedon, roi de Lycie ; laquelle lettre était conservée dans un temple en Lycie. Mais rien de plus incertain que toutes ces opinions. Cependant il paraît que ce *papier* existait avant Alexandre-le-Grand. Voici comme on le fabriquait : après avoir retranché les racines et le sommet du *papyrus* (c'est une espèce de canne ou roseau qui ressemble un peu à notre typha), il restait une tige de deux, trois, quatre pieds ou environ, que l'on coupait exactement en deux : on séparait légèrement les enveloppes dont elle était vêtue, et qui ne passaient pas le nombre vingt. Plus ces tuniques approchaient du centre, et plus elles avaient de finesse et de blancheur. On étendait une enveloppe coupée régulièrement sur cette première feuille ainsi préparée ; on en posait une seconde à contre-fibre (1), et on les couvrait d'eau trouble du Nil, qui, en Egypte, tenait lieu de la colle qu'on employait ailleurs. En continuant ainsi d'unir plusieurs feuilles ensemble, on en formait une pièce de *papier* qu'on mettait à la presse, qu'on faisait sécher, qu'on frappait avec le marteau, et que l'on polissait par le moyen de l'ivoire ou de la coquille. Lorsqu'on voulait le transmettre à la postérité, on le frottait d'huile de cèdre, qui lui communiquait l'incorruptibilité de ce bois. La longueur du *papier* d'Egypte n'avait rien de fixe ; mais sa largeur n'excédait jamais deux pieds (2), et était souvent fort au-dessous : Pline dit qu'elle était de treize doigts dans le plus beau, de onze doigts dans le *hiératique*, de dix dans le *fannien*, de neuf dans

---

(1) C'est-à-dire, qui coupait à angle droit les fibres de la première : l'une était horisontale, et l'autre perpendiculaire. Plus le *papier* était fin et blanc, plus les fibres de l'une et de l'autre couche paraissaient. Sur le gros *papier*, on ne voyait que les fibres du côté présenté à la vue.

(2) Ou 65 centimètres.

l'*amphithéatrique*, et de moins encore dans celui de Saïs (1). La largeur du *papier* des marchands ne passait pas six doigts ; le *papier* qui avait depuis quatorze pouces inclusivement jusqu'à quinze, dix-huit et vingt-quatre, s'appelait *macrocolle*. Ce qu'on regardait le plus dans le *papier*, c'était la finesse, le corps, la blancheur et le poli. Les différentes espèces de *papyrus* étaient le *royal* ou *auguste*, composé de deux enveloppes les plus intérieures, et par conséquent les plus minces : il réunissait la finesse et la blancheur dans le degré le plus parfait : il avait trois pouces de large. Cette espèce, ayant d'être lavée, se nommait *hiératique* ou *sacré*, parce qu'il était réservé pour les livres qui traitaient de la religion : il avait alors onze pouces de large. Le *livien*, qui tire son nom de Livie, femme d'Auguste, était composé de deux lames qui suivaient immédiatement celles du *papier* d'Auguste : il avait douze pouces de largeur. Le *fannien* ou *fanniaque*, qui tire son nom d'un fameux fabricant nommé Fannius, était composé des deux quatrièmes pellicules : il portait dix pouces. L'*amphithéatrique*, ainsi appelé du lieu où on le faisait, venait ensuite, et avait neuf pouces. Le *saïtique* suivait ; puis le *teniotique*, et enfin l'*emporétique*, ou celui de marchands, qui était composé de deux huitièmes tuniques, et qui n'avait que six pouces de large. Le *papier* d'Auguste étant trop fin, ne servait que pour les lettres, aussi l'a-t-on appelé *épistolaire* : on ne pouvait écrire que d'un côté. L'empereur Claude y remédia, en empruntant une enveloppe du *papier livien*, que l'on joignit avec une du *papier auguste*, et cela forma le *papier claudien*. On trouve en France et en Italie des diplômes en *papier d'Egypte* de toutes les qualités dont nous venons de parler ; mais il n'y en a peut-être aucun en

---

(1) Ville d'Egypte.

entier sans altération ni lacune. Quelquefois on entremêlait des feuilles de *papyrus* qui étaient trop faibles, de feuilles de parchemin. On voyait à Saint-Germain-des-Prés une partie des Epitres de saint Augustin écrites de cette manière sur du *papier d'Egypte* entremêlé de feuilles de parchemin : on donnait à ce vieux manuscrit près de 1100 ans. Il existe encore beaucoup de monumens écrits sur *papier d'Egypte*. On peut consulter à ce sujet Montfaucon et Mabillon, ainsi que le *Nouveau Traité de diplomatique*. On croit que le *papyrus* à cessé d'être en usage dans le 11e ou le 12e siècle. Ceux qui ont traité du *papyrus* sont, parmi les anciens, Pline et Théophraste ; et parmi les modernes, 1.° Guillardin dans son PAPYRUS h. e. *commentarius in tria C. Plin. maj. de papyro capita, silicet lib. XIII, cap.* 11, 12, 13. Venit., 1572, in-4 ; et ensuite Amberg, 1613, in-4 ; 2.° Scaliger (Jos.-Jus.) dans ses Animadversions sur le Traité de Guillardin ; 3.° Saumaise dans son Commentaire sur la vie de Firmus, par Vopiscus ; 4.° Kirchmayer dans sa *Dissertatio philosophica de papyro veterum*, Wittebergæ, 1666, in-4. Cette Dissertation est un extrait de Guillardin, fait sans méthode et sans goût ; 5.° Nigrisoli, *De Chartâ veterum ejusque usu* ; 6.° le P. Hardouin dans son édition de Pline ; 7.° le comte de Caylus, etc., etc., etc.

LE PAPIER de COTON a été, suivant Montfaucon, découvert vers la fin du 9e siècle ou au commencement du 10e. On pourrait croire qu'il a remplacé le *papyrus*. Il est infiniment meilleur, plus propre à écrire et peut se conserver plus long-temps. On l'appelle *charta bombycina* ou *papier bombycien*. Ce qui a pu accélérer cette découverte, c'est l'extrême rareté du parchemin. Combien dans ces temps-là n'a-t-on pas détruit d'anciens ouvrages, en raclant le parchemin sur lequel ils étaient écrits, pour en faire des livres d'église ! Les Polibe, les Dion, les Diodore de Sicile ont été métamorphosés en triodions, en pentécostaires, en homélies, etc. Le *papier de coton* prit naissance chez les orientaux, et s'y multiplia beaucoup, surtout depuis le commencement du 12e siècle; mais l'usage n'en devint général que depuis le commencement du 13e siècle. Il n'eut jamais autant de cours parmi les latins, si l'on en excepte pourtant les contrées d'Italie, liées de commerce avec les grecs, telles que Naples, Sicile, Venise, où l'on rencontre bien des titres et des diplômes en *papier de coton*.

LE PAPIER D'ÉCORCE dont on ne connoît point l'origine, est très-ancien. Il y avait trois façons d'employer l'écorce, et sans apprêts : 1.º on l'employait dans sa totalité, en ne faisant que la polir, et en retranchant seulement les parties extérieures les plus grossières. 2.º On détachait les lames ou les pellicules les plus minces de l'intérieur de l'écorce, pour en composer une espèce de *papier*; c'est de celui surtout dont se servaient les anciens, et on prétend qu'il en existe encore des livres; les bois les plus propres à fournir ces pellicules, étaient l'érable, le plane, le hêtre, l'orme et surtout le tilleul. 3.º On enlevait seulement la superficie de l'écorce extérieure de certains arbres, tels que le cerisier, le prunier, le bouleau. Des auteurs, et entr'autres Scipion Maffei, ont combattu le système des manuscrits et des chartes écrits sur l'écorce; cependant Symmaque dit que les premiers peuples qui habitèrent l'Italie, n'écrivaient que sur l'écorce; Théophraste parle des bandelettes d'écorce de bois sur lesquelles on écrivait des noms; Ange Roccha dit avoir vu dans la bibliothèque du Vatican, une pièce en écorce distinguée du *papier* d'Egypte par sa grossièreté. Montfaucon soutient qu'un fameux manuscrit de l'abbaye de Saint-Germain-des-Prés, l'unique peut-être qui existait dans ce genre, est du *papier* d'écorce d'arbre. Il paraît donc constaté que le *papier d'écorce* a existé; mais on a souvent pu le confondre avec le *papyrus*. Passé le 11e siècle, on ne voit plus d'actes sur *papier d'écorce*. Les siamois font de l'écorce d'un arbre qu'il nomment pliokkloi, deux sortes de *papiers*, l'un noir et l'autre blanc, tous deux rudes et mal fabriqués, sur lesquels ils écrivent des deux côtés avec un poinçon de terre grasse. Les nations qui sont au-delà du Gange, font leur *papier* de l'écorce de plusieurs arbres.

LE PAPIER D'ASBESTE OU D'AMYANTE (1) se fait avec les brins les plus fins de chacune de ces deux substances: ce *papier* peut supporter le feu sans en être endommagé; mais il ne sera jamais qu'un objet de pure curiosité, à cause de la dépense que la fabrique en occasionnerait. Un anglais en a fait l'expérience; il est parvenu à faire du *papier* d'asbeste sur lequel on écrivait : en jettant ce *papier* au feu, l'écriture disparaissait, et le papier sortait intact des flammes. Ce *papier* était grossier et se cassait fort aisément; peut-être éviterait-on cet inconvénient en triturant assez long-temps la matière dans des mortiers, pour en former une pâte aussi fine que celle du *papier* de linge, et surtout en employant l'amyante au lieu de l'asbeste. Le docteur Burkman, professeur à Brunswick, a fait un traité de l'*asbestos* ou lin incombustible, dont on tire le *papier* dont nous venons de parler, et il a fait tirer quatre exemplaires de son ouvrage sur ce *papier* incombustible.

LE PAPIER DE LA CHINE est très-beau, plus doux, plus uni que celui de l'Europe, et d'une grandeur à laquelle toute l'industrie européenne n'a encore pu atteindre. Les chinois ont du *papier* de toutes sortes de matières, telles que des pellicules internes ou écorces d'arbres, principalement de ceux qui ont beaucoup de sève, comme le mûrier

---

(1) L'asbeste a la même propriété que l'amyante, qui est de ne point se consumer au feu; mais ses fibres sont roides et dures, au lieu que celles de l'amyante sont douces et flexibles; aussi appelle-t-on l'asbeste *amyantus fibris rigidis*.

et l'orme, mais particulièrement l'arbre de coton et le bambou : on prend ordinairement la seconde pellicule de l'écorce de ce dernier arbre (1) ; on la bat dans l'eau claire jusqu'à ce qu'elle soit réduite en pâte ; ensuite on la met dans des moules ou formes très-larges ; ce qui produit des feuilles de la longueur de dix à douze pieds. On trempe chaque feuille dans une eau d'alun qui tient lieu de colle, qui l'empêche de boire, et qui lui donne un luisant pareil à celui du *papier* de soie. Chaque province à la Chine à son *papier* particulier : celui de Se-chewen est fait de chanvre ; celui de Fo-kien est fait de jeune bambou ; celui dont on se sert dans les provinces septentrionales est fait d'écorce de mûrier ; celui de la province de Che-kiang est de paille de bled ou de riz ; celui de la province de Kiang-nam est d'une peau qu'on trouve dans les coques de ver-à-soie ; enfin celui de la province de Hu-quang est fait de la peau intérieure de l'écorce de l'arbre nommé chu, ou ko-chu, ou chu-ku, ou ku-chu. Le *papier* de bambou n'est ni aussi blanc, ni aussi fin, ni aussi bon que celui de coton. Le *papier* que les coréens ont fabriqué à l'imitation de celui de la Chine, est beaucoup plus solide et plus durable : il est aussi fort que la toile ; les tailleurs s'en servent en guise de coton, après l'avoir bien manié et froissé, pour fourrer les habits. On fabrique aussi du *papier* de soie à la Chine ; mais le plus beau de toute l'Asie est le *papier* de soie qui se fait à Samarcande, principale ville de la Grande-Tartarie : les orientaux en font beaucoup de cas ; les chinois s'en servent dans leurs imprimeries, ainsi que des autres dont nous

---

(1) On fait aussi du *papier* de la substance ligneuse du bambou ; mais on prend pour cela des rejettons d'une année, que l'on dépouille de leur première écorce verte ; on les fend en petites baguettes de 6 à 7 pieds de long ; on les fait corrompre dans de l'eau bourbeuse ; on les fait bouillir, réduire en pâte, etc., etc.

avons parlé. Il est présumable que la découverte du *papier* de soie se sera communiquée aux peuples voisins, de proche en proche; d'abord aux indiens, ensuite aux persans. Les sarrasins, conquérans de la Perse au 7e siècle, l'ont fait passer aux arabes, puis aux grecs, ceux-ci aux latins du temps des croisades, et enfin cela aura donné l'idée de faire du *papier* de chiffons en Occident, comme on en faisait de coton et de soie en Orient.

LE PAPIER DU JAPON se fait avec l'écorce du *morus papyrifera sativa* (1) ou véritable arbre à *papier*, que les japonais appellent *kaadsi*. La préparation de cette écorce est très-longue pour la réduire en pâte propre à faire le *papier*; on mêle avec cette pâte une infusion glaireuse et gluante de riz et de la racine oreni; ce qui rend le *papier* solide et d'un très-beau blanc. Il y a le faux arbre à *papier* nommé par les japonais *katsi kadsira* (2). Il ne produit qu'un *papier* grossier destiné à servir d'enveloppe et à d'autres usages: il se fait comme le précédent. Le *papier* du Japon est très-fort; on pourrait en faire des cordes. Il se fait à Syriga un commerce de *papier* fort épais. Ce *papier* est peint fort proprement, et plié en si grandes feuilles, qu'elles suffiraient à faire un habit. Il ressemble beaucoup à des étoffes de laine ou de soie.

LE PAPIER DE LINGE est celui dont on se sert maintenant dans toute l'Europe et dans la plupart des pays des autres parties du monde où les européens ont pénétré. Chacun sait que ce *papier* se fait avec des haillons de toile de lin (3)

---

(1) Kempfer le caractérise ainsi: *Papyrus fructu mori celsa, sive morus sativa, foliis urticae, mortuae, cortice papyrifera.*

(2) Kempfer: *Papyrus procumbens, lactescens, folio longo lanceato, cortice chartaceo.*

(3) Geropius Beranus, savant, cimbre ou teuton, prétend que du mot *lien* les grecs ont fait dériver le mot *lin*: or, dans la langue des

ou de chanvre, pourris, broyés, réduits en pâte dans l'eau, ensuite moulés en feuilles minces, quarrées de différentes grandeurs, qu'on colle, qu'on sèche, qu'on presse et qu'on met en rames ou en mains. Il certain que ce *papier* est d'invention moderne; car le *libri lintei* dont parlent Tite-Live et Pline, n'étaient autre chose que des morceaux de toile préparés pour recevoir l'écriture, comme les peintres en préparent pour recevoir un tableau. Mais quand et où cette découverte s'est-elle faite? Polydore Virgile (1) avoue n'avoir jamais pu le découvrir; Scaliger attribue l'honneur de la découverte aux allemands; le comte de Maffei aux italiens; d'autres à quelques grecs réfugiés à Bâle. Le P. Duhalde croit que cette invention a été tirée des chinois (que l'on ne connaissait point alors); et le docteur Prideaux présume que ce sont les sarrasins d'Espagne qui, les premiers, ont apporté d'Orient l'invention de ce *papier* en Europe. Cette variété d'opinions ne fait qu'épaissir le voile qui couvre l'origine de ce *papier* : ce voile s'étend également sur l'époque où il a été découvert. Mabillon croit que c'est dans le 12e siècle : Montfaucon n'a trouvé ni en France, ni en Italie, aucun livre, ni aucune feuille de *papier* qui ne fût écrite depuis la mort de saint Louis (1270). Maffei prétend qu'on ne trouve point de traces de notre *papier* avant 1300 :

---

cimbres, le mot *lien* signifie *souffrir*; ce qui convient d'autant mieux au lin, ajoute-t-il, qu'en effet il n'est point d'être dans la nature dont la destinée soit plus malheureuse; il n'en est point qui soit plus tourmenté, plus outragé pendant toute la durée de son existence. Pour le démontrer, l'auteur examine les divers états par où le lin est obligé de passer : tous sont marqués par de nouvelles tortures; mais l'instant le plus douloureux pour la plante, est celui où, changée en *papier*, elle se voit réduite à *supporter bien des sottises.* RAPPORT du citoyen Ameilhon sur l'*Art de tisser chez les anciens.*

(1) *De inventoribus rerum.* Lib. II, cap. 8.

Corringius est de cet avis. Cet auteur tâche de prouver que ce sont les arabes qui ont apporté en Europe l'invention du *papier de linge*. Le 14e siècle offre beaucoup de monumens écrits sur ce *papier*. Le jésuite Balbin a vu des manuscrits d'une date antérieure à 1340. Il existe dans la bibliothèque de Cantorbéry, un inventaire des biens de Henri (prieur de l'église de Christ, mort en 1340), écrit sur *papier*, et dans la bibliothèque cottonienne, divers titres qui remontent jusqu'à 1335. Le plus ancien écrit sur du *papier de chiffes*, conservé jusqu'à nos jours, est, à ce qu'on pense, un *Document* avec ses sceaux, daté de l'an 1239, signé d'Adolphe, comte Schaumbourg, lequel appartenait à M. Pestel, professeur de l'université de Rinteln. (*Devaines* : *Dict. dipl. tom. II. Pap.*)

LE PAPIER DE DIFFÉRENTES MATIÈRES, récemment découvert, est plutôt un objet de curiosité que d'utilité. On a fait en Angleterre du *papier* avec des orties, des navets, des panais, des feuilles de choux, du lin en herbe et plusieurs autres végétaux fibreux ; on en a fait aussi avec de la laine blanche, qui n'était pas propre à écrire, mais qui pourrait servir dans le commerce. Le 16 novembre 1800 (25 brumaire an 9), le marquis de Salisbury a présenté au roi d'Angleterre un livre imprimé sur *papier* fabriqué avec de la paille (1). Le sujet traité dans ce livre, est la manière dont les anciens employaient différentes matières pour y perpétuer le souvenir des événemens historiques jusqu'à

---

(1) Le citoyen Lozanna a présenté à la société d'agriculture de Turin, le 21 frimaire an 10, un résultat de tentatives faites pour la fabrication du *papier* avec l'écorce de l'*erigeronne canadense*, et les *papus* du *carduus nutans* et de la *seratula ervensis*. La société a reconnu l'utilité des expériences du citoyen Lozanna, et a jugé que le *papier* pourrait être d'une qualité assez bonne, si l'on parvenait à perfectionner le rouissage des matières végétales ci-dessus dénommées.

l'invention du *papier*. A cet échantillon étaient jointes des feuilles séparées de *papier* de paille, blanc, transparent, fin et aussi bien collé que pourrait l'être le meilleur *papier* de linge. Cette découverte n'appartient point au marquis de Salisbury ; feu Anisson Duperron avait du *papier* de tapisserie fait avec de la paille (1). Il existe un volume in-16 des œuvres de M. de Villette, dédié à M. Ducrest, chancelier de M. le duc d'Orléans, imprimé en 1786, sur du *papier* fait d'écorce de tilleul, et à la fin duquel on trouve une vingtaine d'échantillons de *papiers* faits, les uns avec de la guimauve, les autres avec des orties, des roseaux, du chiendent, de la mousse, du fusain, etc., etc. Toutes ces expériences ont été faites à la manufacture de Buges, par le citoyen Léorier, très-habile dans son art. On voit, par ce que nous venons de dire, qu'on peut rendre une infinité de matières propres à faire du *papier* ; on en vient même de faire avec du tan ; mais l'essentiel serait d'en faire qui coûtât moins que le *papier* de linge ; et c'est, selon toute apparence, ce que l'on aura bien de la peine à découvrir.

PARAFE. Autrefois le signataire d'un acte mettait après son nom le mot *subscripsi*, que souvent l'on rendait en abrégé par deux SS liées et entortillées. Il est présumable que le *parafe* vient de ces SS, et qu'à mesure que l'on s'est éloigné de l'origine, on a substitué à ces lettres des traits de fantaisie adoptés par chaque signataire.

PARALIPOMENES. C'est une espèce de supplément qui renferme ce qui a été omis ou oublié dans quelqu'ouvrage ou quelque traité précédent. Les prolégomenes précèdent

---

(1) Le principal mérite ce ce *papier*, est d'être moins sujet que le *papier* ordinaire à l'humidité et à la moisissure.

un ouvrage ; les *paralipomènes* le suivent. On donne encore ce nom à deux livres canoniques de l'écriture sainte, qui sont un supplément aux quatre livres des rois, dont les deux premiers s'appellent livre de Samuel. On ignore quel est l'auteur des *paralipomènes*. Quelques auteurs profanes ont employé le mot *paralipomènes*, pour signifier un supplément ; ainsi Quintus Calaber a donné un ouvrage intitulé les *Paralipomènes d'Homère*, ouvrage qui vient d'être traduit sous le titre de la *Guerre de Troye depuis la mort d'Hector jusqu'à la ruine de cette ville ; poëme en quatorze chants, faisant suite à l'Iliade*, par *Quintus de Smyrne* ; trad. du grec en français par P. Tourlet, médecin. Paris, an 8, 2 vol. in-8.

PARCHEMIN. Il est de peau de mouton ou de chèvre préparée et polie avec la pierre-ponce, pour recevoir l'écriture. Son origine est ignorée. S'il n'a pas été inventé à Pergame, comme il est présumable, il y a du moins été perfectionné, surtout après la défense des rois d'Egypte de transporter le papyrus hors de leurs états : ce qui le prouve encore, c'est qu'on l'a appelé *pergamenum*. Il y avait trois sortes de *parchemins* (1), le blanc, le jaune et le pourpré. On voit encore des livres entiers, et surtout des livres d'église, entièrement pourprés. Avant le 6e siècle, le *parchemin* servait pour les livres, et le papier d'Egypte pour les diplômes. En Allemagne et en Angleterre, on ne connaissait point le papier d'Egypte ; on ne s'y servait que de *parchemin*. La longueur des actes décidait de la grandeur des *parchemins* : il y a des chartes des rois d'Angleterre qui n'excèdent pas l'étendue d'une carte à jouer, et qui

---

(1) Diodore de Sicile et Hérodote font mention de ces peaux de mouton, de bouc, de veau, de brebis, de couleur jaune, pourpre et blanche, sur lesquelles on écrivait en lettres d'or ou d'argent, avec des roseaux.

néanmoins sont munis du grand sceau royal. Lorsque les actes étaient très-longs, on attachait plusieurs pièces de *parchemin* ensemble, et l'on en formait des rouleaux appelés *volumes*, *à volvendo*; ou *rôles*, *à rotâ*; ou *cylindres* (1). — Les juifs étaient adroits pour réunir les pièces de *parchemin*. Ceux qui, chez les anciens, collaient ces feuilles, s'appelaient *glutinatores*. Il était rare d'écrire des deux côtés sur ces rouleaux : ce n'est qu'au 10e siècle qu'on découvre des chartes écrites des deux côtés. C'est vers le 8e siècle qu'on prit la funeste habitude de racler du *parchemin* écrit pour y écrire de nouveau. Cette méthode, qui détruisit sans doute beaucoup de bons ouvrages, dura jusqu'aux 14e et 15e siècles : on n'en était venu à cette extrémité que par la rareté du *parchemin*. Il était sans doute également rare lorsque les chartreux, à qui Gui, comte de Nevers, voulait faire présent de vases d'argent, lui dirent qu'il leur ferait plus de plaisir, en leur donnant du *parchemin*. Pour juger de l'ancienneté d'un manuscrit en *parchemin*, il ne faut pas toujours s'en rapporter à la couleur sale et noirâtre : un *parchemin* nouveau peut être enfumé, et un très-ancien peut être très-blanc. Il faut écorcher tant soit peu la pièce, pour découvrir l'imposture, par la différence de la couleur intérieure et de l'extérieure. Depuis l'an 1000 jusqu'en 1400, le *parchemin* est épais et d'un blanc sale ; depuis cette dernière époque, l'épaisseur des feuilles est excessive.

PARENÉTIQUE. Épithète d'ouvrages qui appartiennent

---

(1) On voit à Bruxelles le Pentateuque, en hébreu, écrit sur 57 peaux cousues ensemble, qui forment un rouleau de 113 pieds de long. Les caractères sont gros, d'une forme carrée, sans points-voyelles ; ce qui dénote un temps antérieur au 9e siècle. Il se trouve à l'abbaye des bénédictins de Reichenau, île du lac de Constance, beaucoup de ces rouleaux écrits.

à la classe de la théologie, et qui renferment des exhortations à la piété.

PASIGRAPHIE. Elle peut être considérée comme une écriture universelle, dont les caractères sont l'image de la pensée. Son invention est due à J. Demaimieux. La *pasigraphie* a pour uniques élémens : 1.° douze caractères qui n'ont ni la forme ni la valeur d'aucune lettre de l'alphabet : ils sont rangés dans un ordre que l'on nomme gamme *pasigraphique* ; 2.° douze règles générales sans exception, et applicables à toutes les langues ; 3.° enfin l'accentuation et la ponctuation usitées en Europe. Il faut au moins connaître sa propre langue passablement, pour se livrer avec succès à l'étude de la *pasigraphie*. Comme elle est divisée en douze règles, il suffit de s'exercer une heure sur chacune d'elles, avant de s'occuper de celle qui la suit, pour parvenir à l'entendre, à en rendre compte, et même à en connaître l'application. Il y a trois sortes de mots en *pasigraphie :* la première est composée de trois caractères, et exprime les mots qui servent de liaison ou de complément au discours, comme les prépositions, les conjonctions, les particules, les interjections, etc. : ces mots appartiennent à un *indicule*. La deuxième est composée de quatre caractères, et exprime les objets, les actions, les idées, les affections, les affaires de négoce, etc. : ces mots appartiennent à un *petit nomenclateur*. La troisième sorte de mots est composée de cinq caractères qui, en suppléant d'abord à ce qui peut manquer aux autres, répondent plus spécialement, pour le reste, aux arts, aux sciences, à la morale, à la religion, à la politique, etc. : ces mots se trouvent dans un *grand nomenclateur*. Le mécanisme qui lie les caractères entre eux, et qui, par cette raison, leur donne une signification convenable à l'idée que l'on veut exprimer, est très-ingénieux, et se conçoit aisément par la lecture de la méthode du citoyen Demaimieux. Je dirai seulement ici que *l'indicule pasigraphique* est formé de deux cadres divisés en douze colonnes, dont chacune est divisée en six tranches, et chaque tranche en six lignes, qui ont un ou plusieurs mots. Le *petit nomenclateur* est formé de douze cadres divisés en six colonnes perpendiculaires, dont chacune a six tranches horizontales qui coupent également les six colonnes : ces six tranches ont aussi six lignes, et chaque ligne un ou plusieurs mots. Enfin, le *grand nomenclateur* est de douze classes, composées chacune de six cadres, divisés en six colonnes, qui ont, comme celles de *l'indicule* et du *petit nomenclateur*, six tranches horizontales coupées en six lignes d'un ou plusieurs mots. Ces classes, cadres, colonnes, tranches et lignes sont tous marqués par des signes *pasigraphiques*; ainsi, pour avoir la signification d'un mot composé de trois caractères appartenant conséquemment à *l'indicule*, il faut savoir que le premier de ces caractères correspond à l'un des signes adaptés à chacune des douze colonnes de cet *indicule*, que le deuxième désigne la tranche, et le troisième la ligne dans laquelle on choisit le mot convenable au sens de la phrase. Dans un mot de quatre caractères, le premier désigne l'un des douze cadres du *petit nomenclateur*; le second l'une des six colonnes de ce cadre ; le troisième l'une des six tranches de la colonne, et le quatrième l'une des lignes de cette tranche, dans laquelle ligne se trouve le mot cherché. S'il s'agit d'un mot de cinq caractères, le premier apprend à laquelle des douze classes du *grand nomenclateur* il appartient ; le deuxième indique l'un des six cadres de cette classe ; le troisième l'une des six colonnes de ce cadre ; le quatrième l'une des six branches de la colonne ; le cinquième l'une des six lignes de la tranche, et cette ligne présente le mot cherché. Au reste, il faut avoir ces tableaux sous les yeux, pour juger de la connexité qui existe entre leurs divisions et sous-divisions. Le premier caractère d'un mot trouvé sur le cadre auquel il appartient, donne déjà une idée de ce mot ; le second caractère développe cette idée ; le troisième, le quatrième et le cinquième la fixent, la rendent clairement. Ces signes sont donc l'image de la pensée, et servent à l'exprimer dans toutes ses modifications, toutefois avec l'application des différentes règles de la méthode. Mais s'il est facile de concevoir cette méthode à la simple lecture attentive, il n'en faut pas moins faire une étude assidue, si l'on veut meubler sa mémoire des nombreuses divisions de ces tableaux, pour se familiariser avec la connaissance des caractères, la manière de les placer, de les lire, de les groupper et abréger, pour connaître les rapports d'un mot *pasigraphé*, soit avec l'indicule, soit avec l'un des deux nomenclateurs ; pour connaître aussi les signes modificateurs du sens du mot, ceux de grammaire et de quantité, les genres, les nombres, les divers états du régime que subit le mot, les qualificatifs *pasigraphiques*, les signes qui constituent le verbe *pasigraphiquement*, et les formes que ce verbe peut prendre, les pronoms personnels et possessifs, les adverbes, les mots composés de plusieurs corps de mots (1) ; enfin la valeur des accens selon leurs différentes positions. On conçoit que cet art est encore dans son enfance, parce que jusqu'à présent la méthode du citoyen Demaimieux n'a été traduite qu'en allemand, ou plutôt de l'allemand en français, et qu'il faut qu'elle le soit dans toutes les langues de l'Europe au moins, pour obtenir plus de succès et atteindre son vrai but d'utilité, qui est d'augmenter les communications d'homme à homme de différens pays, et de détruire les barrières que la diversité des langues semble avoir posées entre tous les peuples du globe. La PASILALIE est l'écriture *pasigraphique* parlée. Dans ce

---

(1) Comme *sur-le-champ*, *tout-à-l'heure*, *par-de-là*, etc.

nouvel art, les caractères représentent non-seulement la pensée, mais encore les lettres de l'alphabet, et ils expriment par leur réunion, des termes nouveaux qui n'ont aucun rapport avec ceux des idiômes connus. Le citoyen Demaimieux a publié une méthode de *pasilalie*, qui fait suite à son système *pasigraphique*.

PASQUALI (Jean-Baptiste). Bibliographe. Il était imprimeur et libraire à Venise en 1733.

PATISSON (Mamert). Imprimeur du 16e siècle. Il s'est acquis dans son art une réputation égale à celle des Etiennes. Tout est admirable dans ses éditions : beaux caractères, bon papier, belles marges, correction et netteté ; voilà ce qui l'a rendu rival de nos plus habiles imprimeurs. Il joignait aux talens d'un habile typographe, le mérite littéraire sans lequel un imprimeur ne peut jamais se faire un nom. Il ne prenait que les manuscrits des auteurs d'une réputation faite. C'est à lui que s'adressa le président de Thou, pour imprimer, en 1604, la première partie de son histoire, édition qui contient des particularités historiques que la crainte de la cour de Rome fit retrancher dans les postérieures, mais que la belle édition de Londres (1) a rétablies dans leur premier état. Les principaux ouvrages sortis des presses de *Patisson*, sont : *les quatre Livres de la Vénerie d'Opian, poëte grec d'Anazarte, traduits par Florent*

―――――――――――

(1) *Jacobi-Augusti Thuani historiarum sui temporis, libri* CXXXVIII, *ab anno* 1543 *ad annum* 1607, *accedunt ejusdem de vitâ suâ commentariorum libri sex ; nova editio emendatior, et Nicolai Rigaltii continuatione, necnon diversis accessionibus locupletior.* Londini, Bukley, 1733, 7 vol. in-fol.
Histoire universelle de J.-Auguste de Thou, traduite en français sur l'édition latine de Londres, par différens particuliers, et publiée par Pierre-François Guyot Desfontaines. Londres (Paris), 1734, 16 vol. in-4.

Chrétien, 1575, 1 vol. in-4; *Discours sur les médailles et gravures antiques, principalement romaines*, par Antoine Lepoix, 1579, 1 vol. in-4 (ouvrage rare et curieux); *les ouvrages de Scévole de Sainte-Marthe*, 1579, 1 vol. in-4; *Josephus Scaliger de emendatione temporum*, 1583, in-fol.; *De canonicâ absolutione Henrici IV*, 1594, in-8. Mamert *Patisson*, qui avait épousé la veuve de Robert Etienne, et qui se servait de sa devise, est mort en 1600.

PATRONYMIQUE. Ce mot désigne les noms formés sur ceux du père, de la mère, du grand-père ou de quelqu'autre d'entre les ayeux de celui qui les porte; ainsi saint Fulgence, évêque de Ruspe, se nommait *Fabius*; il s'appelait outre cela, *Claudius* du nom de son père, et *Gordianus* du nom de son grand-père : *Claudius* et *Gordianus* étaient ses noms *patronymiques*. Le fils de Symmaque se nommait *Quintus*, et *Flavianus* du nom de son oncle, et *Memmius* du nom de son grand-père. Les espagnols et les italiens ont souvent fait usage des noms *patronymiques*; on les voit employer une longue liste de noms; par exemple, *Joseph Pellizer de Salas Ossau de Tovar*, ou *Gonzalo Mendez de Vasconcelos y Cabedo*. Il arrive quelquefois qu'un auteur ainsi surchargé de noms *patronymiques*, publiant plusieurs ouvrages, met à la tête des uns tous ses noms, et n'en met qu'une partie à la tête des autres; ce qui, très-souvent, produit des erreurs bibliographiques. On voit en Italie, comme en Espagne, des auteurs porter tantôt le nom de leur mère, tantôt le nom de leur père. *Majoragius* a porté pendant plus de vingt ans le nom de *Maria Conti* ou *Comes*, qui était celui de sa mère. En Allemagne, on a vu le poète *Melissus*, ainsi s'appeler d'*Otilia Melissa*, sa mère, tandis que son père s'appelait *Balthasar Schedius*. L'usage dans les Pays-Bas, est de prendre le nom de baptême ou le prénom du père, et de s'en faire un nom au cas oblique, comme le pratiquaient autrefois les grecs (1); ainsi on trouve Henricus *Adriani*, Adrianus *Adriani*, Jacobus *Antonii*, etc., etc.

PAULIN (Etienne). Imprimeur à Rome en 1600. Il est auteur d'un *Dictionnaire sur la langue géorgienne*, avec l'explication des mots en italien.

PEINTRES. Comme il se trouve dans la plupart des écoles publiques des collections de tableaux, je crois devoir dire un mot des différentes écoles d'où sont sortis les grands *peintres*, en y ajoutant une nomenclature de ces *peintres*, afin qu'à la vue d'un tableau ou du nom de son auteur, on puisse dire, il appartient à telle *école* ; alors la classification des tableaux sera méthodique, beaucoup plus simple et plus instructive. En terme de peinture, le mot *école* a deux acceptions différentes : on l'emploie, soit pour exprimer collectivement tous les élèves qui ont reçu les leçons d'un même maître, et qui se sont rendus eux-mêmes célèbres dans leur art (2), soit pour rassembler sous une seule dénomination tous les artistes d'un même pays. C'est dans ce sens que nous allons nous servir du mot *école*. Nous distinguerons neuf sortes d'*écoles* : l'*école* florentine, l'*école* romaine, l'*école* vénitienne, l'*école* lombarde (3), l'*école* française, l'*école* allemande, l'*école* flamande, l'*école* hollandaise et l'*école* d'Angleterre.

Disons un mot sur le caractère de ces différentes *écoles*,

---

(1) *Alexander Philippi, Ptolomaeus Lagi.*

(2) C'est ainsi que l'on dit, l'*école* de Raphaël, parce que Jules-Romain, Polydore de Carravage, etc., furent ses élèves : l'*école* des Carraches, d'où sortirent le Dominiquin, le Guide, l'Albane ; l'*école* de Vouet, qui produisit Lesueur, Lebrun, etc. ; l'*école* de Vien, etc., etc.

(3) Ces quatre *écoles* sont connues sous le nom général d'*écoles* d'Italie.

et présentons la nomenclature des grands *peintres* qui les ont illustrées.

ECOLE FLORENTINE : elle se distingue par la fierté, le mouvement, une certaine austérité sombre, une expression de force qui exclud peut-être celle de la grâce, un caractère de dessin qui est d'une grandeur en quelque sorte gigantesque. Les artistes toscans, satisfaits d'imposer l'admiration, semblent dédaigner de chercher à plaire. Cette *école* est la mère de toutes celles d'Italie. Elle a pour fondateurs, Cimabué, né en 1240; Léonard de Vinci, né en 1443, et Michel-Ange Buonarotti, né en 1474. On compte dans cette *école*, outre ses fondateurs, d'autres *peintres* célèbres, tels que Barthelemy de Saint-Marc, ou *Fra, Bartholome*, Geor. Barbarelli, Dominique Beccafumi, dit *Micarino*, And.-Del. Sarto, J.-Fr. Penni, Carucci, dit le *Pontormo*, Pietro Buonacorsi, Daniel Ricciorelli, dit de *Volterre*, Francesco Rossi, Geo. Vasari, Antoine Tempeste, Louis-Card; Benvenuto da Garofalo, Christophe Roncali, François Vanni, Mathieu Roselli, Pierre Beretini, Pietro Testa, Benedetto Lutti, Jérôme Servandoni, Pompeo Battoni, etc.

ECOLE ROMAINE : elle se fait remarquer par la science de la composition et du dessin, la suprême beauté des formes, la grandeur du style et la justesse des expressions portées seulement jusqu'au degré où elles ne détruisent pas trop la beauté ; ses draperies sont plus larges et plus flottantes que celles de l'antique. Ses fondateurs sont : le Pérugin, mort à 78 ans, en 1524, et Raphaël Sanzio, né à Urbin en 1483, et mort en 1520. Ses autres *peintres* sont : Giullio Pippi, Polydore Caravage, François Mazzuoli, dit le *Parmesan*, le Baroche, Dominique Feti, Claude Lorrain, Michel-Ange des Batailles, Gaspard Dughet, dit *Poussin*, Louis Scaramuccia, Romanelli, Hyacinthe Brandi, Philippe Lauri, Carle Maratti, Ciro Ferri, André Lucatelli, Pierre Bianchi, etc.

ECOLE VÉNITIENNE : on la regarde comme l'élève de la nature; mais elle pèche par la beauté des formes et par celle de l'expression; elle rachète cela par un beau coloris et par une savante opposition des objets colorés, et par le contraste de la lumière et de sa privation. Elle a pour fondateurs, Jean Bellin, le Giorgione et le Titien (appelé en italien *Tiziano Vecelli*), né en 1477. Ses autres *peintres* sont : André Mantegna, Jea.-Ant. Regillo, dit le *Pordenon*, Sébast. de Venise, Jean da Udine, Jacques da Ponte, dit le *Bassan*, le Tintoret, Paul Farinati, And. Schiavone, Jérôme Muliano, le Véronèse, Joseph Porta, Dario Varotari, Felix Riccio, Jacques Palma, Marie Tintoretta, Léonard Corona, Alex. Veronese, Sébast. Ricci, Antoine Balestra, Paul Farinato, Rosalba, Jean-Antoine Pellegrini, Jacob Amigoni, Jean-Baptiste Piazetta, Antoine Canale, Jean-Baptiste Tiepolo, Joseph Nogari, etc.

ECOLE LOMBARDE : on la distingue par la grâce, par un goût de dessin agréable, quoique peu correct, par un pinceau moëlleux et par une belle fonte de couleurs. Ses fondateurs sont le Corrège (en italien *Antonio Allegri*), mort en 1534, et les Carraches; savoir, Louis, né en 1555, et ses cousins Augustin, né en 1557, et Annibal, frère d'Augustin, né en 1560 (1). Ses autres *peintres* sont : Franç. Primatici, Nic. del Abbate, Pelegrino Tibaldi, Camille Procaccini, Barth. Schidone, Leguide, l'Albane, Jacques Cavedone, le Dominiquin, Lanfranc, le Guerchin, le Bolognèse, Georges-André Sirani, Pierre-François Mola, Carlo Cignani, Pierre-François Caroli, Antoine Frances-

---

(1) On regarde les Carraches comme les pères de la seconde *école* lombarde, qu'on distingue quelquefois par le nom d'ÉCOLE DE BOLOGNE.

chini, Joseph del Sole, les Bibiena, Joseph-Marie Crespi, Dominique-Marie Viani, Donato Creti, Jean-Pierre Zanotti, Jean-Paul Panini, etc.

Ecole française : elle n'a aucun caractère particulier, mais une grande aptitude à imiter les différens genres des autres *écoles ;* elle réunit toutes les parties de l'art dans un degré à peu près égal, mais jamais éminent. Ses fondateurs sont : Jean Cousin, Nicolas Poussin, né en Normandie en 1594; ce dernier est revendiqué par l'Italie, parce qu'il y a presque toujours travaillé; Lebrun et Lesueur. Les autres *peintres* de l'*école française* sont : Simon Vouet, François Perrier, Jacques Stella, le Valentin, Jacques Blanchard, Laurent de la Hire, les Mignard, Alphonse du Fresnoy, Sébastien Bourdon, Thomas Blanchet, les Courtois, Nic. Loir, Claude Lefèvre, Jean Forêt, Michel Corneille, Jean Jouvenet, Francisque Milé, Joseph Parrocel, Elisabeth-Sophie Cheron, les Boullongne, Daniel Halle, Jean-Baptiste Santerre, François Desportes, les Coypel, Jean André, Hyacinthe Rigand, Joseph-Gab. Imbert, Antoine Rivalz, Nicolas Bertin, Louis Galloche, Claude Gillot, Pierre-Jacques Cases, Robert Tournières, Jean Raoux, les Detroy, Antoine Watteau, Jean-Marc Nattier, Jean-Baptiste Oudry, François Lemoine, Nicolas Lancret, Jean Restout, Louis Tocqué, Pierre Subleyres, Charles Natoire, Jean Dumont-le-Romain, Michel-François d'André Bardon, Pierre-Charles Trémollière, François Boucher, les Vanloo, Delatour, Joseph Vernet, Jean-Baptiste-Marie Pierre, Jean-Baptiste Deshays, Vien, David, Greuse, Gerard, Isabey, Guerin, Prudhon, Girodet, Taunay, etc., etc.

Ecole allemande : elle a peu de filiation dans l'art; peu de choix dans l'imitation de la nature, roideur, style gothique, couleur fraiche, brillante, beau fini, costume faux, draperies boudinées et nulle perspective aérienne. On attribue sa fondation à Albert Durer, né en 1470, et à Jean Holbein, mort en 1554. Ses principaux *peintres* sont : Christophe Swartz, Jean Van-Achen, Jean Rottenhamer, Adam Elzheimer, Joach. Sandrart, Jean-Guill. Bauer, Jean Van Bockhorst, Bertholet Flemael, Govaert Flinck, Lely, Jean Spilberg, Jean Lingerac, Jean-Henri Roos, Abraham Mignon, Gaspard Netscher, Marie-Sibylle Merian, Godefroy Kneller, Grégoire Bradmuller, Georges-Philippe Rugendas, Jean-Rudolf Hubert, Jean Grimoux, Balthazar Denner, François-Paul Ferg, Vangroot, Antoine-Raphaël Mengs, etc., etc.

ECOLE FLAMANDE : on lui doit l'invention de la peinture à l'huile, découverte par Jean Van-Eyck, dit *Jean de Bruges*, né à Maaseyk, sur les bords de la Meuse, dans le 14e siècle. Cette *école* se distingue par l'éclat de la couleur, la magie du clair obscur, par un dessin savant, mais mal choisi, par la grandeur de la composition, par la noblesse particulière dans les figures, par une expression forte, mais naturelle; enfin par une espèce de beauté nationale qui plait sans tenir de l'antique, ni d'aucune autre *école*. Ses fondateurs sont : Jean de Bruge, et Rubens né en 1577. Ses autres *peintres* sont : Martin de Vos, Jean Bol, Jean Stradan, François Porbus, Barthel. Spranger, Ch. Van-Mander, Henri Van-Stéenwick, Vinceslas Koeberger, Mathieu et Paul Bril, Den. Calvart, Adam Van-Oort, Henri Goltzius, Henri Van-Balen, Pierre Néefs, Roland Savery, François Sneyders, Josse Monper, Gaspard de Crayer, François Hals, Guill. Nieulant, les Breughel, les Seghers, Jacques Fouquières, Jacques Fordaens, Lucas Van-Uden, Léonard Bramer, Théodore Romboutz, Antoine Van-Dick, Jean Méel, Philippe de Champagne, Jacques Van-Ooost, Erasme Quellin, Abraham Diépenbeke, Théod. Van-Thulden, Jean Goeimar, les Teniers, Jacques

Van-Artois, Bonav. Peters, David Rickaert, Gonzalez Coques, Pierre Boel, Samuel Van-Hoogstraten, Antoine-François Vander Meulen, Jean-Bapt. Monnoyer, Abraham Genoels, Gerard Lairesse, Arnold de Vuez, Jean Van-Cléef, Pierre Eyckens, Richard Van-Orley, Louis de Deyster, Jean-François Van-Bloeman, Nicolas Largillière, Verendael, Robert Van-Oudenaerde, Jean-Ant. Vander Léepe, Gaspard Verbrugen, Jean Van-Breda, etc., etc.

ÉCOLE HOLLANDAISE : elle n'est point remarquable par le choix de ses sujets, qui est ordinairement ignoble ; elle imite la nature basse ; mais elle l'imite fidèlement : elle est d'un fini précieux ; elle entend le clair obscur, la dégradation et l'opposition des couleurs ; son dessin est incorrect, mais sa touche est fine. Elle a pour fondateurs, Lucas de Leyde, né en 1494, Corneille Polembourg, né en 1586, et Rembrandt. Ses autres *peintres* sont : Corneille Kétel, Octave Van-Véen, dit *Otto Voenius*, Corneille Cornelis, Abraham Bloemaert, Jean Van-Ravestein, Corneille Poelenburg, Jean Torrentius, Jean Van-Goyen, Anne-Marie Schuurmans, Gerard Terburg, Adrien Brauver, Adrien Van-Ostade, Jean Both, Bartholomée Vander Helst, Otho Marcellis ; Gerard Douw, Pierre de Larr, dit *Bamboche*, Gabriel Metzu, Antoine Waterloo, Jean Goedaert, Herman Swanevelt, Bartholomée Brécnberg, Philippe Wouwermans, les Wéeninx, Albert Van-Everdingen, Henri Rokes, Gerbrant Vanden Eeckhout, Théodore Helmbreker, Nic. Berghem, Paul Potter, Jacques Lavecq, Henri Verschuuring, Marie Van-Oostervick, Guillaume Kalf, Adrien Vander Kabel, Louis Bakhuisen, les Vanden Velde, Jacques Ruisdaal, les Mieris, Jean Stéen, Melchior Hondekoeter, Jean Vander Heyden, Pierre Van-Slingeland, Carle du Jardin, Eglon Vander Néer, Godefroi Schalken, Jean Glauber, Jean Van-Hugtenburch, Guerard Hoët, Augustin Terwestein, Jean

Verkolie, Corneille de Bruyn, Charles de Moor, François-Pierre Verheyden, Jacques de Hens, Adrien Vander Werf, les Houbraken, Rachel Ruisch, Corneille du Sart, Frédéric Moucheron, Thierry Valkenburg, Koenraet Roepel, Jean Van-Huisum, Jean de Wit, Corneille Troost, etc.

ECOLE D'ANGLETERRE : elle n'existe que depuis 1769, et se fait déjà remarquer dans les parties intéressantes de l'art, par la sagesse dans la composition, l'élévation dans les idées, et la vérité dans l'expression : quant à la couleur (1), on prétend que cette *école* la joint aux parties les plus sublimes de l'art, et que son coloris, moins éclatant que celui des maîtres flamands ou vénitiens, tient beaucoup de l'*école* lombarde. Reynolds peut passer pour le fondateur de cette *école*. West, Kopley, Gensborough, Brown et beaucoup d'autres artistes anglais, sont avantageusement connus par de belles estampes. Avant la fondation de cette *école*, on avait connu Jacques Tornhill, etc.

LES PEINTRES GÉNOIS les plus connus sont : Luc Cambiasi, dit le *Cangiage*, Bernard Castelli, Jean Carlone, Benedetto Castiglione, dit le *Benedette*, Preti Génovese, Jean-Baptiste Goli, etc.

LES PEINTRES ESPAGNOLS les plus distingués sont : Louis de Vargas, Fernandes Ximenes de Navaretta, dit le *Muet*, Paul de las Roelas, don Diego Vélasquez de Silva, Alonzo Cano, dit *Elracionero*, Henrique de las Marinas, Barthélemi-Etienne Murillo, François Ricci, Pedro de Nunès, Jean de Alfaro, Jean Conchillos Falco, etc.

Parmi les PEINTRES NAPOLITAINS on distingue Joseph-Cesar-d'Arpinas, dit *Josepin*, Lespagnollet, Aniello Falcone, Salvator Rosa, Luc Giordano, François Solimeni,

---

(1) On ne connaît guères cette *école* hors de l'Angleterre, que par des estampes ; on ne peut donc décider de son coloris que sur des relations, etc.

Nunzio Feraioli, Sébastien Conca, Francischello Dellé Mura, Charles Corrado, etc.

Comme plusieurs *peintres* n'ont mis leur nom au bas de leurs tableaux que par des monogrammes, chiffres ou lettres initiales, j'indique à la fin de l'article GRAVURE un ouvrage de Christ, qui indique ces différentes espèces de chiffres.

Je ne veux pas terminer cet article sans parler de la table aussi ingénieuse qu'intéressante, imaginée pour juger au premier coup d'œil, du mérite des *peintres* les plus célèbres. Quoique cette table soit systématique, elle n'en est pas moins très-curieuse ; car on peut la regarder comme le résultat de l'opinion à peu près générale sur les grands maîtres qu'on y cite. On voit qu'il est ici question de la *balance des peintres*, par Depiles, auteur connu avantageusement par son goût et par ses ouvrages sur la peinture. Dans cette table, il met d'un côté le nom du *peintre*; ensuite il indique les parties les plus essentielles de son art ; puis de l'autre côté, il désigne à combien de degrés ce *peintre* a excellé dans chacune de ces parties, qui sont la *composition*, le *dessin*, le *coloris* et l'*expression* (1). Il divise les degrés nécessaires pour arriver à la perfection en vingt ; le vingtième degré est le plus haut, et il l'attribue à la souveraine perfection que l'on ne connaît pas dans toute son étendue ; le dix-neuvième est le plus haut degré de perfection que l'on connaisse, et auquel personne néanmoins n'est encore arrivé ; et le dix-huitième est pour ceux qui ont le plus approché de la perfection, comme les plus bas chiffres sont pour ceux qui s'en sont le plus éloignés. Depiles n'a porté son jugement que sur les *peintres* les plus connus, et il a divisé la peinture en quatre colonnes qui renferment les

---

(1) Par le mot *expression*, Depiles n'entend pas le caractère de chaque objet, mais la pensée du cœur humain.

quatre parties dont nous avons parlé plus haut. Dans chaque colonne se trouve le nombre de degrés qui désignent le mérite de chaque *peintre* pour chaque partie.

	d.	d.	d.	d.
Albane............	comp. 14	des. 14	col. 10	exp. 6
Albert-Dure.......	8	10	10	8
André del Sarte.....	12	16	9	8
Baroche..........	14	15	6	10
Bassan (Jacques)...	6	8	17	0
Baptist. del Piombo...	8	13	16	7
Belin (Jean).......	4	6	14	0
Bourdon..........	10	8	8	4
Lebrun...........	16	16	8	16
Calliari (P.-Ver.)....	15	10	16	3
Les Carraches......	15	17	13	13
Corrège..........	13	13	15	12
Dan. de Volter......	12	15	5	8
Diepembek........	11	10	14	6
Le Dominiquin.....	15	17	9	17
Giorgion..........	8	9	18	4
Le Guerchin.......	18	10	10	4
Le Guide.........	0	13	9	12
Holben...........	9	10	16	13
Jean da Udine.....	10	8	16	3
Jacques Jourdans....	10	8	16	6
Luc Jourdans......	13	12	9	6
Josepin...........	10	10	6	2
Jules Romain......	15	16	4	14
Lanfranc..........	14	13	10	5
Léonard de Vinci....	15	16	4	14
Lucas de Leyde.....	8	6	6	4
Michel Bonarotti....	8	17	4	8
Michel de Caravage...	6	6	16	0
Mutien...........	6	8	15	4

	comp. d.	des. d.	col. d.	exp. d.
Otho Venius	13	14	10	10
Palme le vieux	5	6	16	0
Palme le jeune	12	9	14	6
Le Parmesan	10	15	6	6
Paul Véronèse	15	10	16	3
F. Penni il Fattore	0	15	8	0
Perrin del Vague	15	16	7	6
Pierre de Cortone	16	14	12	6
Pierre Pérugin	4	12	10	4
Polid. de Caravage	10	17	0	15
Pordenon	8	14	17	5
Porbus	4	15	6	6
Poussin	15	17	6	15
Primatice	15	14	7	10
Raphael Santio	17	18	12	18
Rembrandt	15	6	17	12
Rubens	18	13	17	17
Fr. Salviati	13	15	8	8
Lesueur	15	15	4	15
Teniers	15	12	13	6
Pierre Teste	11	15	0	6
Tintoret	15	14	16	4
Titien	12	15	18	6
Vandick	15	10	17	13
Vanius	13	15	12	13
Thadée Zuccre	13	14	10	9
Frédéric Zuccre	10	13	8	8

On pourrait faire, observe l'auteur qui m'a fourni cette table, à l'imitation de la *balance des peintres*, celle des souverains, des administrateurs, des généraux, etc., même en se rapprochant des distinctions de Depiles; car on pourrait assimiler le *génie* à la *composition*, les *qualités exécutrices* au *dessin*, l'*emploi des moyens* au *coloris*, et la *moralité* à l'*expression*. Je pense qu'une *balance des écrivains*, faite dans chaque genre de littérature, offrirait aussi quelque chose de piquant. Mais, en général, ces tables ne peuvent être considérées que comme des jeux d'esprit, et il est difficile que les jugemens d'un seul homme, surtout en matière de goût, soient toujours confirmés par le public.

PEN-TSAO. Livre chinois attribué à Chin-Nong. Voici comme en parle le père Gaubil : « Dans un seul jour, Chin-Nong fit l'épreuve de 70 sortes de venins ; il parla sur 400 maladies, et donna 365 remèdes, autant qu'il y a de jours dans l'an ; c'est ce qui compose son livre nommé *Pen-tsao;* mais si on ne suit pas exactement la dose des remèdes, il y a du danger à les prendre. Ce *Pen-tsao* avait quatre chapitres, si on en croit le Che-ki. » On prétend que le texte du *Pen-tsao* d'aujourd'hui, n'est pas de Chin-Nong : on dit cependant que Chin-Nong fit des livres gravés sur des planches quarrées.

PERSONOLOGIE. Ce mot, qui se trouve dans le *Système bibliographique* de l'abbé Girard, et qui est à la tête de l'une des subdivisions de ce système, regarde l'histoire des personnes en particulier, et embrasse les vies ou mémoires et les voyages.

PESCIONI (André). Imprimeur espagnol en 1581. Il était aussi homme de lettres. On lui doit plusieurs traductions.

PETIT (Pierre le). Imprimeur du 17e siècle, à Paris. Il était imprimeur ordinaire du roi et de l'académie française, dont il imprima le dictionnaire. Sa devise était une croix avec ces mots : *In hoc signo vinces.* Ses éditions sont estimées à cause de la netteté des caractères et de la beauté du papier. Il lui arriva un accident, qui fut aussi funeste à la république des lettres : le feu prit à un magasin de librairie qu'il avait au collége de Montaigu, et dévora la majeure partie des belles éditions qui, sortant de ses presses, enrichissaient ce magasin. Il mourut âgé de 69 ans.

PHILOLOGIE. On désigne particulièrement par ce mot, une branche de la bibliographie qui comprend les ouvrages de critique, relatifs à la littérature en général, c'est-à-dire, à la grammaire, à la réthorique, à la poétique, etc. Ainsi un véritable *philologue* doit posséder cette littérature universelle, qui s'étend sur toutes sortes de sciences et d'auteurs. On regarde comme de savans *philologues*, Juste-Lipse, Ange-Politien, Cœlius Rhodiginus, les Scaligers, Saumaise, Casaubon, Huet, Lamonnoye, Moreri, Bayle, Montfaucon, Goujet, etc. *Philologie* signifie, d'après son étymologie, amour des belles-lettres.

PHILOSOPHIE, BELLES-LETTRES, SCIENCES ET ARTS. Nous allons présenter une esquisse historique de l'origine et des progrès de ces différens objets, chez les nations qui les ont plus particulièrement cultivés, c'est-à-dire, chez les égyptiens, les grecs, les romains et les européens modernes. Commençons par les égyptiens.

EN EGYPTE. L'origine de la *philosophie*, des belles-lettres, des sciences et des arts, se perd, comme celle de la plupart des peuples, dans la nuit des temps. Diodore de Sicile raconte qu'Osymandias, qui vivait plus de 1,300 ans avant Jesus-Christ, fonda la première bibliothèque à Thèbes en Egypte. Il en existait aussi, dans le même temps, une très-belle à Memphis. Si ces faits sont vrais, ils concourent, avec les écrits d'Homère et d'Hésiode, qui ne leur sont pas très-postérieurs, à prouver que la *philosophie*, les belles-lettres et les arts étaient déjà en vigueur en Egypte et en Grèce, et ils reportent le berceau des connaissances humaines à des siècles beaucoup plus reculés. On ne sera pas éloigné de ce sentiment, si l'on considère les égyptiens, soit sur le rapport de leurs prêtres, qui étaient très-jaloux de les faire passer pour le peuple le plus ancien de la terre, soit sur le rapport de certains savans, qui assurent que ce peuple eut des rois, un gouvernement, des loix, des sciences, des arts, long-temps avant d'avoir aucune écriture. Du temps d'Hérodote, les pyramides portaient des inscriptions dans une langue et des caractères inconnus; et ces masses énormes que l'on attribue à la vanité de ceux qui les ont bâties, et que l'on regarde comme inutiles, sont peut-être des monumens historiques qui ont été destinés à la conservation des sciences, des arts et de toutes les connaissances utiles de la nation égyptienne, et qui, rongées par une longue suite de siècles, ne présentent plus que des colosses informes.

Les anciens prêtres égyptiens ont constamment joui du nom de sages : ils avaient soin de ne transmettre à la connaissance des peuples que le pompeux étalage de leur culte, et faisaient un mystère de leurs principes, de leurs maximes et de leurs sciences; ils ne les communiquaient qu'à un petit nombre d'élus dont ils s'assuraient la discrétion par de longues et rigoureuses épreuves; aussi avait-on pour eux la plus grande vénération; et avouons qu'ils n'en étaient peut-être pas tout-à-fait indignes, car on peut dire :

>   Que c'est d'eux que nous vient cet art ingénieux
>   De peindre la parole et de parler aux yeux.

Ils ont commencé par les symboles, qui sont la représentation des objets; des symboles ils ont passé aux hiéroglyphes, qui sont une espèce d'écriture; et des hiéroglyphes, le pas est moins difficile pour parvenir à l'écriture proprement dite (*voyez* HIÉROGLYPHES).

Les égyptiens comptaient trois Thoot ou Hermès, qu'ils considéraient comme les fondateurs de la sagesse, et dont par conséquent ils firent des Dieux.

Le premier fut chef du conseil d'Osiris : il imagina plusieurs arts utiles ; il donna des noms à plusieurs êtres de la nature ; il inventa le symbole pour perpétuer la mémoire des faits ; il publia des lois ; il institua des cérémonies religieuses ; il observa le cours des astres ; il cultiva l'olivier ; il inventa la lyre et l'art palestrique (1). En reconnaissance de ces bienfaits, les égyptiens donnèrent son nom au premier mois de l'année.

Le second, c'est-à-dire, le successeur de ce premier, perfectionna la théologie, découvrit les premiers principes de l'arithmétique et de la géométrie : il substitua l'hiéroglyphe au symbole ; il éleva des colonnes sur lesquelles il grava en caractères qu'il inventa, les choses qu'il crut dignes de passer à la postérité. Les peuples lui dressèrent des autels, et instituèrent des fêtes en son honneur.

Le troisième, ou Hermès Trismégiste, ne parut que long-temps après. Des guerres intestines ou étrangères, des irruptions du Nil, des submergemens extraordinaires, avaient presque replongé l'Egypte dans la barbarie ; c'est alors que le troisième Hermès recueillit les débris de la sagesse ancienne : il rassembla les monumens dispersés ; il rechercha la clef des hiéroglyphes, en augmenta le nombre, et en confia l'intelligence et le dépôt à un collége de prêtres. On le mit aussi au rang des Dieux.

On nomme aussi ces trois Hermès, Mercure. On voit donc que le premier inventa les arts de nécessité ; le second fixa

---

(1) L'art des exercices du corps à la lutte, à la course, au palet, au disque. La palestre, chez les grecs et les romains, était l'édifice public où se faisaient ces sortes d'exercices.

les événemens par des symboles, et le troisième substitua au symbole l'hiéroglyphe, plus commode.

C'est alors qu'on venait de toutes les contrées du monde connu, chercher la sagesse en Egypte. Moyse, Orphée, Linus, Platon, Pythagore, Démocrite, Thalès, en un mot tous les philosophes grecs furent les disciples des prêtres égyptiens. Ces philosophes, pour accréditer leurs systèmes, s'appuyèrent de l'autorité des hiérophantes (1), et les hiérophantes profitèrent du témoignage des philosophes, pour s'attribuer les découvertes de ces derniers.

La théologie et la *philosophie* égyptiennes commencèrent à éprouver des révolutions, lorsque les grecs et les barbares inondèrent cette contrée. La *philosophie* orientale pénétra dans les sanctuaires d'Egypte quelques siècles avant l'ère chrétienne. Les notions judaïques et cabalistiques s'y introduisirent sous les Ptolomées. Enfin, l'ancienne doctrine se défigura entièrement. Les hiérophantes, devenus syncrétistes, c'est-à-dire, se rapprochant des autres sectes, chargèrent leur théologie d'idées philosophiques : on négligea les livres anciens ; on écrivit le système nouveau en caractères sacrés ; et bientôt ce système fut le seul dont les hiérophantes conservèrent quelque connaissance. Ce fut dans ces circonstances que Sanchoniaton, Manéthon, Asclépiade, Palefate, Cherémon, Hécatée publièrent leurs ouvrages. Ces auteurs parlaient d'une chose qu'on n'entendait déjà plus. Qu'on juge par-là de la certitude des

---

(1) *Hiérophante* vient de deux mots grecs qui signifient *saint*, *sacré*, *je parais*, c'est-à-dire, *prêtre*. A Athènes, l'*hiérophante* était le prêtre de Cérès. On donnait encore ce nom aux prêtres qui faisaient les sacrifices de cette déesse ; et les femmes consacrées à son culte s'appelaient *hiérophantides*. Le citoyen Noel dérive le mot *hiérophante* de *phainein*, montrer, révéler, parce que l'*hiérophante* enseignait les choses sacrées et les mystères de Cérès aux initiés.

conjectures de nos auteurs modernes, Kircher, Marsham, Witsius, qui n'ont travaillé que d'après des monumens mutilés, et que sur les fragmens très-suspects des disciples des derniers hiérophantes.

Dans les quarante-deux volumes qui renfermaient toute la sagesse des égyptiens, on remarquait les six derniers qui traitaient de l'anatomie, de la médecine, des maladies, des remèdes, des instrumens, des yeux et des femmes. Les autres traitaient de l'astrologie judiciaire, des mouvemens des astres, de leur coucher, de leur lever, des conjonctions et oppositions de la lune et du soleil, de la connaissance de l'hiéroglyphe, de la cosmologie, de la géographie, du choix des victimes, de la discipline des temples, du culte divin, des cérémonies religieuses, des sacrifices, des prémices, des hymnes, des prières, des fêtes, des pompes publiques, des lois, des impôts, etc., etc. Ces livres étaient gardés dans les temples, et les lieux où ils étaient déposés n'étaient accessibles qu'aux anciens d'entre les prêtres. On n'initiait que les naturels du pays. On enseignait d'abord au néophyte l'épistographie ou la forme et la valeur des caractères ordinaires. Delà il passait à la connaissance de l'écriture sacrée, ou de la science du sacerdoce, et son cours de théologie finissait par les traités de l'hiéroglyphe, ou du style lapidaire, qui se divisait en caractères parlans, symboliques, imitatifs et allégoriques.

La *philosophie* morale des égyptiens avait pour objet la commodité de la vie et la science du gouvernement. Leur géométrie n'était pas très-perfectionnée ; car, au sortir de leur école, Thalès sacrifia aux Dieux pour avoir trouvé le moyen de décrire le cercle et de mesurer le triangle (1);

---

(1) Il leur avait appris à mesurer la hauteur de leurs pyramides par leur ombre et par celle d'un bâton.

et Pythagore immola cent bœufs pour avoir découvert la propriété du carré de l'hypoténuse (1). Leur astronomie se réduisait à la connaissance du lever et du coucher des astres, des aspects des planètes, des solstices, des équinoxes et des parties du zodiaque. Qu'était cette astronomie, puisque l'on doit à Eudoxe les premières idées systématiques sur le mouvement des corps célestes, et à Thalès la prédiction de la première éclipse? La gamme de leur musique avait trois tons, et leur lyre trois cordes. Leur médecine n'avait pas fait de grands progrès : il y avait des médecins pour chaque partie du corps ; et quand le malade ne guérissait pas, c'est qu'il avait la conscience en mauvais état. Ils étaient aussi très-pauvres en chimie, quoiqu'en dise Borrichius. On peut leur accorder de la supériorité dans l'astrologie judiciaire; mais il n'y a pas là de quoi les féliciter, et encore moins les admirer.

Il résulte de ce que nous venons de dire des égyptiens, qu'ils sont un des peuples les plus anciens qui aient cultivé les sciences et les arts, et que, s'ils ne les ont pas perfectionnés autant que leurs successeurs, on ne leur en doit pas moins de la reconnaissance.

Disons un mot des Ptolomées qui se sont immortalisés par leur goût pour les sciences et pour les livres. C'est sous leur règne (2) que l'on vit reparaître, en Egypte, les lettres,

---

(1) Il est permis de douter de la vérité de ce dernier fait; car Pythagore défendait de tuer les animaux, par suite de son système de la Métempsycose.

(2) L'empire de ces nouveaux rois d'Egypte, surnommés *Lagides*, commence à l'an 323 avant J.-C., quoique le premier Ptolomée-Lagus ou Soter n'ait point encore pris le titre de roi à cette époque : le second roi est Ptolomée-Philadelphe; le troisième, Ptolomée-Evergete; le quatrième, Ptolomée-Philopator; le cinquième, Ptolomée-Epiphane; le sixième, Ptolomée-Philométor, le septième, Ptolomée-Physcon; le huitième, Ptolomée-Lathur; le neuvième, Ptolomée-Auletes; et enfin le dixième, Ptolomée-Denys ou Bacchus, auquel succéda Cléopâtre, sa sœur, après avoir fait empoisonner son jeune frère, 44 ans avant J.-C.

les arts et la *philosophie* avec un nouvel éclat. Alexandrie, leur capitale, devenue l'une des plus belles villes du monde, fut le rendez-vous des hommes les plus habiles et les plus éclairés, qui étaient répandus dans la Grèce et dans les principales villes de l'Asie. Ils y trouvèrent une bibliothèque magnifique, composée de 700,000 volumes, et une académie célèbre, divisée en deux parties, dont l'une portait le nom de Sérapis, et l'autre celui d'Isis. Ceux qui composaient cette académie, exempts du soin de leur subsistance, demeuraient et vivaient ensemble (*voyez* notre traduction du *Traité des Bibliothèques de Juste-Lipse*, chap. XI, pag. 36 du MANUEL BIBLIOGRAPHIQUE). On croit que ce fut sous le règne de Ptolomée-Philadelphe que fut faite, 271 ans avant Jesus-Christ, la traduction en grec des livres de l'écriture sainte, par 72 juifs que le grand-prêtre Eléazar lui envoya. Le roi témoigna sa reconnaissance à Eléazar et aux traducteurs par de superbes présens (*voyez* le premier vol. de ce DICTION., pag. 72). Quelques auteurs traitent de fable l'histoire de cette traduction.

Aristote et Platon étaient les seuls philosophes dont on suivait les principes à l'école d'Alexandrie. On n'innova rien dans cette école ; on ne s'occupa qu'à éclaircir ce qu'avaient imaginé les auteurs grecs ; on se borna à des commentaires, à des paradoxes et à d'autres semblables productions qui sont tombées dans l'oubli : cela doit peut être diminuer nos regrets sur la destruction de la fameuse bibliothèque dont nous venons de parler. L'école d'Alexandrie se soutint cependant encore assez long-temps dans un certain éclat.

EN GRÈCE. Long-temps avant que la Grèce fut le centre des beaux-arts, les peuples ses voisins en avaient commencé la culture : les chaldéens étaient déjà célèbres en astronomie ; les phéniciens, pères de la navigation, avaient établi des correspondances commerciales entre des nations séparées par les mers ; les égyptiens joignaient à l'étude de la nature des connaissances profondes dans tous les genres ; les perses étaient versés dans le grand art de gouverner les hommes ; et les hébreux reconnaissaient un seul Dieu. Tel était l'état des principaux peuples du globe, quand la superstition vint jetter parmi les grecs primitifs le germe de connaissances, les unes très-utiles, et les autres très-funestes : leur théogonie est un amas d'absurdités avec lesquelles des législateurs adroits les ont réunis et civilisés. Dès-lors s'est manifesté ce sentiment sublime de liberté, cette façon de penser hardie, qui a caractérisé ce peuple, même sous l'autorité des prêtres et des magistrats, jusqu'à l'instant où le croissant l'a tellement abruti, qu'habitué depuis ce temps à végéter, il est incapable de faire un effort pour briser ses fers et reconquérir cette antique énergie qui eût pulvérisé prophète, sultan et muphti.

Est-il nécessaire de remonter jusqu'aux Inachus, aux Cécrops, aux Orphée, aux Cadmus, aux Danaüs (1) ? Faut-il passer en revue tous ces conquérans, législateurs, philosophes et poëtes que, dans l'origine, la reconnaissance et la faiblesse ont placés au rang des Dieux ? Non, sans doute ; assez d'autres ouvrages en parlent ; il nous suffit de dire qu'à travers les nuages qui séparent l'antiquité fabuleuse

---

(1) Le commencement de l'histoire des grecs ne peut dater que de l'établissement des colonies : or, quand se sont-elles établies ? Fréret fixe l'arrivée d'Inachus, roi des argiens, à l'an 1970 avant Jesus-Christ ; celle de Cécrops, égyptien, à l'an 1657 ; celle de Cadmus, roi de Thèbes, à l'an 1594 ; et celle de Danaüs, roi d'Argos, à l'an 1586. La Grèce a été florissante jusqu'au temps où elle a appelé les romains à son secours. Dès-lors elle a rampé sous leur domination ; elle a éprouvé de grands malheurs, surtout depuis la translation du siége impérial de Rome à Byzance. Mille fois pillée, envahie et ravagée par les goths, les scythes, les alains, les gépides, les bulgares, les sarrasins et les croisés ; elle est enfin devenue la proie des turcs au commencement du 14e siècle.

de l'antiquité avérée, on apperçoit un Musée, disciple d'Orphée, auquel succède un Thamyris, vainqueur aux jeux pythiens; un Amphion, qui ajoute trois cordes à la lyre d'Orphée ; enfin un Mélampe, qui fut théologien, philosophe, poëte et médecin. Ici cesse entièrement l'obscurité qui enveloppe la fabrique des Dieux, et les premiers théogonistes paraissent dans le plus grand éclat. Ces fondateurs, ou pour mieux dire, ces historiens de la *philosophie* fabuleuse, sont Hésiode, Epiménide de Crète et Homère.

Les ouvrages d'Hésiode, d'Homère et de beaucoup d'autres poëtes, ayant éclairci l'horison littéraire, les germes de la *philosophie*, que l'on avait tirés de la doctrine des égyptiens, se développèrent d'une manière étonnante.

Mais, avant de passer aux différentes sectes célèbres qui se sont distribué l'empire des sciences et des lettres, disons un mot des premiers législateurs de la Grèce dont les lois ont été mises par écrit.

Zaleucus, chef des locriens, tient un rang distingué parmi les législateurs ; il était d'une sévérité sans exemple sur l'exécution des lois qu'il avait fait adopter, et sur le respect qu'on devait leur porter : *son œil arraché* et *sa corde au cou* en font foi. Rien de plus beau que la préface qu'il a mise en tête de ses lois. Comme elle se trouve dans beaucoup d'ouvrages, nous ne la rapporterons pas.

Charondas de Catane dictait ses lois aux thuriens, tandis que Zaleucus faisait exécuter les siennes. Plusieurs contrées d'Italie, et même la Sicile les adoptèrent.

Dracon, législateur d'Athènes, recueillit les lois avec lesquelles Triptolème avait policé les villes d'Eleusine, et que le temps avait fait tomber en désuétude : il ne se contenta pas de les rétablir, il y imprima le sceau de sa férocité, au point que Demades disait qu'elles étaient écrites avec du sang.

Solon réforma l'excessive rigueur des lois de Dracon ; son

système politique, beaucoup plus humain, s'accommodait mieux au caractère des athéniens. Son mot, sur la peine du parricide, lui fait infiniment d'honneur. Ses lois furent dans la suite perfectionnées par Clisthènes, auteur de la loi de l'ostracisme, par Démétrius de Phalère, par Hipparque, par Pisistrate, par Périclès, par Sophocle, etc.

Lycurgue, par ses lois si extraordinaires, peut être considéré comme le fondateur de la gloire de Sparte; il ne les écrivit que dans le cœur de tous les citoyens, et elles en furent bien mieux exécutées. Tyrtée, Terpandre et les autres poëtes du temps en firent le sujet de leurs chants.

Nous n'avons parlé ni de Rhadamante de Crète ni de Minos, son successeur, parce qu'ils tiennent autant à la mythologie qu'à l'histoire, et qu'il n'y a rien de certain sur leurs lois.

Voyons qu'elles sont les principales sectes ou écoles qui ont fleuri dans la Grèce.

On en connaît deux principales d'où sont sorties toutes les autres : l'ionique, sous Thalès, et la samienne, sous Pythagore. Voyons l'ionique.

SECTE OU ÉCOLE IONIQUE. Il n'est pas facile de dire quelque chose de bien certain sur l'histoire de la secte ionique. Thalès a laissé peu d'écrits et de disciples; sa vie, dont plusieurs détails paraissent apocryphes, est celle d'un sage; elle fut d'abord privée : il passa quelque temps sous Thrasybule, homme d'un génie peu commun et d'une expérience consommée. Il était ennemi déclaré de la tyrannie, et estimait plus les conseils d'un particulier que les ordres d'un magistrat. Son goût pour la *philosophie* naturelle et l'étude des mathématiques l'arrachèrent bientôt aux affaires. Il n'imita pas les sept sages qui l'avaient précédé, et qui tous avaient été à la tête du gouvernement. Il voyagea d'abord en Crète pour s'instruire de la religion et des mystères des crétois; delà il alla en Asie : il vit les phéniciens, si célèbres par leurs connaissances astronomiques ; il passa en Egypte, y conversa avec les sages et revint ensuite en Ionie, où il préféra l'étude, la retraite et le repos au commerce des grands qui recherchaient son amitié. C'est alors qu'il se livra tout entier aux mathématiques, à la métaphysique, à la théologie, à la morale, à la physique et à la cosmologie. Telles sont les sciences qu'il professait et qui forment la base de son école.

Thalès regardait l'eau comme le principe de tout : tout en vient et tout s'y résout. Il n'y a qu'un monde. Dieu est l'ame du monde. Il n'y a pas de vide. La matière se divise sans cesse ; mais cette division a sa limite. Il n'y a qu'une terre ; elle est au centre du monde.

Il y a un premier Dieu, le plus ancien ; il n'a point eu de commencement, il n'aura point de fin.

L'ame humaine se meut toujours et d'elle-même. Elle est immortelle. C'est la nécessité qui gouverne tout.

La géométrie de Thalès se réduit à quelques propositions élémentaires sur les lignes, les angles et les triangles ; et son astronomie, à quelques observations sur le lever et le coucher des étoiles et autres phénomènes.

Sa morale est simple : voici quelques-uns de ses axiômes. Il faut se rappeler son ami quand il est absent. C'est l'ame et non le corps qu'il faut soigner. Avoir pour ses pères les mêmes égards qu'on exige de ses enfans. L'intempérance en tout est nuisible. Il y a un milieu à tout. Ne pas accorder sa confiance sans choix. Ne point faire ce qu'on blâmerait dans un autre, etc., etc.

On peut juger, d'après ces deux mots sur les principes de Thalès, que la *philosophie* naturelle était encore au berceau ; elle a fait les premiers pas avec lui ; et ce n'est pas un petit mérite pour ce temps-là d'avoir, comme il l'a fait, distingué, dans les phénomènes de la nature, les effets et les causes, et d'avoir cherché à les enchaîner.

Anaximandre, son disciple et son successeur, le surpassa: il mesura le diamètre de la terre et le tour de la mer; il inventa le gnomon; il fixa le point des équinoxes et des solstices; il construisit une sphère; il eut aussi sa phisiologie.

Anaximène succède à Anaximandre. Selon lui, l'air est le principe et la fin de tous les êtres; il est éternel, toujours mu; c'est un Dieu; il est infini; dissout au dernier degré, c'est du feu; à un degré moyen, c'est l'atmosphère; à un moindre encore, c'est l'eau; plus condensé, c'est la terre; plus dense, les pierres, etc.

Anaxagoras vient ensuite. A peine eut-il connu Anaximène, qu'il s'écria, dans l'enthousiasme, je suis né pour regarder le ciel et les astres. Il eut pour auditeurs Périclès, Eurypide, Socrate et Thémistocle. Il faillit périr, condamné comme impie, pour avoir dit que le soleil n'était qu'une lame ardente. Ses principes sont que rien ne se fait de rien; dans le commencement tout était, mais en confusion et sans mouvement. La terre est plane; les animaux, formés par la chaleur et l'humidité, sont sortis de la terre mâles et femelles. L'ame est le principe du mouvement : elle est aérienne. Le sommeil est une affection du corps et non de l'ame. La mort est une dissolution égale du corps et de l'ame, etc.

Archelaüs de Milet succéda à Anaxagoras. L'étude de la physique cessa dans Athènes après lui. La superstition la rendit dangereuse, et la doctrine de Socrate la rendit méprisable. Archelaüs commença à disputer des lois, de l'honnête et du juste. Il prétend qu'il n'y a rien de juste ni d'injuste, de décent ni d'indécent en soi : c'est la loi qui fait cette distinction.

Telle est la notice très-abrégée de tout ce que l'antiquité a laissé sur la secte ionienne.

ECOLE DE SOCRATE. Ce philosophe célèbre, qui fit descendre la sagesse du ciel et conduisit les hommes à la vertu, avait été disciple d'Anaxagoras et avait étudié sous Archelaüs. Il avait appris la musique sous Damon, l'art oratoire sous Prodicus, la poésie sous Evenus et la géométrie sous Théodore ; il avait ensuite perfectionné toutes ses connaissances dans le commerce de Diotime et d'Aspasie, deux femmes dont le commerce s'est fait remarquer à Athènes dans le siècle le plus éclairé et au milieu des hommes du premier génie. Socrate ne voyagea point, mais il porta les armes pour sa patrie, et se signala par plusieurs traits de bravoure, de générosité et d'humanité : il sauva la vie à Alcibiade et à Xénophon. Dans les affaires publiques il ne s'écarta jamais de son caractère de justice et de fermeté. On ne vit point d'homme ni plus sobre ni plus chaste ; l'intempérie des saisons ne suspendit point ses exercices ; il ne nuisit point à ses ennemis : il était toujours prêt à obliger ; personne n'eut le jugement des circonstances et des choses plus sûr et plus sain ; il était toujours disposé à rendre compte de sa conduite ; il songeait continuellement à ses amis ; il les reprenait, parce qu'il les aimait, et il les encourageait à la vertu par ses conseils et son exemple. Enfin, on peut dire qu'il fut toute sa vie un homme et un homme heureux. Il cherchait à être utile à tout le monde, et particulièrement aux jeunes gens : on le voyait sans cesse avec eux ; il leur ôtait leurs préjugés, il leur faisait aimer la vérité, il leur inspirait le goût de la vertu. Il fréquentait les lieux de leurs amusemens ; il parlait devant tout le monde, dans les rues, dans les places publiques, dans les jardins, aux bains, aux gymnases, à la promenade : s'approchait et l'écoutait qui voulait. Il faisait un usage étonnant de l'ironie et de l'induction, de l'ironie qui dévoilait sans effort le ridicule des opinions ; de l'induction qui, de questions éloignées en questions éloignées, vous conduisait imperceptiblement à l'aveu de la chose même qu'on niait. Ajoutez à cela le charme d'une élocution pure, simple, facile, enjouée. La finesse des idées, les grâces, la légèreté et la délicatesse particulière à sa nation, une modestie surprenante, l'attention scrupuleuse à ne point offenser, à ne point avilir, à ne point humilier, à ne point contrister, caractérisait surtout ce grand homme. Qui, mieux que lui, eût pu ramener les grecs à l'étude de la morale et faire prendre à la *philosophie* une direction plus utile? Le système du monde et les phénomènes de la nature étaient seuls l'objet des méditations des philosophes; Socrate crut devoir rendre les hommes bons avant de les rendre savans. Il parla de l'ame, des passions, des vices, des vertus, de la beauté et de la laideur morales, de la société et des autres objets qui ont une liaison immédiate avec nos actions et notre félicité. Il n'y eut aucune sorte d'intérêts ou de terreurs qui retint la vérité dans sa bouche. Il n'écouta que l'expérience, la réflexion et la loi de l'honnête. Enfin, il mérita parmi ceux qui l'avaient précédé, le titre de philosophe par excellence; titre que ceux qui lui succédèrent ne lui ravirent point. Socrate n'a laissé aucun écrit : ses sublimes préceptes nous ont été transmis par Platon. Ses disciples sont Xénophon et Platon, qui ont écrit sa vie; Criton, Diodore, Euthydème, Euthère, Aristarque, Aristoxène, Démétrius de Phalère, Panétius, Calisthènes, Satyrus, Eschine, Cimon, Cébès, Critias, Alcibiade, Timon-le-Mysantrope, Aristippe, fondateur de la secte cyréanique; Phédon, fondateur de l'école éliaque, Euclide, fondateur de la mégarique, et Anthistène, de la cynique.

ÉLOLE DE PLATON. Platon, le plus célèbre des disciples de Socrate, n'ouvrit son école que long-temps après la mort de son maître. Cette école a, ainsi que celle d'Aristote, la gloire d'avoir passé à travers une longue suite de siècles, toujours environnée du plus grand éclat, et même d'un enthousiasme qui a fini par leur nuire. Elle se nommait *académie* du nom du lieu où il assemblait ses disciples, et on lisait à l'entrée : *On est point admis ici sans être géomètre.* Platon fut un homme de génie, laborieux, continent et sobre, grave dans son discours et dans son maintien, patient et affable. Il s'appliqua toute sa vie à rendre la jeunesse instruite et vertueuse : il ne se mêla point des affaires publiques ; ses idées de législation ne cadraient point avec celles de Dracon et de Solon. Il voyagea trois fois en Sicile ; une fois pour voir l'Etna, et les deux autres fois à la sollicitation de Denys. De retour à Athènes, il se livra tout entier aux muses et à la *philosophie*. Il jouit d'une santé constante et d'une longue vie. Il mourut âgé de 81 ans, le premier de la 108e olympiade.

Dans cette école, on cultivait toutes les sciences, les mathématiques, la dialectique, la métaphysique, la psycologie, la morale, la politique, la théologie et la physique. Platon dit que la dialectique est l'art de diviser, de définir, d'insérer et de raisonner ou d'argumenter. Il divise la *philosophie* en contemplative et en pratique. Si la *philosophie* contemplative s'occupe des êtres fixes, immobiles, constans, divins, existans par eux-mêmes, et causes premières des choses, elle prend le nom de *théologie* ; si les astres et leurs révolutions, le retour des substances à une seule, la constitution de l'univers sont ses objets, elle prend celui de *philosophie naturelle* ; si elle envisage les propriétés de la matière, elle s'appelle *mathématiques*. La *philosophie* pratique est ou morale, ou domestique, ou civile : morale, quand elle s'applique à l'institution des mœurs ; domestique, à l'économie de la famille ; civile, à la conservation de la république. Selon Platon, les hommes vivront misérables tant que les philosophes ne régneront pas, ou tant que ceux qui règnent ne seront pas philosophes. La république prend cinq formes différentes : l'aristocratie, où un petit nombre de nobles commande ; la timocratie, où l'on obéit à des ambitieux ; la démocratie, où le peuple exerce la souveraineté ; l'oligarchie, où elle est confiée à quelques-uns ; et la tyrannie, ou l'administration d'un seul.

Platon eut beaucoup de disciples, parmi lesquels on distingue Speusippe, Xénocrate, Aristote, Hypéride, Lycurgue, Démosthène, Isocrate, la courtisane Lasthénie de Mantinée et Axiothée de Phliase, qui se rendait à l'académie en habit d'homme; enfin, il attirait un grand concours de personnes de tout âge, de tout état, de tout sexe et de toute contrée. Tant de célébrité ne permit pas à l'envie et à la calomnie de rester assoupies : Xénophon, Anthistène, Diogène, Aristipe, Æschine et Phédon s'élevèrent contre lui, et même Athénée s'est plu à transmettre à la postérité les imputations odieuses dont on a cherché à flétrir sa mémoire. Ceux qui succédèrent à Platon ne professèrent point tous rigoureusement sa doctrine. Sa *philosophie* souffrit différentes altérations, qui distinguèrent l'académie en ancienne, moyenne, nouvelle et dernière : l'ancienne fut composée de vrais platoniciens, au nombre desquels on compte Speusippe, Xénocrate, Polémon, Cratès et Crantor. La moyenne, de ceux qui retinrent ses idées, mais qui élevèrent la question de l'imbécillité de l'entendement humain et de l'incertitude de nos connaissances. On compte parmi ces derniers, Arcésilaüs, Lacyde, Evandre et Egésine. La nouvelle fut fondée par Carneades et Clytomaque. Elle se divisa ensuite en quatrième sous Philon et Charmidas; et en cinquième sous Anthiocus.

Cynisme. Antisthène, disciple de Socrate, est le fondateur de la secte des cyniques. Il abandonna les hypothèses sublimes de Platon, pour s'adonner entièrement à la pratique de la vertu et à l'étude des mœurs. Il chercha, au milieu de la société, à se rapprocher de l'état de nature, et s'inquiéta fort peu du ridicule qu'on attachait à la singularité de ses mœurs et de ses sentimens, et à la hardiesse de ses actions et de ses discours. Il n'en continua pas moins à braver les préjugés, à prêcher la vertu et à attaquer le vice sous quelque forme qu'il se présentât. Il avait pris de la doctrine de Socrate tout ce qu'elle avait de solide et de substantiel ; et son éloquence était forte et bien raisonnée. Il affecta dans son habillement le mépris des choses extérieures, peut-être avec trop d'ostentation. Il ne rechercha point les commodités de la vie ; il s'affranchit du luxe et des richesses, de la passion des femmes, de la réputation et des dignités ; enfin, de tout ce qui subjugue et tourmente les hommes. Il eut d'abord plusieurs disciples, mais qui le quittèrent presque tous (excepté Diogène), à cause de la dureté de son caractère et de la sévérité de ses principes. « Commence par ne te ressembler en rien, disait-il à celui qui voulait être son disciple, et par ne plus rien faire de ce que tu faisais. N'accuse de ce qui t'arrivera, ni les hommes ni les dieux. Songe que la colère, l'envie, l'indignation, la pitié, sont des faiblesses indignes d'un philosophe. Si tu es tel que tu dois être, tu n'aura jamais lieu de rougir, parce que toutes tes actions seront publiques. Annonce aux hommes le bien et le mal sans flatterie, mets-leur sans cesse sous les yeux les erreurs dans lesquelles ils se précipitent, et surtout ne crains point la mort quand il s'agira de dire la vérité. » Cette secte rejettait la culture des beaux-arts, parce que le temps qu'on y employait était dérobé à la pratique de la vertu et à l'étude de la morale. Elle regardait comme superflue la connaissance des mathématiques, de la physique et de l'histoire de la nature. C'est cette ignorance des sciences et des beaux-arts, et le mépris des décences, poussé quelquefois à l'excès, qui firent tomber cette secte dans le discrédit.

Diogène est le disciple le plus célèbre d'Antisthène ; sa réputation est même supérieure à celle de son maître. Il était plaisant, vif, ingénieux, éloquent ; il maniait l'arme de l'ironie avec autant de facilité que d'adresse ; il était franc, et combattait publiquement les préjugés et les vices avec un calme que n'altérèrent jamais ni les pierres, ni les os que lui jettaient ses ennemis, soit par fureur, soit par mépris. Vendu comme esclave, il était aussi ferme dans ses principes, et peut-être plus grand que lorsqu'il parlait à Alexandre. Personne n'a porté plus loin la fierté d'ame et le courage d'esprit : il s'éleva au-dessus de tout événement ; il foula aux pieds toutes les terreurs, et se joua de toutes les folies.

Voici quelques-unes des maximes d'Antisthène et de Diogène :

La vertu suffit pour le bonheur : celui qui la possède n'a plus rien à désirer.

Celui qui sait être vertueux n'a plus rien à apprendre ; et toute la philosophie se résout dans la pratique de la vertu.

La perte de ce qu'on appelle gloire est un bonheur : ce sont de longs travaux abrégés.

Les biens sont moins à ceux qui les possèdent, qu'à ceux qui savent s'en passer.

C'est moins selon les lois des hommes que selon les maximes de la vertu, que le sage doit vivre dans la république.

La guerre fait plus de malheureux qu'elle n'en emporte.

On doit plus à la nature qu'à la loi.

Tout est commun entre le sage et ses amis.

Si les lois sont mauvaises, l'homme est plus malheureux et plus méchant dans la société que dans la nature.

Ce que l'on appelle gloire est l'appât de la sottise ; et ce qu'on appelle noblesse en est le masque.

La prérogative du philosophe est de n'être surpris par aucun événement.

Il serait à souhaiter que le mariage fût un vain mot, et qu'on mît en commun les femmes et les enfans.

L'amour est l'occupation des désœuvrés.

Il faut résister à la fortune par le mépris ; à la loi par la nature, et aux passions par la raison.

Traite les grands comme le feu ; n'en sois jamais ni trop éloigné, ni trop près.

La superstition et le despotisme ont rendu l'homme le plus misérable de tous les animaux.

Les succès des méchans portent à croire qu'il n'y a point de Dieux, ou qu'ils s'occupent bien peu de nos affaires.

Nous ne parlerons point ici, ni de la lanterne, ni du tonneau, ni des bons mots de Diogène ; ils sont suffisamment connus.

On compte au nombre des cyniques, après la mort de Diogène, son disciple Xéniade, dont il avait été l'esclave à Corinthe ; Onésicrite, le célèbre Phocion, cet homme de bien, que Démosthène appelait *la cognée de ses périodes ;* Stilpon de Mégare, Monime de Syracuse, Cratès de Thèbes et Hypparchie, son épouse, ainsi que Métrocle, frère d'Hypparchie. Théombrote et Cléomène étaient disciples de Métrocle ; Théombrote eut à son tour pour disciple, Démétrius d'Alexandrie ; et Cléomène eut Timarque d'Alexandrie, et Echecle d'Ephèse. Ménédeme, disciple d'Echecle, fit dégénérer le cynisme en frénésie ; déguisé en Tysiphone, une torche à la main, il criait dans les rues que les Dieux infernaux l'avaient envoyé sur la terre pour discerner les bons des mauvais. Ctesibius de Chalcis fut son disciple ; mais il n'imita point sa frénésie. Menippe, le compatriote de Diogène, fut un des derniers cyniques de l'école ancienne. Il n'avait point renoncé aux richesses ; il se pendit de désespoir, parce qu'on lui avait volé ce qu'il avait amassé en prêtant sur gage.

L'école cynique moderne commença quelques années avant Jésus-Christ. Les noms de ceux qui y ont le plus brillé sont peu connus : c'est un Carnéade dont on ne sait rien ; c'est un Musonius dont Julien loue la patience, et qui vivait du temps de Néron, qui le condamna aux fers ; c'est un Démétrius, qui vécut sous quatre empereurs, et qui finit ses jours sur de la paille, craint des méchans, respecté des bons et admiré de Sénèque ; c'est un Œnomaüs, ennemi déclaré des prêtres et des faux cyniques ; c'est un Demonax, vivant sous Adrien, servant de modèle à tous les philosophes ; c'est un Crescence, homme souillé de crimes, couvert d'opprobres, rampant devant les grands, insolent avec ses égaux, avide de richesses, et pusillanime ; c'est un Pérégrin, qui commença par être adultère, pédéraste et parricide, et finit par devenir cynique, chrétien, apostat et fou ; enfin ; c'est un Salluste, qui étudia la *philosophie* à Athènes, et l'enseigna à Alexandrie. Il est le dernier de l'école cynique moderne.

STOÏCISME. Du cynisme sortit le stoïcisme, secte sublime dont la *philosophie* était plus étendue et plus intéressante que celle qui lui donna le jour ; Zénon, disciple de Cratès, après avoir profité des leçons de son maître, et avoir fréquenté les écoles de Stilpon, de Zénocrate, de Diodore Cronus, de Polémon, fonda sa nouvelle école sous le portique. Cet endroit s'appelait *Stoa*, ce qui a donné le nom de stoïcienne à cette secte. C'est-là qu'il développa son système de *philosophie* universelle ; il conserva beaucoup de choses de l'école cynique ; mais il rejeta le mépris de la décence dont se glorifiait Diogène, et ne sacrifia pas toutes les sciences à la morale, comme le faisaient les cyniques. Il ne voyait rien de honteux dans les choses naturelles ; mais il voulait qu'on luttât contre la nature ; c'est-à-dire, qu'on ne témoignât jamais la moindre faiblesse pour tout ce qui affecte ordinairement le commun des hommes. Il fait de la vertu un levier qui doit élever le stoïcien au-dessus de toutes les choses d'ici bas. La vertu doit contenir notre ame dans une assiette si tranquille et si ferme, que les douleurs les plus aiguës ne nous arrachent ni un soupir ni une larme. Quand la nature entière conspirerait contre un stoïcien, elle ne lui pourrait rien. Comment abattre, comment corrompre celui pour qui le bien est tout et la vie n'est rien ? Le stoïcien est l'égal des Dieux, puisqu'on ne lui peut rien ; c'est un homme de fer, qu'on ne peut ni briser ni faire plaindre. Selon Zénon, la vertu est le grand instrument de la félicité. Le bonheur souverain n'est pas dans les choses du corps, mais dans celles de l'ame. Rien de ce qui est hors de l'homme ne peut ajouter à son bonheur ; le corps, les jouissances, la gloire, les dignités sont des choses hors de nous et hors de notre puissance ; elles ne peuvent donc que nuire à notre bonheur, si nous nous y attachons. La vertu est le vrai bien, la chose vraiment utile ; la sérénité, le plaisir et la joie sont les accessoires du bien ; les chagrins, la douleur et le trouble sont les accessoires du mal ; la vertu et ses accessoires constituent, comme nous l'avons dit, la félicité. La prudence, qui nous instruit de nos devoirs, la tempérance qui règle nos appétits, le courage qui nous apprend à supporter, la justice qui nous apprend à distribuer, sont des vertus du premier ordre. Le sage est sévère ; il fuit les distractions ; il a l'esprit sain ; il ne souffre pas ; c'est un homme-dieu ; il n'opine point ; il est libre ; il n'erre pas ; il est innocent ; il n'a pitié de rien ; il n'est pas indulgent ; il n'est point fait pour habiter un désert ; c'est un véritable ami ; il fait bien tout ce qu'il fait ; il n'est point ennemi de la volupté : sa vie lui est indifférente ; il est grand en tout ; c'est un économe intelligent ; il ne trompe point ; il ne calomnie pas ; on ne saurait l'exiler ; son étude particulière est celle de lui-même ; il méprise la vie et ses amusemens ; il ne redoute, ni la douleur, ni la misère, ni la mort. Il aime ses semblables ; il aime même ses ennemis ; il ne fait injure à personne ; il étend sa bienveillance sur tous.

il vit dans le monde comme s'il n'y avait rien en propre ; il ne recherche que le témoignage de sa conscience ; tous les hommes sont égaux à ses yeux. S'il tend la main à celui qui fait naufrage, s'il console celui qui pleure, s'il reçoit celui qui manque d'asyle, s'il donne la vie à celui qui périt, s'il présente du pain à celui qui a faim, il ne sera point ému, il gardera sa sérénité ; il ne permettra point au spectacle de la misère d'altérer sa tranquillité ; il reconnaîtra en tout la volonté des Dieux et le malheur des autres ; et, dans son impuissance à les secourir ; il sera content de tout, parce qu'il saura que rien ne peut être mal.

Tel est le vrai stoïcien ; je crois qu'il était rare d'en rencontrer beaucoup, et que cette secte a fourmillé d'hypocrites. On peut regarder le stoïcisme comme une affaire de tempérament, que Zénon a réglée sur le sien. Mais il n'est pas donné à tout le monde d'avoir une ame de bronze et un corps de fer. Le christianisme, sous le rapport de la morale, passe pour un stoïcisme mitigé.

On compte au nombre des disciples de Zénon, Philonide, Calippe, Posidonius, Zénode, Scion et Cléanthès : on distingue encore dans cette secte, Persée, Ariston, Hérille, Denis, Spherus et Athénadore.

Cléanthès fut le successeur de Zénon sous le Stoa, et prêchait d'exemple la continence, la sobriété, la patience et le mépris des injures ; ensuite on y vit Chrisippe, puis après, Zénon de Tarse. Ces deux derniers eurent pour disciple Diogène-le-Babilonien, à qui succéda Antipater de Tarse. Panetius de Rhodes, Posidonius d'Apamée et son neveu Jason de Rhodes, se distinguèrent aussi dans cette école. Les romains les plus remarquables qui ont embrassé le stoïcisme, sont Manilius, Lucain, Perse, Tacite, Cneus Julius, Thraséas et Helvidius Priscus.

La secte stoïcienne est la dernière branche de l'école de Socrate.

Les écrivains modernes qui ont traité du stoïcisme, sont Juste-Lipse, Scioppius, Heinsius et Gataker.

PÉRIPATÉTISME. L'école qui a eu le plus de célébrité avec celle de Platon, tant chez les anciens que chez les modernes, est celle d'Aristote. Ce génie universel parut à l'école de Platon étant encore jeune ; mais son maitre ne tarda pas à s'appercevoir qu'il avait un disciple dont les talens supérieurs, la vaste érudition et le désir insatiable de tout savoir, lui donnerait bientôt un rival dangereux ; effectivement, Aristote, après avoir quelque temps voyagé pour s'instruire, et avoir achevé l'éducation du fils de Philippe, revint à Athènes où il fut reçu avec distinction, et on lui donna le lycée pour fonder une nouvelle école de *philosophie*. Platon, en mourant, avait laissé le gouvernement de l'académie à son neveu Speusippe ; Xénocrate, successeur de Speusippe, tenait cette école lorsqu'Aristote ouvrit la sienne. Xénocrate enseignait la doctrine de Platon ; Aristote, par esprit d'émulation, prit une route différente ; il parla et écrivit sur les lois et sur la politique, ce que n'avait jamais fait Platon : il divulgua le système de la double doctrine qui avait toujours été secret, tant chez les pythagoriciens que chez les platoniciens. Il s'expliqua sans détour et de la manière la plus dogmatique contre les peines et les récompenses d'une autre vie. La mort, dit-il, dans son Traité de la Morale, est de toutes les choses la plus terrible ; c'est la fin de notre existence ; et, après elle, l'homme n'a ni bien à espérer ni mal à craindre. Il fut accusé d'impiété par un prêtre de Cérès nommé Eurymédon, et obligé de s'enfuir à Chalcis, crainte, disait-il, qu'on ne fit une seconde injure à la *philosophie*. Si l'on en croit Origène (*lib. I, contra Cels.*), on n'avait pas tort d'accuser Aristote d'impiété ; car il soutenait que les offrandes et les sacrifices sont tout à fait inutiles : en fallait-il davantage pour allumer la haine des prêtres de Cérès ? Selon lui, Dieu ne voit et ne connaît que ce qu'il a toujours vu et connu ; les choses contingentes ne sont donc point de son ressort ; la terre est le pays des changemens, de la génération et de la conception. Dieu n'y a donc aucun pouvoir ; il se borne au pays de l'immortalité et à ce qui est, de sa nature, incorruptible ; enfin, Aristote niait la Providence pour assurer la liberté de l'homme. Ce philosophe a composé un nombre prodigieux d'ouvrages dont on voit les titres dans Diogène Laërce, et plus clairement dans Gemusæus, médecin et professeur en *philosophie* à Bâle, qui a composé un Traité *de Vitâ Aristotelis et ejus operum censurâ*. Il y en a qui prétendent que plusieurs des livres qui portent le nom d'Aristote sont supposés ; cette opinion est dénuée de tout fondement. Que l'on consulte Cicéron, les saints pères, Boëce, Cassiodore, Pierre Lombard, Albert-le-Grand, Thomas-le-Scholastique, et beaucoup d'autres, on se convaincra, par leurs nombreuses citations, par la critique de quelques passages des ouvrages d'Aristote, que ce philosophe a composé tous les livres que nous connaissons sous son nom, et même plusieurs autres qui ne nous sont point parvenus, et dont on trouve des passages dans Cicéron. On peut mettre à la tête de ses ouvrages, ceux qui traitent de l'art oratoire et de la poétique ; ensuite viennent ceux de morale ; mais ils sont froids, quoique très-bien faits. Selon Aristote, le bonheur consiste seulement dans les habitudes de l'ame, qui la rendent plus ou moins parfaite. La vertu seule peut rendre heureux. La vertu étant toujours placée entre l'excès ou le défaut, il y a donc deux fois plus de vices que de vertus. La justice est ou universelle ou particulière : la première tend à conserver la société civile, et la seconde à rendre à chacun ce qui lui est dû : on la divise en distributive et en commutative, etc. L'amitié fondée sur la vertu, est l'amitié parfaite. Après la morale, Aristote traite de la logique. Il découvre dans ce livre les principales

sources de l'art de raisonner ; il perce dans le fonds iné-
puisable des pensées de l'homme ; il démêle ces pensées,
fait voir la liaison qu'elles ont entre elles, les suit dans
leurs écarts et dans leurs contrariétés, et les ramène à un
point fixe ; enfin, par toutes les combinaisons qu'il a faites
de toutes les formes que l'esprit peut prendre en raisonnant,
il l'a tellement enchaîné par les règles qu'il lui a tracées,
qu'il ne peut s'en écarter sans raisonner inconséquemment.
Mais on lui reproche, à juste titre, de s'étendre trop, et
par-là de rebuter. On pourrait réduire à peu de pages son
livre des cathégories et celui de l'interprétation. On lui
reproche encore d'être obscur et embarrassé, surtout dans
ses analitiques. Il semble qu'il exige qu'on le devine, et
que son lecteur produise avec lui ses pensées. La physique
d'Aristote, quant à l'obscurité, tient beaucoup de sa logique.
Il commence par huit livres de principes naturels. Ces huit
livres traitent en général du corps étendu ; ce qui fait l'objet
de la physique, et en particulier des principes et de tout ce
qui est lié à l'un de ces principes, comme le mouvement,
le lieu, le temps, etc. Il reconnait trois principes, qui sont
la matière, la forme et la privation. La matière est le
sujet général sur lequel la nature travaille ; sujet éternel
en même temps, et qui ne cessera jamais d'exister : c'est
la mère de toutes choses, qui soupire après le mouvement,
et qui souhaite avec ardeur que la forme vienne s'unir à
elle. La forme est une substance, un principe actif qui
constitue les corps et assujettit pour ainsi dire la matière.
Quant à la privation, elle est une sorte de néant. Après
avoir établi ces trois principes, Aristote parle des causes ;
puis de la cause efficiente ; puis du mouvement. Il y a deux
livres sur la génération, et quatre livres sur les météores.
Son histoire des animaux est, au dire de Buffon, ce que
nous avons de mieux fait en ce genre. Il commence par
établir des ressemblances et des différences générales entre

les différens genres d'animaux, au lieu de les diviser par de petits caractères particuliers, comme l'ont fait les modernes. Il rapporte historiquement tous les faits et toutes les observations qui portent sur des rapports généraux et sur des caractères sensibles. Il décrit l'homme en entier, et en même temps il décrit tous les animaux; car il les fait connaitre tous par les rapports que toutes les parties de leur corps ont avec celles du corps de l'homme. Cet ouvrage, ajoute Buffon, s'est présenté à mes yeux comme une table de matières qu'on aurait extraites avec le plus grand soin de plusieurs milliers de volumes remplis de descriptions et d'observations de toute espèce : c'est l'abrégé le plus savant qui ait jamais été fait, si la science est en effet l'histoire des faits. Aristote a eu plusieurs disciples illustres : le premier est Théophraste ; il fit peu de changemens à la doctrine de son maitre. Le second est Strabon de Lampsaque, qui eut pour disciple Ptolomée-Philadelphe : il ne négligea aucune partie de la *philosophie*; mais il cultiva particulièrement les phénomènes de la nature. A Strabon succéda Lycon, qui eut un talent particulier pour instruire les jeunes gens, en employant deux puissans motifs, la honte et l'émulation. Lycon laissa la chaire d'Aristote à Ariston, qui la transmit à Critolaüs de Phasclide; et celui-ci à Diodore, qui est regardé comme celui qui termina la chaine péripatéticienne, ou le dernier de la première période de cette école. D'Aristote à Diodore, il y eut onze maîtres, dont le nom de trois ont échappé à l'histoire. Les personnages les plus célèbres qui ont fait honneur à cette secte, sont : Dicéarque le missénien, dont Ciceron faisait grand cas ; Eudèmes de Rhodes, Héraclide de Pont, Phanyas de Lesbos, Démétrius de Phalère et Hiéronymus de Rhodes. La *philosophie* d'Aristote éprouva le triste sort qui menaça l'empire romain et les lettres, lors de l'irruption des barbares ; et le même coup frappa l'un de mort, et les autres d'un long sommeil. Les peuples croupirent long-temps dans l'ignorance la plus crasse. A la renaissance des lettres, quelques savans, instruits de la langue grecque et connaissant la force du latin, entreprirent de donner une version exacte et correcte des ouvrages d'Aristote. Nicolas V s'acquit beaucoup de gloire, en faisant venir à grands frais, de l'orient, plusieurs manuscrits de la traduction desquels il chargea ceux qui étaient versés dans la langue grecque. Ce digne pontife aimait les savans et la *philosophie* d'Aristote. Jusques-là on n'avait consulté qu'Averroès; mais le goût s'étant épuré, on le trouva barbare. Alexandre fut trouvé plus poli, plus élégant, et on s'attacha à cet interprète. Averroès et Alexandre passaient pour les deux chefs du péripatétisme; mais leur dogme sur la nature de l'ame n'étaient point orthodoxes : celui-ci la croyait mortelle; et Averroès n'en reconnaissait qu'une immortelle, à la vérité, mais universelle, et à laquelle tous les hommes participent. Léon X foudroya la doctrine d'Averroès, qui avait pris le dessus en Italie; et ce qui fit encore plus que les foudres du Vatican, ce fut la *philosophie* de Platon, qu'on mit en opposition à celle d'Aristote. On chercha à concilier les opinions de ces deux philosophes avec la religion. Ce n'était pas chose facile; cela engendra beaucoup de disputes et beaucoup de volumes. Voici les noms de ceux qui se sont distingués dans ces longues querelles, dont une espèce d'idolâtrie pour Aristote était le mobile. On peut les regarder comme les péripatéticiens modernes. Parmi les grecs qui abandonnèrent leur patrie, et qui vinrent transplanter les lettres en Italie, on compte Théodore de Gaza, grand médecin, profond théologien et bon littérateur, et Georges de Trébizonde. Parmi les scholastiques, on distingue S. Thomas et Pierre Lombard; puis, par la suite, Dominique Soto, connu par des commentaires sur Aristote et sur Porphyre, et par un traité du droit et de la justice ; François de Saint-Victor, qui a composé de très-bons livres sur la puissance civile et ecclésiastique, qui ont beaucoup servi à Grotius ; Bannès, célèbre théologien de Salamanque ; Franciscus Sylvestrius, qui a fait trois livres de commentaires sur l'ame, d'Aristote ; Michel Zanard de Bergame, qui a écrit *De triplici universo, de physicâ et metaphysicâ, et commentaria cum dubiis et questionibus in octo libros Aristotelis*; Joannes à S. Thomâ; et Chrysostôme Javelle, qui a écrit de la *philosophie* morale, selon Aristote d'abord, ensuite selon Platon, et en dernier lieu selon Jesus-Christ. Dans l'ordre de Saint-François, on trouve le fameux Scot, surnommé le Docteur subtil; Jean Ponzius, Mastrius, Bonaventure Mellut, Jean Lallemandet, Martin Meurisse, Claude Fravenius, etc. L'ordre de Citeaux a Mauriquez, surnommé l'Atlas de l'université de Salamanque : il est auteur des annales de Citeaux; Jean Caramuel Lobkowitz, auteur de la *Théologie douteuse*; Bartholomée Gomez, Marcile Vasquez, *Pierre de Oviedo*, etc. Chez les jésuites, on connaît Pierre Hurtado de Mendosa, Vasquez, Paul Vallius, Balthazar Tellez, Suarez, François Tollet, Antoine Rubius, Arriaga, Alphonse, François Gonzalez, Thomas Compton, François Rafler, Antonius Polus et Honoré Fabri, persécuté par son ordre, pour avoir été soupçonné de favoriser le carthésianisme. Les philosophes modernes qui ont suivi la véritable *philosophie* d'Aristote, sont : Nicolas-Leonic Thomée, Pierre Pomponace, Augustin Niphus, Hercule Gonzaga, depuis cardinal ; Théophile Folengius, auteur de *Merlin Cocaye*; Paul Jove, Hélidée, Gaspard Contarin, cardinal; Simon Porta, Jean Genesius de Sepulveda, Jules-César Scaliger, Lazare Bonami, Jules-César Vanini, Rufus, Marc-Antoine Majoragius, Daniel Barbarus, Petrus Victorius. Parmi les derniers philosophes qui ont suivi le pur péripatétisme, Jacques Zaborella tient le premier rang ; ensuite viennent les Piccolomini, les Strozzi, Jacques Mazonius, Hubert Gifanius, Jules Pacius, André Cæsalpin, César Crémonin, François Vicomescat, Louis Septale, Antoine Montecatinus, François Burana, Jean-Paul Pernumia, Jean Cottusius, Jason de Nores, Fortunius Licet, Antoine Scaynus, Antoine Roccus, Félix Ascorombonus, François Robertel, Marc-Antoine Muret, Jean-Baptiste Mouflor, François Vallois, Nunnesius Balfurcus, etc. Parmi les protestans, on trouve Melanchton, Joachim Camerarius, Simon Simonius, Jacob Schegius, Philippe Scherbius, Nicolas Taureill, Ernest Sonerus, Michel Piccart, Corneille Martini, Conrad Horneius, Hermannus Corringius, Christianus Dreierus, Melchior Zeidlerus et Jacques Thomasius. Ici finit la seconde période de l'aristotélisme.

ÉCOLE SAMIENNE. Cette école, qui est la seconde tige de la *philosophie* sectaire de la Grèce, a pour fondateur, Pythagore, disciple du célèbre Phérécide. On n'a rien de bien certain ni sur la vie, ni sur la doctrine de Pythagore; le silence et le secret qu'il exigeait de ses disciples, ainsi que leur fin malheureuse, en sont sans doute la cause. Pythagore naquit à Samos, entre la 43e et la 53e olympiade: il parcourut la Grèce, l'Egypte, l'Italie; il s'arrêta à Crotone, où il fit un séjour fort long; il épousa Theano, qui présida son école après sa mort; il eut d'elle Mnesarque et Thélauge et plusieurs filles; Astrée et Zamoxis, le législateur des grecs, furent, dit-on, deux de ses esclaves; Zamoxis lui est cependant fort antérieur. Pythagore mourut entre la 68e et la 77e olympiade. Il n'admettait pas dans son école indistinctement toutes sortes d'auditeurs; il ne se communiquait pas; il exigeait le silence et le secret; il n'a point écrit; il professait la double doctrine; il avait deux sortes de disciples; il donnait des leçons publiques et des leçons particulières; il enseignait dans les gymnases, dans les temples et sur les places; mais il enseignait aussi dans l'intérieur de sa maison. Il éprouvait la discrétion, la pénétration, la docilité, le courage, la constance, le zèle de ceux qu'il devait un jour initier à ses connaissances secrètes, s'ils le méritaient par l'exercice des actions les plus pénibles ; il exigeait qu'ils se réduisissent à une pauvreté spontanée ; il les obligeait au secret par serment ; il leur imposait un silence de deux, trois, quatre, cinq, sept ans, selon le caractère de l'adepte. Un voile partageait son école en deux espaces ; sa *philosophie* était énigmatique et symbolique pour les uns, claire et expresse pour les autres : on passait des mathématiques à l'étude de la nature, et de l'étude de la nature à celle de la théologie, qui ne se professait que dans l'intérieur de l'école. Il y eut quelques femmes à qui le sanctuaire fut ouvert ; le maître, les disciples, leurs femmes et leurs enfans vivaient en commun. Un vrai pythagoricien s'interdisait l'usage des viandes, des poissons, des œufs, des fèves et de quelques autres légumes. Les principes généraux du pythagorisme nous ont été transmis par des auteurs très-suspects ; les voici : Toi qui veux être philosophe, tu te proposeras de délivrer ton ame de tous les biens qui la contraignent : sans ce premier soin, quelqu'usage que tu fasses de tes sens, tu ne sauras rien de vrai. Lorsque ton ame sera libre, tu t'appliqueras utilement, tu t'éleveras de connaissance en connaissance depuis les objets les plus communs jusqu'aux choses incorporelles et éternelles. Pythagore eut beaucoup de disciples ; Aristée lui succéda : ce fut un homme très-versé dans les mathématiques ; il professa 39 ans, et vécut environ 100 ans. Mnésarque, fils de Pythagore, succéda à Aristée ; ensuite vinrent Bulagoras, Tydas, Aresas, Diodore d'Aspende et Archytas. Outre ces pythagoriciens, on connaissait encore Clinias, Philolaüs, Théorides, Euritus, Architas, Timée et plusieurs femmes ; ces derniers étaient dispersés dans la Sicile et dans l'Italie. On distinguait aussi dans cette secte,

Hypodame, Euriphame, Hypparque, Théages, Métope, Criton, Diotogène, Callicratidas, Charondas, Empedocle, Epicarme, Ocellus, Ecphante, Hypon et autres. Le pythagorisme fut professé deux cents ans de suite ; puis il s'éteignit, soit par la hardiesse de ses principes, soit par la haine de ceux qu'on excluait des assemblées ; il sortit cependant de l'oubli, sous les empereurs romains. On met au nombre de ses restaurateurs, Anaxilaüs de Larisse, Quintus Sextius, Sotion d'Alexandrie, Moderatus de Gades, Euxenus d'Eraclée, Apollonius de Tyane, Secondus d'Athènes, Nycomaque-le-Gérasenien, Alexicrates, Eugène, Arcas, précepteur d'Auguste, et quelques autres. Le pythagorisme fut encore enseveli dans les ténèbres jusqu'au 16e siècle. On commençait à abandonner l'aristotélisme ; on s'était retourné du côté de Platon ; la réputation que Pythagore avait eu s'était conservée ; on fondit ces trois systèmes en un, dont Pic de la Mirandole fut le père. Il eut pour disciple, Capnion ou Reuchlin, et pour sectateurs, Pierre Galatin, Paul Riccius, François de Georgiis et Corneille Agrippa. François Patrice supprima de ce dernier système le pythagorisme et l'aristotélisme ; il s'en tint au platonisme ; il eut une amie du premier mérite, nommée Tarquinia Molza : elle était très-instruite, et possédait le grec, le latin et l'étrusque. Le système de Pic fit aussi quelques progrès en Angleterre : on y connait Théophile Gallé, Radulphe Cudworth et Henri Morus.

Secte éléatique. L'éléatisme eut pour fondateur, Xénophanes de Colophon, qui succéda à Thélauge, fils de Pythagore, qui enseignait la doctrine de son père en Italie : c'est ce qui a fait appeler quelquefois les éléatiques pythagoriciens ; et le surnom d'éléatique vient d'Elée, ville de la Grande-Grèce, qui a donné le jour à Parménide, Zénon et Leucippe, célèbres defenseurs de l'éléatisme. On divise cette école en deux branches : la première, nommée éléatisme métaphysique, était composée de philosophes qui, se perdant dans des abstractions, et élevant la certitude des connaissances métaphysiques aux dépens de la science des faits, regardèrent la physique expérimentale et l'étude de la nature, comme l'occupation vaine et honteuse d'un homme qui, portant la vérité en lui-même, la cherchait au-dehors, et devenait, de propos délibéré, le jouet perpétuel de l'apparence et des fantômes. De ce nombre furent Xénophane, Parménide, Mélice et Zénon. La seconde branche de cette école, connue sous le nom d'éléatisme physique, était composée de philosophes qui, persuadés qu'il n'y a de vérité que dans les propositions fondées sur le témoignage de nos sens, et que la connaissance des phénomènes de la nature est la seule vraie *philosophie*, se livrèrent tout entiers à l'étude de la physique : du nombre de ceux-ci sont Leucippe, Démocrite, Protagoras, Diagoras et Anaxarque. On prétend que les éléatiques avaient la double doctrine.

HÉRACLITISME. Héraclite, qui vivait dans la 69e olympiade, était d'Ephèse. Dès son enfance il donna des marques d'une pénétration singulière : il était mélancolique, porté à la retraite, ennemi du tumulte et des embarras. Après avoir écouté les hommes les plus célèbres de son temps, il s'éloigna de la société, et alla dans la solitude s'approprier, par la méditation, les connaissances qu'il en avait reçues. La méchanceté des hommes l'affligeait, mais ne l'irritait pas ; il voyait combien le vice les rendait malheureux ; et l'on a dit qu'il en versait des larmes. Il a écrit de la matière, de l'univers, de la république et de la théologie ; il n'a resté que quelques fragmens de ces différens traités. Ce fut un Cratès qui publia le premier les ouvrages de ce philosophe. Sextus Empyricus et d'autres auteurs ont parlé des principes fondamentaux de sa *philosophie*. Héraclite eut quelques disciples ; Platon étudia sous lui : on regarde Hippocrate, le père de la médecine, comme son disciple ; mais il y a apparence qu'Hippocrate ne fut d'aucune secte ; car il dit qu'un philosophe ne doit point se mêler de médecine.

ÉPICURÉISME. L'épicuréisme, qui sort de la secte éléatique, est très-célèbre, tant chez les anciens que chez les modernes : on l'a beaucoup calomnié, on l'a vengé, et définitivement Épicure est de tous les philosophes de l'antiquité celui qui a le plus conservé de partisans. On l'a accusé d'athéisme, quoiqu'il admît l'existence des dieux, et qu'il fréquentât les temples ; on l'a regardé comme l'apologiste de la débauche, et cependant sa vie était une pratique continuelle de toutes les vertus, et surtout de la tempérance. Il fut disciple du platonicien Pamphile, dont il méprisa les visions ; il ne put souffrir les sophismes perpétuels de Pirrhon ; il sortit de l'école du pithagoricien Nausiphanès, mécontent des nombres et de la métempsycose ; il connaissait trop bien la nature de l'homme et sa force pour s'accommoder du stoïcisme ; il s'occupa à lire les ouvrages d'Anaxagore, d'Archélaüs, de Métrodore et de Démocrite : il s'attacha particulièrement à la *philosophie* de ce dernier, et il en fit les fondemens de la sienne. Les platoniciens occupaient l'académie, les péripatéticiens le lycée, les cyniques le cynosarge et les stoïciens le portique ; Épicure établit son école dans un jardin délicieux, dont il acheta le terrain et qu'il fit planter pour cet usage. On s'y rendait de toutes les parties de la Grèce, de l'Egypte et de l'Asie. On y était attiré par ses lumières, ses vertus, et surtout par la conformité de ses principes avec les sentimens de la nature. Tous les philosophes de son temps semblaient avoir conspiré contre les plaisirs des sens et de la volupté ; Épicure en prit la défense, et la jeunesse athénienne, trompée par le mot *volupté*, accourut pour l'entendre : il ménagea la faiblesse de ses auditeurs ; il mit autant d'art à les retenir qu'il en avait mis à les attirer ; il ne leur développa ses principes que peu à peu. Les leçons se donnaient ou à table ou à la promenade ; c'est-là qu'il inspirait à ses disciples l'enthousiasme de la vertu, la tempérance, la frugalité, l'amour du bien public, la fermeté de l'ame, le goût raisonnable du plaisir et le mépris de la vie. Enfin, on peut dire qu'Epicure est le seul philosophe qui ait su concilier sa morale avec ce qu'il pouvait prendre pour le vrai bonheur de l'homme, et ses préceptes avec les appétits et les besoins de la nature : il passa toute sa vie à écrire et à enseigner : il avait composé plus de trois cents Traités différens ; il n'en reste aucun. L'histoire rapporte qu'il était clair, vrai et profond, mais peu élégant. Il mourut à 72 ans, la deuxième année de la 127e olympiade. Ses principaux disciples sont Métrodore, Polyene, Hermage, Timocrates, Diogène de Tarse, Diogène de Séleucie et Apollodore.

La *philosophie* épicurienne fut professée sans interruption depuis son institution jusqu'au temps d'Auguste ; elle fit dans Rome les plus grands progrès. La secte y fut composée de la plupart des gens de lettres et des hommes d'état : Lucrèce chanta l'épicuréisme, Celse le professa sous Adrien, Pline-le-Naturaliste, sous Tibère. Les noms de Lucien et de Diogène Laërce sont encore célèbres parmi les épicuriens. Après un sommeil de mille ans l'épicuréisme reparut au commencement du 17e siècle. Magnene de Luxeu publia son *Democritus reviviscens*, ouvrage médiocre, où l'auteur prend ses rêveries pour les sentimens de Démocrite et d'Epicure. A Magnene succéda Pierre Gassendi, un des hommes qui font le plus d'honneur à la *philosophie* et à la nation : il est le restaurateur de la *philosophie* d'Epicure. Gassendi eut pour disciples ou pour sectateurs plusieurs hommes qui se sont immortalisés, Chapelle, Molière, Bernier, l'abbé de Chaulieu, Vendôme, la Fare, Bouillon, Catinat et plusieurs autres hommes extraordinaires qui ont formé parmi nous différentes écoles d'épicuréisme moral. La première était chez Ninon de l'Enclos : on y voyait madame Scarron, la comtesse de Suze, la comtesse d'Olonne, Saint-Evremont, qui professa l'épicuréisme à Londres, et qui eut pour disciples le comte de Grammont, le poëte Waller et madame de Mazarin. On voyait encore chez Ninon la duchesse de Bouillon-Mancini, Des Yvetaux, Grouville, madame la Fayette, le duc de la Rochefoucault et plusieurs autres. Ensuite Bernier, Chapelle et Molière transférèrent l'école de Ninon, qui était rue de Tournon, à Auteuil. On y distinguait Bachaumont, le baron de Blot, dont les chansons sont si rares et si recherchées, et Desbarreaux, qui fut le maître de madame Deshoulières.

L'école de Neuilly succéda à celle d'Auteuil : elle était tenue par Chapelle et MM. Sonnings ; mais elle se fondit bientôt dans celle d'Anet et du Temple. On y remarquait, outre ceux précédemment cités, l'abbé Courtin, Campistron, Palaprat, le baron de Breteuil, père de madame du Châtelet ; le président de Mesmes, le président Ferrand, le marquis de Dangeau, le duc de Nevers, M. de Catinat, le comte de Fiesque, le duc de Foix ou de Randan, M. de Perigny, etc., etc. Cette école est la même que celle de Saint-Maur ou de madame la Duchesse. L'école de Sceaux rassembla tout ce qui restait de ces sectateurs du luxe et de l'élégance, de la politesse, de la *philosophie*, des vertus, des lettres et de la volupté ; elle eut encore le cardinal de Polignac, Hamilton, Saint-Aulaire, l'abbé Genet, Malesieu, la Motte, Fontenelle, Voltaire, plusieurs académiciens, et quelques femmes illustres par leur esprit.

PYRRHONISME OU SCEPTICISME. Pyrrhon, disciple d'Anaxarque, de la secte éléatique, exerça le premier cette *philosophie* pusillanime et douteuse qu'on appelle, de son nom, pyrrhonisme, et de sa nature scepticisme : la méthode des académiciens se rapproche beaucoup de celle de Pyrrhon. Les grecs étaient fatigués de tant de disputes sur le vrai et le faux, sur le bien et le mal, sur le beau et sur le laid, lorsqu'il s'éleva parmi eux la secte des phyrrhoniens. Dans les autres écoles, on avait un système reçu, des principes avoués, on prouvait tout, on ne doutait de rien. Dans celle-ci, ou suivit une méthode de philosopher toute opposée : on prétendit qu'il n'y avait rien de démontré ni de démontrable ; que la science réelle n'était qu'un vain nom ; que ceux qui se l'arrogeaient n'étaient que des hommes ignorans, vains ou menteurs ; que toutes les choses dont un philosophe pouvait disputer, restaient, malgré ses efforts, couvertes des ténèbres les plus épaisses ; que plus on étudiait, moins on savait, et que nous étions condamnés à flotter d'incertitudes en incertitudes, d'opinions en opinions, sans jamais trouver un point fixe d'où nous puissions partir, et où nous puissions revenir et nous arrêter ; delà les sceptiques concluaient qu'il ne fallait rien définir, rien assurer, et que le sage suspendait en tout son jugement ; qu'il ne se laissait point séduire par la chimère de la vérité ; qu'il réglait sa vie sur la vraisemblance, montrant, par sa circonspection, que si la nature des choses ne lui était pas plus claire qu'aux dogmatiques les plus décidés, du moins l'imbécillité de la raison humaine lui était mieux connue. Pyrrhon disait qu'il n'y avait rien d'honnête ni de déshonnête, rien de juste ni d'injuste, rien de beau ni de laid, rien de laid ni de faux ; il prétendait que l'éducation, l'usage commun, l'habitude étaient les seuls fondemens des actions et des assertions des hommes. Pyrrhon eut beaucoup de sectateurs : les principaux sont : Euriloque, Pyrrhon d'Athènes et Timon-le-Philasien. Cette secte dura peu ; elle s'éteignit depuis Timon-le-Philasien jusqu'à Enésidème, contemporain de Cicéron. On vit quelques sceptiques sous les empereurs : on donne ce nom à Claude Ptolomée, à Corneille Celse, à Sextus Empiricus, à Saturninus, son disciple, à Théodose Tripolite, son sectateur, et à Uranius, qui vivait sous Justinien. Le scepticisme s'assoupit depuis ce temps jusqu'en 1562, que parut François Sanchez, portugais : il ne le réveilla que pour attaquer l'aristotélisme sans se compromettre ; ensuite vint le pieux Hirnhaym, abbé de Strahow en Bohême ; il poussa le doute aussi loin qu'il peut aller. On met encore au nombre des sceptiques modernes, Michel de Montaigne, Lamote-le-Vayer, Pierre-Daniel Huet et Bayle.

ECLECTISME. Nous croyons devoir terminer ces notices abrégées sur les différentes écoles par un mot sur l'éclectisme, qui est une espèce de *philosophie* particulière, qui n'a jamais été ni pu être considérée comme secte ; car, pour être éclectique, il ne faut reconnaître aucun maître, comme on va le voir.

L'éclectique est un philosophe qui, foulant aux pieds le préjugé, la tradition, l'ancienneté, le consentement universel, l'autorité, en un mot tout ce qui subjugue la foule des esprits, ose penser de lui-même, remonter aux principes généraux les plus clairs, les examiner, les discuter, n'admettre rien que sur le témoignage de son expérience et de sa raison ; et de toutes les *philosophies* qu'il a analisées sans égard et sans partialité, s'en faire une particulière et domestique qui lui appartienne. Les éclectiques n'ont qu'un seul principe commun, celui de ne soumettre leurs lumières à personne ; de voir par leurs propres yeux, et de douter plutôt d'une chose vraie, que de s'exposer, faute d'examen, à admettre une chose fausse. L'éclectique ne rassemble point au hasard des vérités ; il ne les laisse point isolées ; il s'opiniâtre bien moins encore à les faire cadrer à quelque plan déterminé ; lorsqu'il a examiné et admis un principe, la proposition dont il s'occupe immédiatement après, ou se lie évidemment avec ce principe, ou ne s'y lie point du tout, ou lui est opposée : dans le premier cas, il la regarde comme vraie ; dans le second, il suspend son jugement jusqu'à ce que des notions intermédiaires, qui séparent la proposition qu'il examine, du principe qu'il a admis, lui démontrent sa liaison ou son opposition avec ce principe; dans le dernier cas, il la rejette comme fausse. Voilà la méthode de l'éclectique : c'est ainsi qu'il parvient à former un tout solide, qui est proprement son ouvrage, d'un grand nombre de parties qu'il a rassemblées et qui appartiennent à d'autres; d'où l'on voit que Descartes, parmi les modernes, fut un grand éclectique. L'éclectisme, pris à la rigueur, n'a point été une *philosophie* nouvelle; car il n'y a point de chef de secte qui n'ait été plus ou moins éclectique. Pour former son système, Pythagore mit à contribution les théologiens de l'Egypte, les gymnosophistes de l'Inde, les artistes de la Phénicie, et les philosophes de Grèce; Platon s'enrichit des dépouilles de Socrate, d'Héraclite, d'Anaxagore; Zénon pilla le pythagorisme, le platonisme, l'héraclitisme, le cynisme : tous entreprirent de longs voyages pour interroger les différens peuples, pour ramasser les vérités éparses sur la surface de la terre, et pour revenir dans leur patrie remplis de la sagesse de toutes les nations, faire part à leurs concitoyens d'un nouveau système fondé sur la quintessence de leurs découvertes. L'éclectisme à beaucoup de rapport avec le scepticisme; car l'un ne convient de rien, et l'autre ne convient que de quelques points; mais il ne faut pas confondre l'éclectisme avec le sincrétisme : le sincrétiste est un véritable sectaire; il s'est enrôlé sous des étendards dont il n'ose, pour ainsi dire, s'écarter; il a un chef, mais il s'est réservé la liberté d'en modifier les sentimens, d'étendre les idées qu'il en a reçues, d'en emprunter quelques autres d'ailleurs, et d'étayer le système quand il menace ruine. Le sincrétisme est tout au plus l'apprentissage de l'éclectisme : Cardan et Jordanus Brunus furent de simples sincrétistes; car l'un ne fut pas assez sensé, et l'autre pas assez hardi; mais le chancelier Bacon est un vrai éclectique : rien n'est si commun que des sincrétistes, et rien de plus rare que des éclectiques. Il a paru de temps en temps quelques vrais éclectiques ; on peut en réduire le nombre à cinq ou six qui en aient mérité le titre. L'éclectisme, qui avait été la *philosophie* des bons esprits depuis l'origine des sociétés, ne forma une secte et n'eut un nom que vers la fin du 2e siècle et le commencement du 3e. La seule raison qu'on en puisse apporter, c'est que jusqu'alors les sectes s'étaient pour ainsi dire succédées ou souffertes, et que l'éclectisme ne pouvait guères sortir que de leur conflit : ce qui arriva lorsque la religion chrétienne commença à les allarmer toutes par la rapidité de ses progrès, et à les révolter par une intolérance qui n'avait point encore d'exemple. Jusqu'alors on avait été pyrrhonien, sceptique, cynique, stoïcien, platonicien, épicurien, sans conséquence. Quelle sensation ne dut point produire, au milieu de ces tranquilles philosophes, une nouvelle école qui établissait pour premier principe que, hors de son sein, il n'y avait ni probité dans ce monde, ni salut dans l'autre, parce que sa morale était la seule véritable morale, et son Dieu, le seul vrai Dieu? Le soulevement des prêtres, du peuple et des philosophes aurait été général, sans un petit nombre d'hommes froids, tel qu'il s'en trouve toujours dans les sociétés, qui demeurent long-temps spectateurs indifférens, qui écoutent, qui pèsent, qui n'appartiennent à aucun parti, et qui finissent par se faire un système conciliateur, auquel ils se flattent que le grand nombre reviendra. Telle fut à peu près l'origine de l'éclectisme. Il prit naissance à Alexandrie en Egypte, c'est-à-dire, au centre des superstitions ; ce qui l'a fait nommer *philosophie* d'Alexandrie ; on l'appelle aussi platonisme réformé. Potamon d'Alexandrie est regardé comme le chef des éclectiques ; il eut pour successeur, Ammonius Saccas, de la même ville, qui est célèbre par son école, et qui eut pour successeurs, Denis Longin, le rhéteur Herennius, Origène (non pas le chrétien), Plotin, l'un des plus grands défenseurs de l'école ammonienne, Amelius, Porphyre, Jamblique, disciple de ce dernier, qui mourut l'an de Jesus-Christ 333, sous le règne de Constantin. La conversion de ce prince à la religion chrétienne fut un événement fatal pour la *philosophie* : les temples du paganisme furent renversés, les portes des écoles éclectiques fermées, les philosophes dispersés ; il en coûta même la vie à quelques-uns, et entr'autres à Sopâtre, disciple de Jamblique. On voit ensuite parmi les éclectiques, Edésius de Cappadoce, aussi disciple de Jamblique, Eustathe, disciple de ces deux derniers, Maxime d'Ephèse, Chrysantius, instituteur de Julien, Julien lui-même, Eunape, Hiéroclès, son successeur : c'est sous lui que cette *philosophie* passa d'Alexandrie à Athènes. Il eut pour successeur, Plutarque, fils de Nestorius, qui laissa sa chaire, en mourant, à Syrianus, auquel succéda Hermès ou Hermeas, qui eut pour disciple, Domninus et Proclus ; ce dernier eut pour successeur, son disciple Marinus, à qui succédèrent Hegias, Isidore et Zenodote, qui eut pour disciple et pour successeur, Damascius, qui ferma la grande chaîne platonicienne. Des femmes se distinguèrent aussi dans cette école : la plus célèbre est Hypatie d'Alexandrie, fille de Théon, qui fut massacrée impitoyablement par des chrétiens, l'an 415 de J.-C., sous Théodore le jeune. La secte éclectique ancienne finit à la mort d'Hypatie : cette *philosophie* s'était répandue successivement en Syrie, dans l'Egypte et dans la Grèce. On pourrait encore mettre au nombre de ces platoniciens réformés, Macrobe, qui tenait plus au platonisme, Chalcidius, qui était chrétien, Ammian-Marcellin, Dexippe, Themistius, Simplicius et Olimpiodore : ces trois derniers appartenaient plutôt à l'école péripatéticienne. L'éclectisme demeura dans l'oubli jusqu'à la fin du 16ᵉ siècle. Alors la nature, qui était restée si long-temps engourdie et comme épuisée, fit un effort, produisit enfin quelques hommes jaloux de la prérogative la plus belle de l'humanité, la liberté de penser par soi-même ; et l'on vit renaître la *philosophie* éclectique sous Jordanus Brunus de Nole, sous Jérôme Cardan, sous François Bacon de Vérulam, sous Thomas Campanella, sous Thomas Hobbes, sous Réné Descartes, sous Guillaume Leibnitz, sous Christian Thomasius, sous Nicolas-Jérôme Gundlingius, sous François Budée, sous André Rudigerus, sous Jean-Jacques Syrbius, sous Jean Leclerc, sous Mallebranche, etc.

Telles sont les différentes sectes philosophiques qui partagèrent les grecs, et dont la plupart ont conservé des disciples parmi les modernes, ainsi qu'on vient de le voir. C'est sous leur heureuse influence que se formèrent ces grands hommes qui illustrèrent leur patrie dans l'art de gouverner leurs semblables, dans l'art de la guerre, dans les belles-lettres et dans les beaux-arts.

Comme l'histoire des belles-lettres, sciences et arts de la Grèce, traitée d'une manière aussi détaillée que celle de la *philosophie* que nous venons de présenter à nos lecteurs, nous entraînerait trop loin, nous nous contenterons de donner la liste des poëtes, des orateurs, des historiens, des savans, des littérateurs et des principaux artistes qui ont illustré la Grèce (1). Commençons par les sept sages.

Les sept SAGES de la Grèce sont, 1.° Bias de Priène, ville de Carie ; 2.° Chilon, éphore de Sparte ; 3.° Cléobule, ami de Solon ; 4.° Pittacus de Mytilène, ville de Lesbos ; 5.° Epiménide, ou Anarcharsis, ou Pythagore, ou Esope ; 6.° Solon, législateur d'Athènes ; 7.° Thalès de Milet, dont nous avons parlé.

---

(1) Nous citerons aussi quelques auteurs qui ont écrit en grec, quoiqu'ils n'aient pas habité la Grèce.

Les POETES (1) de la Grèce sont :

ORPHÉE, à qui l'on attribue des hymnes et d'autres pièces de poésie.

MUSÉE, que l'on croit auteur du poëme de *Léandre et Héro*. On pense qu'un certain Onomacrite, qui vivait 516 ans avant J.-C., est auteur des poésies attribuées à Orphée et à Musée.

HOMÈRE, connu par l'*Iliade*, poëme en vingt-quatre chants, consacré à chanter la colère d'Achille, et par l'*Odyssée*, autre poëme également en vingt-quatre chants, dans lequel il célèbre le retour d'Ulysse.

HÉSIODE, à qui l'on doit les *Ouvrages et les Jours*, ainsi que la *Théogonie*, ou la *Généalogie des Dieux*, et le *Bouclier d'Hercule*. Il a été traduit par Lefranc et par Gin.

ARCHILOQUE, satyrique, dont on a quelques *fragmens*.

ALCÉE, dont on a également quelques *fragmens*.

SAPHO, si célèbre par les *fragmens érotiques* qui nous restent d'elle.

STÉSICHORE, lyrique, dont on n'a que des *fragmens*.

TYRTÉE, lyrique, dont on n'a que des *fragmens*.

TÉLÉSILLE, héroïne et lyrique, dont on n'a que des *fragmens*.

ESOPE, fabuliste.

ANACRÉON, érotique.

PINDARE, lyrique.

ESCHYLE, dont il ne reste que sept pièces, de soixante-dix ; savoir : *Prométhée*, les *sept Capitaines devant Thèbes*, les *Perses*, *Agamemnon*, les *Euménides*, les *Suppliantes*, les *Cœphores*. Il a été traduit par Dutheil et par Lefranc.

---

(1) On distingue cinq âges dans la poésie des grecs : le premier est celui qui a précédé la naissance d'Homère ; on y voit Orphée et Musée, qui vivaient 1180 ans avant J.-C. ; le second commence à Homère ; dans le troisième, on admire Sapho et Anacréon ; le quatrième commence à Pindare ; et le cinquième compte Théocrite, Bion, Moschus, etc.

Sophocle, tragique, dont il ne reste que sept pieces, de plus de cent ; savoir : *Ajax* , *Electre* , *OEdipe* , *Antigone*, *OEdipe à Colonne* , *les Trachiniennes* et *Philoctète*. Il a été traduit par Dupuis , de l'académie des inscriptions , et par Rochefort.

Eurypide, tragique, dont il ne reste que dix-neuf pièces sur soixante-quinze ; savoir : les *Phéniciennes* , *Oreste* , *Hécube* , *Médée* , *Andromaque* , *Iphigénie en Aulide* , *Iphigénie en Tauride* , *les Troyennes* , *Electre* , *Hercule* , *Hippolyte* , *Alceste* , *les Suppliantes* , *Rhésus* , *les Bacchantes* , *le Cyclope* , *les Héraclides* , *Hélène* , *Ion*.

Aristophane, comique. De 50 pièces qu'il a composées, il en reste onze : *le Plutus* , *les Oiseaux* , *les Nuées* , *les Grenouilles* , *les Chevaliers* , *les Arcaniens* , *les Guêpes* , *la Paix* , *les Harangueuses* , *les Femmes au Sénat* , et *Pisistrate*.

Ménandre, comique. Il ne reste de lui que quelques *fragmens* , des cent pièces qu'il a composées.

On doit au P. Brumoy une traduction du *Théâtre grec*.

Callimaque, élégiaque, dont il ne reste que quelques *hymnes* et quelques *épigrammes*. Il a été traduit en français par madame Dacier, l'abbé Ricard, Dutheil, etc.

Théocrite, bucolique.

Moschus, bucolique.

Bion, bucolique.

Opien, didactique, sur la *pêche* et sur la *chasse*.

Nonnius, auteur d'un poëme en vers héroïques en quarante-huit livres , intitulé *Dionisiaca* , traduit en latin par Lubinus. Nonnius est encore auteur d'une *paraphrase* en vers sur l'évangile de saint Jean.

Apollonius de Rhodes , auteur d'une poëme sur l'*expédition des Argonautes*.

Le citoyen Chardon-la-Rochette prépare une nouvelle édition de l'*Anthologie grecque*, avec des notes , en 8 vol. in-8. Anthologie vient du grec *anthos*, fleur, et *lego*, je recueille. Ce mot signifie recueil d'épigrammes grecques.

Les ORATEURS de la Grèce sont :

ISOCRATE, dont on a trente-une *Harangues*.

LYSIAS, dont il reste trente-quatre *Harangues*.

ISÉE, dont il en reste dix.

DÉMOSTHÈNE, dont il reste trois *Harangues* et quatre *Philippiques*.

ANDOCIDES, dont il reste quatre *Harangues*.

DINARQUE, dont il en reste trois.

ANTIPHON, dont il en reste seize.

LYCURGUE, dont il en reste une.

DÉMADE, dont il ne reste que les *fragmens* d'un Discours dont Auger combat l'authenticité.

LIBANIUS, dont il ne reste que dix-sept *Harangues* et des Lettres. Il a été traduit en latin par Frédéric Morel.

Les HISTORIENS de la Grèce sont :

HÉRODOTE, qui a écrit les *Annales de la Grèce* et *des Perses* en dialecte ionique (1) : elles commencent à Cyrus et finissent à la bataille de Mycale. Hérodote a été traduit par Larcher.

THUCYDIDE, qui a écrit la *Guerre du Péloponèse*. Son histoire ne renferme que les deux premières années de cette guerre : elle est précédée d'une Histoire abrégée de la Grèce depuis le départ de Xerxès, qui lie son Histoire avec celle d'Hérodote. Thucydide a été traduit par Lévêque.

XÉNOPHON, qui a écrit l'*Histoire grecque* en sept livres : elle commence où finit celle de Thucydide. On lui doit aussi l'Histoire de l'expédition de Cyrus le jeune. Il a encore d'autres ouvrages qui le font placer dans la classe des littérateurs.

---

(1) La langue grecque avait trois dialectes principaux, le dorien, l'éolien et l'ionien, qui recevaient des subdivisions sans nombre. On parlait le dorien à Lacédémone, en Argolide, à Rhodes, en Crète, en Sicile, etc. Les ioniens furent les premiers dont le caractère s'adoucit ; leurs ouvrages se firent remarquer par l'élégance et le goût ; l'éolien se confondait avec le dorien.

CTÉSIAS, dont il reste des *fragmens* sur l'*Histoire des Assyriens et des Perses.*

PLUTARQUE, qui a écrit les *Vies des Hommes illustres* de la Grèce et de Rome.

PAUSANIAS, qui a fait un *Voyage historique de la Grèce* traduit par Gédoin : on en prépare une nouvelle traduction à l'usage des artistes.

NÉARQUE, à qui l'on doit une curieuse *Relation de la Navigation de l'embouchure de l'Indus à Babylone.*

DIODORE DE SICILE. On a de lui une *Bibliothèque historique*, dont il ne reste que quinze livres, de quarante. Les cinq premiers contiennent les temps antérieurs à la guerre de Troye ; les sept suivans renferment l'Histoire des grecs et des perses depuis l'expédition de Xerxès contre la Grèce jusqu'à la mort d'Alexandre ; et les trois suivans contiennent l'Histoire des successeurs de ce prince. Diodore a été traduit par Terrasson, qui a suppléé à ce qui manquait au texte original. Sa traduction est exacte, mais traînante.

DENYS D'HALYCARNASSE. Il a composé en grec les *Antiquités romaines* en vingt livres, dont il reste les onze premiers qui vont jusqu'à l'an 312 de la fondation de Rome. Il a été traduit par le Jay et par Boulanger, jésuites (1).

DION CASSIUS, de Nycée. Il a composé une *Histoire romaine* en quatre-vingt livres, dont les trente-quatre premiers sont perdus ; les vingt suivans sont complets ; les six qui suivent sont tronqués, et l'on a seulement des fragmens des vingt derniers. Xiphilin a donné l'abrégé de cette Histoire depuis le trente-cinquième livre.

ARRIEN, à qui l'on doit sept livres de l'*Histoire d'Alexandre.*

---

(1) Denys d'Halycarnasse a encore composé un *Traité de l'arrangement des mots*, qui a été traduit par Lebatteux.

Élien. Il a composé quatorze livres sous le titre d'*Historiæ variæ*. Il a été traduit par Dacier.

Appien. On a de lui une *Histoire romaine*, composée non par années comme celle de Tite-Live, mais par nations. Cette Histoire contenait vingt-quatre livres, qui embrassaient les événemens depuis la guerre de Troye jusqu'à Trajan ; mais il ne reste que la partie qui comprend les guerres puniques jusqu'à la fin du 5e livre des guerres civiles. Le citoyen Massieu s'occupe à le traduire.

Hérodien. Il a donné une *Histoire* élégante en huit livres, depuis Marc-Aurèle jusqu'à Balbin. L'abbé Mongalet l'a traduit un peu lourdement.

Flavius Joseph, à qui l'on doit l'*Histoire de la guerre des Juifs* et les *Antiquités judaïques*.

Polybe. Il a écrit une *Histoire universelle* en quarante livres, qui contenait tout ce qui s'était passé, non-seulement chez les romains, mais encore dans le monde connu, depuis la première guerre punique jusqu'à la fin du royaume de Macédoine, qui est une espace de 53 ans. Il ne reste que les cinq premiers livres de cette Histoire. Polybe a été traduit par Thuillier et par Follard.

Zozime, à qui l'on doit une Histoire des empereurs en six livres, depuis Auguste jusqu'au 5e siècle. Il ne reste que les cinq premiers livres et le commencement du sixième. Il a été traduit en latin par Cellarius, et en français par le président Cousin.

Diogène Laerce, né à Laerte en Cilicie : il a écrit la *Vie des Philosophes* en dix livres.

Les Savans de la Grèce sont (1) :

Hippocrate, de Cos, médecin.

---

(1) Nous ne parlons point ici d'Aristote, ni de Platon ; nous renvoyons à l'article Ecole de Platon, pag. 63, et à l'article Péripatétisme, pag. 72. La *Politique* d'Aristote a été traduite en français par Camus, par Lebatteux, et dernièrement par Champagne. La *Réthorique* a été traduite

MÉTON, mathématicien et géographe, dont il ne reste rien.

PYTHÉAS, mathématicien et géographe, dont il ne reste rien.

HIPPARQUE, dont il ne reste rien.

PTOLÉMÉE, si célèbre par son *Système du monde*, et par sa *Géographie*.

STRABON, qui a laissé une *Géographie* en 17 livres. On traduit ce géographe par ordre du premier consul.

ARCHIMÈDE, mathématicien. On a de lui quelques *Traités*.

EUCLIDE, mathématicien. Il a laissé des *Elémens de géométrie*, en quinze livres.

APOLLONIUS de Perge en Pamphylie. Il reste de ce mathématicien huit livres des *Sections coniques*, dont les quatre derniers ont été découverts seulement en 1658, par Jean-Alphonse Borelli, dans la bibliothèque de Médicis.

DIOPHANTE d'Alexandrie. Il a laissé six livres de *questions arithmétiques*.

POLYEN. Il reste de lui un traité des *Stratagèmes des grands capitaines*.

On trouve dans le *Veterum mathematicorum opera*, 1693, in-fol., des fragmens d'Athénée de Byzance, de Philon, d'Apollodore, de Biton, de Héron.

ARÉTÉE, médecin.

GALLIEN, médecin.

Les LITTERATEURS de la Grèce sont :

OCELLUS LUCANUS, à qui l'on doit des fragmens d'un *Traité des Rois et du Royaume* ; le *Livre de l'Univers*, et l'*Histoire des Causes premières*.

---

par Casaubon, par Vauvillier, par un anonyme et par Cassandre. Sainte-Croix a revu la traduction de Cassandre, et on en prépare une nouvelle édition.

Timée. Un *Traité de la Nature et de l'ame du Monde*.

Théophraste. Il a composé une *Histoire des Pierres*; un *Traité des Plantes*, et des *Caractères*.

Dion Chrysostôme. Il a composé un *Eloge de Trajan*, différent de celui de Pline, et quatre *Discours sur les devoirs des Rois*.

Aristide, orateur grec de Mœsie. Il reste de lui un *Eloge* d'Athènes, de Rome et de Marc-Aurèle.

Longin. Il nous reste son *Traité du Sublime*. Nous n'avons plus ses remarques critiques sur les anciens auteurs.

Longus, connu par le roman de *Daphnis et Chloé*.

Lucien. On lui doit les *Dialogues des Morts*, un *Eloge* de Démosthènes, etc.

Philostrate, dont on a la *Vie d'Apollonius de Thianne*, et *quatre livres de tableaux*.

Maxime de Tyr, dont il reste quarante-un *Discours*, publiés par Daniel Heinsius.

Themistius, dont on a trente-trois *Discours* et quelques *fragmens* de ce qu'il avait fait sur Aristote.

Aristenète, dont on a des *Lettres* ingénieuses, traduites ou plutôt embellies par Félix Nogaret.

Julien, dit l'Apostat, dont il reste des *Discours* ou *Harangues*, des *Lettres*, une *Satyre des Césars*, *Misopogon*, ou satyre des habitans d'Antioche. Il a été traduit en latin par Pétau, et en français par Labletterie.

Photius, dont il reste une *Bibliothèque* précieuse (*voyez* son Article).

Athénée, né en Egypte. Il ne reste de lui que les *Dipnosophistes*, ou les Sophistes à table, en quinze livres, dont les deux premiers, une partie du troisième et presque tout le dernier nous manquent. Athénée a été traduit en latin par *Natalis Comes*, et en français par l'abbé de Marolles et par Lefebvre de Villebrune.

Epictète. Il reste de lui un *Enchiridion*, ou *Manuel*,

renfermant quatre livres de discours moraux, publiés par Arien, son disciple.

PANETIUS, stoïcien. Il a laissé un *Traité des devoirs de l'Homme*, que Cicéron a fondu dans le sien.

MARC-AURÈLE. On lui doit douze livres de réflexions sur sa vie.

Les principaux ARTISTES de la Grèce sont :

PHIDIAS, sculpteur, dont les chefs-d'œuvre étaient une *Minerve* haute de 26 coudées (39 pieds, ou 12 mèt. 67 cent.), un *Jupiter Olympien* haut de 60 pieds (19 mèt. 49 cent), et une *Némésis*.

MYRON, sculpteur, connu par une *vache* en cuivre, faite avec un tel art, qu'elle séduisait même les animaux.

ZEUXIS, peintre célèbre par son tableau de *Pénélope*, par son tableau d'*Hélène*, par des *raisins*, par son *Athalante*, par un Dieu *Pan*, et par un *athlète*.

PARRHASIUS, sculpteur et peintre. Il a fait le *rideau* qui trompa Zeuxis, un *grand-prêtre de Cybèle*, etc.

TIMANTHE, peintre. Il a fait le *sacrifice d'Iphigénie*, un *cyclope*, un *héros*, etc.

APELLE, peintre fameux. Ses trois chefs-d'œuvre sont le *portrait d'Alexandre*, tenant en main la foudre de Jupiter, *Vénus endormie*, et *Vénus sortant du sein des mers*. Il a aussi composé un *tableau de la calomnie*, le portrait d'*Antigone*, celui d'*Alexandre*, une *victoire*, une *fortune*, un *cheval*, etc.

PROTOGÈNE, peintre. Il peignit les *batailles d'Alexandre*; le portrait d'*Ialyse* est son chef-d'œuvre, et l'occupa sept ans.

PRAXITÈLE, sculpteur. Il est célèbre par sa *Vénus*, son *amour* et son *satyre*.

POLYCLÈTE, sculpteur. Il fit plusieurs statues d'airain, celle d'un *garde des rois de Perse*, et celle de *Junon*.

LYSIPPE, sculpteur. Son *Apollon* de Tarente, sa statue

de *Socrate*, celle d'un *homme sortant du bain*, et *Alexandre encore enfant*, furent ses chefs-d'œuvre.

CHARÈS, sculpteur, auteur du *Colosse de Rhodes*, haut de 105 pieds.

NICON, architecte et géomètre, père de Galien.

Nous ne nous étendrons pas davantage sur l'article de la Grèce ; ceux qui désireront connaître à fond cette brillante partie de l'histoire ancienne, auront de quoi se satisfaire dans les *Recherches* de Paw ; dans l'*Hérodote* de Larcher ; dans l'*Anacharsis* de Barthelemy ; dans l'*Antenor* de Lantier ; dans les *Fêtes de la Grèce* ; dans l'*Histoire des Sciences de la Grèce*, par Meiners ; dans l'*Aristippe* de Wieland ; dans l'*Abrégé* de Bernard, etc., etc., etc.

ORIGINE des belles-lettres, des sciences et des arts chez les romains. La Grèce, parvenue à son point de maturité, vit le commencement de sa décadence dans l'invitation que firent les étoliens et les athéniens aux romains, de les soutenir contre Philippe : ceux-ci, après avoir secondé les vues des grecs, usèrent de la plus adroite politique pour leur imposer insensiblement le joug, tout en ayant l'air de conserver à chaque ville sa liberté, ses lois et son gouvernement. Dès-lors la splendeur de Rome, qui avait déjà dévoré Carthage, ne s'accrut plus qu'aux dépens de celle des grecs ; les sciences et les beaux-arts, disant un éternel adieu aux athéniens, passèrent en Italie, et trouvèrent plus de difficulté à s'y établir au milieu des combats, que sous le beau ciel qui les avait vu naître : ce n'est que très-tard que les romains, beaucoup plus avides de conquêtes que de gloire littéraire, cultivèrent l'éloquence et les beaux-arts. Croirait-on que sous le consulat de Publius Scipion, de Nasica, de Martius Figulinus, et sous la préture d'Aulus Albinus (an de Rome 590) ; croirait-on, dis-je, que l'on enjoignit au préteur Pomponius de veiller à ce qu'il n'y eût ni écoles ni philosophes à Rome, et qu'un décret, conservé par Aulugelle dans ses nuits attiques, fut publié contre les réthurs? Et pourquoi? Parce que trois philosophes grecs (1), venant demander au sénat une grâce pour leurs compatriotes, tirèrent les romains de leur long abrutissement, par les charmes de leur éloquence : on allait les écouter en foule; Lelius, Furius et Scipion, depuis l'Africain, furent du nombre de leurs auditeurs. Mais Caton l'ancien, croyant qu'il était de la dignité romaine de conserver la grossièreté des premiers temps, fit congédier les ambassadeurs, et l'on prit les mesures barbares dont je viens de parler, pour empêcher le goût des lettres de naître à Rome. Cependant l'éloquence des trois philosophes avait fait de profondes impressions que Caton, les pères conscrits et le décret ne pouvaient effacer. Les jeunes gens qu'ils avaient enflammés succédèrent aux vieillards dans les premières fonctions de la république; et dès-lors l'éloquence ayant de puissans protecteurs, ne redouta plus les décrets de proscription que l'on se permit encore quelquefois de lancer contre elle. C'est au temps de Scylla surtout que les lettres et la *philosophie* parvinrent à se naturaliser à Rome. Ce dictateur étant allé faire la guerre à Mithridate, et Athènes ayant refusé de lui ouvrir ses portes, il la prit d'assaut, et y exerça les plus grandes violences; mais les plus précieuses dépouilles qu'il en emporta, furent la bibliothèque d'Apellicon, qui contenait les ouvrages d'Aristote et de Théophraste. Ces écrits, portés à Rome avec ceux des grands philosophes et orateurs, donnèrent aux romains du goût pour les sciences : la jeune noblesse romaine vint en foule à Athènes, pour en étudier

---

(1) Ces trois philosophes sont l'académicien Carnéade, le stoïcien Diogène, et le péripatéticien Critolaüs. Ils venaient solliciter au sénat la remise de la somme d'argent à laquelle leurs compatriotes avaient été condamnés, pour le dégât de la ville d'Orope.

la langue. On comptait parmi cette jeunesse, César, Cicéron, Caton, etc. Enfin, on peut dire que les romains, en conquérant la Grèce, ont aussi conquis les sciences et les beaux-arts. Avant Scylla, on avait vu Scipion mettre Xénophon sous son oreiller, comme Alexandre y mettait Homère. Quel siecle que celui où l'on pouvait applaudir Térence sur la scène, prendre des leçons de vertu chez Caton et chez Brutus, entendre les harangues de César et de Cicéron, goûter les douceurs de la société chez Catulle, chez Tibulle et chez Properce, entendre Lucrèce expliquer les mystères de la nature, voir ses doutes éclaircis par le savant Varron, admirer Horace, Virgile et Ovide, lisant eux-mêmes leurs ouvrages, et enfin apprendre l'histoire de la bouche de Salluste et de Tite-Live ! Le siecle d'Auguste est un de ceux dont la gloire littéraire a le plus d'éclat, et qui, sans contredit, a le plus de droit à l'immortalité.

La *philosophie* fut aussi cultivée par les romains : elle eut des sectateurs parmi les grands ; les citoyens, les affranchis, les esclaves mêmes arborèrent l'étendard de quelques sectes ; mais le stoïcisme fut particulièrement du goût des romains.

Lucullus, attaché à la secte de l'académie ancienne fit de son palais l'asyle des savans, qui passèrent d'Athènes, à Rome : il y recueillit beaucoup d'ouvrages dont il composa une bibliothèque très-riche.

Ennius fut pythagoricien, ainsi que Nigidius Figulus, mathématicien et astronome, qui fit un traité des animaux, des augures et des vents.

Marcus Brutus vécut en stoïcien, quoiqu'il fut familier avec les différentes sectes et qu'il préféra le platonisme.

M. Terentius Varron, le plus savans des romains, était de l'ancienne académie.

M. Pison, dans son ouvrage *de Finibus bonorum et malorum*, est plutôt péripatécien qu'académicien.

Cicéron fut alternativement péripatéticien, stoïcien, platonicien et sceptique.

Quintus Lucilius Balbus fut stoïcien, ainsi que Caton d'Utique.

Torquatus, Velléius, Atticus, Papirius, Pætus, Verrius, Albutius, Pison, Pansa, Fabius Gallus, Lucrèce, Virgile, Varius, Horace et Mécène furent épicuriens.

Ovide n'embrassa aucun système, quoiqu'il les connut tous.

Manilius, Lucain, Perse, Tacite, Cneius Julius, Thraséas et Helvidius Priscus furent stoïciens.

Tite-Live n'a adopté aucun système.

Tels sont les principaux romains qui, du temps de la république, ont embrassé différentes sectes. Sous les empereurs on voit Auguste appeler près de lui tous les philosophes; Tibère les tolérer; Claude, Néron, Domitien les proscrire (1); Trajan, Adrien et les Antonins les rappeler; Septime Sévère les avoir en considération; Héliogabale les maltraiter; Alexandre Sévère et les Gordiens les supporter; enfin, on voit encore quelques empereurs les protéger jusqu'à Constantin. Alors la *philosophie*, n'osant plus lutter contre le christianisme parvenu au trône, descend au tombeau, et, pendant plusieurs siècles, les plus beaux pays du monde sont livrés à la barbarie et à l'ignorance, et à tous les fléaux dont la guerre et le fanatisme peuvent affliger l'humanité.

---

(1) Cependant on voit encore quelques personnages célèbres dans ces malheureux temps, et même après, tels que Sénèque, Épictète, Plutarque, Marc-Aurèle, etc. Sous le règne de Galien et de Salonine, sa femme, on vit un zélé platonicien, nommé Plotin, natif de Lycopolis en Égypte, qui conçut le projet de former une colonie toute composée de philosophes. A cet effet, il obtint la permission de rebâtir une petite ville de la Campanie, pour y faire pratiquer les lois idéales de la république de Platon.

Voyons parmi les romains quels sont ceux qui se sont le plus distingués dans la carrière de la poésie, de l'éloquence, de l'histoire, etc.

Les poëtes LATINS sont :

ENNIUS, connus par quelques *fragmens*.

PLAUTE, comique, qui a laissé dix-neuf *Comédies*.

TÉRENCE, comique, on a de lui six *Comédies*.

LUCILIUS, connu par quelques *fragmens satyriques*.

CATULLE, érotique.

LUCRÈCE, épique, son poëme *De rerum Naturâ* est en six livres.

GALLUS n'a laissé que des *fragmens*.

VIRGILE, épique et pastoral.

PEDO ALBINOVANUS, élégiaque : il a laissé deux *Elégies*.

CORNELIUS SEVERUS, quelques *fragmens* et l'*Ethna*.

PROPERCE, élégiaque.

PUBLIUS SYRUS, moraliste.

MANILIUS, didactique. On lui doit l'*Astronomicon*.

HORACE, lyrique, satyrique et didactique.

CORNELIUS GALLUS, élégiaque, dont on a six *Elégies* attribuées à Maximianus Gallus, qui a vécu sous Anastase.

OVIDE, élégiaque et érotique.

GRATIUS. On a de lui *Cynegæticon*.

JUL. HYGINUS, didactique et fabuliste.

TIBULLE, érotique.

GERMANICUS, mythographe.

PHÈDRE, fabuliste.

SÉNÈQUE, tragique.

LUCAIN, épique. Sa *Pharsale* est en dix chants.

PÉTRONE, satyrique.

PERSE, satyrique.

SILIUS ITALICUS, épique. Sa *Guerre punique* est en dix-sept livres.

Valerius Flaccus, didactique.

Juvénal, satyrique.

Martial, satyrique.

Statius, épique et pastoral. Sa *Thébaïde* est en douze livres, son *Achilléïde* en deux livres, et ses *Sylves* en cinq.

Nemesius, didactique et bucolique.

Jul. Calpurnius, bucolique.

Terentianus Maurus, didactique.

Claudien, héroïque, satyrique, lyrique.

Avienus, fabuliste.

Prudence. On lui doit des poésies chrétiennes.

Prosper, didactique. Il a fait un poëme contre les ingrats.

Les ORATEURS sont :

Marcus Tullius Cicéron, connu par ses *Catilinaires*, ses *Oraisons*, etc.

Hortensius, dont on n'a aucun écrit.

Jules-César, dont on n'a aucun écrit comme orateur.

Asinius Pollio. Il n'a rien laissé.

Quintilien, pour les préceptes, *Institutiones Oratoriæ*.

Les HISTORIENS latins sont :

Salluste. Il a écrit l'*Histoire de la Conjuration de Catilina* et les *Guerres de Jugurtha*, roi de Numidie.

Jules-César, célèbre par ses *Commentaires*.

Cornelius Nepos, qui a écrit la *Vie des grands Hommes de la Grèce*.

Tite-Live. Il ne reste que trente cinq livres et un *fragment* retrouvé depuis quelque temps, des cent quarante livres qu'il avait composé sur l'*Histoire Romaine* (1).

---

(1) Un savant espagnol, voyageant aux frais de son gouvernement, pour recherches scientifiques, vient, dit-on, de découvrir à Maroc le manuscrit complet de Tite-Live, écrit en langue arabe.

VELLEIUS PATERCULUS. Il a donné un *Abrégé* de l'*Histoire grecque et romaine* dont le commencement est perdu.

TACITE. On a de lui les *Mœurs des Germains*, la *Vie d'Agricola*, et des *Annales* dont une partie manque.

FLORUS. Il a écrit sur l'Histoire romaine.

SUÉTONE. Il a peint les douze Césars.

VALÈRE MAXIME. Il a laissé un ouvrage des *Faits et dits mémorables*, dont on a neufs livres.

JUSTIN. Il a donné l'abrégé de Trogue-Pompée, qui avait écrit une Histoire en quarante-quatre livres, qui ne nous est point parvenue.

EUTROPE, qui a donné un *Abrégé de l'Histoire romaine*.

AMMIEN MARCELLIN. Il a écrit une *Histoire romaine*, qui commence à la fin du règne de Domitien.

AURELIUS VICTOR. Il a composé une *Histoire romaine*, dont il ne reste qu'un abrégé.

QUINTE-CURSE. Il a écrit l'*Histoire d'Alexandre*.

OROSE. On lui doit une *Histoire universelle*.

Les SAVANS latins sont :

M. PORCIUS CATON. On a de lui un *Traité d'agriculture* (1).

CELSE, philosophe et médecin. Il a laissé un ouvrage sur la médecine, qui est très-estimé.

POMPONIUS MELA, géographe. On a de lui trois livres de *Situ orbis*.

COLUMELLE. Il a travaillé sur l'*agriculture*.

ANDROMAQUE de Crète, médecin de Néron, a laissé un *Traité de la thériaque*.

DIOSCORIDE, célèbre médecin.

---

(1) Il reste encore de lui quelques fragmens d'une histoire intitulée *des Origines*. Quant aux *Distiques moraux* qu'on lui attribue, on les croit d'un auteur du 7e ou 8e siècle.

Pline l'ancien, célèbre naturaliste.

Plinius Valérianus, célèbre médecin.

Vitruve, architecte, à qui l'on doit dix livres sur son art.

Frontin. Il a laissé divers ouvrages, sur les *stratagèmes de guerre*, sur les *aqueducs de Rome*, etc.

Les LITTERATEURS latins sont :

Parthénius de Nicée. On a de lui *Narrationes amatoriæ*.

Verrius Flaccus, a écrit un ouvrage sur la *signification des mots*.

Asconius Pédianus. Il a donné des *Commentaires sur les Oraisons de Cicéron*.

Pline le jeune. Il a laissé des *Epîtres* et le *Panégyrique de Trajan*.

Aulugele. Il nous a laissé des *fragmens* d'anciens auteurs, sous le titre de *Nuits attiques*.

Maxime de Tyr. On a de lui des *Dissertations*.

Artemidorus. Il a écrit sur les *songes*.

Apulée. On a de lui quelques ouvrages, parmi lesquels on distingue l'*Ane d'or*.

Les principaux ARTISTES de Rome sont :

Cossutius, architecte. Il était de Rome : il travailla à Athènes.

Hermodorus. Il bâtit à Rome le *temple de Mars*.

Caius Mutius Cordus, architecte. On lui doit le *Temple de l'Honneur et de la Vertu*.

Roscius, célèbre acteur, qui forma Cicéron à la déclamation.

Arcésilaüs, célèbre sculpteur, employé par Lucullus.

Timomachus de Byzance, peintre à Rome du temps de César.

Praxitèle, graveur et orfèvre à Rome.

Diogène, sculpteur à Rome, décore le Panthéon, qui fut terminé l'an 25 avant Jesus-Christ.

Caius Posthumius, architecte.

Lucius Coccéius Auctus, architecte.

Ludius, peintre.

Solon, graveur en pierres fines.

Pylade et Bathylle, instituteurs pour l'art des pantomines.

Archelaüs, sculpteur, connu par son apothéose d'Homère, trouvée près de Rome en 1658.

Zénodore, gaulois, sculpteur et graveur, qui fit les *statues colossales de Mercure et de Néron.*

Agésandre, Polydore et Athénodore font le beau *groupe de Laocoon*, que l'on a trouvé dans les ruines du palais de Vespasien, et qui, selon quelques antiquaires, n'est qu'une belle copie.

Rabirius, architecte à Rome.

Apollodore, architecte du temps de Trajan. Il a bâti le beau pont du Danube ; et à Rome, c'est sous sa direction que fut faite la place Trajane (1).

Détrianus, architecte sous Adrien.

Maxalas, graveur en pierres fines, sous Antonin.

Hippias, architecte du temps de Lucien.

Athénéus et Cléodamus, architectes sous l'empereur Gallien.

Metrodorus, architecte du temps de Constantin.

Alypius, architecte sous l'empereur Julien. C'est lui qui entreprit de rebâtir le temple de Jérusalem.

Cyriadès, architecte du temps de Théodose-le-Grand.

L'article consacré à l'histoire littéraire moderne, est

---

(1) Adrien fit mourir cet architecte, parce qu'il en avait été critiqué dans plusieurs de ses ouvrages, surtout à l'occasion du *temple de Vénus*, construit par Adrien : « Le temple n'est pas assez dégagé, écrivit-il à cet empereur ; il est trop bas, et les statues des déesses assises trop grandes : si elles veulent se lever pour sortir, elles ne le pourront pas. »

tellement étendu, qu'il ne peut trouver place ici. Nous nous contenterons de jetter un coup d'œil rapide sur la renaissance des sciences en Europe : mais commençons par les temps malheureux qui l'ont précédée. C'est au 5e siècle qu'il faut rapporter, non pas la décadence, mais la chûte totale des lettres en Italie, où était le siège de l'empire d'Occident : l'irruption des peuples du Nord acheva de plonger cet empire dans les ténèbres de la barbarie. Heureusement l'Orient conserva un reste de lumière ; Athènes, Constantinople, Thessalonique eurent encore dans leur sein quelques personnages studieux, qui se livrèrent aux sciences ; l'usage de la langue grecque se maintint à la cour de Constantinople jusqu'au 15e siècle, où Mahomet II s'en empara. Ce qui ne contribua pas peu à retenir les sciences en Orient, c'est que le trône fut toujours occupé par des empereurs grecs.

Pendant près de 1000 ans, c'est-à-dire, depuis le 5e jusqu'au 15e siècle (ce qui constitue le moyen âge), on voit l'autorité entre les mains d'hommes grossiers et ignorans, qui doivent leurs conquêtes plutôt à leur nombre ou à leur férocité, qu'à leurs talens militaires ; n'ayant point de goût pour les sciences, ils sont naturellement portés à mépriser les connaissances qui leur sont utiles. On voit des moines, des légendes, des vers léonins (mauvais vers latins rimés) ; on voit des jugemens rendus d'après les épreuves du soc de charrue, du bâton, de l'eau, du feu ; on voit des croisades entreprises pour vaincre les infidèles et extirper les hérésies ; on voit l'établissement de l'inquisition ; enfin, on voit des princes déposés par les papes, et des papes nuire aux intérets de la religion, soit par une ambition démesurée, soit par une sévérité qui quelquefois tenait de la cruauté. Pendant que l'Europe entière était en proie à tous les maux que l'ignorance, la superstition et le fanatisme traînent après eux, des hommes instruits conservaient quelques étincelles du feu sacré ; les lettres, et surtout l'histoire, étaient cultivées par des grecs byzantins, tels que Simplicius, Ammonius, Philoponus, Suidas, Jean Stobée, Photius, Michel Psellus, l'évêque Eustathe, l'évêque Eustrate, le moine Planudes, Nicétas, etc.; par des arabes ou sarrazins, tels que les califes Almanzur ou Almanzor, et Almamum ou Almamon ; les historiens Abulpharage, Abulfeda et Bohadin ; les philosophes Averroès, Al-farabi, Al-fargan, Al-hazin, etc. ; par des latins ou francs, habitant les parties occidentales de l'Europe, tels que Bède, Alcuin, Jean Erigène, Gerbert ou Gibert, Roger Bacon, etc. Mais passons au renouvellement des sciences en Europe : il date du milieu du 15° siècle à peu près. Lorsque Constantinople fut prise par Mahomet II, le 29 mai 1453, les savans d'entre les grecs qui habitaient cette ville, s'expatrièrent volontairement, malgré les efforts que fit Mahomet pour les retenir. Ils emportèrent avec eux des trésors inconnus aux turcs, c'est-à-dire, les manuscrits originaux des ouvrages des anciens auteurs grecs. Ces nouveaux exilés s'établirent les uns à Rome, d'autres à Florence, plusieurs à Venise ; enfin, ils se répandirent dans toute l'Europe, et furent partout très-bien accueillis. Les plus distingués de ces savans sont le cardinal Bessarion, Gémiste, surnommé Platon, Georges de Trébisonde, Théodore de Gaza, Démétrius Chalcondyle, Jean Lascaris, Andronic de Thessalonique et plusieurs autres. Les princes qui régnaient alors, commençant à prendre du goût pour les sciences, se déclarèrent les protecteurs des savans. Ces princes sont le pape Nicolas V, l'empereur Frédéric III, Côme de Médicis, surnommé le Père des gens de lettres ; Jean Galéas, duc de Milan ; Alphonse, roi d'Arragon et de Sicile ; Robert, roi de Naples ; Mathias Corvin, roi de Hongrie ; Frédéric Feltro, duc d'Urbin, et François Ier, roi de France. C'est d'abord en Italie que furent cultivés les sciences et les beaux-arts au 15e et 16e siècles. On eut recours aux anciens auteurs; on apprit à écrire correctement leurs langues; savoir, la grecque, avec le secours des fugitifs de Constantinople, et la latine, avec les manuscrits retirés des bibliothèques où ils étaient enfouis depuis des siècles. Quand on posséda bien ces langues, quand on eut des éditions correctes des anciens auteurs, quand on eut restitué les passages qui manquaient, et éclairci ceux qui étaient obscurs; enfin, quand on eut décrié les scholastiques et les sophistes, qui employaient un jargon brut et inintelligible, on commença dès-lors à prendre l'essor et à penser par soi-même. Platon et Aristote eurent chacun leurs partisans : Gémiste se déclara pour Platon contre Aristote; Georges de Trébizonde prit hautement le parti d'Aristote, et rabaissa Platon; le cardinal Bessarion défendit Platon, et alla jusqu'à dire « que ce philosophe a été presqu'éclairé des lumières du christianisme, et que plusieurs pères de l'église l'ont cité pour prouver les mystères; ils l'appelaient le Moyse d'Athènes; c'est pourquoi l'on ne saurait l'estimer autant qu'il le mérite, et plus on l'estime, plus on devient honnête homme. » La cour de Florence adopta la *philosophie* de Platon, qui plaisait au grand Côme de Médicis; les princes de sa maison fondèrent une académie dont tous les membres devaient être platoniciens et parler le langage éloquent et poli de leur maître. Côme, Pierre, Jean et Laurent de Médicis furent tous amateurs des lettres et protecteurs des savans. La brillante réputation dont jouissait la *philosophie* de Platon, n'empêcha point celle d'Aristote de percer : le pape Nicolas V fit traduire plusieurs ouvrages d'Aristote en latin. Alphonse Ier, qui disait, en plaisantant sans doute, qu'il aimerait mieux perdre son royaume que sa bibliothèque, chargea le platonicien Bessarion de traduire Aristote : le cardinal obéit. Malgré cela, Aristote eut d'abord peu de partisans, et ceux qui se piquaient de bien parler et de bien écrire, restèrent attachés à Platon ; tels étaient Pic de la Mirandole et son neveu Jean-François ; Hermolaüs Barbarus, patriarche d'Aquilée ; Ange-Politien, Jérôme Fracastor, etc. Mais les excès où tombèrent ces nouveaux platoniciens en soutenant le système des génies et de la préexistence des ames, et voulant faire des livres de Platon un texte divin, les couvrirent de ridicules. C'est ainsi qu'ils perdirent leur réputation, qui ne fut pas de longue durée ; car le platonisme qui, vers le commencement du 15e siècle, était l'étude des beaux esprits d'Italie, s'évanouit dans les premières années du siècle suivant. La *philosophie* d'Aristote, négligée à la renaissance des lettres, prit alors le dessus ; on lui rendit tout l'éclat dont elle jouissait du temps de la *philosophie* scholastique ; elle fut adoptée par les deux universités de Padoue et de Pise, et Aristote eut entièrement la préférence sur son rival, jusqu'au temps où Bacon et Descartes vinrent renverser ses autels. Nous terminons ici notre aride esquisse du tableau de la renaissance des lettres, pour céder la plume au célèbre Barthelemi, qui a traité le même sujet, avec sa supériorité ordinaire. Il n'offre qu'une miniature ; mais cette miniature est préférable, par les détails, à beaucoup de grands tableaux. C'est un projet de voyage dans le genre de celui du *jeune Anacharsis* : ce voyage est supposé fait en Italie vers le temps de Léon X, et prolongé pendant un certain nombre d'années. Il présente nécessairement un des plus intéressans et des plus utiles spectacles pour l'histoire de l'esprit humain. Mais laissons parler Barthelemi lui-même.

« Un français passe les Alpes : il voit à Pavie, Jérôme Cardan, qui a écrit sur presque tous les sujets, et dont les ouvrages contiennent 10 volumes in-folio. A Parme, il voit le Corrége peignant à fresque le dôme de la cathédrale ; à Mantoue, le comte Balthazar Castillon, auteur de l'excellent ouvrage intitulé : le Courtisan, *il Cortigiano* ; à Vérone,

Fracastor, médecin, philosophe, astronome, mathématicien, littérateur, cosmographe, célèbre sous tous les rapports, mais surtout comme poëte; car la plupart des écrivains cherchaient alors à se distinguer dans tous les genres; et c'est ce qui doit arriver lorsque les lettres s'introduisent dans un pays. A Padoue, il assiste aux leçons de Philippe Dèce, professeur en droit, renommé par la supériorité de ses talens et de ses lumières : cette ville était dans la dépendance de Venise. Louis XII s'étant emparé du Milanez, voulut en illustrer la capitale, en y établissant Dèce : il le fit demander à la république, qui le refusa long-temps. Les négociations continuèrent, et l'on vit le moment où ces deux puissances allaient en venir aux mains pour la possession d'un jurisconsulte.

« Notre voyageur voit à Venise, Daniel Barbaro, héritier d'un nom très-heureux pour les lettres, et dont il a soutenu l'éclat par des commentaires sur la rhétorique d'Aristote; par une traduction de Vitruve, par un traité sur la perspective; Paul Manuce, qui exerça l'imprimerie, et qui cultiva les lettres avec le même succès que son père, Alde Manuce. Il trouve chez Paul toutes les éditions des anciens auteurs grecs et latins, nouvellement sorties des plus fameuses presses d'Italie, entr'autres celle de Ciceron, en 4 volumes in-folio, publiée à Milan en 1499, et le Psautier en quatre langues, hébreu, grec, chaldéen et arabe, imprimé à Gênes en 1516.

» Il voit à Ferrare, l'Arioste; à Bologne, six cents écoliers assidus aux leçons de jurisprudence que donnait le professeur Ricini; et de ce nombre, Alciat qui, bientôt après, en rassembla huit cents, et qui effaça la gloire de Barthole et d'Accurse; à Florence, Machiavel, les historiens Guichardin et Paul Jove, une université florissante, et cette maison de Médicis, auparavant bornée aux opérations du commerce, alors souveraine et alliée à plusieurs maisons royales, qui montra de grandes vertus dans son premier état, de grands vices dans le second, et qui fut toujours célèbre, parce qu'elle s'intéressa toujours aux lettres et aux arts ; à Sienne, Mathiole travaillant à son Commentaire sur Dioscoride; à Rome, Michel-Ange élevant la coupole de Saint-Pierre, Raphaël peignant les galeries du Vatican; Sadolet et Bembe, depuis cardinaux, remplissant alors auprès de Léon X la place de secrétaires ; le Trissin donnant la première représentation de sa Sophonisbe, première tragédie composée par un moderne ; Béroald, bibliothécaire du Vatican, s'occupant à publier les Annales de Tacite, qu'on venait de découvrir en Westphalie, et que Léon X avait acquises pour la somme de cinq cents ducats d'or ; ce même pape proposant des places aux savans de toutes les nations, qui viendraient résider dans ses états, et des récompenses distinguées à ceux qui lui apporteraient des manuscrits inconnus.

» A Naples, il trouve Talésio travaillant à reproduire le système de Parménide, et qui, suivant Bacon, fut le premier restaurateur de la *philosophie* ; il trouve aussi ce Jordan Bruno, que la nature semblait avoir choisi pour son interprète, mais à qui, en lui donnant un très-beau génie, elle refusa le talent de se gouverner.

» Jusqu'ici notre voyageur s'est borné à traverser rapidement l'Italie, d'une extrémité à l'autre, marchant toujours entre des prodiges, je veux dire, entre de grands monumens, et de grands hommes, toujours saisi d'une admiration qui croissait à chaque instant. De semblables objets frapperont par-tout ses regards, lorsqu'il multipliera ses courses : delà, quelle moisson de découvertes, et quelle source de réflexions sur l'origine des lumières qui ont éclairé l'Europe! Je me contente d'indiquer ces recherches ; cependant mon sujet m'entraine, et exige encore quelques développemens.

» Dans les 5e et 6e siècles de l'ère chrétienne, l'Italie fut subjuguée par les hérules, les goths, les ostrogoths et d'autres peuples jusqu'alors inconnus ; dans le 15e, elle le fut, sous des auspices plus favorables, par le génie et par les talens. Ils y furent appelés, ou du moins accueillis par les maisons de Médicis, d'Est, d'Urbin, de Gonzague, par les plus petits souverains, par les diverses républiques : partout de grands hommes, les uns nés dans le pays même, les autres attirés des pays étrangers, moins par un vil intérêt que par des distinctions flatteuses ; d'autres appelés chez les nations voisines, pour y propager les lumières, pour y veiller sur l'éducation de la jeunesse, ou sur la santé des souverains.

» Par-tout s'organisaient des universités, des colléges, des imprimeries pour toutes sortes de langues et de sciences, des bibliothèques sans cesse enrichies des ouvrages qu'on y publiait, et des manuscrits nouvellement apportés des pays où l'ignorance avait conservé son empire. Les académies se multiplièrent tellement, qu'à Ferrare on en comptait dix à douze, à Bologne environ quatorze, à Sienne seize. Elles avaient pour objet les sciences, les belles-lettres, les langues, l'histoire, les arts. Dans deux de ces académies, dont l'une était spécialement dévouée à Platon, et l'autre à son disciple Aristote, étaient discutées les opinions de l'ancienne *philosophie*, et pressenties celles de la *philosophie* moderne. A Bologne, ainsi qu'à Venise, une de ces sociétés veillait sur l'imprimerie, sur la beauté du papier, la fonte des caractères, la correction des épreuves, et sur tout ce qui pouvait contribuer à la perfection des éditions nouvelles.

» L'Italie était alors le pays où les lettres avaient fait et faisaient tous les jours le plus de progrès. Ces progrès étaient l'effet de l'émulation entre les divers gouvernemens qui la partageaient, et de la nature du climat. Dans chaque état, les capitales et même des villes moins considérables, étaient extrêmement avides d'instruction et de gloire : elles offraient presque toutes aux astronomes, des observatoires ; aux anatomistes, des amphithéâtres; aux naturalistes, des jardins de plantes; à tous les gens de lettres, des collections de livres, de médailles et de monumens antiques; à tous les genres de connaissances, des marques éclatantes de considération, de reconnaissance et de respect.

» Quant au climat, il n'est pas rare de trouver dans cette contrée des imaginations actives et fécondes, des esprits justes, profonds, propres à concevoir de grandes entreprises, capables de les méditer long-temps, et incapables de les abandonner quand ils les ont bien conçues. C'est à ces avantages et à ces qualités réunies, que l'Italie dut cette masse de lumières et de talens qui, en quelques années, l'éleva si fort au-dessus des autres contrées de l'Europe.

» J'ai placé l'Arioste sous le pontificat de Léon X; j'aurais pu mettre parmi les contemporains de ce poëte, Pétrarque, quoiqu'il ait vécu environ cent cinquante ans avant lui, et le Tasse, qui naquit onze ans après : le premier, parce que ce ne fut que sous Léon X que ses poésies italiennes, oubliées presque dès leur naissance, furent goûtées, et obtinrent quantité d'éditions et de commentaires; le Tasse, parce qu'il s'était formé en grande partie sur l'Arioste. C'est ainsi qu'on donne le nom du Nil aux sources et aux embouchures de ce fleuve. Tous les genres de poésie furent alors cultivés, et laissèrent des modèles. Outre l'Arioste, on peut citer, pour la poésie italienne, Bernard Tasse, père du célèbre Torquat, Hercule Bentivoglio, Annibal Caro, Berni; pour la poésie latine, Sannazar, Politien, Vida, Béroard; et parmi ceux qui, sans être décidément poëtes, faisaient des vers, on peut compter Léon X, Machiavel, Michel-Ange, Benvenuto Cellini, qui excella dans la sculpture, l'orfévrerie et la gravure.

» Les progrès de l'architecture dans ce siècle sont attestés, d'un côté, par les ouvrages de Serlio, de Vignole et de Pallade, ainsi que par cette foule de commentaires qui parurent sur le traité de Vitruve ; d'un autre côté, par les édifices publics et particuliers construits alors, et qui subsistent encore.

» A l'égard de la peinture, j'ai fait mention de Michel-Ange, de Raphaël, du Corrége ; il faut leur joindre Jules-Romain, le Titien, André del Sarte, qui vivaient dans le même temps, et cette quantité de génies formés par leurs leçons ou par leurs ouvrages.

» Tous les jours il paraissait de nouveaux écrits sur les systèmes de Platon, d'Aristote et des anciens philosophes. Des critiques obstinés, tels que Giraldus, Panvinius, Sigonius, travaillaient sur les antiquités romaines, et presque toutes les villes rassemblaient leurs annales. Tandis que, pour connaître, dans toute son étendue, l'histoire de l'homme, quelques écrivains remontaient aux nations les plus anciennes, des voyageurs intrépides s'exposaient aux plus grands dangers, pour découvrir les nations éloignées et inconnues, dont on ne faisait que soupçonner l'existence. Les noms de Christophe Colomb, génois, d'Améric Vespuce de Florence, de Sébastien Cabot de Venise, décorent cette dernière liste, bientôt grossie par les noms de plusieurs autres italiens, dont les relations furent insérées, peu de temps après, dans la collection de Ramusio, leur compatriote.

» La prise de Constantinople par les turcs, en 1453, et les libéralités de Léon X, firent refluer en Italie quantité de grecs, qui apportèrent avec eux tous les livres élémentaires relatifs aux mathématiques. On s'empressa d'étudier leur langue ; leurs livres furent imprimés, traduits, expliqués, et le goût de la géométrie devint général. Plusieurs lui consacraient tous leurs momens ; tels furent Commandon, Tartaglia : d'autres l'associaient à leurs premiers travaux ; tel fut Maurolico de Messine, qui publia différens ouvrages sur l'arithmétique, les mécaniques, l'astronomie, l'optique, la musique, l'histoire de Sicile, la grammaire, la vie de quelques saints, le martyrologe romain, sans négliger la poésie italienne : tel fut aussi Augustin Nifo, professeur de philosophie à Rome sous Léon X, qui écrivit sur l'astronomie, la médecine, la politique, la morale, la rhétorique, et sur plusieurs autres sujets.

» L'anatomie fut enrichie par les observations de Fallope de Modène, d'Aquapendente, son disciple, de Bolognini de Padoue, de Vigo de Gênes, etc.

» Aldrovandi de Bologne, après avoir, pendant 48 ans, professé la botanique et la *philosophie* dans l'université de cette ville, laissa un Cours d'histoire naturelle en 17 volumes in-folio. Parmi cette immense quantité d'ouvrages qui parurent alors, je n'ai pas fait mention de ceux qui avaient spécialement pour objet la théologie ou la jurisprudence, parce qu'ils sont connus de ceux qui cultivent ces sciences, et qu'ils intéressent peu ceux à qui elles sont étrangères. A l'égard des autres classes, je n'ai cité que quelques exemples pris, pour ainsi dire, au hasard. Ils suffiront pour montrer les différens genres de littérature dont on aimait à s'occuper, et les différens moyens qu'on employait pour étendre et multiplier nos connaissances. » (*Voy. de Barthel.*)

PHOTIUS. Patriarche de Constantinople, littérateur distingué, mort en 891. On peut le mettre au rang des bibliographes, à cause de sa *Bibliothèque*, qui est un des monumens les plus précieux de la littérature ancienne. Elle renferme les extraits de 280 auteurs, dont la plupart ont été perdus, entr'autres Théopompe l'historien, et Hypéride l'orateur. Il fit cet ouvrage à l'imitation de Télèphe-le-Grammairien, qui, pour faire connaitre les bons livres, composa l'*Art des Bibliothèques*, sous l'empereur Antonin-le-Pieux. Le titre de l'ouvrage de *Photius* est : *Photii myriobiblon, sive bibliotheca librorum quos legit et censuit*

Photius, *patriarcha Constantinopolitanus*, *gr. et lat. ex versione Davidis Hoëschelii*, *cum illius et Andreæ Schotti notis*. Rothomagi, 1653, in-fol. C'est la meilleure édition de cette bibliothèque, où l'on trouve des analises faites avec art, et des jugemens dictés par le goût, sur le style et sur le fond des ouvrages (1). Suidas nous a laissé un *Lexique grec*, qui a le même avantage que l'ouvrage de *Photius* : on y trouve beaucoup de citations d'auteurs qui l'avaient précédé, et un grand nombre de fragmens de poëtes dont les ouvrages sont perdus en grande partie. Ce lexique historique et géographique est très-important, quoiqu'il ne soit pas toujours exact, et que le choix des morceaux n'annonce ni beaucoup de goût, ni beaucoup de jugement. Kuster a donné une excellente édition du *Lexicon* de Suidas, grec et latin, à Cambrigde, 1705, 3 vol. in-fol. Après avoir parlé de Suidas et de *Photius*, nous ne pouvons passer sous silence Stobée, à qui l'on doit une immense compilation, remplie de morceaux tirés des écrivains les plus estimés sur divers sujets de morale et de physique. Ce livre précieux contient une variété incroyable de pensées sur beaucoup d'objets intéressans, extraites d'une foule d'auteurs presque tous actuellement perdus. Les *Sentences* de Jean Stobée ont été traduites en latin par Conrad Gessner. Zurich, 1543, in-fol. Stobée vivait, dit-on, dans le 4e ou le 5e siècle; et Suidas sous l'empire d'Alexis Commène, qui mourut en 1118. Mais on n'a rien de certain sur l'époque précise où ils ont existé.

---

(1) Leich, professeur d'éloquence à Leipsick, a publié *Diatribe in Photii bibliothecam*. L'ouvrage le plus curieux de ce professeur est : *De origine et incrementis typographiae Lipsiensis*. Claude Capperonnier avait commencé un grand travail sur la bibliothèque de *Photius*; mais il n'a pas vu le jour. Il serait à souhaiter qu'un savant s'occupât à séparer dans cette bibliothèque tout ce qui a rapport aux livres pieux, de ce qui tient simplement à la littérature. Cette dernière partie serait très-curieuse et surtout très-utile.

PHYLACTERES. C'était autrefois des morceaux de parchemin bien choisis sur lesquels les juifs écrivaient en lettres carrées, avec soin, et avec de l'encre préparée exprès, des passages de la loi. On les roulait ensuite, et on les attachait dans une peau de veau noire, qu'on portait, soit au bras, soit au front. Il y apparence que quelques juifs conservent encore cette habitude ; car dernièrement on m'a apporté un *phylactère* trouvé sur la grande route. Les petites bandes de parchemin sont très-belles, et les caractères hébreux sont très-bien faits : les bandes ont à peu près un pouce de largeur, sur quatre à cinq de longueur ; le parchemin est fort blanc et bien choisi ; l'écriture renferme des passages des psaumes.

PHYSIOGRAPHIE. Ce mot, dont s'est servi l'abbé Girard dans son *Système bibliographique*, indique les moyens de connaître les productions de la nature, et se divise en psychologie, qui considère les êtres produits par voie de génération et doués de vie, par conséquent tous les animaux ; et en végétologie, qui comprend tout ce qui est produit par l'action continuelle de la nature, comme les plantes, les fruits, les métaux, les minéraux, les coquillages, etc.

PIERRES (Philippe - Denis). Imprimeur à Versailles. Il est né à Paris en 1741. Peu d'imprimeurs ont cultivé toutes les parties de l'art typographique avec plus de zèle et d'assiduité que le citoyen *Pierres*. Il a essayé de faire des changemens utiles dans quelques parties de son art. En 1786, il a donné la *Description d'une nouvelle Presse*, qui a été approuvée par l'académie des sciences. Depuis, il en a inventé une seconde, qui n'a ni jumelles, ni train, ni étançons : le citoyen Camus, qui en a vu l'effet, prétend qu'il n'y a que l'empire de la routine aveugle qui puisse s'opposer à l'adoption d'une machine très-simple et d'un usage très-facile. Le citoyen *Pierres* a travaillé à l'*Art de l'Imprimerie*, pour servir de suite à la *Collection des Arts de l'Académie des Sciences*. Il a donné, en 1767, une nouvelle édition du *Corn. Schrevelii manuale græco-latinum*, in-8. Il exécute lui-même fort adroitement, dit le citoyen Camus, soit en grand, soit en modèle, les machines qu'il invente pour les progrès de son art. Dans l'intention où il était de travailler à la description des progrès de l'imprimerie, il a recueilli un grand nombre de livres, portraits et mémoires curieux sur la typographie. Il a donné plusieurs lettres sur cet art dans les journaux.

PIGET (Simon). Imprimeur et libraire de Paris, au 17e siècle. Il a imprimé un grand nombre d'ouvrages, parmi lesquels on remarque : *Samuelis Petiti observationum libri quatuor*; *Rituale Græcorum*, græc. lat. auctore Goard, in-fol.; livre assez rare aujourd'hui. *Amphilochi, opera græc. lat.*, 1644, in-fol. *Piget* était très-versé dans la librairie, et son commerce s'étendait par toute l'Europe.

PINELLI (Jean-Vincent). Célèbre bibliophile, né à Naples en 1503, mort à Padoue, où il résidait depuis l'âge de 24 ans, en 1601. Passionné pour les sciences, il employa les richesses considérables que lui avait laissées Côme *Pinelli*, son père, noble génois, à se composer une bibliothèque aussi nombreuse que distinguée par le choix des livres et des manuscrits. Ses soins pour l'enrichir étaient incroyables. Il entretenait une correspondance littéraire avec tous les savans de l'Europe (1); ce qui lui procurait les

---

(1) Surtout avec Juste-Lipse, Joseph Scaliger, Sigonius, Possevin, Pancirole, Pierre Pithou, etc.

ouvrages nouveaux dignes d'entrer dans sa collection. Ses recherches sur les vieux manuscrits étaient telles, qu'il avait des émissaires dans plusieurs villes d'Italie, chargés de visiter, au moins tous les mois, les boutiques des ouvriers qui emploient beaucoup de vieux parchemins, tels que les luthiers, les faiseurs de cribles, etc.; et plus d'une fois il a, par ce moyen, sauvé de la destruction, des morceaux précieux. Il avait des connaissances universelles; mais il s'appliquait particulièrement à l'histoire, aux médailles, aux antiquités, à l'histoire naturelle, et surtout à la botanique. Il n'a publié aucun ouvrage. Paul Gualdo, qui a écrit sa vie, ne dit point de combien de volumes était composée sa riche bibliothèque; on sait seulement que, lorsqu'on la transporta par mer à Naples, elle fut distribuée en cent trente caisses, dont quatorze contenaient les manuscrits; mais elle ne parvint pas entière à ses héritiers, parce que le sénat de Venise fit apposer les scellés sur les manuscrits, et enleva deux cents pièces qui avaient rapport aux affaires de la république. Il ne faut pas confondre ce *Pinelli* avec Maffei *Pinelli*, célèbre libraire de Venise, qui avait l'un des plus beaux magasins de l'Europe : l'abbé Morelli en a fait le catalogue en 6 vol. in-8. *Venetiis*, 1787; il a été réimprimé à Londres en 1789.

PLANTIN (Christophe). Imprimeur d'Anvers, né près de Tour en 1514. Il se fit une haute réputation, tant par la beauté de ses éditions, que par leur importance, et par la quantité de presses qu'il faisait rouler, à grands frais, dans un magnifique bâtiment qu'il avait fait construire à Anvers. La dépense journalière de son imprimerie, pour les ouvriers seulement, montait à trois cents livres. Il était aussi scrupuleux que Robert Etienne dans la correction des épreuves, et les exposait aussi au public, quoiqu'il les eut revues lui-même après les savans correcteurs de son imprimerie. (1) Sa réputation commença à se répandre dans toute l'Europe en 1555. En 1565, il obtint de l'empereur un privilége général ; en 1570, il fut nommé imprimeur du roi d'Espagne ; en 1571, il prit le titre de premier et d'archi-imprimeur de sa majesté. Philippe II, roi d'Espagne, le chargea de l'impression de la fameuse polyglotte, connue sous le nom de *Bible de Philippe II*, ou *Polyglotte d'Anvers*. Cette grande entreprise faillit ruiner *Plantin*, parce que Philippe II exigea avec rigueur le remboursement des avances qu'il avait faites à l'imprimeur, pour cette magnifique entreprise. Malgré cet échec, l'historien de Thou dit que, passant alors à Anvers, il vit encore dix-sept presses roulantes dans la superbe imprimerie de *Plantin*. Sa devise était un compas avec ces mots : *Labore et constantiâ*. Ce célèbre imprimeur, après avoir imprimé une quantité innombrable d'ouvrages, mourut en 1589, âgé de 75 ans. Douza lui fit l'épitaphe suivante :

Doctorum si jacturam , Plantine , virorum
Respicimus , fateor , vixeris ipse parùm ;
Si meritum , studiumve , exantlatos que labores
Pro musis toties , vixeris ipse satis.

Quelques auteurs ont reproché à *Plantin* de ne pas savoir le latin : on croit que ce reproche n'est pas fondé, et l'on regarde comme une fable, cette assertion de Balzac, qui dit que cet imprimeur faisait semblant de savoir le latin, et que, lorsque Juste-Lipse lui écrivait en latin, il ajoutait toujours une traduction de ses lettres en flamand. Si cela était, Scaliger, qui n'était certainement pas un louangeur,

---

(1) Ces correcteurs, qu'il payait fort cher, étaient Victor Giselin, Théodore Pulman, Antoine Gesdal, François Hardouin et Corneille Kilian, qui s'appliqua pendant cinquante ans, avec beaucoup d'exactitude et de fidélité, à ce travail ingrat.

n'aurait pas donné des éloges à *Plantin*, comme il l'a fait. Outre son imprimerie, cet habile typographe avait une bibliothèque des plus riches. Il eut de Jeanne de la Rivière, sa femme, un fils qui mourut à douze ans, et trois filles, dont l'aînée (Margueritte), épouse de Raphelenge, eut l'imprimerie de Leyde ; la cadette (Martine), épouse de Jean Moret, eut celle d'Anvers, en société avec sa mère ; et la plus jeune (Magdelaine), épouse de Gille Begs, imprimeur de Paris, eut celle qui était dans cette ville. Cette dernière épousa, en secondes noces, Adrien Perrier, qui prit la devise de son beau-père. On voit par-là que *Plantin* avait des établissemens typographiques dans plusieurs villes.

PLASTIQUES (arts). Ce sont, selon l'abbé Girard, des arts par le moyen desquels on travaille la matière, pour en faire des ouvrages de consistance. Ces arts sont ou du ressort du manufacturier, qui donne à la matière qu'il emploie une espèce de nouvel être par la fusion, la composition ou le tissu, ou du ressort du manouvrier, qui ne fait que couper, tailler ou joindre les matériaux dont il se sert, sans les faire changer de nature.

PLUMES. Avant l'usage des *plumes* d'oies ou d'autres oiseaux, on se servait d'un instrument appelé *calamus*, qui était un roseau ou une canne que l'on taillait dans la forme de nos *plumes*. On employait le *calamus* pour écrire, à l'aide d'une liqueur, sur des matières délicates, telles que le papier ; car pour écrire sur les matières flexibles, on se servait du style (*voyez* ce MOT). Les traits de l'écriture faits avec le *calamus*, devaient être pour la plupart grossiers, éraillés et peu nets (1). Chardin rapporte que les orientaux

---

(1) On pense que les diplômes mérovingiens pourraient avoir été dressés avec cet instrument.

grecs, turcs et persans, se servent encore du roseau pour écrire. On ne sait pas au juste à quelle date remonte l'usage des *plumes* d'oiseaux ; on le présume du 5.e siècle, et on croit que l'on ne se servait plus de canne de roseau au 10e siècle, pour copier des manuscrits. Il y a apparence que les *plumes* et les roseaux ont eu, l'un et l'autre, cours pendant cinq siècles, et qu'enfin l'usage des *plumes* a généralement et exclusivement été adopté en Europe depuis le 10e siècle.

POLYGLOTTE. On entend par ce mot tout ouvrage écrit en plusieurs langues (1) ; mais on l'attribue plus particulièrement à certaines bibles imprimées en diverses langues. On en compte quatre principales, sur lesquelles nous allons donner quelques détails, puisque ce sont des monumens typographiques aussi curieux qu'intéressans. Ces quatre *polyglottes* sont : celle de Ximènes, celle d'Arias-Montanus, celle de le Jay, et celle de Walton.

POLYGLOTTE DU CARDINAL XIMÈNES (2). Elle a été commencée en 1502, et a été terminée en 1517 : elle est en 6.^a vol. in-fol., et on n'en a tiré que 600 exemplaires ; ce qui la rend aujourd'hui fort rare et très-recherchée. Elle contient le texte hébreu de la Bible, la version des Septante, avec une traduction littérale interlinéaire, celle de saint Jérôme ou la nouvelle vulgate, et enfin les paraphrases chaldaïques d'Onkelos, sur le Pentateuque seulement. Le Nouveau Testament s'y trouve en grec, avec sa version

---

(1) Il tire son étymologie de deux mots grecs qui signifient *multus*, plusieurs, et *lingua*, langue; ce qui revient au *multi-linguis* des latins.

(2) *Ximènes* a été ministre pendant 22 ans en Espagne, sous les règnes de Ferdinand d'Arragon, d'Isabelle de Castille, de la reine Jeanne, de Philippe Ier et de Charles d'Autriche, devenu depuis si fameux sous le nom de Charles-Quint. Ce cardinal mourut empoisonné à 81 ans ; il fut enterré à Alcala.

interlinéaire et la version vulgate-latine. Pour rendre cette édition plus conforme aux anciens manuscrits grecs, on a supprimé les accens et les esprits. *Ximènes* n'épargna point la dépense pour ce bel ouvrage ; il acheta sept exemplaires hébreux quatre mille écus, et donna tout ce qu'on voulut pour des anciens manuscrits grecs et latins ; ensorte que les frais de cette édition montèrent à plus de 50,000 écus d'or, somme considérable pour ces temps-là, et qui serait énorme aujourd'hui. Cette Bible jouira toujours d'une grande considération, quoiqu'on en ait de meilleures, parce qu'elle a la gloire d'avoir été la première et d'avoir servi de modèle aux autres. On y trouve à la fin un apparat des grammairiens, des dictionnaires et des indices ou tables.

POLYGLOTTE D'ARIAS-MONTANUS. Cette Bible a été imprimée à Anvers par les Plantins, depuis 1569 jusqu'en 1572. Christophe Plantin fit frapper les poinçons et fondre les caractères nécessaires à ce grand ouvrage, par le fameux Guillaume le Bé, qui vint à cet effet de Paris à Anvers. Philippe II, roi d'Espagne, ordonna à *Arias Montanus*, espagnol, qui possédait dix langues, et qui avait paru au concile de Trente avec distinction, de présider à cette édition. Le papier et les caractères de cette *polyglotte*, en 8 vol. in-fol., sont très-beaux. Aux quatre langues que renferme la première *polyglotte*, on a ajouté la syriaque avec la version du Nouveau Testament dans cette même langue. Ximènes n'avait mis les paraphrases chaldaïques que sur le Pentateuque, *Arias* les mit sur les autres livres de la Bible ; il enrichit encore cet ouvrage de la version interlinéaire de Sanctès Pagnin, qu'il corrigea ; mais en voulant la faire plus littérale, il la rendit barbare. *Arias* mourut à Séville, sa patrie, en 1598, âgé de 71 ans. On trouve dans la *polyglotte* d'Anvers un plus grand nombre de grammairiens et de dictionnaires, que dans celle de Complute, et l'on y a ajouté plusieurs petits traités qui ont été jugés nécessaires pour éclaircir les matières les plus difficiles du texte.

POLYGLOTTE DE MICHEL LE JAY. L'impression de cette Bible, qui est en dix grands volumes in-folio, format atlantique, commença en 1628, et fut terminée en 1645. Elle est en sept langues, et fut imprimée à Paris chez Vitré, qui fit frapper les poinçons par le Bé, fils de Guillaume, et par Jacques Sanlecque ; il fit aussi fabriquer un nouveau papier qui parut si beau, qu'il en a conservé depuis le nom de papier impérial. Le *Jay* sacrifia à ce grand ouvrage plus de 100,000 écus, et s'y ruina. Cette *polyglotte* l'emporte sur celle d'Anvers, en ce que le samaritain, qui manque à l'ouvrage d'Arias Montanus, se trouve dans celle-ci ; et le syriaque, qui n'était que dans le nouveau Testament de celle d'Anvers, se trouve aussi dans l'ancien Testament de celle de Paris : mais un grand inconvénient qui se trouve dans cette dernière Bible, c'est que le samaritain, le syriaque et l'arabe ne se trouvent pas imprimés à côté des autres langues, et il faut l'aller chercher dans d'autres volumes ; ce qui est fatiguant lorsqu'on veut comparer les sept langues ensemble : d'ailleurs, le format est si grand qu'il est incommode. Il manque aussi à cette *polyglotte* un apparat, ainsi que les grammaires et les dictionnaires qui se trouvent dans les deux précédentes ; ce qui la rend imparfaite. Guy-Michel le *Jay* mourut en 1675. Cet avocat étant devenu veuf, et se trouvant ruiné (1), se fit ecclésiastique, fut doyen de Vezalai, et obtint enfin de Louis XIV un brevet de conseiller d'état.

---

(1) Il ne tenait qu'à lui d'éviter la misère, en attachant le nom du cardinal de Richelieu à sa *polyglotte* : malgré les instances du cardinal, qui offrait de rembourser tous les frais à cette condition, il préféra à la fortune la gloire d'avoir formé seul cette grande entreprise, et refusa constamment les offres du cardinal.

POLYGLOTTE de WALTON. Elle est de toutes celles qui ont paru jusqu'alors, la plus complette et la mieux ordonnée. Briand *Walton*, évêque de Chester, rassembla un grand nombre d'hommes instruits dans les langues orientales : ils travaillèrent avec zèle et avec tant d'habileté à cette Bible, que l'impression, qui avait commencé en 1653, fut terminée en 1657 ; ce qui est moins de cinq ans de travail, pour un ouvrage en neuf langues. Cette *polyglotte* d'Angleterre a beaucoup d'avantages sur les précédentes ; d'abord elle présente la vulgate, revue et corrigée par Clément VIII, tandis que les trois précédentes n'offrent que la vulgate, telle qu'elle était avant les corrections des papes Sixte-Quint et Clément VIII. On y trouve ensuite une version interlinéaire de l'hébreu, que la *polyglotte* de Paris ne pouvait donner, n'ayant elle-même, à cet égard, d'autre version latine que la vulgate. On y trouve le texte grec des Septante, tel qu'il a été imprimé à Rome, par ordre du pape Sixte-Quint, sur le manuscrit du Vatican, dont le texte est préférable à celui dont on a fait usage dans l'édition de Paris, d'après les deux premières *polyglottes*. On y trouve encore l'ancienne vulgate extraite des écrits des SS. pères, par Flaminius Nobilius, qui la fit imprimer à Rome, de l'autorité et sous les auspices du même souverain pontife Sixte-Quint ; laquelle vulgate sert de version latine au texte grec des Septante. Enfin, on a joint à cette *polyglotte* toutes les diverses leçons d'un autre exemplaire fort ancien, qu'on appelle le manuscrit alexandrin : elle est enrichie de l'éthiopien et du persan, deux langues très-utiles pour l'intelligence de la Bible ; mais la version éthiopienne n'est que pour les psaumes, les cantiques de Salomon et tout le nouveau Testament ; et la version persane a lieu seulement pour les livres de Moyse et les quatre évangiles. La *polyglotte* d'Angleterre est en 6 vol. in-fol., d'un format plus commode que celle de le Jay. On y ajoute ordinairement le *Lexicon heptaglotton*, d'Edmond Castel, imprimé en 1686, en 2 vol. in-fol. Briand *Walton* est mort en 1661.

Outre ces quatre Bibles, on a encore les ouvrages *polyglottes* suivans, savoir : le *Psautier pentaglotte* de Justiniani, évêque de Nebbio, imprimé en 1516, en hébreu, en grec, en arabe, en chaldéen et en latin (*voyez* PORRUS); la *Bible de Draconite*, qui a donné, en 1565, les psaumes, les proverbes de Salomon, les prophéties de Michée et Joël, en hébreu, en chaldéen, en grec, en latin et en allemand; la *Bible de Raimondi*, qui devait être exécutée en dix langues, savoir : le latin, le grec, l'hébreu, le chaldéen, l'arabe, l'égyptien, l'éthiopien, l'arménien, le syriaque et le persan; la *Bible de Hutter*, publiée à Nuremberg en 1599, en hébreu, chaldéen, grec, latin, allemand de la version de Luther, et en sclavon, ou en français, ou en italien, ou en saxon; les exemplaires varient pour ces quatre dernières langues, selon les nations auxquelles ils étaient destinés; et il n'y a d'imprimé en ces quatre langues, que le Pentateuque, les livres de Josué, des juges et de Ruth; le *Psautier* et le *Nouveau Testament* du même Hutter, en hébreu, en grec, en latin et en allemand; le *Nouveau Testament* du même Hutter, en douze langues, en syriaque, en hébreu, en grec, en italien, en espagnol, en français dans la première page, et en latin, en allemand, en bohémien, en anglais, en danois et en polonais dans la seconde page; la *Bible* dite ordinairement *de Vatable*, mais attribuée à un nommé Corneille-Bonaventure Bertrand : elle est en hébreu, en grec et en latin; la *Bible de David Wolder*, luthérien, en hébreu, grec, latin et allemand; la *Bible de Polken*, imprimée en 1546, en hébreu, en grec, en chaldéen, ou plutôt en éthiopien et en latin, etc. On met encore au rang des *polyglottes*, deux Pentateuques que les juifs de Constantinople ont fait imprimer à Constantinople, dont voici les titres : *Pentateuchum qua-*

drilingue, *hebræum*, *chald.*, *pers.*, *arab.*, *omnia caractere hebraïco. Studio judæorum Constantinop.* 1546. — *Pentateuchum hebraïco-hispanic. et barbaro-græcum. Constantinopoli*, 1547, *in domo Eliezer Berab Gerson Soncinatis*. Ajoutons encore à ces *polyglottes*, celle ayant pour titre : *Quatuor Evangelia gothicè ex versione ulfilæ, item suecico, istantico et latino idiomatibus. Studio Georgii Stiernhielmi*, Stockolm, 1671. Ce qui a donné l'idée de composer des *polyglottes*, ce sont les fragmens qui nous restent des hexaples d'Origène (*voyez* HEXAPLES).

POLYGRAPHE. Ce titre se donne à un auteur qui a écrit sur plusieurs matières, et surtout à ceux qui, dans un même ouvrage, ont traité différens sujets, et en ont fait un tout qui exigeait des connaissances variées. Les *polygraphes* font une classe particulière dans les systèmes bibliographiques.

POLYGRAPHIE. Ce terme, que des bibliographes ont employé pour désigner une sous-division dans leur système bibliographique, a encore une autre acception : il indique l'art d'écrire d'une manière secrète, et l'art de déchiffrer cette écriture. *Polygraphie*, pris dans ce dernier sens, et sténographie (*voyez* ce dernier MOT), sont à peu près la même chose. Trithéme, Porta, Vigenere et Nicéron ont écrit de la *polygraphie* ou des chiffres. Les anciens connaissaient peu cette science, et ne faisaient guère usage que de la scytale laconique (*voyez* ce MOT).

POLYMATHIE. Vaste érudition, connaissance d'un grand nombre de choses bien pénétrées, bien digérées, que l'on applique à propos et pour la nécessité seule du sujet que l'on traite : ainsi un *polymathe* est un homme qui sait beaucoup de différentes choses. Juste-Lipse, Scaliger,

Saumaise, Pétau, Kircher, étaient de grands *polymathes*; Ange Politien fut un habile *polymathe*; Fontenelle avait également des droits à ce titre.

PONCTUATION. Nous parlons à l'article ORTHOGRAPHE de la *ponctuation* moderne et de ses différens signes ; nous allons traiter ici de la *ponctuation* sous le rapport paléographique, et nous la considérerons usitée sur les matières dures, dans les manuscrits, dans les diplômes et sur les sceaux.

SUR LES MATIÈRES DURES. Les anciens se servaient de la *ponctuation*, comme on en peut juger par l'inspection des tables eugubines, où chaque mot est suivi de deux points. On connaît des inscriptions où les syllabes mêmes sont séparées par des points en triangle. La croix ou l'X sert souvent de point sur les anciennes monnaies ; et les points triangulaires, placés après chaque mot, sont de la plus haute antiquité. Ordinairement les points sont ronds, noirs ou blancs, c'est-à-dire, à vide ; leur plus grand usage est de marquer les abréviations après chaque sigle (*voyez* ce MOT), ou chaque mot imparfait. Le trait horizontal — sert quelquefois de point sur les marbres et sur les bronzes ; il marque aussi l'abréviation. La virgule est quelquefois employée au lieu du point. Jusqu'au 15e siècle, l'usage ordinaire était de distinguer les mots sur les matières dures, et de les faire suivre de points. Quand on mettait des points après chaque mot, quelquefois on les supprimait à la fin des lignes. La figure des points est simple ou en triangle dont la pointe est communément en bas, ou arbitraire, comme en losange, en cœur, en feuillage, etc.

DANS LES MANUSCRITS. Montfaucon pense qu'Aristophane-le-Grammairien, qui vivait dans la 145e olympiade, c'est-à-dire, 200 ans environ avant Jesus-Christ, est l'inventeur des signes distinctifs des parties du discours. On se servit d'abord du seul point qui, placé tantôt au bas, tantôt au haut, et tantôt au milieu de l'épaisseur de la ligne, désignait un repos plus ou moins long. Quant il était en bas, il n'indiquait qu'une petite pause ou une légère respiration, qu'on appelait *incisum* chez les latins, et *comma* chez les grecs. Quand il était au milieu, il dénotait que la pause était plus grande, et que l'esprit était encore en suspens ; alors on l'appelait *membre* chez les latins, et *colon* chez les grecs. Enfin, quand il était au haut, il annonçait que le sens était terminé. Dans la suite, on divisa la seconde distinction en *demi-membre*. Ces quatre manières de ponctuer, qui étaient en usage au 9e siècle, répondent à notre virgule, nos deux points, notre point-virgule et notre point. Dans les 4e, 5e, 6e et 7e siècles, on se servait du point simple, de la virgule ou de quelqu'autre ornement fort simple, de quelques fruits, de triangle, de deux points horizontaux ou perpendiculaires, quelquefois traversés d'une ligne horizontale, de trois points triangulaires, de grands *j* consonnes surmontés de deux points, de feuilles, et enfin du point seul placé après chaque mot, dont les grecs ont conservé l'usage jusqu'au 9e siècle. Dans le moyen âge, on figura par fois le point par 7, et les deux points par 77. Les points en triangle y eurent aussi lieu. Dans le 10e siècle, le discours est terminé par différens signes, tels que la virgule surmontée de deux points, l'*y* avec un point dessus, le 7, notre point d'admiration, deux guillemets, deux ou trois points l'un sur l'autre, etc. Au 11e siècle, au lieu du point, on se servit du chiffre arabe 5, et du point avec la virgule. La *ponctuation* du 12e siècle varia beaucoup ; les trois points l'un sur l'autre y furent en usage, ainsi que le trait ——— à la fin des lignes. La *ponctuation* fut négligée dans le 13e siècle et les suivans. Les points d'exclamation furent souvent désignés par des o avec un point dedans ou à côté, avec une virgule dessus ou dedans, avec l'accent circonflexe dessus ou entre deux voyelles. La virgule est ancienne : on la trouve dans des manuscrits grecs d'environ onze cents ans, ayant la même valeur que la nôtre. L'apostrophe connue des anciens, *ain'*, *viden'*, pour *ais-ne*, *vides-ne*, n'est autre chose que la virgule.

La suppression totale ou presqu'entière de la *ponctuation* n'a eu lieu que dans les 6e, 7e et 8e siècles. Avant les rois de France de la seconde race, on rencontre beaucoup d'inexactitude dans la *ponctuation*; cependant tous les manuscrits anciens n'ont pas ces défauts : il y en a de très-corrects et de très-élégans.

DANS LES DIPLÔMES. Ce n'est que vers 940 que la séparation des mots eut lieu dans les diplômes. Les chartes de Ravennes, du 6e siècle, ne laissent aucun espace entre les mots : les mérovingiennes n'en offrent que dans la première ligne et dans les dates, mais rarement à la fin des phrases. La *ponctuation* n'a commencé dans les diplômes que sous Pépin-le-Bref, encore ceux de Charlemagne et de Louis-le-Débonnaire en offrent-ils fort peu. En 843, on ne marquait pas encore tous les signes de la *ponctuation*. Sur la fin du 9e siècle, on commença à terminer par un point les phrases dont le sens était fini. Dans le 10e siècle, la *ponctuation* régna dans le corps des pièces ; le point fit long-temps l'office de la virgule ; mais on reconnait le sens complet à la majuscule qui commence les phrases. Quant aux chartes d'Allemagne, on trouve, au 10e siècle, des points à la fin des phrases, et pour avertir du sens suspendu : les trois points perpendiculaires furent d'un grand usage à la fin d'un sens complet. La *ponctuation* d'ailleurs fut peu exacte et assez arbitraire, même au 11e siècle ; elle le fut moins au 12e : quant au 13e. on substitua des accens plutôt que des virgules à tous les points ; mais on ne tarda pas à revenir aux points, en conservant néanmoins ces accens dans les endroits où le sens n'était que suspendu.

SUR LES SCEAUX. Sous les rois mérovingiens, on ne voit nul point sur les inscriptions des sceaux; mais sous les rois de la seconde race, le point y paraît à la fin de la légende et après les sigles. Dans la suite, on vit de ces inscriptions dont tous les mots étaient séparés par des points. Dans les 11e et 12e siècles, on en voit quelques-uns sans aucun point; d'autres ont le point final suppléé par une fleur-de-lys, une étoile, etc. La *ponctuation* de ces siècles fut très-arbitraire.

Finissons cet article par dire que les différentes manières de ponctuer ont de tout temps servi à séparer les mots, ou les syllabes, ou les membres du discours, ou les phrases. Le point a encore marqué les abréviations, comme dans *quib.* pour *quibus*, *nosq.* pour *nosque*. Les lettres numérales et les sigles étaient ordinairement distingués par un point : ce signe, mis au-dessus ou au-dessous des lettres, servait à marquer les corrections; placé à la marge, à noter des sentences; au bas d'un acte, à suppléer la signature. (*Dict. dipl.*)

PONTICUS VIRUNUS (Louis). Imprimeur italien du 16e siècle. Il était historien, traducteur et éditeur. Il imprima en société à Reggio dans le Modénois en 1501, et seul en 1506.

PORRUS (Pierre-Paul). Imprimeur du 16e siècle, né à Milan, et domicilié à Turin. Il est plus connu par le *Psautier pentaglotte* (1) d'Augustin Justiniani, évêque de Néba, qu'il a imprimé, que par ses autres éditions. Les cinq langues de ce Psautier sont : l'hébreu, l'arabe, le chaldaïque, le grec et le latin : ces cinq langues, avec les

---

(1) Ce Psautier a été imprimé à Gênes, dans la maison de Nicolas Justiniani.

gloses et les scholies, forment huit colonnes in-folio. Cette édition passe pour un chef-d'œuvre; l'hébreu est imprimé avec des points, soit orthographiques, soit musicaux; les caractères grecs et romains sont très nets; mais les arabes sont de toute beauté. Ce Psautier polyglotte, imprimé en 1516, est le premier qui ait paru; car celui de Potken n'a vu le jour que deux ans après, et l'arabe y manque. Justiniani a fait tirer deux mille exemplaires de ce Psautier, croyant le vendre aisément; mais à peine le quart a-t-il été débité. Outre ces deux mille exemplaires, il en avait fait tirer cinquante sur vélin, qu'il présenta à tous les princes chrétiens, même à ceux d'une autre religion. Justiniani avait promis de donner les autres parties de la Bible, comme le Psautier; mais ayant fait naufrage en passant dans l'île de Corse, vers 1536, l'exécution de ce projet n'eut pas lieu. On croit que cette polyglotte est le seul ouvrage que *Porrus* ait imprimé en langues orientales. Il revint à Turin, et continua à y imprimer pendant plusieurs années. Sa devise était un porreau placé entre deux P, par allusion à son nom, Pierre-Paul *Porrus*, selon la coutume de ce temps, de se faire des devises parlantes.

PORTONARIS ou PORTINARI (François de). Imprimeur de Venise en 1556. On a de lui plusieurs traductions. On connaît encore un André de *Portonaris*, imprimeur à Salamanque en 1559, et un Vincent *Portonaris*, qui imprimait à Lyon dans le même temps. Etaient-ils parens? C'est ce que l'on ignore.

POTKEN (Jean). Imprimeur allemand, du 16e siècle. Il était très-savant et versé dans la connaissance des langues. Il avait voyagé dans les Indes, en Egypte, en Ethiopie, etc. pour se perfectionner dans cette connaissance. Il publia à Cologne, en 1518, un *Psautier* in-4, en quatre langues;

savoir : en hébreu, en grec, en latin, en éthiopien. Il annonçait dans la préface de cet ouvrage, qu'il le traduirait en arabe, s'il trouvait quelqu'encouragement pour cette entreprise. Il paraît que cette traduction n'a jamais eu lieu ; car on ne la connaît pas. *Potken* a imprimé à Rome en 1513, et à Cologne en 1518. Il était prêtre, grammairien et éditeur.

PRAXEONOMIE. Ce mot, que l'abbé Girard a mis à la tête de l'une des subdivisions de son *Système bibliographique*, traite des sociétés particulières et momentanées, de leurs règles, de leurs formes, etc. La *praxéonomie* se divise en aétiologie, qui embrasse les pratiques familières et domestiques, et en ludicrologie, qui comprend les jeux de hasard, d'adresse ou de conduite.

PRISCIANESE (François). Grammairien italien. Il exerçait l'art de l'imprimerie à Rome en 1542.

PROLEGOMENES. C'est un écrit qui sert d'introduction à un ouvrage, et qui renferme tout ce qui est nécessaire pour mettre le lecteur plus à portée d'entendre cet ouvrage, et de le lire avec profit. Enfin, les *prolégomènes* sont des observations préparatoires, des instructions préliminaires qu'exige l'étude de presque tous les arts et de toutes les sciences. Ce mot vient du grec *devant, je parle*. Il est presque l'opposé de *paralipomènes* (*voyez* ce Mot).

PSEUDONYME. Ce mot vient du grec, et signifie *faux nom*. Il s'applique, soit aux auteurs qui ont publié des ouvrages sous un faux nom, soit aux ouvrages même qui ont paru sous un nom supposé (1). On qualifie quelquefois les

---

(1) Les *Constitutions apostoliques* attribuées à S. Clément, pape, sont regardées comme un ouvrage *pseudonyme*.

pseudonymes, d'*allonymes*, ou d'*hétéronymes*, ou même de *cryptonymes*. Toutes ces dénominations reviennent à peu près au même ; cependant on peut voir à chacun de ces Mots la différence qui existe entre eux (1). En général, le nom de *pseudonyme* convient à ceux qui mettent à leurs ouvrages un nom factice et inventé à plaisir. Les auteurs qui ont traité des *pseudonymes* et anonymes, sont, entre les plus connus, Decker, Placcius, Baillet, etc. (2). Nous allons présenter une liste abrégée des *pseudonymes* que nous avons recueillis de différens auteurs ; nous nous garderons bien de donner celle de Baillet en entier, soit parce qu'elle est trop étendue pour notre ouvrage, soit parce qu'il y rapporte beaucoup de *pseudonymes* qui sont ou faux ou douteux. Cependant nous ne dissimulons pas que nous y ferons choix de la plupart des articles qui vont composer la nomenclature suivante. Cette nomenclature peut être utile à ceux qui ne sont pas au fait de cette partie de la bibliographie.

NOMENCLATURE des Pseudonymes ou Auteurs dont les noms sont déguisés.

NOMS SUPPOSÉS.	NOMS VRAIS.
Accords (Seigneur des. . . .	Etienne Tabourot.
Aceilly (Chevalier d'.	Chevalier de Cailly.
Acosta (Jérôme.	Richard, Simon.

---

(1) Comme nous avons oublié de parler du mot *hétéronyme*, nous croyons qu'il suffit de donner ici son étymologie : il vient de deux mots grecs qui signifient *autre* et *nom*, c'est-à-dire, nom différent de celui que l'on porte.

(2) Decker a composé *De scriptis adespotis, pseudepigraphis, et supposititiis conjecturae*. Cet ouvrage se trouve dans le suivant, de Placcius : *Theatrum anonymorum et pseudonymorum, auctore Placcio, edente Fabricio*. Baillet a donné : *Auteurs déguisés sous des noms étrangers, empruntés, supposés, feints à plaisir, abrégés, chiffrés, renversés, retournés ou changés d'une langue en une autre*. Voyez le sixième volume des jugemens des savans.

NOMS SUPPOSÉS.	NOMS VRAIS.
Actius Sincerus, Parthenopeus.	Sannazar.
Ælius Antonius Nebrissensis.	Antoine de Lebrixa, espagnol.
Afscalco (Bernardino.	Franç. Alibrandi.
Aggriato.	Jérôme Brussoni.
Agmonius, Nadabus.	François Dujon.
Agnès (Charles de Sainte-	Jacques de Chevanes.
Agnon (de Saint-	Idem.
Agricola, Christophorus.	David Schram de Nortling.
Agrippino Pisseni, Vegetio.	Pierre-Joseph Justinien.
Aimond (Jacques.	Voltaire.
Akakia et Akib.	Idem.
Akerlio.	De Guerle.
Albertus Pasiphilus.	Hermannus Buschius.
Albinus, Joannes Scotus.	Alcuin.
Alcandro ou Aleandro.	Jean-André Spinola.
Alcinio Lupa.	Pallavicin.
Alcofribas Nasier.	Rabelais.
Alcuinus.	Jean Calvin.
Aldes, Theodorus.	Mathieu Slades.
Aldinus, Tobias.	Pierre de Castelli.
Aletophile (Sébastien.	Samuel de Sorbière.
Allisus, Phœbus.	Joseph Balli.
Aloysia Sigea Toletana.	Nicolas Chorier (voyez MEURSIUS).
Alopecius, Joannes.	Jean Voss ou Vossius.
Alsinois (le comte d' (1).	Nicolas Denisot.

---

(1) On écrivait en ce temps, 1550 environ, *conte*, et non pas *comte*. Ce Denisot, peintre et poëte, était ami de Ronsard, du Bellai, Muret, etc. On le nomme en latin *Comes Alcinoüs*.

Noms supposés.	Noms vrais.
Amatus Lusitanus.	Jean Rodrigue de Castel-Branco.
Amator ou Amadeus.	Jean Mendez.
Amore (Liberius de Sancto-	Jean Leclerc.
Andræas Taxander.	André Schott.
Anglais Banni, catholique.	Louis d'Orléans.
Anglus et Albius (Thomas.	Thomas White.
Anti-Choppin.	Jean Hotman de Villiers.
Anti-Coton.	Pierre Ducoignet.
Anti-Garasse.	Etienne Pasquier.
Anti-Machiavel.	Innoc. Gentillet et Frédéric.
Anti-Sixtus.	N. Dufay.
Antistius Constans.	Spinosa.
Arbois (Sillac d'.	Jean-François Sarrazin.
Aristarque.	N. de Javersac.
Aristarchus Samius.	Gilles-Personne de Roberval.
Ariste et Eugène, Eudoxe, etc.	Dominique Bouhours.
Asceta.	François Macedo.
Atticus Secundus.	Jean-François Sarrazin.
Augustino (Franciscus à Sto-	François Macedo.
Aurelius, Petrus.	Jean du Verger de Haurane, abbé de Saint-Cyran.
Avis, Jean et Jacques.	Jean et Jacques Loisel.
Bachelier.	N. Guiot.
Baldesanus, Guill.	Bernardin Rossignol.
Banny de Liesse.	Fr.-Habert d'Issoudun.
Baronnie (François de la.	Florent Chrétien.
Baronnius, Justus.	Juste Kahl ou Calvin.
Barræus, Justus.	Jean Saubert.
Barrius Francianus, Gab.	Guillaume Sirlet.
Barthelemi.	Pierre Nicole.
Bas-Breton.	Dominique Bouhours.

NOMS SUPPOSÉS.	NOMS VRAIS.
Basilides, Thalassius.	Marin le-Roi de Gomberville.
Basile de Rouen.	François Clouet.
Bays et Drawcansir.	N. Dryden et Samuel Parker.
Bazin (l'abbé.	Voltaire.
Beaubourg (Claude de.	Antoine Arnaud.
Beaulieu.	Pierre-Thomas du Fossé.
Bernier (l'abbé.	Voltaire et Dulaurent.
Bérose, Manéthon, etc.	Jean Annius de Viterbe.
Bessin, Pierre.	Jacques Dupuy.
Beuil de Saint-Val.	Isaac le Maistre de Saci.
Big (l'abbé.	Voltaire.
Blote-Sandæus, Benedict.	Olaüs Borrichius.
Bon (le sieur le.	Antoine Arnaud et Pierre Nicole.
Bonel, Charles.	Claude Fleury.
Bonino Bonini.	Pierre-Paul Vergerio.
Bonin Benoît.	Michel Parmentier (1).
Bonneval.	Antoine Arnaud.
Bonneval.	Isaac le Maistre de Saci.
Borussus, Polyphemus.	Jean Œcolampade (*Passivé*).
Bosc (le P. du.	Nic. Perrot d'Ablancourt.
Bourg-l'Abbé (Olenix du.	Jean-Pierre Camus.
Brandinus, Sibaldus.	Barthelemi Pitiscus.
Brun (le.	Dom Morillon.
Brunswick, Henricus-Julius Dux.	Werner Konig.

(1) Imprima sous le nom de Benoît-Bonin, *Cymbalum mundi*, 1538, à Lyon.

NOMS SUPPOSÉS.	NOMS VRAIS.
Brutus, Junius.	Hubert Languet.
Buonchier.	Chérubin Bozzome.
Burgillos (Thomas de.	Félix Lopé de Vega.
Burinus, Petrus.	Florent Chrétien.
Buy, sieur de la Perrie.	Pierre de Launay.
Cabalinus, Gaspard.	Charles Dumoulin.
Cæsius, Willelmus.	Guillaume Janson de Blaew.
Calliopius.	Alcuin.
Calvaire (Eliezer du.	Jacques Gouthière ou Gutherius.
Campanus, Joannes.	Rousselet.
Campolini, Véronois.	Fr. de la Mothe-le-Vayer.
Candole (Pyrame de.	Claude Fauchet.
Cannius, Nicolaüs.	Erasme.
Capella-Veronensis, Janus.	Gilles Ménage.
Caracotta, Hyppolitus Fronto.	Pierre Dumoulin.
Carafa Card. Decius.	Antoine Carracciolo.
Carion, Joannes.	Philippe Melanchthon.
Carré, Jérôme.	Voltaire.
Castilioneus, Hieronymus.	Jérôme Cardan.
Catharinus Senensis, Ambrosius.	Lancelot Politi.
Catherine (de Sainte-	N. Thouret.
Celsus.	Grotius.
Celsus Senensis, Minus.	Lelio Socin.
Centralbo, Giulio.	Charles Bentivoglio.
Challudre.	Charles Dumoulin.
Chanteresne (de.	Pierre Nicole.
Chappelain, Jean.	Jean Armand de Richelieu.
Chariteski, Nicolas.	Voltaire.
Chlorus, Firmianus.	Pierre Viret.
Christodule, Josaaph.	Jean Cantacuzene, emper.

Noms supposés.	Noms vrais.
	de Constantinople, qui se fit moine.
Chrysippus	Libert Fromond.
Cleophilus, Octavius	François de Fano.
Clevier (Thomas du	Bonav. Desperiers.
Clouset ou Duclouset	Jean Coustel et Isaac le Maistre.
Clocpicre	Voltaire.
Cocaius Merlinus	Théophile Folengi.
Colet Champenois, Claude	Gilles Boileau.
Colvinus	Louis Dumoulin.
Columba	Jean Coster.
Comes ou de Comitibus	Majoragius.
Conchlax	Pamphile d'Alexandrie, selon Suidas; et Nicandre, selon Galien.
Constantius, Marcus-Antonius	Etienne Gardiner.
Copus, Alanus	Nicolas Harpsfeld (1).
Corallus et Cordatus	Ulric Hutten.
Corona ou Coronœus, Jea.	Jean-Etienne Menochius.
Covelle, Robert	Voltaire.
Crapin	Jean Tristan de S.-Amant.
Crassinius	Charles Sigonius.
Critobulus	S. Jérôme.
Crox (Florent de	Jean Lepelletier.
Cubstorf	Voltaire.
Cyprianus, Carthag	Erasme.

---

(1) Auteur de six Dialogues, Plantin, 1566, in-4. On lit au bas du sixième, ces lettres capitales, A, H, L, N, H, E, V, E, A, C, qui signifient : *Auctor hujus libri Nicolaus Harpesfeldus ; edidit verò eum Alanus Copus.*

Noms supposés.	Noms vrais.
Dacrianus, Abbas.	Louis Blosius ou de Blois, abbé.
Damvilliers.	Pierre Nicole.
Dendrinus, Henricus.	Jean Boom.
Desmarets.	Jean Armand de Richelieu.
Dettonville.	Blaise Pascal.
Didaculus.	P. Chaussard.
Didascalicus, Erotinus.	Jean Rhodius.
Discipulus.	Jean Herold ou Herlot, jacobin en 1418.
Dolerie.	Guillaume Postel.
Dolet.	Jérôme Alcander l'ancien.
Dolscius, Paulus.	Philippe Melanchthon.
Dysidæus, Prosper.	Fauste Socin.
Eliphilus ou Elias Philyra.	Jean Dutillet.
Emonerius Stephanus.	Théophile Raynauld.
Enotus Everhardus.	Martin Becan.
Erandre.	Honorat Laugier de Porcheres.
Erasmus, Desiderius.	Guill. Lilius ou Lesle.
Esclave Fortuné.	Michel d'Amboise de Chevillon.
Espérant (l'Humble.	Jean Leblond.
Espinœil (Charles de l'.	François Garasse.
Etiro, Partenio.	Pierre Aretin.
Eusèbe.	Nicolas Lombard et Jean Desmarais.
Eustathius.	Janus Gruterus.
Eutyphron.	Pierre Petit.
Fabio, Clément.	Don Jacinte de Villalpando, marquis d'Osera.
Fabricius Dantiscanus, Joa.	Jacques Golius.

Noms supposés.	Noms vrais.
Fallopio.	Jean Bonacci.
Faventinus Didymus.	Philippe Melanchthon.
Ferrier.	Jean Sirmond.
Fidèle.	Mathieu de Mourgues.
Fidelis Subditus.	Jérôme Moscovius.
Firmianus.	Zacharie de Lisieux.
Flaminius.	François de la Noue.
Flavianus Amandus.	David Blondel.
Francese.	François Perrot.
François Claude.	Alphonse Lemoine et Claude de Moret.
François Réné.	Etienne Binet.
Francus Franciscus.	Claude de Saumaise.
Fripelippes.	Cl. Marot.
Frizius Joachimus.	Robert Flud ou de Fluctibus.
Fronto Caracotta, Hypolitus.	Pierre Dumoulin.
Fulgentius.	Libert Fromond.
Furnesterus, Zacharias.	Hugues Doneau ou Donellus.
Gabalis (le comte de.	L'abbé de Villars.
Gallerius, Nicolaus.	Antoine Possevin.
Gallus, J.-B.	Jean de Machaud.
Gallus, Optatus.	Charles Hersent.
Gazonval (de.	Jean Sirmond.
Gemberlachius, Guil.-Rodol.	Antoine Lebrun.
Gendre (le.	Guill. Lamoignon et le Fèvre d'Ormesson.
Georges (le prieur de Saint-	N. le Tourneux.
Germain, docteur.	Pasquier Quesnel.
Germain (de Saint-.	N. de la Vergne.
Geroyle (Alce du.	Claude le Goyer.
Gerson, Jean.	Jean Charlier.

NOMS SUPPOSÉS.	NOMS VRAIS.
Gielli ou Gellius.	Nicolas Machiavel.
Ginifacio Spironcini.	Pallavicin.
Girard.	Talon de l'Orat.
Gobelinus, Joannes.	Pie II.
Godefroy, Antoine.	Ant. Arnaud et God. Hermant.
Goralle, Théodore.	Jean Leclerc.
Gordon de Précel.	Lenglet Dufresnoy.
Gouju, Charles.	Voltaire.
Grandval.	Jean Duverger de Hauranne.
Grière (de.	Henri Etienne.
Grosippus, Pascasius.	Gaspard Scioppius.
Grubinius, Oporinus.	Idem.
Gualterus, Joannes.	Janus Gruterus.
Gui Depui.	Bazas Arnaud de Pontac, évêque.
Gustavus Selenus.	Auguste de Brunswick, duc de Lunebourg.
Hailbronnerus, Jacobus.	Gaspard Barthius.
Harmatole ou Pécheur.	Georges Syncelle.
Hebius, Tarræus.	Gaspard Barthius.
Hercianinus.	Jacques Keller.
Hermodore.	Jacques de Chevanes.
Herissaye (de la.	Noel Dufail.
Herpin, René.	Jean Bodin.
Hesychius.	François Vavasseur.
Hortibonus.	Isaac Casaubon.
Hyperetes, Basilius.	Samuel Puffendorf.
Idiota.	Raimond Jordani, du 14e siècle.
Incognitus.	Michel Ayguanus ou d'Aygue.
Ingenuis (Franciscus de.	Paul Sarpi.

Noms supposés.	Noms vrais.
Innocent Égaré............	Gilles d'Aurigny.
Irenœus, Paulus..........	Pierre Nicole.
Janus...................	Ce nom est souvent employé pour *Joannes*; quantité d'auteurs l'ont adopté, croyant qu'un nom tiré de la Mythologie était plus élégant; d'autres ont pris *Iacchus* pour Jacques; *Pierius* pour Pierre; *Domitius* pour Dominique; *Egnatius*, ou *Enecus*, ou *Inachus*, pour Ignace; *Marius* ou *Marcus* pour Marie; *Annœus*, *Annius*, *Annas* ou *Annanus* pour Anne, etc.
Januarius Fronto, Quintus.	Hadrien de Valois.
Jungermannus, Hyginus Thalassius............	Pierre Mersenne.
Kercoetius Aremoricus, Ant.	Denis Petau.
Knott, Édouard...........	Mathias Wilson.
Kriegsoederus, Holofernes..	Gaspard Scioppius.
Lœtus Calvidius..........	Claude Quillet.
Lœtus, Julius Pomponius...	Petrus Calaber.
Lanel...................	Guillaume Colletet.
Latour..................	Leroy.
Laval...................	Guillaume Leroi.
Laval...................	Louis-Charles d'Albert, duc de Luynes.
Lenis, Vincentius.........	Libert Fromond.
Léon Ladulfi.............	Noël Dufail, auteur des *Propos rustiques*.
Léonard d'Arezzo.........	Bruno.

NOMS SUPPOSÉS.	NOMS VRAIS.
Licinius, Marcus.	Gilles Ménage (1).
Lindius, Stephanus.	Jean Castel.
Listrius, Gerardus.	Didier Erasme.
Lopez, Dominicus.	Fauste Socin.
Lucanus et Lucianus.	Calvin.
Lucius vel Angelus Resendius.	André de Résende, espagnol.
Lucius Christophorus Escobarius.	Cristoval d'Escobar, espagnol.
Lupa, Alcinio.	Ferrante Pallavicin.
Lusininus, Euphormio. . . .	Jean Barclay.
Lys (Samuel du.	Simon Goulart.
Macer, Jean.	J. Lebon d'Autreville.
Mandrini (Sulpice de. . . .	Jean Sirmond.
Marc (l'abbé de Saint-. . .	N. Amelot de la Houssaye.
Marcel (Louis-Fontaine de S.	Zacharie de Lisieux.
Marescot.	Papyre-le-Masson.
Marsilly.	Isaac le Maistre de Sacy.
Mascurat.	Gabriel Naudé.
Mathanasius.	De Saint-Hyacinte.
Mathieu (le Compère. . . .	Dulaurent (2).

(1) Dans l'édition de la vie de P. Montmaur, intitulée : *Vita Gargilii Mamurrae parasito-paedagogi ; scriptore Marco Licinio.*

(2) Ce Dulaurent, né en Artois, était un religieux qui, ayant apostasié, s'est retiré en Hollande, où il a composé différens ouvrages qui sont originaux, et marqués au coin d'une extrême licence. Le principal est le *Compère Mathieu*, que l'on peut regarder comme la critique la plus sanglante du *philosophisme*, c'est-à-dire, des écarts de la philosophie. C'est ce que n'y voient pas la plupart des lecteurs, qui ne font attention qu'au cadre piquant, mais dangereux, que l'auteur a donné à mille opinions plus ridicules et plus absurdes les unes que les autres. Les autres ouvrages de

NOMS SUPPOSÉS.	NOMS VRAIS.
Mathieu de Boutigny	François Sagon.
Massalia (Alexius à	Claude de Saumaise.
Masson, Papyre	Gui Patin, Jacques Gillot.
Melangæus, Hippophilus	Philippe Melanchthon.
Melrose	Jean Caramuel.
Mercator	Jacques Cujas (1).
Mere-Sotte	Pierre Gringore de Vaudemont.
Messalinus, Wallo	Claude de Saumaise.
Meursius, Joannes	Nicolas Chorier (2).
Michael, Eliachim	Jean Desmarets de S.-Sorlin.
Micheli (Olmerio de	Jérôme de Savone, religieux, auteur érotique.
Migeo, Joannes	Th. de la Thaumassière.
Minimus	S.-Jean Damascène.
Misoponerus	Isaac Casaubon.
Modestin	Jean-Pierre Camus.
Mombrigny	Pierre Nicole.

Dulaurent sont : l'*Aretin moderne*, 2 vol. in-12 ; *Imirce*, ou *la Fille de la Nature*, 2 vol. in-18 ; la *Théologie portative*, par l'abbé Bernier, 1 vol. in-12 ; et deux poëmes, dont l'un est intitulé : le *Manche à balai* ; et l'autre la *Chandelle d'Arras*. Nous le répétons, toutes ces productions sont écrites avec licence et en haine de la religion catholique, et surtout des cérémonies de l'église.

(1) Dans son *Notata Antonii Mercatoris ad libros animadversionum Joannis Roberti*. 1581, in-4.

(2) Nicolas Chorier, de Vienne en Dauphiné, avocat à Grenoble, est auteur de l'infâme production qui a d'abord paru sous le titre de *Aloysiae sigae toletanae satyra sotadica, de arcanis amoris et veneris*. Elle fut réimprimée sous le titre de *Joannis Meursii elegantiae latini sermonis*; et a été traduite sous le titre d'*Académie des Dames*. Le latin de ce livre, digne du feu, est, dit-on, très-beau.

Noms supposés.	Noms vrais.
Moni............................	Richard Simon.
Mont (le sieur du............	Isaac le Maistre de Sacy.
Montagnes (le sieur des.....	Jean Sirmond.
Montalte (Louis de...........	Blaise Pascal.
Montand, Nicolas.............	Nicolas Barnaud (1).
Montholon, Jacques..........	Pierre Coton.
Mozambano (Severinus de..	Samuel Puffendorf.
Morza (de......................	Voltaire.
Morus, Alexandre.............	Pierre Dumoulin le jeune.
Motte (de la...................	Antoine Arnaud.
Motte (de la...................	Pierre-Thomas Dufossé.
Mothe Josseval d'Arondel (de la.........................	Amelot de la Houssaye d'Orléans.
Musambertus...................	Théodore de Marcilly.
Mutus, Pompeius..............	Paul Bombino.
Mylonius, Nicolaüs...........	Antoine Possevin.
Nezechius, Nathanael........	Théodore de Bèze.
Nicocléon......................	Mathieu de Mourgues.
Norbin..........................	Jean Brinon.
Ocella Tubertus...............	Fr. de la Motte-le-Vayer.
Octave..........................	Costar de Lyon.
Obern...........................	Voltaire.
Ormegrigny (le sieur de....	Pierre Dumoulin le jeune.
Oxiorus.........................	Montaigu.
Pacemutus Analyticophilus..	Vincent Placcius.
Pacidius, Jacobus.............	Jacques Godefroi.
Pacius, Desiderius............	Guillaume Salden.
Paleophilus....................	Jacques Mentel.
Pandochœus, Helias.........	Guillaume Postel.

---

(1) Auteur du Miroir des français, dialogues, 1582, in-8.

NOMS SUPPOSÉS.	NOMS VRAIS.
Papenhausen Wolffgangus Ernestus.	Antoine Lebrun.
Papon, Louis.	Laurent Joubert.
Papyrius Carpitanus.	Charles Feramus (1).
Parrhasius Aulus Janus.	Joa.-Paul de Parisiis.
Partenio Etiro.	Pierre Arétin.
Passavantius, Bened.	Théodore de Bèze.
Passavant.	Jean-Pierre Camus.
Pécheur Pénitent.	P. Patrix de Caen.
Peregrinus.	Vincent de Lérius.
Peregrinus.	Jean Gerson (2).
Peregrinus, A. S.	André Schott.
Peregrinus Desiderius.	Michel Servet (3).
Perellius Joannes.	François Coster.
Philadelphus Romanus.	François Annat.
Philadelphe, Eusèbe.	Théodore de Bèze.
Philadelphe, Irénée.	Louis Dumoulin (4).
Philalethes, Polytopiensis.	Hortense Lando.
Philophrone.	Jean Labadie.
Phyllarque.	Jean-Goulu, feuillant.
Philomathus.	Alexandre VII, pape, poëte.
Platine, Barthelemy.	Barthelemi Saccus.
Plazzonus, Franciscus.	Jérôme Fabricius d'Aquapendente.
Polelli, Gio.-Francesco.	Charles Papin.

---

(1) Auteur du poëme satyrique, *Macrini parasito-grammatici.* HMEPA.

(2) Dans son *Testamentum quotidianum Peregrini.*

(3) Auteur du petit livre espagnol, *Tesoro de l'anima christiana.*

(4) C'est le fils de Pierre Dumoulin. Il a composé avec son père : *Commentarius rerum sui temporis in scotiâ gestarum.* Dantzic (lieu supposé), 1641, in-8.

NOMS SUPPOSÉS.	NOMS VRAIS.
Polemarque.	Jean-Pierre Camus.
Pomponius Dolabella.	Jean Sirmond.
Pontis (de.	Pierre-Thomas Dufossé.
Pyrard de Laval.	Jérôme Bignon.
Presles (le baron de.	Poncet.
Quercu (Leodegarius à.	Adrien Turnèbe.
Racemius.	Fr. Lamothe-le-Vayer.
Rasoh (le docteur.	Voltaire.
Ramirez.	Fr. Sanchez ou Sanctius, et Balthazar de Cespedes.
Rantzovius, Christophorus.	Lucas Holstenius.
Ranutius Gherus (1).	Janus Gruterus.
Rêves (Michel de.	Michel Servet.
Ricardus, Antonius.	Etienne Deschamps.
Richard, Joa.-Christop.	Jean Passerat.
Romain, François.	Louis Maimbourg.
Rolletus, Jean.	Samuel Puffendorf.
Rondinus, Julius.	Idem.
Rosette, Josias.	Voltaire.
Rossæus.	Thomas Morus.
Royaumont, prieur de Sombreval.	Nicolas Fontaine.
R. de la Ruelle.	Théodore Maimbourg.
Rutgersius, Janus.	Joseph Scaliger.
Salvatierra (Louis de.	Augustin Vasquez.
Salvator Imbroll.	Athanase Kircher.
Sanjore.	Richard Simon.
Scioppius, Andræas.	François Garasse.
Scioppius ou Schoppius, Gasp.	Jean Buxtof le jeune.

(1) La lettre *h* est de trop dans l'anagramme.

Noms supposés.	Noms vrais.
Seba Adeodatus.	Théodore de Bèze.
Secundus Atticus.	Jean-François Sarrasin.
Selenus, Gustavus.	Auguste de Lunebourg.
Severinus, Vincentius.	François Annat.
Silvanus, Jacobus.	Jacques Keller.
Simplicius, Joannes.	Jonas Schlichtingius.
Simplicius, Christianus.	Timannus Gesselius.
Sincerus, Actius.	Jacques Sannazar.
Sincerus, Christianus.	Le prince Ernest, landgrave de Hesse.
Soave Polano, Pietro (1).	Paul Sarpi.
Solitaire (le.	Le comte de Cramail.
Spironcini, Ginifaccio.	Ferrante Pallavicin.
Sprengher Ubiorum Consul.	Antoine Lebrun.
Statileus, Marinus.	Pierre Petit.
Taba, Paolo Licinio.	Tobie Pallavicin.
Tamponet.	Voltaire.
Tanaquil, Tanneguy.	Le Févre, père de madame Dacier.
Tapinus.	Jean, patriarche de Constantinople.
Tedalgo Pastore.	Le père Sébastien Paoli de Lucques.
Telliamed.	Demaillet.
Terranesa.	Melanchthon.
Tertre (du.	N. Torrentier.
Teutopulus, Teupalus, Tiepoli.	François Piccolomini.
Thalassus Jungermannus.	Pierre Mersenne.

___

(1) Il faut écrire *Paolo Sarpio Veneto*, pour faire précisément *Pietro Soave Polano*.

NOMS SUPPOSÉS.	NOMS VRAIS.
Tanatophrastus, Christianus.	Jacques Canisius.
Théophorus.	Jean Gerson.
Thessalus.	Omer Talon.
Timandre.	Jean Sirmond.
Timothée.	Salvien de Marseille.
Toso.	Jules-César Scaliger.
Tortus, Matthæus.	Robert Bellarmin.
Tosa, Philippus.	Antoine Possevin.
Traverseur des voies périlleuses.	Jean Bouchet.
Trigny (de.	Antoine Arnaud et Claude Lancelot.
Tubero, Orasius.	Fr. de la Mothe-le-Vayer.
Tyrso de Molina.	Gabriel Tellez, religieux italien, auteur dramatiq.
Vadé, Antoine	Voltaire.
Vadé, Guillaume.	Idem.
Valle (Renatus à.	Théophile Renaud.
Valle-Clausa (Petrus à.	Idem.
Vellay (François de.	Jean Sirmond.
Verinus, Simplicius.	Claude de Saumaise.
Vérité (l'abbé.	Jean Lenoir.
Veranius Modestus Pacimontanus.	Georges Cassander.
Verus Amandus.	Chrysostôme Eggenfeld.
Verus, Joa.-Bapt.	J. Rhodius.
Verus, Lucius.	Guillaume Goes.
Vezelet (Glaumalis du.	Guillaume des Autels.
Ughelli, Ferdinand.	Charles Borelli.
Villanovus, Michael.	Michel Servet.
Ville (Louis de la.	N. de Valois.
Villerius ou Villierius.	Franç. Hotman.

NOMS SUPPOSÉS.	NOMS VRAIS.
Villiomarus, Yvo,	Joseph-Juste Scaliger.
Vincentius, Nicolaus,	Joseph Scaliger.
Wendrochius, Wilhelmus,	Pierre Nicole.
Willingius, Joan.	J. Brentius.
Witus ou Whitus, Joan.	Etienne Gardiner, évêque catholique d'Angleterre.
Wolfius, Ambrosius.	Christophe Herderianus.
Xaverius.	Conrad - Samuel Schurtzfleich.
Zambeccari.	Jean - Antoine de Vera, comte de la Rocca.
Zamgcius ou Samoscius, Joa.	Charles Sigonius.
Zangmaistre, Jean-Paul.	Laurent Joubert.
Zapata.	Voltaire.
Zercovicius ou Zercowski, Joannes.	André Rosenvald.

On peut ajouter à cette liste une notice de quelques noms différens sous lesquels une même personne s'est fait connaitre ; ce qui a souvent induit en erreur les étrangers, et même des français, en leur donnant à penser que chaque nom désignait une personne différente. Ainsi sont les mêmes personnes :

Duplessis	et *Philippus Mornæus.*
De Meziriac	et *Claud.-Gasp. Bachetus.*
Des Bordes	et *Josias Mercerus.*
De Bois-Robert	et *Franciscus Metellus.*
De la Chambre	et *Marinus Curcæus.*
Ducange	et *Carolus Fresnœus.*
De Champ-Gobert	et Nicolas Pithou.
De Savoie	et Pierre Pithou.
De Chant-d'Oiseau	et Jacq. de Sainte-Marthe.

Desessarts. . . . . et Herberay.
Dufossé. . . . . et Robert Etienne jeune.
De Bessy. . . . . et Frenicle.
Dusaussay. . . . . et de l'Etoile.
De la Popelinière. . . . . . et Voysin.
De Saint-Amant. . . . . . et Jean Tristan.
De Saint-Sorlin. . . . . . et Jean Desmarets.
De Gomberville. . . . . . et Marin Leroy.
D'Andilly. . . . . et Robert Arnaud.
Despréaux. . . . . et Nicolas Boileau.
etc., etc., etc., etc.　　　etc., etc., etc., etc.

Q.

QUENTEL (Pierre). Imprimeur de Cologne, sur la fin du 16e siècle. Parmi les nombreuses éditions estimées qu'il a publiées, on distingue la collection complette des Œuvres de Denis-le-Chartreux, en 21 volumes in-folio. Le Traité de cet auteur contre l'Alcoran, est devenu rare ; en voici le titre : *Dionysii Carthusiani, contrà Alchoranum et sectam machometicam, libri V ; accedunt ejusdem de bello instituendo adversùs turcas, nec non de generali concilio celebrando, et contrà vitia superstitionum.* Coloniæ, Quentel, 1533, in-8. Cet ouvrage est singulier.

QUIPOS. Ce sont des cordons de plusieurs couleurs, qui, multipliés et noués d'une manière différente, servaient d'écritures et d'annales mémoratives aux américains lors de la découverte de leur pays par les espagnols. Tous les indiens avaient des cordes de coton qui étaient d'une certaine grosseur, et à ces cordes étaient attachés de petits cordons dont les diverses couleurs, le nombre varié et des nœuds placés de distance en distance, signifiaient les différentes choses dont on voulait se rappeler. Frezier (*Voyage de la mer du Sud*, 1716, in-4) prétend que les indiens de l'Amérique se servaient et se servent encore de nœuds de laine, pour tenir un compte de leurs affaires et de leurs denrées. L'*Inca Garcilasso* a décrit les *quipos* des péruviens. C'est surtout du côté du Chili, que l'on fait encore usage des *quipos*. Cette espèce d'écriture est la même que celle dont se servaient les chinois avant leurs *koua* (*voyez* CORDELETTES et KOUA).

R.

RABAN (Edouard). Littérateur. Il exerçait l'art typographique à Orange en 1651. Il était versé dans l'histoire et dans les antiquités.

RAPHELENGE, RAPHELEN ou RAULENGHIEN (François). Imprimeur, né à Lanoy, près de Lille en Flandre, en 1539, de parens peu fortunés. On le destinait d'abord au commerce ; mais né avec un goût invincible pour l'étude, il se rendit à Paris, où il étudia les langues grecque et hébraïque, sous le célèbre Jean Mercier. Les guerres civiles de France l'obligèrent à passer en Angleterre, où il enseigna quelque temps le grec et le latin à Cambridge. Revenu à Anvers, pour y acheter quelques livres alors assez rares en Angleterre, il visita les presses de Plantin, prit du goût pour la correction des épreuves, et demeura avec ce célèbre imprimeur, quoiqu'il fût attendu à Cambridge. Plantin, charmé de sa candeur, de sa probité et de son érudition, se l'attacha en lui donnant en mariage sa fille aînée. *Raphelenge* travailla à la grande polyglotte de Philippe II, roi d'Espagne, dont l'impression était confiée à Plantin. Il contribuait beaucoup à la beauté et à l'exactitude des éditions en langues orientales. Sa modestie souffrait rarement qu'on annonçât à la tête des livres la part qu'il avait eue à ces éditions. Son beau-père s'étant retiré à Leyde, pour y être plus tranquille, il se chargea du soin de toute l'imprimerie d'Anvers, jusqu'en 1585, qu'il alla prendre à Leyde la place de son beau-père, qui revint à son premier établissement à Anvers. Il professa la langue hébraïque à Leyde; il s'adonna à l'étude de la langue arabe, et composa un ample dictionnaire de cette langue, avec le secours de Possel et d'autres qui lui fournirent les livres dont il avait besoin pour cet ouvrage. Il a imprimé un grand nombre de livres (tous remarquables par la beauté des caractères et la sévérité de la correction), tant à Anvers qu'à Leyde. Il mettait toujours sur les frontispices : *Ex officinâ plantinianâ apud Franciscum Raphelengium.* Il mourut en 1597, laissant trois fils et une fille, qui lui succédèrent dans l'imprimerie. Ses principaux ouvrages sont des *Observations* et des *Corrections* sur la paraphrase chaldaïque ; une *Grammaire hébraïque* ; un *Lexicon arabe*, 1613, in-4 ; un *Dictionnaire chaldaïque* qu'on trouve dans l'apparat de la polyglotte d'Anvers, etc. Un de ses fils a publié des *Notes* sur les tragédies de Sénèque; des *Eloges* en vers de cinquante savans, avec leurs portraits. Anvers, 1587, in-fol. François *Raphelenge* était assez bon juge du mérite des ouvrages ; Scaliger dit qu'il avait condamné à l'oubli tous les ouvrages de Lipse, à l'exception de celui intitulé : *De constantiâ* (1). Joseph Scaliger, en annonçant à Casaubon la mort de *Raphelenge*, lui dit que les amateurs des langues orientales ont beaucoup perdu à la mort de ce savant imprimeur. Il fut imprimeur de l'université de Leyde.

RASTALL (Jean). Savant anglais. Il imprimait à

---

(1) Voyez le MANUEL BIBLIOGRAPHIQUE. *Notice préliminaire sur Juste-Lipse.* Pap. xj.

Londres en 1520. Il était beau-frère de Thomas Morus, et versé dans les mathématiques, l'astronomie, la jurisprudence et l'histoire. Il eut un fils, Guillaume *Rastall*, qui marcha sur les traces de son père, soit pour les sciences, soit pour l'art typographique. Il travaillait à Londres en 1533.

RATDOLT (Erhard). Imprimeur allemand du 15° siècle, qui, né à Ausbourg, s'établit d'abord à Venise. On est redevable à cet habile imprimeur, de l'usage d'imprimer les figures de mathématiques gravées en bois, dans le corps même de l'ouvrage. On lui attribue aussi la manière d'imprimer avec beaucoup de facilité, les lettres grises, les fleurons et les vignettes, qui, auparavant, ne se faisaient qu'à la main et au pinceau avec beaucoup de peine. On le croit encore l'inventeur de la disposition des frontispices ou titres des livres mis à la tête des volumes, et finissant par le nom de l'imprimeur ou du libraire, et par la date de l'impression. Le *Kalendarium*, imprimé par *Ratdolt* en 1476, petit in-fol., sans chiffres, pages, réclames, ni signatures, offre presque toutes les découvertes dont nous venons de parler. Cet imprimeur donna plusieurs belles éditions en société avec quelques autres imprimeurs, depuis 1476 jusqu'en 1478; et il en donna de très-belles, seul, depuis 1478 jusqu'en 1488, époque à laquelle il quitta Venise, pour retourner à Ausbourg, où il continua d'imprimer jusqu'en 1505, comme on en peut juger par cet ouvrage ayant pour titre : *Romanæ vetustatis fragmenta, in augustâ vindelicorum, ejúsque diœcesi collecta et edita à Conrado Peutingero* ; avec cette indication : *Erhardus Ratdolt, Augustensis, impressit. VIII. KLS. octob. M. D. V.* petit in-fol. bien imprimé. Le *Kalendarium* dont nous avons parlé, ne présente qu'un simple et léger essai du secret d'imprimer les figures en même temps que les lettres, inventé par *Ratdolt*; mais il usa pleinement de cette invention dans son édition de *Euclidis elementa geometrica, cum Commentariis Campani*. Dans l'épitre dédicatoire au doge Jean Mocenigo, il nous apprend qu'on lui doit cette utile découverte.

RÉCLAME. Terme d'imprimerie. C'est le mot qui se trouve au bas de la page *verso*, et qui est le même que celui qui recommence la page suivante. La *réclame* ne se place ordinairement qu'à la fin de chaque cahier, quand la feuille est partagée en plusieurs cahiers ; mais toujours au bas de la dernière page de la feuille. La *réclame* facilite le travail du relieur, et sert à rectifier les erreurs qui pourraient se trouver par hazard dans les signatures. La *réclame* a été en usage en Italie dès 1468, ainsi qu'on le voit dans le *Corneille Tacite* de Jean de Spire, à Venise ; mais on ne s'en est servi en France que vers l'an 1520. Les *réclames* datent du 11e siècle, dans les manuscrits. L'usage en est aujourd'hui assez généralement réformé.

REGIOMONTANUS MULLER ou MÜLLER de Konisberg (Jean). On prétend que ce savant, qui était mathématicien, astronome et mécanicien, a perfectionné le mécanisme de la presse de l'imprimerie, et qu'il exerça l'art typographique à Nuremberg, vers 1471.

REGISTRE. Terme d'imprimerie. Il désigne l'ordre ou la rencontre des lignes et des pages qui doivent être placées et rangées également les unes sur les autres. On appelait aussi *registre*, la série des signatures d'un volume, et on le plaçait, soit au commencement, mais plus souvent à la fin du volume : cela ne se voit que dans les anciennes éditions.

RELIURE. Nous ne parlerons point ici de l'art du relieur, ni des procédés employés dans les différentes espèces de *reliure* : cette partie est du ressort des arts et métiers ; nous nous contenterons de dire qu'on relie en parchemin, en vélin, en basane, en veau, en maroquin, en cuir de truye, en chagrin, etc. *Brocher*, c'est coudre les feuilles d'un ouvrage, pliées dans leur format, avec quelques points d'aiguille par-dessus, sans y employer de cordes, pour y faire des nervures (1). *Relier à la corde*, c'est se servir de ficelle que l'on met au dos du livre, de distance en distance, pour tenir les cahiers unis, sans pourtant y ajouter de couverture. *Relier en nerfs*, c'est relier de manière que les nervures paraissent et forment sur le dos de petites élévations de la grosseur de la ficelle. *Relier à la grecque*, c'est faire ensorte que les nervures ne paraissent point, et que le dos soit tout uni. *Relier à l'allemande ou à dos brisé*, c'est disposer tellement la partie de la couverture qui est au dos du livre, qu'elle ne soit point collée contre les nervures ; de sorte qu'en ouvrant le livre relié, on apperçoive un espace vide entre la couverture et le livre, dans toute la longueur du dos. L'art du relieur n'est guère connu que depuis l'invention de l'imprimerie ; et il paraît que, dans le principe, les relieurs ne devaient pas être très-instruits. Pasquier a observé qu'en l'an 1492, la chambre des comptes en recevant un relieur de livres et comptes, lui fit jurer qu'il ne savait ni lire, ni écrire, afin qu'il ne pût découvrir les secrets de la chambre. Depuis ce temps, cet art s'est bien perfectionné ; on estime surtout le travail des Deseuille, des Padeloup, des Derome, des Bozerian de Paris, etc. Mais tout ce qu'ont fait ces habiles relieurs doit le céder au travail d'un nommé Roger-Paper, qui vient de mourir à Londres, si on juge de la beauté d'un ouvrage par le prix qu'en exige

---

(1) On appelle nervures les ficelles autour desquelles sont retenus les fils qui attachent les feuilles ensemble.

l'artiste : lord Spencer a payé à ce Roger-Paper, quinze guinées pour la *reliure* d'un eschyle. A la Chine, on couvre les livres ordinaires d'un carton gris assez propre ; et quand on veut relier avec soin, on emploie un satin fin ou une espèce de petit taffetas à fleurs, qui est de grand prix, et destiné seulement à cet usage : on se sert aussi d'un brocard rouge à fleurs d'or ou d'argent : on ne met jamais sur la tranche, ni or, ni aucune autre couleur, comme on le pratique en Europe (1). Nos relieurs donnent aux couvertures des livres, diverses couleurs ; d'où l'on dit veau fauve, veau écaille, veau marbré, veau porphire, veau racine, etc. Bradel, à Paris, est renommé dans l'art de brocher en carton, comme Bozerian l'est dans l'art de la *reliure*, à Paris, et Noël, à Besançon.

RESCIUS (Rutger). Professeur de langue grecque à Louvain, où il établit une imprimerie en 1529. Il a laissé des notes sur quelques auteurs anciens.

RICHARDSON (Samuel). Ce célèbre romancier anglais, à qui l'on doit *Clarisse*, *Grandisson*, *Paméla*, etc., était imprimeur à Londres en 1754. On connaît encore un Jean *Richardson*, qui imprimait dans la même ville, en 1771, une *Grammaire de la langue persane*, in-4. On ignore si c'est ce même Jean *Richardson* qui a composé un Dictionnaire persan portant son nom, et imprimé à Londres en 1777.

---

(1) Il paraît qu'il en est de même en Arabie et en Turquie ; feu le citoyen Beauchamp, consul à Mascate, m'a fait présent d'un Alcoran copié sur papier de soie et relié en maroquin du Levant, sur les lieux ; la tranche n'est point coloriée comme les nôtres, et n'est point unie. Le format de cet Alcoran est à peu près in-18 ; chaque page a un cadre composé de plusieurs lignes de différentes couleurs ; il y a beaucoup de notes en marges, qui sont ou correctives ou explicatives du texte.

RICHER (Jean). Libraire-imprimeur. Il est auteur des premiers volumes du *Mercure français*. Il commença à imprimer à Paris en 1573. Il avait pour devise : *Assez à qui se contente*, écrit sur une banderole entourant un arbre verdoyant. Il fut un des libraires-imprimeurs qui suivirent Henri IV à Tours. Il exerçait encore en 1594.

RIVET DE LA GRANGE (D Antoine). Religieux de la congrégation de Saint-Maur. Il mourut à l'abbaye de Saint-Vincent-du-Mans, en 1749, âgé de 66 ans. Ce laborieux écrivain tient une place distinguée parmi les bibliographes, par son *Histoire littéraire de la France*, dont le premier volume parut en 1733. Il finissait le neuvième volume, qui renferme les premières années du 12e siècle, lorsque la mort le surprit. Il a été secondé dans ce travail immense par plusieurs de ses confrères, tels que Guillaume Roussel, Franç. Mery, François Chazal, Charles Conrade, Pierre Maloet, Joseph Duclou, Maurice Poncet et Jean Colomb. A la mort de dom *Rivet*, dom Taillandier a continué l'ouvrage jusqu'au douzième volume, qui est le dernier qui ait paru. Pour donner une idée de l'importance de cette vaste entreprise, il suffit d'en rapporter le titre : *Histoire littéraire de la France, où l'on traite de l'origine et du progrès, de la décadence et du rétablissement des sciences parmi les gaulois et parmi les français ; du goût et du génie des uns et des autres, pour les lettres en chaque siècle ; de leurs anciennes écoles ; de l'établissement des universités en France ; des principaux colléges ; des académies des sciences et des belles-lettres ; des meilleures bibliothèques anciennes et modernes ; des plus célèbres imprimeries, et de tout ce qui a un rapport particulier à la littérature : avec les éloges historiques des gaulois et des français qui s'y sont fait quelque réputation ; le catalogue et la chronologie de leurs écrits ; des remarques historiques et critiques sur les principaux ouvrages ; le dénombrement des différentes éditions ; le tout justifié par les citations des auteurs originaux.* Paris, 1733 et suiv. Le titre et le plan de cet ouvrage ont été parfaitement remplis : on y admire l'exactitude des citations et l'étendue des recherches ; mais le style est peu élégant, lourd et incorrect. Jean Liron, bénédictin de Saint-Maur, avait entrepris un ouvrage à peu près dans le genre de celui de dom Rivet. Il se proposait de donner une *Bibliothèque générale des auteurs de France*, en les séparant par provinces ; mais il n'a paru de ce vaste projet que le premier volume, contenant la *Bibliothèque chartraine*, ou *Traité des Auteurs et des Hommes illustres de l'ancien diocèse de Chartres.* Paris, 1719, in-4.

ROCOLET (Pierre). Imprimeur ordinaire du roi et de la ville de Paris, dans le 17e siècle. Il s'est plutôt fait un nom par son zèle et sa fidélité pour le roi, qui l'exposèrent mille fois à périr dans les troubles de Paris, que par ses talens dans l'art typographique. Cependant on lui doit, parmi un grand nombre d'ouvrages sortis de ses presses, les *Résolutions de l'assemblée des princes, seigneurs,* etc., imprimées en 1621 ; les *OEuvres de Bacon,* en 1626 ; l'*Instruction pour apprendre à monter à cheval, par Antoine Pluvinet,* avec de très-belles figures qui font rechercher cette édition, dont la date est de 1627. Louis XIII reconnut les services et l'attachement de *Rocolet,* en lui donnant une médaille et une chaîne d'or, accompagnée d'un brevet honorable, qu'il reçut le 5 octobre 1641.

ROGER (Charles). Imprimeur du 16e siècle, à Paris. Il imprima, en 1581, la *Défense des Religieux contre ceux qui soutiennent que l'habit de religion est pour les pauvres et paresseux,* etc. par Etienne Lusignan. Il donna, en 1588, les *OEuvres de Philon-le-Juif,* in-8, et quelques volumes des pères latins, pour d'autres imprimeurs et libraires associés sous le nom de *compagnie du grand navire*, parce qu'ils faisaient mettre un navire pour devise à la tête des livres imprimés aux frais de la société.

ROIGNY (Jean de). Imprimeur du 16ᵉ siècle, à Paris. Il était gendre du célèbre Josse Badius Ascensianus, et lui succéda dans son imprimerie. Il ne démentit point la réputation de son beau-père, et se distingua par l'élégance et l'exactitude des nombreuses éditions qui sortirent de ses presses. Il adopta la devise de son beau-père, qui représentait un attirail d'imprimerie.

ROT (Sigismond). Imprimeur à Sienne, dans le 15ᵉ siècle. On connaît deux éditions sorties de ses presses: l'une est *Florus de gestis romanorum*, sans date; et l'autre est *Ciceronis clausulæ epist.* 1489. Dominique de Lapsis a imprimé plusieurs livres à Bologne, en 1476, pour un Sigismond, qui se surnommait *de Libris*. On ignore si ce Sigismond est le même que celui dont il est question en tête de cet article.

ROUILLE ou ROVILLE (Guillaume). Imprimeur de Lyon, dans le 16ᵉ siècle. On doit à ce typographe beaucoup de belles éditions latines, françaises et italiennes. Il aimait à enrichir ses éditions d'estampes, et n'épargnait rien pour faire tirer les portraits des grands hommes et faire graver les animaux et les plantes ; mais il ne se piquait pas de beaucoup d'exactitude pour la ressemblance dans ses gravures. On prétend même que, relativement aux médailles, il en a beaucoup donné, comme véritables, qui n'ont jamais existé. Il publia, en 1553, le *Promptuaire des médailles*, etc. en latin, français et espagnol, qui est divisé en deux parties : la première contient les portraits des grands hommes, depuis la création jusqu'à J.-C. ; et la seconde, depuis J.-C. jusqu'au temps où vivait cet imprimeur. Il avait deux devises ; sur l'une ces mots : *Rem maximam sibi promittit prudentia* ; et sur l'autre : *In virtute et fortuna*. Philippe-Gauthier *Rouille*, poëte et neveu du précédent, devint imprimeur à Paris en 1564.

ROUSSEAU (Pierre). Littérateur. Il prit une imprimerie à Liége en 1758, et s'établit à Bouillon en 1760.

ROY (Adrien le). Musicien qui a écrit sur l'art de la musique, et qui a exercé l'imprimerie à Paris en 1551.

RUDDIMANN (Thomas). Savant anglais, qui a été imprimeur à Edimbourg en 1724.

RUNES. Ce sont des espèces d'hiéroglyphes ou de caractères stéganographiques dont on se servait dans le Nord, et qui ont précédé l'invention des lettres grecques. Selon Stiernhielmius, ce mot vient du théotisque ou teuton *rocna*, qui signifie *savoir*, *connaître*; selon Wormius, il vient de *rinna*, sillon ; et selon d'autres, il vient de *ranna* ou *renna*, qui, dans tous les anciens idiomes du Nord, tels que l'islandais, le suio-gothique, le cimbrique, l'anglo-saxon, le germain, le gothique d'Ulphilas, etc. signifie *courir*, *fuir*, *couler rapidement*, *abréger* (1). Eric Schroderus attribue l'invention des *runes* au scythe Magog (2); et il ajoute que cette découverte fut communiquée par ce Magog à Fuiscon, chef des germains, l'an du monde 1799. Rudbeck, qui

---

(1) Vieyra, dans son livre intitulé *Methodus addiscendi arabicam linguam et hodiernam persicam*, Dublin, 1789, observe que la lettre R entre dans la composition de tous les mots qui expriment le mouvement, la rapidité.

(2) Voyez la préface de son *Lexique latino-scandinave*.

avait examiné plus de douze mille tombeaux, dont un grand nombre datent, selon lui, du 3ᵉ siècle après le déluge, est de cette opinion (1). Il ne compte d'abord que seize *runes* primitives, qu'il regarde comme les plus anciennes lettres de l'Europe, et auxquelles il donne la même antiquité qu'aux tombeaux du 3 siècle ; et pour démontrer que les *runes* n'ont aucun rapport avec les lettres gothiques, hébraïques, phéniciennes, grecques et latines, il a inséré dans son Atlas une table comparative de ces différens caractères. Vérélius, qui en a publié une à peu près semblable dans sa *Runographie*, l'un des meilleurs ouvrages qui aient paru dans le siècle dernier sur les antiquités du Nord (2), ne donne point aux *runes* une invention aussi ancienne que Schroderus et Rudbeck : il en attribue l'invention aux scaldes (*voyez* ce MOT) et aux spekinges, nom que l'on donnait aux conseillers des rois : il s'élève fortement contre l'opinion de ceux qui disent Ulphilas, évêque, goth d'origine, inventeur des *runes*. Cet évêque, qui connaissait la langue grecque, en emprunta des caractères pour suppléer à ce qui manquait à sa langue naturelle, et forma un nouvel alphabet runique, composé de vingt-six lettres, les classa dans un nouvel ordre, leur donna une nouvelle dénomination, de nouvelles propriétés. C'est ce qui fait que l'on distingue deux sortes de *runes*, les anciennes et les nouvelles. Ainsi, pour bien connaître les *runes*, il faut les considérer dans leur état primitif ; ensuite sous les diverses acceptions

---

(1) Voyez le tome III de son *Atlantica, sivè Manheim, vera japheti posterorum sedes ac patria*, 1679, 1689 et 1698, 3 vol. in-fol. Cet ouvrage devait avoir un quatrième tome, qui est resté manuscrit. On remplace ce quatrième tome par un atlas de 43 cartes avec deux tables chronologiques.

(2) L'ouvrage de Vérélius est intitulé : *Olai Verelii manuductio compendiosa, ad runographiam scandicam antiquam rectè intelligendam. Opus latinè succicè conscriptum, cum figuris.* Upsalæ, 1675, in-fol.

mystérieuses que les septentrionaux leur donnèrent dans des temps plus modernes, lorsqu'ils s'en servirent pour exprimer les secrets de la magie. Odin et les Ases, ses compagnons, apprirent la magie aux scandinaves, selon Vérélius, et firent usage des *runes* pour en exprimer les mystères. C'est alors qu'on appela les *runes* ordinaires, c'est-à-dire, étrangères à la magie, *malruner* : on les divisa en deux classes ; les *primitives* ou *runes* vulgaires, qui se trouvent sur tous les cyppes de la Suède et du Danemarck, et les *helsingiques* (1), ainsi nommées, parce qu'elles étaient particulières à cette nation (2). On croit qu'Odin, ce célèbre législateur du Nord, a vécu au commencement de l'ère chrétienne : il fit donc usage des *runes*. Ce fut vers l'an 1000 que ces caractères cessèrent d'être en usage chez les peuples du Nord : Eric Schroderus rapporte un passage d'un manuscrit ancien qu'il a vu en 1637, et qui porte qu'Olaüs, roi de Suède, attribuant aux *runes* la difficulté qu'éprouvait la religion chrétienne à s'introduire dans ses états, assembla, en 1001, tous les grands du royaume : on convint d'y substituer les lettres romaines, et de brûler tous les livres relatifs à l'idolâtrie. Malheureusement la majeure partie de ceux qui contenaient l'histoire et les antiquités de la nation, furent la proie des flammes. On présume que les ouvrages de Jorunderus-Gissurus, de Schulemontanus et d'Alterus-Magnus, y périrent. L'usage des *runes* se perdit donc insensiblement ; et c'est

---

(1) Ihre observe que, dans les *runes helsingiques*, la ligne perpendiculaire ne se retrouve pas toujours, mais seulement les petites lignes distinctives qui servent à les modifier.

(2) L'Helsingie ou Helsingland est une des provinces septentrionales de la Suède, qui a 65 lieues du couchant au levant, et 20 du nord au sud. Elle est pleine de montagnes et de forêts : elle n'a pas de villes, mais ses principaux bourgs sont Hudwicwad, Alta et Dilsbo. Moreri l'appelle Helsingre.

en 1598 que Jean Burée, célèbre antiquaire suédois, les retrouva dans divers monumens d'astronomie et d'architecture, en Suède, en Danemarck et en Norwège. Sans ses innombrables recherches (1), les *runes* seraient encore une stéganographie aussi obscure et aussi mystérieuse que les hiéroglyphes d'Egypte. Magnus Celsius, professeur à Upsal, son fils Olaüs Celsius, Eric Benzelius et Olaüs Vérélius, aidés des lumières de Burée, complétèrent ses travaux sur les *runes*. Malheureusement ce genre d'érudition, indispensable à quiconque veut étudier les antiquités et l'histoire du Nord, est concentré dans les académies et les universités du Danemarck et de la Suède. Passons à la nature et aux usages des *runes*. Les septentrionaux donnaient à chacun de ces caractères le nom de quelqu'objet pris dans la nature, comme homme, soleil, étoile, etc. Ces diverses dénominations n'étaient pas les mêmes partout; chaque peuple donnait à ses *runes* des dénominations différentes; mais les figures des lettres ne différaient pas ou différaient peu entre elles. La forme des caractères était très-simple : c'est toujours un I droit qui en fait la partie constitutive ; les légères différences qu'on remarque entre eux ne viennent que d'une ligne plus ou moins latérale, ou plus ou moins transversale. Les *runes* se plaçaient ordinairement de gauche à droite, comme les lettres latines ; mais les *runes* qu'on appelle *wenderunner* (*retroversæ runæ*), se traçaient comme les lettres hébraïques, de droite à gauche. On trouve aussi plusieurs cyppes où elles sont gravées de bas en haut, obliquement ou même circulairement. Olaüs Wormius (2) divise les *runes* en voyelles, *raddarstafar*; en

---

(1) Elles sont consignées dans son ouvrage intitulé : *Runakan stoner Larespàn*.

(2) L'ouvrage d'Olaüs Wormius, médecin danois, père de 18 enfans, mort recteur de l'académie de Copenhague en 1654, est intitulé : *Danica litteratura antiquissima, sivè gothica*, 1651, in-fol.

consonnes, *sambiodendar*; en demi-voyelles, *halfraddars-tafur*; en muettes, *dumbar*; et enfin en diphtongues, *lipningar*. Vérélius, qui préfère Jean Buræus ou Burée à Wormius, divise les *runes* en simples ou ordinaires, en *staprunes* ou *runes* renversées, et en *runes* rétroversées. Les mêmes caractères sont employés dans les premières, pour exprimer le G et le K, le D et le T, l'A et l'F. Il est à remarquer, dit Vérélius, que plus les monumens sont anciens, mieux les *runes* sont gravées. Les islandais divisent les *runes* en trois classes : la première en contient six ; la seconde cinq ; et la troisième cinq. Les trois dernières servent plus communément dans la numération que dans l'écriture. A ces diverses *runes*, que l'on trouve aussi dans le *Liodsgrein* de Snorro, Vérélius en ajoute encore une autre espèce nommée *villuruner* (*runes* cryptiques ou sépulchrales). On trouvera l'histoire complète des *runes*, de ces hiéroglyphes si simples qui comprennent tous les mystères de la théologie des anciens peuples septentrionaux, dans les ouvrages de Buræus, de Vérélius et de l'islandais Snorro (1).

RYFER (Isorius). Imprimeur de Wirstbourg *(Herbipolis)* en Allemagne, au 15e siècle. Il a publié un missel : *Missale in usum Ecolesiæ Herbipolensis*. Herbipoli, 1481, in-fol. On trouve à la fin de ce livre un privilége en latin, donnant pouvoir à Isorius *Ryfer* d'imprimer ces sortes de missels, et de les orner de rubriques. On n'a parlé jusqu'ici de cet ouvrage que comme manuscrit ; il se trouve cependant imprimé à la bibliothèque d'Oxford.

---

(1) On a de Sturlesonius Snorro : *Chronicon regum norwegorum*, et *Edda Islandica*, que Mallet a traduit. *Voyez* EDDA.

S.

SAAS (Jean). Chanoine de Rouen, mort en 1774, à 72 ans. Ce bibliographe instruit a laissé des manuscrits intéressans, et plusieurs ouvrages utiles et instructifs, parmi lesquels nous remarquons : *Notice des manuscrits de l'église de Rouen*, 1746, in-12. Tassin en a donné une nouvelle édition, revue et corrigée, en 1747; *Lettres sur le Catalogue de la bibliothèque du roi*, 1749, in-12; *Plusieurs Lettres critiques sur le Supplément de Moreri*, 1735; — *sur l'Encyclopédie*, etc.

SADDER. Livre sacré des parsis ou guèbres, qui enjoint à tous les fidèles de souvent penser à leurs fautes, de les confesser à un prêtre ou à un laïc recommandable par sa piété, ou à Dieu devant le soleil.

SAINT-PAUL (Francisco-Barletti de). Ancien secrétaire du protectorat de France, en cour de Rome. Cet ingénieux auteur a fait, en 1775, des expériences relatives à la typographie et mentionnées dans l'ouvrage suivant : *Nouveau Système typographique, ou Moyen de diminuer de moitié, dans toutes les imprimeries de l'Europe, le travail et les frais de composition, de correction et de distribution, découvert, en 1774, par madame de ****. Paris, imprim. roy. 1776, in-4. Ce système consiste à employer dans la composition typographique, au lieu de lettres isolées comme à l'ordinaire, des lettres réunies formant un son, de sorte que chaque son composé de plusieurs lettres, comme *am*, *ion*, *ains*, *illes* (1), ne serait plus exprimé que par un

---

(1) Il y a des combinaisons ou ligatures de deux, de trois, de quatre et de cinq lettres.

seul caractère coulé d'un seul jet, quoique renfermant plusieurs lettres : ce serait, pour ainsi dire, une composition par syllabes, au lieu d'une composition par lettres. Ce système aurait opéré une grande réforme dans les fonderies, et augmenté la casse (1); mais il aurait en même temps beaucoup diminué le travail; car sur quinze lignes et demie données de cicero, justification in-8, on a eu suivant l'ancienne méthode, 619 opérations (2), et suivant la nouvelle, 374 seulement : c'est une différence de 245 de gain. On a été une heure douze minutes et treize secondes pour composer, corriger et distribuer ces quinze lignes et demie, suivant l'ancienne méthode, et seulement quarante-trois minutes trente-huit secondes, suivant la nouvelle : c'est donc vingt-huit minutes trente-cinq secondes de gain sur une heure et un quart à peu près. Ajoutons que les frais de composition auraient aussi diminué de moitié; vingt feuilles cicero, qui coûtaient 160 fr. de composition, n'en auraient coûté que 80. La composition aurait été plus facile, et les fautes typographiques plus rares, etc., etc. Nous n'entrerons pas dans d'autres détails sur ce système, qui n'a pas prévalu, malgré qu'il ait été approuvé par MM. Desmarets, de l'académie des sciences, et Barbou, imprimeur, commissaires nommés pour en rendre compte. Ces détails sont si multipliés et exigent tant de calculs, qu'ils nous forcent à renvoyer le lecteur à l'ouvrage même.

On a annoncé dans les journaux, en 1786, qu'il s'était formé à Londres un établissement typographique, sous le

---

(1) La casse devait avoir 19 pouces de plus en largeur que la casse ordinaire, et 3 de moins en hauteur : elle devait contenir plus de 343 cassetins, outre une casse à coulisse mise en dessous pour les capitales. La casse d'usage la plus complète en tout genre, ne contient que 304 cassetins.

(2) On entend par opération, le mouvement que l'on fait pour prendre la lettre dans le cassetin, et la placer dans le composteur.

nom de *logographie* (1), consistant à composer, non avec de simples lettres, mais avec des syllabes ou même des mots tout formés. Cette méthode n'a pas eu plus de succès que celle dont nous parlons plus haut. M. Pierres, imprimeur, cité dans notre ouvrage, en a fait sentir les inconvéniens, et son opinion doit être d'un grand poids en fait de typographie. Ajoutons encore qu'en 1799, le citoyen Pront a publié un ouvrage de sténographie sous ce titre : *Elémens d'une typographie qui réduit au tiers celle en usage, et d'une écriture qui gagne près des trois quarts sur l'écriture française ; l'une et l'autre applicables à toutes les langues.* Paris, Fuchs, an 7, 1 vol. in-8, avec 47 planches. Cet ouvrage renferme trois parties : la typographie occupe la première ; la seconde a pour objet l'écriture ; et le système abrégé des chiffres est le sujet de la troisième.

SALLIER (Claude). Prêtre, garde de la bibliothèque du roi, mort en 1761, âgé de 75 ans. Ce savant bibliographe est avantageusement connu dans la république des lettres, par une infinité de mémoires précieux dont il a enrichi le recueil de l'académie des inscriptions et belles-lettres. Ces mémoires attestent ses connaissances profondes dans la critique grammaticale, dans l'histoire ancienne et

---

(1) On entend aussi par *logographie* la manière d'écrire un discours à mesure qu'il se prononce ; car *logographie* vient de deux mots grecs qui signifient *discours* et *écriture*. Dans le commencement de la révolution française, il y avait à côté de la salle des séances de l'assemblée constituante, sept à huit écrivains rangés autour d'une table ronde, chargés de recueillir ce qui se disait, soit à la tribune, soit dans l'intérieur de la salle. On les appelait *logographes*. On trouvera dans le Journal de Paris, 1790, les procédés qu'ils employaient. Mais comme cette méthode avait l'inconvénient de n'être pas toujours fidèle, d'exiger beaucoup de coopérateurs, d'être sujette à des erreurs et à des distractions, elle a été abandonnée et remplacée dans la suite par la sténographie. *Voyez* ce MOT.

moderne, dans les sciences et les arts, dans la bibliographie. C'est sous le rapport de cette dernière science que nous le citons ici comme auteur du long et curieux Mémoire sur l'histoire de la bibliothèque nationale, qui se trouve en tête du premier volume du catalogue de cette bibliothèque. C'est à ses soins que l'on doit les sept à huit premiers volumes de cette bibliothèque. Il n'en existe encore que dix volumes in-folio, savoir, quatre pour les manuscrits, trois pour la théologie, deux pour les belles-lettres, et un pour la jurisprudence.

SALLO DE LA COUDRAYE (Denis de). Nous donnons une place à ce littérateur dans notre Dictionnaire, parce que c'est lui qui a conçu le premier projet du Journal des savans, qu'il donna en 1665 sous le nom d'Hédouville, l'un de ses domestiques. Ce journal a toujours été précieux sous le rapport littéraire et bibliographique. Son auteur ayant piqué l'amour-propre de certains écrivains dont il analisait les ouvrages, le journal fut supprimé treize mois après son établissement. *Sallo* eut pour successeur l'abbé Gallois, qui se borna à de simples extraits ; l'abbé de la Roque remplaça l'abbé Gallois en 1675, et le fut lui-même par le président Cousin, etc. En 1701, le chancelier de Pontchartrain le confia à une société de savans ; et les Bignon, les Derochepot, les d'Aguesseau, les d'Argenson, les Devienne, les Malesherbes, devinrent ses protecteurs. Sous de tels auspices, ce journal acquit beaucoup de considération, et sa réputation se soutint jusqu'en 1792, époque à laquelle les crises politiques portèrent atteinte aux sciences et aux lettres. Les années 1707, 1708 et 1709 ont chacune un volume de supplément. On l'a imprimé en Hollande sous format in-12, et l'on y a ajouté des observations tirées du Journal de Trévoux. L'abbé de Claustre a publié pour ce journal une table de matières en 10 vol. in-4 ; elle est faite avec soin et intelligence. On a repris ce journal après les momens les plus orageux de la révolution française. Remontons aux temps où il a commencé. A l'exemple des français, la plupart des peuples de l'Europe voulurent avoir des ouvrages périodiques. Jean Leclerc, en 1686, donna en Hollande sa *Bibliothéque universelle et historique*; Bayle fit paraître sa *République des Lettres*; Mencke fit imprimer à Leipsick, en 1682, ses *Acta eruditorum*; on vit paraître la *Bibliothèque germanique*, la *Bibliothèque italique*, les *Ephémérides des Curieux*, le *Giornale dei letterati d'Italia*. Dans la suite parurent le *Mercure de France*, les *Mémoires pour l'histoire des sciences et beaux-arts*, l'*Année littéraire*, l'*Observateur littéraire*, la *Sémaine littéraire*, le *Journal de Trévoux*, le *Journal ecclésiastique*, le *Journal chrétien*, le *Journal économique*, le *Censeur hebdomadaire*, la *Feuille nécessaire*, le *Nouveau Spectateur*, la *Nouvelle Bibliothèque germanique*, la *Bibliothèque britannique*, la *Bibliothèque helvétique*, *Mémoires sur la littérature du Nord*, la *Bibliothèque des Sciences et des Beaux-Arts*, le *Journal de commerce*, le *Journal encyclopédique*, etc., etc. Depuis la révolution française, les journaux littéraires qui, en France, jouissent d'une réputation méritée, sont: la *Décade philosophique et littéraire*, le *Magasin encyclopédique*, la *Bibliothèque britannique*, la *Bibliothèque française*, le *Journal général de la littérature de France*, le *Journal général de la littérature étrangère*. Ces deux journaux sont précieux sous le rapport bibliographique, ainsi que le *Journal typographique et bibliographique* du citoyen Roux, et le *Télégraphe littéraire* qui s'imprime chez madame Panckoucke: n'oublions pas la *Clef du cabinet*, le *Journal des Arts, des Sciences et de Littérature*, in-8; le *Journal des Spectacles*, le *Journal général de la Littérature, des Sciences et des Arts*, in-4; le *Mercure de France*, in-8, et beaucoup d'autres dont la nomenclature serait trop longue.

SALVIANI (Hippolyte). Savant italien, qui a imprimé à Rome en 1554. Il était médecin, naturaliste et poëte dramatique.

SANCHEZ (Louis). Imprimeur espagnol. Il a composé quelques livres de dévotion. Il était imprimeur du roi d'Espagne, et l'un des plus célèbres de sa profession dans ce royaume, avant qu'Ibarra vint effacer ses prédécesseurs.

SAN-FEN. Livre très-anciennement connu à la Chine. Il renfermait, disent les chinois, l'histoire des premiers temps de l'empire, c'est-à-dire, celle de Fo-hi, de Chin-nong et de Hoang-ti. Dans le premier siècle de l'ère vulgaire, on découvrit, chez un particulier, un petit ouvrage portant ce titre. Mais est-il l'ancien *San-fen* ? Cet ouvrage, qui est maintenant à la bibliothèque nationale, contient, outre l'histoire des princes dont nous venons de parler, l'histoire de la création. Fo-hi y est regardé comme chef du genre humain. A la tête de chacune des trois parties du *San-fen*, on trouve des maximes morales relatives aux devoirs des souverains. Cette morale énoncée en peu de mots, est disposée de manière qu'elle se rapporte en même temps aux soixante-quatre symboles de l'Y-king, et aux différentes parties physiques du monde. Ainsi la physique et la philosophie numérique servent d'enveloppe à cette morale, dont les maximes combinées, huit par huit, forment le nombre soixante-quatre qui, répété trois fois, donne cent quatre-vingt-douze maximes.

SANLECQUE (Jacques de). Graveur, fondeur de caractères d'imprimerie, et imprimeur. Ce n'est point à ce dernier titre qu'il doit sa réputation (1) ; mais il a porté

---

(1) L'ouvrage le plus curieux sorti de ses presses est l'*Histoire de l'élection et couronnement du roi des romains*, 1613, in-8.

l'art de la gravure et de la fonderie à un haut degré de perfection. Il fut élève de Guillaume le Bé, qu'il surpassa bientôt, surtout pour les caractères orientaux. Il a excellé dans la gravure et la fonte des caractères syriaques, samaritains, arméniens, chaldéens et arabes. C'est lui qui a fondu les caractères de la fameuse polyglotte de le Jay. Il mourut à Paris, en 1648, âgé de 90 ans.

SANLECQUE (Jacques de). Fils et héritier du talent de *Sanlecque* dont nous venons de parler. Il apprit les langues savantes et la musique, sans le secours d'aucun maître. Il surpassa son père dans quelques parties de son art. Il tailla des poinçons, et fit des matrices pour toutes sortes de notes, soit de plain-chant, soit de musique, dont il laissa des épreuves d'un travail prodigieux. Ses caractères, dont les petits-textes ne le cèdent point à ceux des Elzévirs, ont été employés par les Petit, les Cramoisy, les Muguet, et par les autres célèbres imprimeurs du 17e siècle. Jacques de *Sanlecque*, mort en 1660, à 46 ans, à laissé trois fils : le premier est connu par ses poésies; il était génovefain; le second est mort très-jeune; et le troisième, nommé Jean, a succédé à son père. Ce dernier mourut en 1716, et Jean-Eustache-Louis de *Sanlecque*, son fils, hérita de la fonderie de ses ayeux, qu'il conserva jusqu'en 1778, époque de sa mort. Sa veuve Marie Del mourut en 1784; et alors cette fonderie passa à Nancy, entre les mains de M. Hæner, fils puiné de Jean-Jacques Hæner, ancien imprimeur dans cette ville.

SANSOVINO (François). Imprimeur vénitien, en 1560. Il était grammairien, poëte, romancier, historien et éditeur.

SANTRITTER, autrement HIPPODAMAS (*Joannes-*

Lucilius). Savant vénitien. Il exerça l'art typographique à Venise, en 1480, après avoir été correcteur d'imprimerie. Il était mathématicien, astronome, éditeur et poëte.

SAUBERT (Jean). Ce savant critique a donné : *Historia biblioth. noribergensis ; accessit ejusdem curâ et studio appendix de invent. typ. itemque catalog. libr. proximis ab inventione annis editorum.* Noribergæ, 1643. Je présume que c'est au même J. *Saubert* que l'on doit un Traité sur le *sacrifice des anciens*, et un autre sur les *prêtres et les sacrificateurs hébreux*. Thomas Crénius a donné, en 1699, une nouvelle et bonne édition de ces deux Traités. Leyde, in-8.

SAUZET (Henri du). Imprimeur du 18e siècle. Il exerça d'abord son art à la Haye en 1710, et se retira à Amsterdam en 1718, pour étendre son commerce.

SCALDES. Ils étaient poëtes et ministres de la religion chez les celtes ; cependant on peut dire qu'ils étaient proprement les poëtes de la Scandinavie. Ils transmettaient à la postérité les hauts faits des rois, les victoires des peuples et les actions des dieux. Ils jouissaient de la plus grande considération, et ne différaient presqu'en rien des bardes dont nous avons parlé plus en détail (*voyez* ce Mot).

SCHOIFFER ou Schoeffr (Pierre). Imprimeur, né à Gernsheim dans le landgraviat de Darmstadt en Allemagne, mort en 1492 à Mayence. On le regarde comme le seul et véritable inventeur de l'imprimerie, malgré les essais de Guttembert et Fust qui l'ont précédé. C'est lui qui, voyant la possibilité de remplacer les caractères imparfaits dont on se servait d'abord, par d'autres plus solides et plus réguliers, imagina de graver des lettres sur l'acier, d'en former des poinçons, et d'en faire l'empreinte sur des morceaux de cuivre, pour en former des matrices. Il fit donc des moules pour y fondre du métal, et y fabriquer des lettres mobiles. On prétend que *Schoiffer* imagina aussi l'encre d'imprimerie : il a pu la perfectionner. Cependant il est présumable que Guttemberg et Fust ont dû se servir d'une composition propre à imprimer leurs premiers essais. La postérité de *Schoiffer* a exercé l'art de l'imprimerie, soit à Mayence, soit dans plusieurs villes des Pays-Bas. Elle subsiste, dit-on, encore à Bois-le-Duc, ville du Brabant. On trouvera quelques détails sur les ouvrages imprimés par *Schoiffer*, à l'article Typographie.

SCHOLIASTE. Ce mot signifie commentateur. On ne donne ce nom qu'à ceux qui ont commenté ou expliqué les auteurs grecs et latins, surtout les poëtes. On a plusieurs *scholiastes* grecs anonymes des poëtes grecs, tels que l'interprète anonyme de l'expédition des argonautes d'Apollonius de Rhodes ; le *scholiaste* d'Aristophane ; ceux d'Euripide, de Sophocle et d'Eschyle ; ceux d'Hésiode, de Théocrite et de Pindare ; ceux de Thucydide, de Platon et d'Aristote ; ceux de quelques anciens poëtes latins, comme Horace, Juvénal et Perse. En général, tout ce que l'on a de ces anciens interprètes est fort incertain et fort défectueux ; mais leur travail a été remanié et parfaitement rétabli par les auteurs que nous allons citer : *Eustathe* sur *Homère*. Rome, 1542, 4 vol. in-fol. ; *Hoelzlin* sur *Apollonius de Rhodes*. Leyde, 1641, in-8 ; *Tho. Stanley* sur *Eschyle*. Londres, 1663, in-fol. ; *Jean Barnès* sur *Euripide*. Cambridge, 1694, in-fol. ; *Nicolas Lesueur* sur *Pindare*. Oxfort, 1697, in-fol. ; *Kuster* sur *Aristophane*. Oxfort, 1708, et Amsterdam, 1710, in-fol. ; *Heinsius* sur *Hésiode*. Anvers, Plantin, 1603, in-4 ; le même *Heinsius* sur *Théocrite*, chez Commelin, 1604, in-4 ; *Henri Etienne* sur *Sophocle*. Genève, 1603, in-4. Il a aussi travaillé sur Thucydide. Le P. Labbe a publié, en 1657, une brochure in-4, qui contient les interprètes et les *scholiastes* d'Aristote et de Platon. Les *scholiastes* latins sur Horace et quelques autres poëtes latins, sont : *Acron* d'Hélène, *Porphyrion*, *Scaurus Modeste* et le *scholiaste anonyme* que quelques-uns appellent *Cornutus*. Nous ne nous étendrons pas davantage sur les *scholiastes* ; le nombre en est si considérable, que la liste seule de leurs ouvrages formerait un volume; nous nous sommes bornés à parler des principaux.

SCHOTT (Jean). Imprimeur de Strasbourg au commencement du 16ᵉ siècle. On connaît de lui les *Dialogues des Dieux*, de Lucien, avec la version latine d'Othomer Nacht-Gall. La première page est en lettres rouges : on y trouve aussi quelques ornemens à la marge du texte grec, et un errata à la fin. On voit dans la préface du traducteur, que cet imprimeur était un homme distingué dans sa profession. On le dit auteur d'un *Enchiridion poeticum*. Il imprima à Fribourg en 1503, à Bâle en 1508, et à Strasbourg en 1510.

SCHURER (Mathias). Il imprimait à Strasbourg en 1508. Il était grammairien et éditeur.

SCOLOKER (Antoine). Imprimeur à Londres et à Ipswick en 1548. On a de lui quelques traductions.

SCULPTEURS. Les mêmes raisons qui nous ont engagé à donner la liste des peintres et des graveurs, nous décident à donner aussi celle des *sculpteurs*. Il peut se trouver près d'une école publique un muséum enrichi de plusieurs statues: il n'est donc pas inutile de connaître quels sont les principaux *sculpteurs*, tant anciens que modernes, dont on admire les chefs-d'œuvre.

SCULPTEURS ANCIENS. Nous remontons, avec l'auteur du Dictionnaire de peinture, à la plus haute antiquité, pour y trouver Dédale (1), fils d'Erechtée, roi d'Athènes; Smilis d'Egine, Epéus, Rhœcus, Théodore et Téléclhès, Dibutade (2), Euchir de Corinthe, Malas de Chio; Dédale de Sicyone, Dipænus et Scyllis de Crète, Tectéus et Angélion, Léarque, Doryclidas et Médon, Dontas, Théoclès, Bupale et Athenis, Perillus, Bathyclès, Callimaque, Laphaes, Callon d'Egine, Canachus, Ménechme, Soidas, Calamis, Daméas de Crotone, Iphicrate, Agelade d'Argos, Myron d'Eleuthères, Polyclète de Sicyone, Onatas d'Egine, Hégias d'Athènes, Callitèle, Simon d'Egine, Dionysius d'Argos, Glaucus d'Argos, Nicodame de Ménale, Socrate de Thèbes, Eladas d'Argos, Phidias d'Athènes, Théocosmus de Mégare, Appelles-le-Statuaire, Stipax de Cypre, Myrmécide de Lacédémone, Alcamène, Agoracrite de Paros, Colotès, Polyclète d'Argos, Phragmon, Callon d'Elis, Ménestrate, Pythagore de Rhegium, Thrasymède de Paros, Aristonus d'Egine, Anaxagoras d'Egine, Athénodore, Ctésilas, Naucydes, Dinomène, Praxitèles, Hypatodore, Céphissodore, Pamphile, Euphranor, Leocharès, Thimothée, Polyclès, Bryaxis, Scopas, Calos, Téléphanes, Alypus, Tisander, Lysippe, Lysistrate, Sthénis, Sostrate, Apollodore, Silanion, Euthycrate, Euthychide, Dahippe, Bedas de Byzance, Pyromaque, Charès, Tisicrate, Piston, Cautharus, Agesander, Glycon, Xénophile, Straton, Apollonius et Tauriscus, Damophon de Messène, Héliodore, Pasitèle, etc., etc.

***

(1) On sait que le mot dédale, *daedala*, désignait autrefois dans la langue grecque, tous les ouvrages faits avec art; ensorte qu'on est incertain si Dédale donna son nom à l'art, ou si ce fut de l'art qu'il reçut son nom. *Dictionnaire de peinture et sculpture*, au mot SCULPTEURS.

(2) C'est à sa fille que l'on attribue la découverte du dessin; elle traça sur la muraille l'ombre de son amant.

SCULPTEURS MODERNES. Le premier que nous trouvons dans l'ouvrage précité, est un Donato ou Donatello, né à Florence en 1383; ensuite vient Simon, frère de Donatello; puis Pisano ou Pisanello, André Vérochio, Jean-François Rustici, Michel-Ange Buonarotti, Sansovino, Baccio Bandinelli, Benvenuto Cellini, Properzia Rossi, Daniel de Volterre, Jean Goujon, Guillaume della Porta, Germain Pilon, Jean de Bologne, Pierre Tacca, Simon Guillain, Jacques Sarrasin, François Duquesnoi, dit *François Flamand*; Philippe Buyster, Jean-Laurent Bernini, ou *le Bernin*; Alexandre Algardi, François Anguier, Giles-Guérin, Jean Théodon, Michel Anguier, Louis Lérambert, Pierre-Paul Puget, Antoine Raggi, dit *le Lombard*; Thomas Regnauldin, Dominique Guidi, dit *le Guide*; Gaspard et Balthazar Marcy, Etienne-le-Hongre, François Girardon, Jean-Baptiste Tubi, Christophe Veirier, Martin Vanden Bogaret, dit *Desjardins*; Antoine Coysevox, Corneille Vancleve, Sébastien Slodz, Pierre-le-Gros, Nicolas Coustou, Camille Rusconi, Grinling Gibbons, Marc Chabry, Pierre-le-Pautre, Jean-Louis Lemoyne, Robert-le-Lorrain, Angelo Rossi, Guillaume Coustou, Jacques Rousseau, François Dumont, Edme Bouchardon, Lambert-Sigisbert Adam, Paul-Ambroise Slodz, Jean-Baptiste Lemoyne, René-Michel Slodz, Nicolas-Sébastien Adam, Jean-Bapt. Pigal, Guillaume Coustou, fils du précédent, Falconet, Oudon, Moitte, Chaudet, etc., etc., etc.

SCYTALE LACONIQUE. Ce terme a rapport à la stéganographie, et désigne une invention dont se servaient autrefois les lacédémoniens pour écrire d'une manière secrète. Les deux correspondans avaient chacun un rouleau de même dimension et de même longueur: celui qui écrivait tournait autour du rouleau une bande de parchemin, et ensuite il traçait ses caractères sur ce parchemin ainsi roulé. Cette bande déroulée présentait des lettres sans suite, et indéchiffrables pour celui qui n'était point au fait de cette manière d'écrire. Le correspondant à qui l'on adressait la bande de parchemin, la roulait à son tour sur le rouleau pareil à celui dont s'était servi la personne qui avait écrit, et le contenu de la missive se présentait d'une manière facile à lire. Cette invention était assez grossière ; on a bien perfectionné cette manière d'écrire : c'est la première dont parle Porta dans son livre *de Ciferis*.

SE-KI. Livre chinois. C'est un recueil de tous les mémoires concernant l'histoire de la Chine, qui étaient en très-petit nombre et très-imparfaits, après la destruction de tous les monumens historiques que Chi-oang-ti, qui mourut l'an 210 avant Jesus-Christ, avait fait brûler. Se-ma-tsien eut ordre de rassembler tous ces mémoires vers l'an 176 avant Jesus-Christ. Le livre qu'il en composa se nomme *Se-ki*.

SERRÉ (Jean-Baptiste-Adrien-Joseph). Imprimeur à Tournay, dans le 18e siècle. Il a composé différens ouvrages en faveur des jeunes négocians. Il imprimait en 1773.

SHASTER, ou SHASTRUM, ou JASTRA. C'est un livre très-respecté des indiens. Il sert de commentaire au Védam (*voyez* ce MOT). Il est divisé en trois parties : la première contient la morale des bramines, et renferme huit préceptes principaux : 1.° ne tuer aucun animal vivant ; 2.° ne point prêter l'oreille au mal ; 3.° observer les fêtes prescrites ; 4.° ne point mentir ; 5.° faire l'aumône ; 6.° ne point opprimer ; 7.° célébrer les fêtes solennelles ; et 8.° ne point voler. La seconde partie a pour objet les cérémonies : elles consistent à se baigner souvent dans les rivières ; à se frotter le front d'une couleur rouge ; à faire des offrandes, des prières sous des arbres destinés à ces usages sacrés ; à faire des prières dans les temples, et des offrandes aux pagodes; à faire des pélérinages à des rivières éloignées, et surtout au Gange; à rendre hommage à Dieu, à la vue de la première de ses créatures qui s'offre aux yeux après le lever du soleil; à rendre respect au soleil et à la lune, qui sont les deux yeux de la divinité; à respecter pareillement les animaux regardés comme plus purs que les autres, tels que la vache, le buffle, etc. La troisième partie du *Shaster* établit une division entre les habitans de l'Indostan. Nous renvoyons pour cet objet à la note qui se trouve à l'article VÉDAM. Il n'est permis qu'aux bramines et aux rajahs ou princes de l'Inde, de lire le Védam; mais les prêtres des banians, appelés *shuderers*, peuvent lire le *Shaster*. Quant au peuple, il ne lui est permis de lire que le livre appelé *Puran* ou *Pouran*, qui est un commentaire du *Shaster*; ainsi ils ne reçoivent les dogmes de la religion que de la troisième main.

SHELDON (Gilbert). Fondateur du fameux théâtre d'Oxford, d'où sortent de si belles éditions. Il fit des dépenses considérables pour ce superbe établissement, dont l'entretien coûte 2,000 livres sterlings de rente, qu'il légua dans cette vue à l'université d'Oxford. *Sheldon* était archevêque de Cantorbéri. Il mourut à Lambeth, en 1677, âgé de 80 ans. Il regardait la religion comme *un mystère d'état*.

SIBERES (Jean). Imprimeur anglais, l'un des premiers établis à Cambridge. Il fut d'une grande utilité aux étudians de l'université de cette ville. Il avait pour devise les armes d'Angleterre.

SIGLES. Ce terme, peu connu dans notre langue, signifie des lettres uniques, isolées ou singulières, destinées à exprimer un mot, ou du moins une syllabe, sans le secours d'autres lettres : c'est la lettre initiale d'un mot entier ; ainsi N. P. signifie *nobilissimus puer* ; AM. N. B. M. *amicus noster bonæ memoriæ* ; S. P. D. *salutem plurimam dicit*, etc. Quelquefois les *sigles* sont composés de plusieurs lettres, NOT. ECC. ROM. *notarius ecclesiæ romanæ* ; d'autres fois les *sigles* répétés indiquent le nombre des personnes, CÆSS. AUGG. *Cæsares Augusti duo* ; AAA. trois Augustes. Les *sigles* renversés désignent le féminin, W C T *Marca Conliberta*. L'écriture par *sigles* a été en usage chez les hébreux, chez les grecs, qui les tirèrent des phéniciens ; chez les romains avant les notes de Tyron, etc. Mais la confusion que la multiplicité des *sigles* occasionna, les fit proscrire des actes publics. Ils furent bannis des livres de droit par une loi de Justinien : l'empereur Bazile rendit un pareil édit. Malgré cela, on s'en sert encore de nos jours, surtout dans les noms propres. Les grecs désignent leurs cinq patriarches par KAPAI : K, celui de Constantinople ; A, celui d'Alexandrie ; P, c'est-à-dire, R, celui de Russie, *Ruthenus* ; A, celui d'Antioche ; et I, celui de Jérusalem. Les lettres de l'alphabet grec et latin, qui servent de chiffres, sont des *sigles* numériques.

SIGNATURES. Terme d'imprimerie. On nomme *signatures* les lettres de l'alphabet que l'on met au bas des pages recto, c'est-à-dire, qui sont à droite, au-dessous de la dernière ligne, pour faire connaître l'ordre des cahiers et des pages qui les composent, et par conséquent faciliter le travail du relieur. S'il y a plus de cahiers que de lettres, on multiplie l'alphabet par minuscules, ensuite de la majuscule, autant de fois qu'il est nécessaire. Pour indiquer l'ordre des feuillets qui composent chaque cahier, on ajoute à la lettre initiale quelques chiffres qui ne passent pas le milieu du cahier, et qui, par leur nombre, marquent le format de l'édition. Quelques imprimeurs emploient maintenant pour *signatures*, des chiffres au lieu de lettres ; et quant aux chiffres qui indiquent l'ordre des feuillets dans chaque cahier, ils les placent près de la marge interne. Ulric Gering les employait déjà en 1470, dans les éditions du 15e siècle. Le mode des signatures varie.

SIMON (Claude-François). Imprimeur, né à Paris en 1713. Il avait cultivé les sciences et les lettres lorsqu'il se livra à l'étude de la typographie, dont il apprit les élémens sous les yeux et dans l'imprimerie de son père. Il a imprimé beaucoup d'ouvrages qui lui font honneur, et parmi lesquels on distingue la *Bible hébraïque du P. Houbigant*, 4 vol. in-fol.; quelques auteurs latins in-12, savoir : *Virgile*, *Térence*, *Salluste*, *Cornélius-Népos*, etc.; le *Lucrèce italien*, et un *Choix de poésies*, 3 vol. in-4, dont il n'a été tiré que 75 exemplaires. Il a encore imprimé et rédigé les *Mémoires de Duguay-Trouin*, en 1 vol. in-4, pour lesquels il reçut une médaille d'or, du roi, en 1740. Il travaillait à refondre l'ouvrage de Fertel, imprimeur à Saint-Omer, sur la *Science pratique de l'Imprimerie*, et se proposait d'y faire des corrections et des augmentations considérables; mais une maladie longue et douloureuse, qui termina ses jours en 1767, ne lui permit pas d'achever cet ouvrage que l'on regrette avec raison. *Simon* était doué d'une grande intelligence, de beaucoup d'activité, d'un esprit vif et d'un goût exquis, surtout pour son art.

SIPHRA. Tel est le titre d'un abrégé du Talmud, fait par Alphès, savant juif de Barbarie, qui vivait dans le 11e siècle. Le *Siphra* est très-estimé des juifs.

SOTER, autrement HEYL (Jean). Savant imprimeur. Il exerça son art à Cologne en 1518; à Haguenau en 1528; et à Selingstadt en 1538.

SOTO (Don Antonio Perez de). Habile imprimeur espagnol, établi à Madrid. Ses belles éditions datent de 1749 à 1751 ; mais elles ont été éclipsées depuis par celles d'Ibarra et Sancha, à Madrid ; et par Montfort, à Valencia (*voyez* IBARRA). Ou peut consulter sur l'histoire de l'imprimerie en Espagne, les deux ouvrages suivans : *De primâ typographiæ hispanicæ ætate specimen*, auctore *Raymundo Diosdado caballero*. Romæ, 1793; et *Typografia espannolla, o historia de la iniroducion, propagacion y progresos del arte de la imprenta en Espanna*; por *Franc. Mendez*. Madrid, 1795, in-4.

SPANNUCHIO. Les singularités relatives à l'art d'écrire n'étant point étrangères à la bibliologie, nous avons cru pouvoir faire mention d'un nommé *Spannuchio*, gentilhomme suédois, vivant sur la fin du 17e siècle, qui avait l'adresse d'écrire en caractères si déliés, qu'il copia sur du vélin, sans aucune abréviation, le commencement de l'évangile de saint Jean (*in principio*) dans un espace qui n'était pas plus grand que le petit ongle : les lettres étaient si bien faites, qu'elles égalaient les caractères des meilleurs écrivains. Un anglais faisait de pareils ouvrages avec le pinceau, qui n'est pas aussi facile à manier qu'une plume. Chez les anciens, on a vu, dit-on, l'Iliade d'Homère renfermée dans une coquille de noix. Dans le 16e siècle, un religieux italien, nommé frère Alumno, renferma tout le symbole des apôtres avec le commencement de l'évangile de saint Jean, dans un espace grand comme un petit denier; ce qui lui mérita les éloges de Charles V et du pape Clément VII. On a vu aussi un habile écrivain faire d'un seul trait de plume un cercle aussi parfait que s'il avait été tracé au compas ; et un autre faire la même figure, et poser du même trait un point précisément au centre du cercle. Nous ne parlerons pas ici du chariot d'ivoire, ni du navire d'ivoire de Myrmecides, qu'une mouche couvrait de ses ailes, ni des ouvrages en buis de Jérôme Faba, prêtre de la Calabre, etc.

SPIRITOLOGIE. Ce mot, adopté ou plutôt créé par l'abbé Girard, dans son *Système bibliographique*, regarde, ainsi que le porte son étymologie, la nature et l'essence de l'esprit. Girard divise la *spiritologie* en *métaphysique*, qui cherche à connaître ce que c'est que l'esprit et la pensée, les propriétés, les opérations de l'ame raisonnable, et même la divinité ; et en *logique*, qui sert à conduire l'esprit humain dans les routes de la vérité par des règles sûres et lumineuses qui dirigent le raisonnement, soit dans la position des principes, soit dans la déduction des conséquences.

STÉGANOGRAPHIE. C'est l'art d'écrire d'une manière obscure, soit en chiffres, soit en signes, de sorte qu'on ne puisse être entendu que par son correspondant. Polybe rapporte qu'un nommé Ænéas-le-Tacticien, a trouvé, il y a deux mille ans, vingt manières d'écrire en *stéganographie*. Trithême, abbé de Saint-Jacques-de-Wirtzbourg, a travaillé sur ce sujet (1). Auguste, duc de Lunebourg, connu sous le nom de Gustave Selenus, a fait une apologie du livre de Trithême, dans sa Criptographie imprimée en 1624, in-fol., sous le titre de *Gustavi Seleni enodatio steganographicæ Joa. Trithemii*. Caramuel a aussi écrit de

---

(1) Un mathématicien, sans doute très-ignorant, nommé Boville, ne pouvant déchiffrer certains noms employés par Trithême dans son *Traité de stéganographie*, 1621, in-4, et Nuremberg, 1721, publia que l'ouvrage était plein de mystères diaboliques. Possevin le copia, et l'électeur Frédéric II fit brûler l'original de la *stéganographie* de Trithême, qui se trouvait dans sa bibliothèque.

la *stéganographie*, et a fait une apologie de Trithème; Jean-Baptiste Porta, Vigenere, le P. Nicéron, Gaspard Schot, jésuite allemand, Wolfang Ernest Eidel, autre savant allemand, se sont également exercé sur l'art *stéganographique*. S'gravesande a fait un petit Traité (1) dans lequel, après avoir donné les règles générales de la méthode analitique et de la manière de faire usage des hypothèses, il applique avec beaucoup de clarté ces règles à l'art de déchiffrer. Dans les lettres de Wallis, tome III de ses ouvrages, on trouve aussi une explication des chiffres, mais sans que la méthode y soit jointe comme dans le Traité de S'gravesande. La polygraphie est à peu près la même chose que la *stéganographie* (*voyez* le mot POLYGRAPHIE). Jean Trithême, dont nous avons parlé plus haut, est auteur de plusieurs ouvrages de bibliographie, tels que *Catalogue des écrivains ecolésiastiques*, A Cologne, 1546, in-4. Ce catalogue renferme la vie et la liste des œuvres de 870 auteurs. — *Catalogue des Hommes illustres d'Allemagne;* — *Catalogue des Hommes illustres de l'ordre de Saint-Benoît*, 1606, in-4; traduit en français, 1625, in-4; ses *six livres de polygraphie*, in-fol., ont été traduits en français, et augmentés par Gabriel de Collange, sous le titre de *la Polygraphie et l'écriture cabalistique de Trithême*, Paris, 1561, in-4. Un frison nommé Dominique de Hontinga, a donné ce même ouvrage, à Embden, en 1620, in-4, sans faire mention de Trithême ni de Collange.

STENOGRAPHIE. C'est l'art d'écrire en signes ou caractères abréviateurs. Son ancienneté est incontestable.

---

(1) Ce petit Traité se trouve dans le chap. 35 de la seconde partie de son *Introductio ad philosophiam*, c'est-à-dire, de la logique. Leyde, 1737, seconde édition.

La *sténographie* était pratiquée chez les grecs; et Plutarque décrit la forme des signes dont Xénophon faisait usage pour suivre la parole de Socrate. Cet art passa de la Grèce à Rome. Cicéron avait un affranchi nommé Tyron (*voyez* ce Mot), qui y était très-habile : delà est venue la dénomination de notes tyroniennes, d'art tyronien. J.-César employait les signes *sténographiques* pour écrire à ses amis. Varron, le grammairien Didymus, l'empereur Titus, Cassien, etc. étaient bons *sténographes*. L'art abréviateur, en passant immédiatement de Rome en Angleterre, a reçu différentes dénominations (1). Il en existe plusieurs traités dus à de savans anglais; mais le dernier, connu sous le nom de *Sténographie*, est redevable de toute sa perfection au professeur anglais Samuel Taylor. Théodore Bertin a adapté la méthode de Taylor à la langue française avec de légers changemens : il emploie les mêmes signes que lui; ce sont des plus simples de la nature, des lignes et des cercles ou partie de cercles qui, au moyen d'une table pareille à celle arithmétique de Pythagore, se lient tellement entre eux, qu'il n'existe aucun trait parasite ou inutile. Cette écriture très-rapide et qui, par sa forme vermiculaire offre un coup d'œil agréable, rejette les voyelles initiales et médiantes, et n'exprime que les consonnes et les terminaisons des mots. Comme plusieurs de ces signes sont homonymes, savoir, l'*f* et le *v*, le *g* et le *j*, le *k* et le *q*, etc., il n'y a que quinze caractères pour les corps de mots, et neuf signes terminatifs; leurs formes et leur usage sont très-bien décrits

---

(1) Telles que *tachygraphie*, *brachygraphie*, *semygraphie*, *cryptographie*, *radiographie*, *zéitographie*, *polygraphie*, *stéganographie*. Je donne dans le cours de ce Dictionnaire la définition de quelques-uns de ces mots; j'ai choisi ceux qui m'ont paru les plus intéressans. L'étymologie de *sténographie* vient de deux mots grecs, *sténo*; serré, pressé; *graphie*, écriture, c'est-à-dire, *écriture rapide*.

dans la troisième édition de la *sténographie* de T. Bertin. On enseignait autrefois cet art dans les écoles, parce qu'il servait à rédiger les actes publics, et à prendre notes de toutes les procédures judiciaires : c'est sous ce point de vue d'utilité qu'on le professa en Angleterre, et que, dernièrement en France, le citoyen Breton, élève de Bertin, en donnait un cours au lycée des arts.

La *sténographie* doit faire une branche d'étude très-intéressante pour ceux qui se livrent au barreau et aux sciences abstraites ; elle fournit aux uns la faculté de retenir avec exactitude les argumens de leurs adversaires, les sentences prononcées par les juges, les réponses des accusés, les dépositions des témoins et le prononcé des jurés ; elle offre aux autres les moyens de suivre, à la plume, les leçons des meilleurs professeurs. Ce sont des *sténographes* qui ont recueilli celles de l'école normale ; les débats de la fameuse cour de justice, tenue à Vendôme en l'an 5 ; le procès de Céracchi, Aréna et complices ; celui de l'explosion du 3 nivôse, et toutes les causes célèbres qui sont portées devant les tribunaux. Jusqu'à ce jour, la *sténographie* a été seule en possession de rendre ces services au gouvernement, et les procédés qui ont paru depuis sous d'autres noms, ne semblent devoir jamais atteindre le même but. Th. Bertin a déjà traduit en *sténographie* les ouvrages de plusieurs auteurs, et publié quelques livraisons des fables de la Fontaine (1). Jusqu'à présent, il a fallu employer le burin du

---

(1) L'anglais Addy a donné, en 1687, un *Nouveau Testament* gravé en caractères abréviateurs. Cet ouvrage est très-rare aujourd'hui : les caractères ne doivent pas être les mêmes que ceux de Taylor et de Bertin. On vient de publier tout récemment un ouvrage de ce genre intitulé : *Nouveau Système de Sténographie fondé sur vingt-deux caractères qui expriment toutes les voyelles, toutes les consonnes, qui se lient les uns avec les autres; et d'une telle facilité que, sans autre guide que soi-même, en moins d'un jour*

graveur, pour publier des ouvrages par le moyen de la presse : mais si l'on parvient à pouvoir fondre des caractères *sténographiques*, et à les employer à l'instar des caractères d'imprimerie (ce qui paraît très-difficile), ce bel art se répandra davantage ; chaque jour on sentira mieux le prix de son heureuse découverte.

On se sert ordinairement pour cette écriture, de plumes d'*acier*, d'*argent* ou de *platine* : ces dernières sont les meilleures, parce qu'elles ne s'émoussent pas et qu'elles ne chargent point la rouille.

STÉRÉOTYPAGE et POLYTYPAGE (1). Nous réunissons ces deux mots dans un même article, parce qu'ils désignent des opérations qui ont beaucoup de rapport entre elles : en général, ils signifient l'art d'imprimer en planches solides ; mais ils diffèrent en ce que le mot *stéorotyper* s'applique, comme le dit le citoyen Camus (2), à la multiplication d'une feuille écrite ou d'un livre par des moyens qui se rapportent à ceux de l'imprimerie ; au lieu que le mot *polytyper* s'applique à la multiplication de l'écriture ou du dessin, par des procédés qui ont plus ou moins d'affinité avec ceux de la gravure en taille-douce.

---

d'étude et d'un mois d'exercice, on peut suivre avec la plume la parole d'un orateur ; par Clément, in-8, 4 pl. Cet ouvrage n'a pas eu de succès.

(1) Ces deux mots viennent du grec, et signifient *type solide* et *type multiple*, ou multiplication du type. *Typos* veut dire *forme, signe, marque, figure* qui s'imprime. On dit aussi *monotype* pour type seul, *homotype* pour type pareil. Toutes ces expressions ont rapport à l'art d'imprimer en planches solides ; mais elles exigent des procédés différens.

(2) Ce que nous allons exposer dans cet article est extrait de l'*Histoire et procédés du polytypage et du stéréotypage*, par A. G. Camus. Paris, Renouard, an 10 — 1802, in-8 de 135 pages.

Traçons en peu de mots l'histoire du *stéréotypage*, qui fait le principal objet de cet article (1).

Depuis long-temps on a essayé, dans quelques imprimeries, de conserver des planches toutes composées d'un ouvrage entier ; mais, pour cela, il fallait des fonds considérables et une grande quantité de caractères. Jordan prétend, dans son *Voyage littéraire*, que cela s'est ainsi pratiqué, pour certains ouvrages, dans la typographie des des Orphelins à Halle en Saxe. Un juif, nommé Athias, imprimeur à Amsterdam, s'est ruiné en voulant conserver, pendant plusieurs années, toutes les formes d'une grande Bible en langue anglaise : on ignore quand cette Bible a été imprimée (2). Une lettre écrite au citoyen Renouard par S. et J. Luchtmans de Leyde, en 1801, lui annonce qu'ils possèdent les planches d'une Bible stéréotype, qui ont été faites, au commencement du 18e siècle, aux frais de Samuel Luchtmans, par un artiste nommé Van-der-Mey, qui a encore composé les planches stéréotypes d'une Bible hollandaise in-folio, dont le libraire Elwe est actuellement possesseur, ainsi que celles d'un Nouveau Testament grec in-24, et celles du *Novum Testamentum syriacum*, et *Lexicon syriacum* de Schauf, 2 vol. in-4.

On a ensuite cherché à perfectionner l'art de former des planches solides ; on a composé des pages avec des caractères mobiles ; on en a tiré des empreintes dans de l'argile ou du plâtre, et on a coulé du métal dans ce moule. Ce

---

(1) Nous ne donnerons ici que l'histoire du stéréotypage ; les détails des procédés sont trop longs pour entrer dans cet article : d'ailleurs ils sont consignés dans l'ouvrage du citoyen Camus ; que l'on consulte surtout les pages 117 à 123.

(2) Voyez la *Bibliothèque sacrée* de J. Lelong, édition de 1723, pag. 433. Il parle de cette Bible d'après Cl. Ottius, d'après Unger, etc.

procédé économisait le métal ; car le caractère mobile a ordinairement 25 millimètres ou 10 lignes et demie de hauteur en papier (1), au lieu que la planche coulée peut n'avoir que 6 millimètres ou 3 lignes environ. Le premier monument de ce genre dont parle le citoyen Camus, est une planche en cuivre de 97 millimètres ou 3 pouces et demi de long, sur 56 millimètres ou 2 pouces 1 ligne de largeur, et 3 millimètres ou 1 ligne et demie de hauteur. Elle offre une page de calendrier à deux colonnes, et servait à l'imprimeur Valleyre. On prétend que l'usage de ces planches coulées était en usage chez Valleyre avant 1735.

Un écossais, Williams Ged, orfèvre à Edimbourg, a imprimé, depuis 1725 jusqu'en 1739, des livres entiers avec des planches moulées d'une seule pièce. Le citoyen Pierres à Versailles, possède un exemplaire du *Salluste* de Ged, et l'une des planches qui ont servi à l'imprimer. Le titre du livre est : *C. Crispi Salustii belli Catilinarii et Jugurthini Historiæ. Edimburgi Guill. Ged aurifaber edinensis non typis mobilibus ut vulgo fieri solet, sed tabellis seu laminis fusis excudebat* 1739. Petit in-12 de 150 pages.

En 1740, un imprimeur-libraire d'Erfort, nommé J. Michel Funckter, a publié un petit livre allemand ayant pour titre *Introduction courte mais utile à la taille des planches de bois et de l'acier pour faire des lettres, ornemens et autres figures....., à l'art de cuire le plâtre, de préparer des moules de sable pour couler lettres, vignettes, culs-de-lampes, médailles et d'en former des matrices*, etc. Le citoyen Camus rapporte les procédés indiqués dans cet ouvrage pour préparer les moules de plâtre et de sable, et pour y couler le métal.

---

(1) Voyez l'explication de ce mot à l'article CARACTÈRES, pag. 140 du premier volume.

Vers 1780, André Foulis, de Glascow, a polytypé un Virgile en métal ordinaire de caractères, et a obtenu pour ses procédés une patente ou privilège exclusif de quinze années.

En 1783, Jos.-Franç.-Ignace Hoffman, imprimeur alsacien, établi à Paris, en 1784, fit usage des découvertes de ceux qui l'avaient précédé dans l'art du *stéréotypage*, et chercha à les étendre. Il imprima, en planches solides, plusieurs feuilles de son journal polytypé, et annonça, comme livre polytypé, les *Recherches sur les Maures, par Chenier père*, 1787, 3 vol. in-8. Il fut privé de son imprimerie par arrêt du conseil de 1787. En 1792, il adressa un mémoire au ministre de l'intérieur, pour ouvrir une nouvelle route à son industrie : il forma deux genres de types ou poinçons ; l'un pour les lettres isolées, et l'autre pour les lettres réunies en syllabes les plus usitées dans la langue française (1). Il obtint, le 16 février 1792, un brevet pour exercer pendant quinze ans, l'art polytype et logotype ; brevet qu'il céda à Jean-Daniel Saltzmann, par acte passé à Strasbourg le 24 novembre 1792.

En 1785, le citoyen Joseph Carez, imprimeur à Toul, commença un premier essai d'éditions qu'il appelait *omotypes*, pour exprimer la réunion de plusieurs types en un seul. Il publia en 1786 un livre d'église noté, 2 vol. grand in-8. de plus de 1000 pages chacun ; et il imprima successivement de la même manière vingt volumes de liturgie, etc. Après la première législature, il termina un Dictionnaire de la Fable et une Bible en nompareille, qui est d'une grande netteté. On peut dire que Carez mérite une des pre-

---

(1) Telles que *ais, etre, eurs, ment.* Voyez article SAINT-PAUL. Hoffmann appelait l'art de mouler des types, *l'art du polytype*; et celui de réunir plusieurs caractères en un seul type, *l'art du logotype.*

mières places parmi ceux qui ont fait des tentatives heureuses dans le *stéréotypage*.

En 1789, le citoyen Gengembre s'occupa des procédés du *polytypage* par la gravure et y joignit des essais de *stéréotypage*; il travailla jusqu'à la fin de 1791, tantôt seul et tantôt en société avec le citoyen Herhan, son beau-frère. Lorsqu'il eut quitté la France pour passer en Amérique, vers la fin de 1791, on conserva une partie de ses procédés et on en perfectionna l'exécution. La plupart de ses procédés sont détaillés dans l'ouvrage du citoyen Camus; mais les bornes de cet article ne nous permettent pas de les rapporter.

Nous passerons également sous silence tout ce qui regarde la fabrication des assignats (1), qui a été l'occasion d'un grand nombre d'expériences et de découvertes heureuses sur

---

(1) Les artistes qui ont été employés pour cette fabrication, dans les parties de la gravure, du polytypage, du stéréotypage et des machines qui y servaient, sont les citoyens Anfry, aujourd'hui inspecteur des essais à la monnaie; Augé, mécanicien; Bouvier, filigraniste; Firmin et Henri Didot, graveurs en lettres; Droz, mécanicien; Dupeyrat, Fiezinger, graveurs; Frieze, graveur en lettres; Gatteaux, graveur, Gérard, graveur en lettres; Grassal, mécanicien; Herhan, mécanicien, Poissault, Richer, mécaniciens; André Schantz; Tardieu, graveur; Daumy, Tugot, filigranistes.

Les savans consultés pour cette fabrication, étaient les membres de l'académie des sciences, ou les membres du bureau de consultation des arts; entr'autres, les citoyens Jumelet, Bertholet, Launier, de Trouville, de Servière, connu depuis sous le nom de Reth, etc.

Le citoyen Herhan est un des artistes qui a le plus travaillé à cette fabrication; chargé du polytypage de la taille-douce des assignats de 400 fr. et de 50 fr., il a polytypé pour ceux de 400 fr. 897 poinçons-mères, en relief, et 1488 poinçons-secondaires, en creux : 190 poinçons, au-delà de ce nombre, ont été trouvés défectueux. Pour les assignats de 50 fr., il a polytypé 4760 poinçons-mères, et 7684 poinçons-secondaires; 1140 poinçons tirés au-delà de ce nombre, étaient défectueux.

la fabrication du papier, sur le mécanisme de l'imprimerie, sur l'encre à employer, sur la gravure et la trempe des carrés et des poinçons. Cependant, il faut dire que c'est à cette fabrication que l'on doit l'idée de perfectionner le *stéréotypage*, et d'en faire un art particulier.

Les citoyens Herhan, Firmin Didot et Gatteaux, après une infinité de tentatives relatives au perfectionnement du *stéréotypage*, obtinrent des brevets d'invention. Celui du citoyen Herhan du 3 nivôse an 6, exposé dans le préambule, la description d'une nouvelle méthode de fondre des formats solides, inventée et exécutée par lui dans le courant de messidor an 5, il avait remarqué que les planches solides fabriquées par plusieurs artistes, ne produisaient que de *seconds surmoules des types mobiles connus*, et ne donnaient que des résultats imparfaits autant que dispendieux. D'après cette observation, il déclare avoir inventé un autre procédé qui consiste, 1.° à faire des caractères mobiles gravés en creux, au lieu de l'être en relief; 2.° à composer avec ces caractères des pages qui forment une matrice; 3.° à tirer de cette matrice une empreinte. Sur cet exposé, Herhan obtient brevet d'invention pour fabriquer, employer et débiter pendant quinze ans des formats solides propres à imprimer, en suivant les procédés indiqués dans la description.

Le brevet de Firmin Didot est du 6 nivôse, pour la composition, pendant quinze ans, de formats stéréotypés et des éditions en résultant. Celui du citoyen Gatteaux, du 29 pluviôse, pour cinq ans, porte qu'il est inventeur d'un procédé pour multiplier les planches de caractères mobiles en planches solides, sous la dénomination de *monotypage* ou de *caractères frappés*.

Pierre Didot l'aîné, Firmin Didot et Louis-Etienne Herhan, peu après avoir obtenu leur brevet, publièrent un prospectus d'éditions stéréotypes, dans lequel ils firent ressortir les avantages de ces éditions: ces avantages consistent dans le mérite de la correction, qui devra y être portée au dernier degré de perfection, et dans la facilité de se procurer, à peu de frais, de bonnes éditions, et même une feuille ou un volume qui, dans une collection, se trouverait dénaturé ou perdu. Ajoutons qu'une page ou format de la grandeur de celle du Virgile, c'est-à-dire, in-18, pèse environ une demi-livre; ainsi la double planche pour imprimer la feuille entière des deux côtés, pèse 18 livres; la même planche en caractères mobiles de hauteur ordinaire, pèserait environ 120 livres.

Vers la fin de l'an 6, le citoyen Bouvier, l'un des artistes employés à la fabrication des assignats, a polytypé avec succès une planche d'impression, par un procédé différent de celui des Didot et d'Herhan : cette planche polytypée est en cuivre; la fonte a eu lieu dans un moule de terre argilleuse. Dès-lors ce citoyen a travaillé à étendre ses opérations; il les a appliquées à beaucoup de parties, entr'autres à la musique, et a obtenu, le 7 frimaire an 9, un brevet qui lui assure la propriété de ses inventions.

Pierre et Firmin Didot ont continué, jusqu'à la fin de l'an 7, en société avec L.-E. Herhan, et seuls depuis cette époque, leurs éditions stéréotypes, dont le nombre des volumes se monte déjà à près de 60, tous in-18. Le citoyen Herhan s'est attaché à perfectionner et à exécuter le procédé énoncé dans son brevet; aussi a-t-il obtenu du gouvernement, le 27 brumaire an 8, un certificat d'additions et perfectionnemens à ses procédés pour imprimer avec des formats solides, produits de matrices mobiles frappées à froid. Il a exposé au Louvre, dans les jours complémentaires de l'an 9, l'édition de Salluste, in-12, et une très-belle page, très-grand in-folio, imprimée avec deux formats stéréotypes rapprochés l'un de l'autre, exécutés au moyen de ses matrices mobiles : il a reçu du gouvernement la récompense d'une médaille d'or.

Les étrangers prennent part au succès du *stéréotypage*; ils font aussi des essais dans ce genre.

En 1798, Samuel Falka, hongrois, a fait des tentatives à Vienne, pour exécuter des éditions stéréotypes. On lui a refusé un privilége dans cette ville. Il s'est fait admettre comme graveur de caractères dans l'imprimerie de l'université de Bude; et là, il a trouvé occasion de faire usage de ses découvertes et de ses procédés, dont il a repandu plusieurs essais dans le public.

Nous avons oublié de dire que le prospectus des éditions stéréotypes, publié par les citoyens Didot et Herhan, n'a point été exempt de critiques. On peut consulter à ce sujet une brochure in-8 de 12 pages (an 7), que l'on attribue au citoyen Stoupe, imprimeur-libraire à Paris. On y dit que cette découverte tend à faire rétrograder l'art de l'imprimerie; qu'elle ne peut jamais produire une impression aussi belle que celles faites avec des caractères mobiles; que, sans aucune utilité visible pour ceux qui l'annoncent, elle serait ruineuse pour tous autres qui voudraient s'en servir. Nous n'entrerons point dans une discussion qui, tenant au mécanisme de l'art, nous est absolument étrangère. Mais si nous jugeons de l'intérêt de cette découverte par les éditions qui ont déjà paru, nous croyons qu'elle ne tend point à faire rétrograder l'art de l'imprimerie (1); et il nous semble, ainsi qu'au citoyen Camus, qu'elle ne peut être ruineuse que pour celui qui entreprendrait de stéréotyper des ouvrages dont le débit ne serait point assuré, et qui alors serait la dupe, non du *stéréotypage*, mais de sa fausse spéculation.

---

(1) Voyez les éditions de Didot, et surtout celles annoncées et publiées par le citoyen Herhan, depuis qu'il a perfectionné ses premiers procédés.

STICHOMÉTRIE. Ce mot vient du grec et signifie *vers* et *mesure*. On l'emploie pour désigner la division d'un ouvrage par versets, lorsque l'on met chaque phrase ou demi-phrase à l'alinéa ; ainsi on dit que saint Jérôme introduisit la *stichométrie* dans les manuscrits de l'écriture sainte (1). Les diplomates infèrent delà que l'introduction des *stiques* ou divisions en versets et demi-versets dans les livres prosaïques de l'ancien Testament, étant due à saint Jérôme, les manuscrits latins, ainsi divisés, ne doivent pas être estimés antérieurs à ce docteur. Cependant il dit lui-même que l'on observait déjà quelques divisions de versets avant lui (2). S. Jérôme est mort en 420, à 80 ans.

STRUCK (Samuel). Imprimeur allemand. Il a composé, en allemand, un *Traité théorique et pratique de l'art de l'imprimerie*. Il imprimait à Lubeck en 1715.

STRUVIUS (Burchard-Gotthlieb). Bibliographe estimé dont nous ne citerons que la *Bibliotheca historica selecta*, Ienæ, 1705, in-8, parce que c'est celui de ses ouvrages qui a le plus de rapport à la bibliographie. *Struvius* est mort en 1738, dans un âge avancé.

STYLES ou STYLETS. Instrumens dont se servaient les anciens pour écrire sur des tablettes de cuivre, de plomb ou d'ivoire, enduites de cire, en y gravant les lettres. Les *styles* avaient à peu près la grandeur de cinq à six pouces : l'une des extrémités se terminant en pointe, servait à écrire, et l'autre étant applatie, servait à effacer ce que l'on voulait

---

(1) *Praef. in Isaïam. — Apolog. in Ruffin.* Liv. II, col. 427.
(2) *S. Hier. opera.* T. I, *Prolegom.* 4 et tom. II, col. 631 et 670.

taturer. Delà vient l'expression latine : *Vertere stylum*, pour signifier *corriger un ouvrage*. Horace dit :

Sæpè stylum vertas, iterum quæ digna legi sint Scripturus. Sat. X. V. 72.

« Vous qui voulez écrire, et mériter d'être lu, tournez souvent le *style*, c'est-à-dire, effacez souvent. » Dans le principe, les *styles* étaient en fer ou en cuivre, et pouvaient devenir une arme très-dangereuse, surtout entre les mains des écoliers (1). On proscrivit l'usage de ces *styles*, et on les fit par la suite en os. J'en ai un sous les yeux qui est de cette dernière matière : ce *style* a été trouvé dans les ruines de Pompéia ; il paraît plus court et est plus massif que ceux dont parle Montfaucon (2) (tom. III, pag. 356, *antiq. expl.*). Il leur ressemble peu ; la tête ou extrémité plate manque, et la pointe est moins aiguë que celles des neuf dont on voit la gravure dans l'*ant. expl.* : il est très-poli, et a à peu près trois à quatre lignes dans sa plus forte épaisseur, qui est à trois quarts de pouce de la pointe : l'espace qui se trouve entre la plus forte épaisseur et la pointe, n'a pas le poli que l'on remarque dans le reste de l'instrument. Il paraît que l'on taillait ces *styles* à mesure qu'ils s'émoussaient, ou du moins qu'on les grattait pour en rendre la pointe plus aiguë. Il y avait des *styles* dont

---

(1). S. Cassien fut martyrisé, dit l'auteur de sa vie, par ses propres écoliers à coup de *styles*. Un certain Antyllus, dit Plutarque dans la vie des Gracques, fut blessé d'un coup de *style*. César, attaqué par les conjurés, et faisant armes de tout, passa son *style* au travers du bras de Casca. Caligula avait l'habitude de faire assassiner ses ennemis avec des *styles*, quand ils allaient au sénat.

(2) Il était plus facile de donner de la délicatesse et de la consistance aux *styles* en fer, cuivre ou argent, qu'aux *styles* en os : il n'est donc pas surprenant que ceux en os soient plus massifs.

la tête était en queue d'aronde; on s'en servait pour racler l'écriture sur les tablettes dont on faisait des palimpsestes (*voyez* ce Mot). Outre les *styles* dont nous venons de parler, on se servait encore de cannes du Nil. Apulée dit, au commencement de ses métamorphoses, qu'il écrit sur du papier d'Egypte avec une canne du Nil. Le Nil et Memphis fournissaient la plupart des cannes dont on se servait comme on se sert aujourd'hui de plumes.

SYNGRAPHE. C'était autrefois un acte souscrit de la main du débiteur et du créancier, et gardé par tous les deux : c'était un véritable chyrographe (*voyez* ce Mot). La différence qui existait entre les deux, c'est que le *syngraphe* désignait un acte privé, et le chyrographe un acte public. On ne voit nulle part le mot *syngraphe* coupé par le milieu comme le mot chyrographe. Souvent les latins se servent du mot *manus* pour exprimer *chyrographum*. Sénèque dit : *Nisi reum suâ manu tenuit*, c'est-à-dire, *suo chyrographo*, par son billet.

SYSTÈME BIBLIOGRAPHIQUE. On nomme ainsi l'ordre observé dans une classification quelconque d'ouvrages, soit imprimés, soit manuscrits, pour former une bibliothèque ou un catalogue de livres. Jusqu'à ce moment, on ne connaît aucun *système bibliographique* parfait, et peut-être est-il impossible d'atteindre à cette perfection désirée ; car « ce *système*, dit un auteur judicieux, consiste à diviser et sous-diviser en diverses classes tout ce qui fait l'objet de nos connaissances, chacune des classes primitives pouvant être considérée comme un tronc qui porte des branches, des rameaux et des feuilles ; et la difficulté à surmonter pour établir entre toutes ces parties l'ordre qui leur convient, est, 1.º de fixer le rang que les classes primitives doivent tenir entre elles ; 2.º de rapporter à chacune d'elles la quantité immense de branches, de rameaux et de feuilles qui lui appartiennent. » Or, sera-t-on jamais d'accord sur les divisions et sur les sous-divisions? Les anciens ne nous ont rien laissé sur l'ordre qu'ils observaient dans leurs bibliothèques. Le premier qui a écrit sur cette matière, est un nommé Florian Treffer, qui a donné une méthode de classer les livres, imprimée à Ausbourg en 1560. Cette méthode est plus que médiocre. On fut un peu plus satisfait des ouvrages de Cardona, en 1587, et de Schott, en 1608, sur le même objet. En 1627, Naudé publia son *Avis pour dresser une bibliothèque*; Louis-Jacob de Saint-Charles publia un *Traité des plus belles bibliothèques publiques et particulières*. Ces deux derniers ouvrages firent oublier les précédens. Un des *systèmes* les plus recommandables est celui où l'on expose l'ordre et la disposition des livres du collége de Clermont, tenu par les jésuites à Paris (1). Comme on n'a pas fait une classe séparée des belles-lettres, des sciences et des arts, la collection entière est distribuée en quatre grandes parties: *théologie*, *philosophie*, *histoire*, *droit*. Les allemands ont beaucoup travaillé sur la *bibliographie*, et même avec une espèce de fureur: on peut s'en convaincre en parcourant leurs traités, parmi lesquels il s'en trouve *de scriptis et bibliothecis antè-diluvianis*. Ces traités sont indiqués dans la bibliothèque choisie de l'histoire littéraire composée par Struve, et refondue par Iugler en 1754. Morhoff, dans son *Polyhistor*, a parlé de la disposition des livres dans une bibliothèque (2): Leibnitz a aussi travaillé sur ce sujet (3). On connaît

---

(1) *Systema bibliothecae collegii parisiensis societatis Jesu*. Parisiis, Cramoisy, 1678, in-4.

(2) Edition de Lubeck, 1748. Tom. I, pag. 37, chap. 5.

(3) *Idea Leibnitiana bibliothecae publicae secundùm classes scientiarum ordinandae, fusior et contractior*. Edit. de Dutens, tom. V, pag. 209 et 214.

encore un petit ouvrage intitulé : *Essai sur la formation d'une bibliothèque*, imprimé à Ausbourg en 1788. Chez les anglais, Middleton a composé un petit mémoire latin sur l'ordre à observer dans la disposition de la bibliothèque de Cambridge. Parmi les auteurs français qui ont écrit sur cette matière, on distingue, outre Naudé et Louis Jacob dont nous avons parlé, le Gallois, Baillet, Girard, Martin, Barrois et Debure, libraires ; Formey, Bruzen de la Martinière, Ameilhon, Camus, Grégoire, etc. Nous allons présenter dans cet article, par ordre alphabétique d'auteurs, une notice des différens *systèmes bibliographiques* qui ont été les plus connus. Nous terminerons cette notice par un apperçu du tableau des connaissances humaines, rédigé d'abord par Bacon, puis rectifié par Dalembert et Diderot. Nous essaierons ensuite d'offrir l'esquisse d'un nouveau système calqué sur ce tableau, avec quelques changemens.

SYSTÈME *du citoyen Ameilhon, membre de l'institut national*. Le citoyen Ameilhon a présenté, en l'an 4, à la classe de littérature et beaux-arts de l'institut, un *Projet sur quelques changemens qu'on pourrait faire aux catalogues de bibliothèques*. Ce projet, très-bien fait et lumineux, paraît être le résultat d'une longue expérience. Son auteur n'est pas d'avis qu'on laisse la théologie en tête des catalogues ; il la remplace par la GRAMMAIRE et par les livres destinés à l'étude des langues : delà il passe à la science qui dirige l'entendement, à la LOGIQUE, ensuite à la MORALE, puis à la JURISPRUDENCE. Il retranche le droit canon de la jurisprudence, et croit devoir le placer après les conciles ou après l'histoire générale de l'église, parce que ce droit tient à la discipline ecclésiastique. Quant au droit canon propre à chaque église, à chaque corporation ecclésiastique ou religieuse, il le fait marcher à la suite de leur histoire particulière. A la jurisprudence succède la

MÉTAPHYSIQUE, qui comprend, sous le titre d'êtres immatériels, Dieu et les esprits. C'est ici qu'il place la théologie universelle, en commençant par la religion naturelle, d'où passant aux différentes religions, il trouve nécessairement place à la théologie proprement dite. C'est-là qu'il venge les SS. pères du mépris des ignorans qui disent tous les jours : *Que sert de conserver ce fatras de SS. pères qu'on ne lira plus ?* Il fait suivre la métaphysique de la PHYSIQUE avec toutes ses dépendances, telles qu'elles se trouvent disposées dans le *système* actuel. Il en est de même des ARTS qu'il conserve sans aucun changement, ainsi que des BELLES-LETTRES, à part la grammaire dont nous avons parlé plus haut. Quant à l'HISTOIRE, pour tout changement, il place l'histoire civile avant l'histoire ecclésiastique, ayant soin de faire suivre l'histoire universelle, civile ou profane, de l'histoire ecclésiastique universelle, et l'histoire civile ou profane de chaque nation, de l'histoire ecclésiastique particulière à chaque pays. Voilà les seuls changemens que le citoyen *Ameilhon* propose dans le *système bibliographique* le plus suivi jusqu'alors : il termine ce projet par des observations très-intéressantes sur le caractère, les qualités et les fonctions d'un vrai bibliothécaire. Cet opuscule *bibliographique* se trouve dans le tom. II des Mémoires de l'institut (littérature et beaux-arts). Paris, an 7, pag. 477.

SYSTÈME d'*Arias Montanus*. Cl. Clément, à la fin de son livre sur la formation d'une bibliothèque, publié en 1635 (en latin), donne la description abrégée de la bibliothèque de l'Escurial : il indique, dans le chapitre 5 de cette description, l'ordre adopté par *Arias Montanus*, dans la classification des livres de cette bibliothèque. *Arias Montanus* divise d'abord les ouvrages par langues ; ensuite il sépare, dans chaque langue, les imprimés des manuscrits;

puis il distribue les livres de chaque langue en soixante-quatre classes, ainsi qu'il suit : *grammatica, vocabularia, elegantiæ, fabulæ, poesis, historia, antiquarii, dialectica, rhetorica, declamatio, orationes, epistolæ, ars memoriæ, mathematica in genere, geometria, arithmetica, musica, cosmographia, geographia, topographia, astrologia, astronomia, divinatio, perspectiva, principes philosophi, naturalis philosophia, philosophi privati argumenti, chymica, metaphysica, œconomica, politica, aulica, civile jus, juris civilis interpretes, gironomicæ præceptiones, id est, seniorum documenta; mechanica, venatio, aucupium, piscatio, colymbitica (urinatrix), militaris, architectura, idyllia opuscula, stromata, encyclica, catholica, biblia et patres, concordantiæ indices, œconomiæ loci communes, bibliorum commentaria, canones, concilia, constitutiones religiosæ, canonicum jus, doctores integri, homiliæ, orationes, epistolæ, soliloquia, hymni, doctrinales, et semi-disputatorii, apologiæ, disputationes privatæ et defensores, privata quædam et revelationes, historia ecclesiastica et vitæ sanctorum, scholastica theologia, summistæ,* etc.

Tel est l'ordre observé dans la bibliothèque de l'Escurial. Cependant, depuis le 17ᵉ siècle, on y a fait quelques changemens : il est assez surprenant que, dans la principale bibliothèque d'Espagne, on n'ait pas mis la théologie au premier rang.

SYSTÈME *de Baillet* (1). Ce célèbre critique, dans son ouvrage intitulé *Jugement des Savans* (2), a adopté la division

---

(1) Il faut moins regarder ce *système* comme *bibliographique* que comme une classification méthodique des matières qui doivent composer l'ouvrage de *Baillet* dont il est question dans cet article.

(2) Edition corrigée et augmentée par Lamonnoye. Paris, 1722, 7 vol. in-4.

suivante en six parties : 1.° les IMPRIMEURS qui se sont signalés par leur savoir, leur industrie, leur exactitude et leur fidélité ; les *critiques*, c'est-à-dire, ceux qui donnent la connaissance des auteurs des livres, des essais de littérature, et généralement de tout ce qui s'appelle la république des lettres ; les *critiques grammairiens*, autrement les philologues et gens de belles-lettres ; les *grammairiens* artistes ou tecniques, c'est-à-dire, ceux qui ont traité des lettres, des mots et des règles de la grammaire ; les *traducteurs* qui ont tourné des originaux de quelque langue que ce soit, en latin ou en langue vulgaire. 2.° Les POETES et tous ceux qui ont employé la fiction dans leurs ouvrages ; les *poëtes prosaïques* ou les auteurs de romans et de fiction en prose ; les *rhéteurs*, c'est-à-dire, ceux qui ont traité de l'art oratoire et de l'éloquence ; les *orateurs* qui ont écrit et dont il nous reste des pièces d'éloquence ; les *épistolaires* ou auteurs de lettres. 3.° Les HISTORIENS et généralement ceux qui ont décrit les lieux, les temps et les actions des hommes ; les *géographes* ou historiens des lieux ; les *chronologistes* ou historiens des temps ; les *historiens* proprement dits ou historiens des personnes ; les *Histoires spéciales* qui peuvent être regardées comme générales pour de certains peuples ou de certains pays, par rapport aux Histoires particulières des lieux et des personnes. C'est-là qu'il traite des Histoires et Annales sacrées, des Histoires profanes des orientaux, des Histoires de la Grèce ancienne, de la Grèce moderne, des Histoires romaines, de l'Histoire byzantine (1), des Histoires d'Italie, des Histoires d'Espagne, des Histoires de France, des Histoires des Pays-Bas, des Histoires d'Allemagne et du

---

(1) Non depuis Constantin, mais depuis Justinien, où finit à peu près l'empire romain en Occident.

Nord, des Histoires générales de l'Asie, des Histoires générales de l'Afrique, des Histoires de l'Amérique, etc.; *Histoires* ou *Vies* des hommes illustres de l'un et de l'autre sexe, dans toutes sortes d'états et professions. Les *antiquaires* et ceux qui ont traité des *usages* divers du genre humain, dans toutes sortes de temps et de lieux, d'une manière philologique, c'est-à-dire, mêlée d'histoire, de belles-lettres et de grammaire, pour expliquer la religion, les rits, les coutumes, les exercices et les façons de faire des peuples de la terre. 4.° Les PHILOSOPHES auxquels *Baillet* a joint les *naturalistes*, les *médecins* et les *mathématiciens*; les auteurs qui ont traité des *arts libéraux* en général. 5.° Les AUTEURS du droit établi parmi les hommes pour régler leur conduite. 1.° Ceux du *droit civil*; 2.° ceux du *droit ecclésiastique*; 3.° les écrivains de *politique*; 4.° les écrivains de *morale*; les *économiques*. 6.° Les THÉOLOGIENS, c'est-à-dire, ceux qui ont écrit sur des matières de religion ou de théologie. Les théologiens de positive, ceux qui ont travaillé sur l'écriture sainte; les *Pères* ou la théologie des SS. Pères; les *théologiens scholastiques*. Telle est la distribution que *Baillet* a présentée des livres dont il se proposait de porter des jugemens. Il a en outre fait un très-bon Catalogue de la bibliothèque de Lamoignon, qu'il a enrichi d'une préface latine intéressante. Dans le second. tome de ses *Jugemens des Savans*, il parle des critiques qui ont écrit de la manière de dresser une bibliothèque ou qui ont fait des Traités philologiques et historiques des plus célèbres bibliothèques; ceux qu'il cite sont *Jean-Baptiste Cardona*, qui a fait quatre Traités historiques et critiques publiés en 1587, in-4; *Juste-Lipse*, qui a fait un Traité des bibliothèques, publié à Anvers, 1603, in-4 (1); *P. Bertius*, qui a

---

(1) Je l'ai traduit en tête du MANUEL BIBLIOGRAPHIQUE.

donné une Epître ou Traité de l'ordre et de l'usage d'une bibliothèque à l'occasion de celle de Leyde, avec le Catalogue de cette dernière, 1695, in-4.; *Erycius Puteanus de Venloo* (Henri Dupuy), qui a donné un Traité de l'usage d'une bibliothèque et du fruit qu'on doit retirer des livres, et un catalogue de la bibliothèque ambrosienne, imprimé à Milan en 1606, in-8. On a encore de lui un autre Traité intitulé : *Auspices de la bibliothèque publique de Louvain*, 1639, in-4. *Daniel Heinsius*, de Gand, qui a publié un discours sur l'état de la bibliothèque de Leyde, que l'on trouve à la fin du catalogue de cette bibliothèque, en 1640; le père *Pierre Blanchot*, qui a présenté, en 1631, l'idée d'une bibliothèque universelle en trois grandes feuilles en forme de cartes; *Josse Dudinck*, qui a publié son Palais d'Apollon et de Pallas, à Cologne, 1643, in-8; *Claude Clément* (*voyez* son SYSTÈME); *Gabriel Naudé*, bibliothécaire du cardinal Mazarin, qui a donné un Avis pour dresser une bibliothèque, 1627, in-8; --- et 1644, in-8 augmenté par Louis Jacob; le père *Louis Jacob* de Saint-Charles, carme, qui a donné un Traité des plus belles bibliothèques publiques et particulières, Paris, 1644, in-8; *Herman Conringius*, qui a composé un Traité sur ce qui regarde la composition d'une bibliothèque, Helmstad, 1661, in-4; *Jean Lomeyer*, qui a donné un Traité historique et critique des plus célèbres bibliothèques anciennes et modernes, imprimé à Zutphen, 1669, in-12; le P. *Garnier*, jésuite, qui a fait imprimer en 1678, in-4, le *Système* de la bibliothèque du collége de Clermont, appelé depuis Louis-le-Grand; enfin, *le Gallois*, qui a publié en 1680, in-12, un Traité historique des bibliothèques. Voilà quels sont les auteurs cités par *Baillet*; plusieurs se sont distingués dans cette partie depuis la publication du *Jugement des Savans*; j'en parle ailleurs.

SYSTÈME *observé dans la classification des livres de la bibliothèque nationale, à Paris.* Nous allons parler de l'ordre établi dans cette bibliothèque avant la révolution française; nous ne croyons pas qu'il ait été changé depuis. Cette magnifique collection est divisée en cinq grandes classes, savoir : la *théologie*, la *jurisprudence*, l'*histoire*, la *philosophie* et les *belles-lettres*. Ces cinq classes exigeant de nouvelles divisions et des subdivisions telles que la nature des livres les présente, pour ainsi dire, à l'esprit, on les a divisées en vingt-trois parties; à chacune desquelles on a assigné une lettre de l'alphabet (1), et à chaque lettre des numéros relatifs à ceux que les livres portent dans les tablettes. La *théologie* est comprise sous les lettres A, B, C, D; la *jurisprudence*, sous E, F; l'*histoire*, sous G, H, J, K, L, M, N, O, P, Q; la *philosophie*, sous R, S, T, V; et les *belles-lettres*, sous X, Y, Z. Passons au détail sommaire.

Divisions de la théologie.

A. L'écriture sainte, les interprètes juifs et chrétiens, et les critiques sacrés.

B. Les liturgies et les conciles, tant généraux que nationaux, provinciaux et synodes diocésains.

C. Les pères de l'église, grecs et latins.

D. Les théologiens de l'église grecque et de l'église romaine.

D 2. Les théologiens hétérodoxes et les auteurs d'erreurs particulières.

Divisions de la jurisprudence.

E. Le droit canon.

E *. Le droit de la nature et des gens.

---

(1) On a doublé les lettres D, E, Y et Z, pour distinguer quelques matières particulières.

F. Le droit civil, tant ancien que moderne, divisé par nations, et le droit national de France.

Divisions de l'histoire.

G. La géographie, la chronologie, l'histoire universelle, l'histoire ancienne et l'histoire générale.

H. L'histoire ecclésiastique, tant de l'ancien que du nouveau Testament; l'histoire des ordres religieux et militaires, et l'histoire des hérésies et des inquisitions.

J. L'histoire ancienne, l'histoire grecque, bysantine et des turcs, l'histoire romaine ancienne et antiquités.

K. L'histoire d'Italie, l'histoire de Rome moderne et des différens états d'Italie et des îles adjacentes.

L. L'histoire de France et de ses différentes provinces.

M. L'histoire d'Allemagne et de l'empire des pays de l'Europe orientale, des pays du Nord et de Hollande.

N. Histoire des trois royaumes d'Angleterre, Ecosse et Irlande.

O. Histoire d'Espagne et de Portugal, des pays hors de l'Europe, et des voyages en Asie, Afrique et Amérique.

P. Histoires mêlées, histoire des personnes illustres, tant hommes que femmes, dans les arts et les sciences.

Q. Histoire littéraire, journaux et bibliographes.

Divisions de la philosophie.

R. Les philosophes anciens, grecs et latins, les philosophes modernes, les traités de logique, de métaphysique, morale et physique.

S. L'histoire naturelle en général, et en particulier celle des animaux, des végétaux et des minéraux.

T. Les médecins anciens, arabes et latins, les modernes rangés par nations, les anatomistes et chirurgiens, les chimistes et les alchimistes.

V. Les mathématiques et leurs différentes parties.

Divisions des belles-lettres.

X. Les grammairiens et les orateurs.
Y 2. La mythologie, les poëtes et les fabulistes rangés par nation, et suivant l'ordre chronologique.
Y. Les romans, contes et nouvelles.
Z. Les philologues, les épistolaires et les polygraphes.
Z *ancien*. Le commerce, quelques arts dépendant des belles-lettres, et les pompes et tournois.

Tel est le sommaire abrégé des divisions de la bibliothèque nationale. Si l'on veut prendre une idée des subdivisions, il faut consulter la table des matières ou divisions, qui se trouve à la tête de chaque volume du catalogue, soit imprimé, soit manuscrit. Cette table est un exposé fidèle de la disposition des matières placées dans chaque volume, à la fin duquel est une autre table alphabétique de tous les auteurs qu'il renferme. Ce catalogue, comme nous l'avons dit ailleurs, est en dix volumes, dont quatre pour les manuscrits, et six pour les livres imprimés; mais ces six volumes ne renferment que la *théologie*, la *jurisprudence* et les *belles-lettres*: il reste à imprimer la *philosophie* ou sciences et arts, et l'*histoire*, ainsi que les supplémens à toutes les classes, depuis l'impression des dix volumes; mais quand exécutera-t-on ce travail immense? La bibliothèque nationale a reçu de tels accroissemens, que l'on peut regarder cette entreprise comme presqu'impossible à exécuter.

Quant aux manuscrits de cette bibliothèque, ils sont divisés par fonds, et portent le nom de ceux qui les ont vendus ou légués au roi. On y trouve les fonds de MM. Dupuy, de Béthune, de Brienne, de Gaignières, de Doat, de Dufourny, de Louvois, de la Mare, de Baluze, de Demesmes, de Colbert, de Cangé, de Lancelot, de Ducange, de Serilly, de Huet, de Fontanieu, de Sautereau, etc., etc. Entre les manuscrits en langues étrangères, on voit d'abord les hébreux ; puis les syriaques, les samaritains, cophtes, éthiopiens, arméniens, arabes, persans, turcs, chinois, indiens, siamois, grecs, latins et autres. On y trouve aussi des manuscrits français, italiens, anglais, espagnols, allemands, etc., aussi divisés par fonds. Dans le catalogue imprimé des manuscrits, la diversité des langues a réglé les divisions ; lorsque les volumes d'une même langue ont été en assez grand nombre, on les a placés suivant les cinq grandes classes, et l'on y a distingué les volumes par format.

Le cabinet des estampes est divisé en douze classes.

Dans la première, on trouve les sculpteurs, architectes, ingénieurs, graveurs, depuis l'origine de la gravure (1470) jusqu'à nos jours. Ce recueil est distribué par écoles, et chaque école par œuvres de maîtres. Les recueils d'estampes entières ou porte-feuilles relatifs aux arts, sont aussi de cette première classe, ainsi que les estampes gravées sur bois.

La seconde classe comprend les livres d'estampes, de piété, de morale, emblêmes et devises sacrées.

La troisième, les livres qui traitent de la fable et des antiquités grecques, romaines, etc.

La quatrième, les livres de généalogie, de chronologie, du blason, des armoiries, des médailles et des monnaies.

La cinquième comprend les estampes représentant les fêtes publiques, entrées de villes, cavalcades, tournois et carousels.

La sixième renferme les livres et estampes qui traitent de la géométrie, des machines, des mathématiques, des exercices militaires de terre et de mer, et d'autres pièces touchant les arts et métiers.

La septième offre quelques romans et porte-feuilles de facéties, plaisanteries, bouffonneries, etc.

La huitième comprend la botanique et l'histoire naturelle des oiseaux, quadrupèdes, poissons, insectes, etc., et l'anatomie.

La neuvième est consacrée à de nombreux porte-feuilles de cartes géographiques.

La dixième comprend une superbe collection de plans et élévations d'un grand nombre d'édifices anciens et modernes, sacrés et profanes, palais gothiques, plans de villes, gravés ou dessinés à la main, etc.

La onzième comprend une collection immense de portraits des hommes célèbres, divisée par pays.

La douzième et dernière contient un recueil précieux de modes, habillemens, coiffures, enfin costumes de chaque nation, dans les quatre parties du monde, et en particulier le fameux recueil de modes, habillemens, etc. des français, depuis Clovis jusqu'à Louis XIV.

La collection des planches gravées, composée de près de deux mille, est divisée par classes comme le cabinet des estampes ; et l'on a suivi dans leur arrangement le même ordre que celui dont nous venons de parler.

L'immense collection des médailles est divisée en deux classes principales, l'antique et la moderne.

L'antique comprend plusieurs suites particulières : celle des rois, celle des villes grecques, celle des familles romaines, celle des empereurs, et quelques-unes de ces suites se subdivisent en d'autres relativement à la grandeur des médailles et au métal. C'est ainsi que des médailles des empereurs, on a formé deux suites de médaillons et de médailles en or ; deux autres de médaillons et de médailles en argent ; une cinquième de médaillons en bronze ; une sixième de médailles de grand bronze ; une septième de celles de moyen bronze ; une huitième enfin de médailles de petit bronze.

La moderne est distribuée en trois classes : l'une contient

les médailles frappées dans les différens états de l'Europe ; l'autre, les monnaies qui ont cours dans presque tous les pays du monde ; et la troisième, les jettons.

Nous ne dirons rien du cabinet des antiques qui était au-dessus du cabinet des médailles, parce qu'il n'a point de rapport à la science qui fait l'objet de notre ouvrage. Nous avons puisé les détails ci-dessus dans un petit ouvrage intéressant, ayant pour titre : *Essai historique sur la bibliothèque du roi, et sur chacun des dépôts qui la composent, avec la description des bâtimens et des objets les plus curieux à voir dans ces dépôts.* Paris, 1782, in-12. Il est présumable que le transport de la bibliothèque nationale, qui va s'effectuer au Louvre, changera quelque chose à l'ordre établi dans les différentes collections dont nous venons de parler.

SYSTÈME *du citoyen Butenschoen, professeur d'histoire du Haut-Rhin, à Colmar.* Cet estimable professeur, très-versé dans la littérature du Nord, et dans la bibliographie générale et particulière, remplit les fonctions de bibliothécaire dans le Haut-Rhin. Le *système* qu'il a eu la complaisance de me communiquer, est encyclopédique. L'auteur croit, contre l'opinion du savant Ameilhon, que la division encyclopédique est la plus simple et la plus naturelle que l'on puisse adopter dans l'arrangement d'une grande bibliothèque (1). Mais « dans le monde littéraire comme dans le monde moral et politique, dit l'auteur, il y aura toujours des individus difficiles à ranger dans les classes ordinaires, et rien n'empêche de former une classe particulière,

---

(1) Nous avons aussi adopté la division encyclopédique dans l'essai *bibliographique* rapporté ci-après ; mais nous nous sommes plus rapproché du plan de Diderot.

que j'appelle dans mon système, *mélanges généraux et polygraphes*. Je voudrais cependant, ajoute l'auteur, que l'on fût très-rigoureux à l'égard de ces individus, et qu'on ne leur assignât une place particulière qu'après s'être convaincu qu'ils la méritent, soit par leur universalité, soit même par leur bizarrerie et par la confusion de leurs idées. » On verra par la notice abrégée que nous allons donner du *système* du citoyen *Butenschoen*, qu'il a parfaitement saisi l'ensemble du grand tableau dont il présente l'esquisse ; nous regrettons que les bornes de notre ouvrage ne nous permettent pas de donner en entier ce travail, aussi riche dans les détails que bien conçu dans son ensemble.

Le *système* a dix grandes divisions ; chaque division a des sections, et les sections sont subdivisées en paragraphes, etc. Nous sommes obligés de nous borner aux grandes divisions et aux sections.

I. INTRODUCTION GÉNÉRALE AUX SCIENCES, LETTRES ET ARTS.

    1. Origine des connaissances humaines.
    2. Objets des connaissances humaines.
    3. Considérations générales sur l'érudition ; avantages et inconvéniens des lettres, sciences et arts.
    4. Méthodologie universelle ; examen des esprits ; science de douter, etc.
    5. Moyens de communiquer, de propager et de conserver les connaissances humaines.
    6. Mélanges.

II. LITTÉRATURE ET BEAUX-ARTS.

A. *Philologie.*
    1. Introduction (1).

_____

(1) Après l'*introduction* de chaque science, l'auteur du *système* place

2. Du langage en général; du langage parlé; de son origine et de ses progrès; de la langue universelle.
3. Du langage écrit et de l'écriture.
4. De la grammaire générale.
5. De la lexicologie générale.
6. La critique philologique.
7. L'herméneutique philologique.
8. L'art de traduire.
9. Des langues en particulier; de leur origine; division, comparaison, etc.
10. Mélanges.

B. *Belles-lettres, beaux-arts.*
1. Introduction.
2. Théorie générale du beau.
3. Théorie et pratique des beaux-arts en particulier.
4. Théorie et pratique de plusieurs beaux-arts réunis.
5. Mélanges.

III. SCIENCES HISTORIQUES.
1. Introduction aux sciences historiques.
2. Sciences historiques descriptives.
3. Sciences historiques narratives.
4. Sciences historiques auxiliaires.

IV. SCIENCES PHILOSOPHIQUES.
A. *Sciences philosophiques théoriques.*
1. Introduction aux sciences philosophiques théoriques.
2. Sciences antropologiques.

---

en subdivisions, 1. considérations générales sur la science en question; 2. objet et division de cette science; 3. son histoire et sa bibliographie; 4. ses traités généraux, dictionnaires, etc. Ainsi toutes les fois que le mot *introduction* se trouve répété dans ce système, on doit le faire suivre de ces quatre subdivisions.

3. Sciences philosophiques théoriques proprement dites.

B. *Sciences morales et politiques.*
a. Sciences morales ou philosophiques pratiques.
  1. Introduction.
  2. Sciences philosophiques pratiques.
b. Sciences politiques.
  1. Introduction.
  2. Politique théorique universelle.
  3. Politique pratique universelle.
  4. Politique théorique et pratique appliquée aux besoins des états particuliers.
  5. Mélanges.

C. *Sciences philosophiques méthodiques.*
  1. Introduction.
  2. Sciences philosophiques méthodiques.
  3. Mélanges.

V. SCIENCES MATHÉMATIQUES ET PHYSIQUES.

A. *Sciences mathématiques.*
a. Introduction.
b. Mathématiques pures.
  1. Mathématiques pures élémentaires.
  2. Mathématiques pures transcendentales.
c. Mathématiques appliquées.
  1. Aux sciences historiques et politiques ;
  2. Aux sciences physiques ;
  3. Aux arts et métiers.
d. Mélanges.

B. *Sciences physiques.*
a. Physiographie ou histoire naturelle.
  1. Introduction.
  2. Histoire naturelle.
  3. Mélanges.

 b. Physique.
  1. Introduction.
  2. Physique générale.
  3. Physique mathématique.
  4. Physique expérimentale.
  5. Mélanges.
 c. Chimie.
  1. Introduction.
  2. Chimie théorique.
  3. Chimie pratique.
  4. Mélanges.

VI.   SCIENCES ÉCONOMIQUES ET MÉDICALES.

 A. *Sciences économiques.*
  1. Introduction.
  2. Economie rurale.
  3. Economie forestière.
  4. Economie domestique.
  5. Mélanges.

 B. *Sciences médicales.*
  1. Introduction.
  2. Sciences médicales théoriques.
  3. Sciences médicales pratiques.
  4. Mélanges.
  5. Art vétérinaire.

VII.   ARTS ET MÉTIERS.

 1. Introduction.
 2. Culture et exploitation des productions naturelles.
 3. Manufactures et fabriques.
 4. Arts et métiers mécaniques.
 5. Commerce.
 6. Arts gymnastiques.
 7. Arts militaires.

8. Arts d'amusement.
9. Arts superstitieux.

VIII. SCIENCES POSITIVES.

A. *Jurisprudence.*
1. Introduction.
2. Sciences juridiques théoriques.
3. Sciences juridiques pratiques.
4. Mélanges.
5. Droit étranger.

B. *Théologie.*
1. Introduction.
2. Espèces de religions ou de théologies positives.
3. Parties de la science théologique.
4. Mélanges.

IX. MÉLANGES, COLLECTIONS, POLYGRAPHES.

X. MANUSCRITS, CURIOSITÉS LITTÉRAIRES, MONUMENS TYPOGRAPHIQUES.

Tel est le *système* du citoyen *Butenschoen.* Nous aurions désiré pouvoir lui donner plus de développement ; mais ce que nous en disons suffit pour le faire connaître avantageusement.

SYSTÈME *du citoyen Camus, membre de l'institut national de France.* Le citoyen *Camus* a présenté, en l'an 4, à la classe de littérature et beaux-arts de l'institut, des observations sur la distribution et le classement des livres d'une bibliothèque. Après avoir parlé des *systèmes bibliographiques* les plus connus, il examine, 1.º quelles sont les grandes divisions et les principales classes qu'on peut établir dans une bibliothèque ; 2.º quels sont les motifs d'après lesquels on doit placer dans telle classe plutôt que dans telle autre, les ouvrages et les auteurs susceptibles d'appartenir à plusieurs classes. Il pense que la *bibliographie* doit avoir la première place dans la classification des livres, parce que c'est elle qui apprend à les connaître; ensuite il suppose l'homme de la nature (1), et classe les différentes parties de la collection dans l'ordre où elles doivent le frapper successivement. Ses études, dit le citoyen *Camus*, se portent d'abord sur l'univers entier, sur le monde, le ciel et les astres qui l'embellissent, la terre qu'il habite. Après avoir observé, il soupçonne l'existence d'une substance distincte, soit de son corps, soit de tout autre corps qui peut être le sujet de sa pensée, mais qui n'est pas sa pensée, il étudie la nature de ces êtres que nous nommons *spirituels*. Quand il a parcouru les merveilles de l'Univers, il revient sur sa propre personne pour s'étudier, se perfectionner, mesurer l'étendue des connaissances dont il est susceptible; il rassemble ce qui a été écrit sur la nature de l'homme, son éducation, la formation des langues; leur *système* général et particulier, le vocabulaire de chacune: delà il passe aux sciences; des sciences aux arts, et des arts à la littérature. Ensuite viennent le droit naturel, le droit des gens, les codes civils et religieux, la diplomatie, la politique, les traités de paix, l'économie, le commerce et les finances. A la classe dont nous venons de parler, succède l'histoire, soit politique, soit civile, soit religieuse, des différens peuples. Enfin, ce *système* est terminé par les collections académiques, encyclopédiques et littéraires. Quant à la seconde question, savoir dans quelle classe on rangera de préférence les livres qui, sous différens rapports, peuvent appartenir, soit à une classe, soit à une autre, soit même à plusieurs classes en même temps: le citoyen camus est

---

(1) Dont parle Buffon, *Hist. natur.* tom. IV, in-12, pag. 511.

d'avis que l'on se décide pour la qualité qui rend l'ouvrage plus recommandable. Ainsi les oraisons funèbres, qu'on pourrait être tenté de mettre, ou sur la tablette des moralistes, ou sur celle des biographes, doivent être sur celle des orateurs, parce que l'éloquence en a été le principal but, etc. Je ne donne ici qu'une bien légère idée des profondes et judicieuses observations du citoyen *Camus*; mais j'invite les curieux à les lire en entier, dans le premier volume des Mémoires de l'institut, partie de littérature et beaux-arts, pag. 643.

SYSTÈME *de Michel Casiri.* Ce savant a publié, à Madrid en 1760, un superbe ouvrage ayant pour titre: *Bibliotheca arabico-hispanica Escurialensis.* Dans la préface de son livre, il établit la division suivante: *grammaire, rhétorique, poésie, philologie et mélanges, lexiques, philosophie, politique, médecine, histoire naturelle, jurisprudence, théologie, géographie, histoire.*

SYSTÈME *de Claude Clément, professeur à Madrid.* Ce jésuite, né en Franche-Comté, a publié, en 1635, un ouvrage ayant pour titre: *Musei sive bibliothecæ tam privatæ quam publicæ extructio, instructio, cura, usus. Lib. IV*, etc. Il y a beaucoup de superflu dans ce volume in-4; cependant on y remarque de bonnes idées à travers d'autres assez singulières. Voici l'ordre qu'il adopte dans la division *bibliographique.*

La Bible, les SS. pères latins et grecs, les commentateurs, les controversistes, les prédicateurs, les théologiens scholastiques, les théologiens moraux, le droit canonique, le droit civil, la philosophie contemplative, la philosophie morale, les mathématiques, la physiologie, la médecine, l'histoire sacrée, l'histoire profane, les polygraphes, les orateurs et les rhéteurs, les poëtes, les grammairiens, les livres de piété et ascétiques, les manuscrits, les livres hébraïques, chaldaïques, syriaques, arabes, éthiopiens. Il complète sa bibliothèque par quatre buffets, dont l'un renferme des instrumens de mathématiques; l'autre, des médailles; le troisième, des antiquités; et le quatrième, des objets de curiosité, soit de la nature, soit de l'art. Il interdit l'entrée de la bibliothèque aux livres de magie, aux livres impies ou athées, aux livres d'hérésie, aux livres obscènes, aux libelles diffamatoires, aux plagiaires, aux livres inutiles et futiles. Il veut en outre que les bustes des grands hommes dans tous les genres, ornent la bibliothèque, qu'ils soient supportés par des cariatides (1), que ces cariatides représentent les antagonistes de ces grands hommes. Nous allons donner la liste des bustes et des cariatides dont il veut orner les vingt-huit entrecolonnemens qui renferment les classes dont nous avons parlé plus haut : il en place quatorze d'un côté, et quatorze de l'autre. Nous ne rapportons cette liste que pour faire voir quels étaient les grands hommes qui, au rapport de Cl. *Clément*, paraissaient les plus experts dans chaque partie.

PREMIER CÔTÉ.

1.° LES BIBLES.

Moyse.	*Cariatides.*
David.	Antiochus Epiphanes.
Salomon.	
S. Paul.	

---

(1) L'auteur se sert du mot *telamones*, qui signifie *espèce de termes, supports, appuis*, etc. J'ai cru pouvoir le rendre par *cariatides*, qui désigne un terme sous la figure d'une femme. Ce mot m'a paru convenir d'autant mieux qu'il peint, pour ainsi dire, davantage le mépris que ressentait Claude Clément pour ceux qu'il qualifiait de *captivi telamones*.

S. Mathieu.
S. Luc.
S. Marc.   Dioclétien.
S. Jean.

2.° SS. PÈRES LATINS.

S. Grégoire-le-Grand.   *Cariatides.*
S. Ambroise.   Cerinthe.
S. Augustin.
S. Jérôme.
S. Hilaire de Poitiers.
S. Léon-le-Grand.
S. Cyprien.   Ebion.
S. Bernard.

3.° SS. PÈRES GRECS.

S. Athanase.   *Cariatides.*
S. Bazile.   Marcion.
S. Grégoire de Nazianze.
S. Jean Chrysostôme.
S. Irénée.
S. Denis, aréopagite.
S. Grégoire de Nycée.   Ætius.
S. Cyrille d'Alexandrie.

4.° *Dans l'embrasure de la première fenêtre.*

La Sibylle Persique.
La Sibylle de Lybie.
La Sibylle de Delphes.
La Sibylle de Cumes.
La Sibylle Erythrée.

5.° LES COMMENTATEURS DE L'ECRITURE SAINTE.

Bède-le-Vénérable.   *Cariatides.*
Denis-le-Chartreux.   Arius.

Alphonse Tostat.
Rupert, abbé de Deutsch (*Tuitensis*).
Hugues de Saint-Cher (*de Secaro*).
Alphonse Salmeron.
François Titelmann.   Apollinaire le jeune.
Jean Macdonat.

6. LES CONTROVERSISTES.

S. Epiphanes.   *Cariatides.*
Stanislas Hosius.   Nestorius.
Robert Bellarmin.
Jean Ekius.
François Torrès, dit *Turrien*.
Thomas Bozé, d'Eugubio.
Pierre Canisius.   Eutychès.
Jacques Gretser.

7.º LES PRÉDICATEURS.

S. Pierre Chrysologue.   *Cariatides.*
S. Vincent Ferrier.   Manès.
S. Bernardin de Sienne.
Thomas de Villeneuve.
Cornelius Musus.
César Calderarius.
Sébastien Barrade.   Mahomet.
Jean Osorius.

8.º THÉOLOGIE SCHOLASTIQUE.

Pierre Lombard.   *Cariatides.*
S. Thomas d'Aquin.   Wiclef.
S. Bonaventure.
Alexandre de Halès.
Melchior Camus.
Louis de Molina.

François Suarez.   Jean Hus.
Gabriel Vasquez.

9.º THÉOLOGIE MORALE.

S. Antonin.   *Cariatides.*
Martin de Clavasio.   Martin Luther.
Martin Azpilcueta Navarro.
Sylvestre de Prierio.
François Tolet, cardinal.
Grégoire Sayrus.
Jean Azorius.   Jean Calvin.
Thomas Sanchez.

10.º DROIT CANONIQUE.

Burchard de Worms.   *Cariatides.*
Ives de Chartres (*Ivo Carnotensis*).   Arnaud de Brixia.
Gratien.
Innocent IV, pape.
Gui-Pape.
Nicolas Tudeschi, dit *Panorme.*
Jean André de Bologne.   P. de Cugnières.
Didace Covarruvias.

11.º *Dans l'embrasure d'une fenêtre.*

La Sibylle de Samos.
La Sibylle de Cumes.
La Sibylle de l'Hellespont.
La Sibylle de Phrygie.
La Sibylle Tiburtine.

12.º DROIT CIVIL.

Ulpien.   *Cariatides.*
Accurse.   Jacques Arminius.
Barthole de Saxo-Ferrato.

Balde de Ubaldis.
Jacques Cujas.
Gui Pancirole.
Dominique Tuschus, cardinal.   Conrad Worstius.
Antoine Févre.

13.° PHILOSOPHIE CONTEMPLATIVE.

Pythagoras.   *Cariatides.*
Platon.   Antoine Bodenstein.
Aristote.
Jean Scot.
Thomas de Vio, dit *Cajetan*, cardinal.
Paul Aresi.
Pierre Fonsec.   Philippe Mélanchthon.
Antoine Rubius.

14. PHILOSOPHIE MORALE.

Mercure Trismégiste.   *Cariatides.*
L.-An. Sénèque.   Nicolas Machiavel.
Epictète.
Plutarque.
Manuel Paléologue Constantin, empereur.
Jean d'Avila.
Jean Botero, dit *Benisius de Bêne*.   Jean Bodin.
Charles Scribani.

SECOND COTÉ.

1.° MATHÉMATICIENS.

Euclides.   *Cariatides.*
Archimèdes.   Abram, juif.
Diophantes.
Alphonse X, roi de Castille.
Boëce.
Ptolémée d'Egypte, astronome.

Christophe Clavius. Lambœus, juif.
François Aguillon.

2. PHYSIOLOGIE.

C. Pline le jeune. *Cariatides.*
Elien. Jules-César Vanini.
Le grand Albert.
André Mathiol.
Dioscoride.
Théophraste.
Ulysse Aldrovandus. Henri-Corn. Agrippa.
Joseph Acosta.

3.° MÉDECINE.

Hippocrate. *Cariatides.*
Galien. Paracelse.
Andromaque.
Avicène.
François Valesio.
Jérôme Mercurialis.
Jean Fernel. R. Flud ou *de Fluctibus.*
J. Fabricius, dit *Aquapendente.*

4.° Dans l'embrasure d'une fenêtre.

FEMMES CÉLÈBRES PAR LEUR ÉRUDITION ET LEURS ÉCRITS.

Télésille d'Argos.
Hypatie.
Sulpitie.
Athénaïs.
Proba-Falconia.

5.° HISTORIENS SACRÉS.

César Baronius, cardinal. *Cariatides.*
Louis Lipoman. Duplessis Mornay.

Simon Métaphraste.
Laurent Surius.
Augustin Torniel.
Jacq. Sallian (*existant encore* (1)).
Abraham Bsovius. Martin Chemnitz.
Pierre de Ribadeneyra.

6.° HISTORIENS PROFANES.

Hérodote d'Halycarnasse. *Cariatides.*
Jules-César. Jean Sleidan.
Tite-Live.
Denys d'Halycarnasse.
Polybe.
Jean-Pierre Maffei.
François Beaucaire de Peguillon. François Rabelais.
Jean Mariana.

7.° PHILOLOGIE ET POLYGRAPHIE.

Clément d'Alexandrie. *Cariatides.*
Pausanias. Euthydéme.
Athénée.
Guillaume Bude.
Charles Sigonius.
Barnabé Brisson.
Juste-Lipse. Hippias.
Martin-Antoine Delrio.

8.° RHÉTEURS ET ORATEURS.

Démosthenes. *Cariatides.*
Isocrates. Un orateur dont Lucien fait le portrait.
M.-T. Ciceron.

---

(1) en 1635.

M.-Fabius Quintilien.
Themistius.
Dion Chrysostôme.
Cyprien Soarius.   Cresconius.
Pierre Perpinien.

6.° POETES.

Homère.   *Cariatides.*
Sophocles.   Pierre Arétin.
Virgile.
Pindare.
P.-Ann. Sénèque.
Perse.
Stace.   Théodore de Bèze.
Claudien.

10.° GRAMMAIRIENS.

Festus Pompeius.   *Cariatides.*
Donat.   Remnius Palæmon.
Priscien.
Papias.
Antoine Augustin.
Ambroise Calepin.
Emmanuel Alvarez.   Orbilius Pupillus.
Nicolas Clenard.

11.° *Dans l'embrasure de la fenêtre.*

FEMMES CÉLÈBRES PAR LEUR DOCTRINE ET LEURS ÉCRITS.

Rosoita ou Rosuida.
S. Thérèse.
Catherine, fille de Ferdinand V et d'Isabelle.
Marie Stuard.
Marie de Portugal, femme d'Alex. Farnèse, duc de Parme,

12.º PIÉTÉ ET ASCÉTIQUE.

Jean Cassien.
S. Jean Climaque.
S. Dorothée.
Thomas-à-Kempis.
S. Ignace de Loyola.
Louis de Grenade.
Louis de Blois ou *Blosius.*
Louis Dupont.

Cariatides.
Guillaume de St.-Amour.

Clément Marot.

13.º HÉBREUX, SYRIAQUES, CHALDAÏQUES, ARABES, ÉTHIOPIENS.

Rabbi Ben-Aser, } chefs des
Rabbi Ben-Nephtali,} masorèthes.
Marcus Marinus Brixianus.
Xanthes Pagninus.
Benoit Arias-Montanus.
Gilbert Genebrard.
Rabbi David Kimki.
Georges Mayr.

Cariatides.
Rabbi Asse.

Rabbi Hammai.

14.º MANUSCRITS.

Jacobus Laynes.
Alphonsus Deza.
Michaël Vasquez.
Nicolaüs Magnienus.
Claudius Bordonus.
Stephanus Hudelotius.
Fornerius.
Franciscus Hernandes.

Cariatides.
Licinius.

Michaël Balbus.

Après avoir ainsi disposé toutes les classes, Cl. *Clément* veut que l'on ajoute à tant de grands hommes, les portraits des fondateurs des principales bibliothèques : il commence par les fondateurs ecclésiastiques, dont voici la liste :

S. Hilaire, pape ; Nicolas V, *id.*; Sixte IV, *id.*; Paul IV, *id.* ; Marcel II, *id.*; Sixte V, *id.*; Paul III, *id.*; Alexandre, evéque de Jérusalem ; Pamphile, Bessarion (1); François Ximenes, Jérôme Siripand, Guillaume Sirlet, Ascagne Colonne, Jér. de la Rovère, Scipion Lancelot, Fr.-Michel Bonel, Sfortia, François de Joyeuse, Fréd. Borromée, Dominique Grimaud, Michel Thomasius, Peregrinus Fabretus, M.-Alphonse Ciaconius.

Ensuite il passe aux fondateurs profanes, qu'il met, comme les précédens, au nombre de vingt-quatre, ainsi qu'il suit :

Pysistrate, Ptolomée Philadelphe, Jules-César, Eumènes, roi de Pergame, Asinius Pollion, Auguste Octave, Domitien, Hadrien, Ul. Trajan, Jule-Africain, Serenus Samonicus, Constantin, Théodose, Charlemagne, Matthias Corvinus, Frédéric Feltrius, Rupert, Maximilien II, François 1.er, Philippe II, Sigismond, roi de Pologne ; Côme de Médicis, Ulric Fugger, Ferdinand Colomb.

Je ne veux point entrer dans d'autres détails sur les décorations innombrables dont *Clément* voudrait orner une bibliothèque ; mon but était seulement de présenter son *système bibliographique* ; et je me suis laissé entraîner au-delà des bornes que je m'étais prescrites.

SYSTÈME *du citoyen Coste, bibliothécaire à Besançon.* Dans les plans d'enseignement publiés par les professeurs à l'école centrale du Doubs, en l'an 9, le citoyen *Coste* a présenté le projet d'un cours de bibliologie. Il divise la

---

(1) Voyez à l'article LIVRE ; *de l'éloge et du choix des* LIVRES.

bibliologie en trois branches principales, d'après les divers aspects sous lesquels on peut considérer un livre, sa forme, sa classification et l'objet dont il traite. La première partie renferme la bibliographie proprement dite, c'est-à-dire, tout ce qui appartient à la description de la forme et de la matière des livres, soit avant, soit depuis l'invention de l'imprimerie. La seconde partie, qui traite de la classification des livres, se réduit d'abord à trois chefs principaux, qui embrassent tous les objets qui peuvent entrer dans le cercle des connaissances humaines, savoir, Dieu, l'homme, la nature : les différens aspects sous lesquels se présente l'étude de ces objets, se réduisent à trois points de vue qui répondent aux trois facultés de l'entendement que nous voulons exercer lorsque nous lisons : la mémoire, à laquelle se rapporte l'histoire ; le raisonnement, auquel se rapportent les sciences ; et l'imagination, à laquelle se rapportent les lettres et les beaux-arts. La troisième partie de la bibliologie est celle qui s'occupe du discernement des livres et de l'objet dont ils traitent. Le projet du citoyen *Coste*, dont nous venons de donner une simple idée, et qui mérite d'être connu dans tous ses détails, nous paraît calqué sur les grandes divisions de l'encyclopédie : il peut être très-propre à un cours de bibliologie ; mais il nous semble qu'il offrirait de grandes difficultés, si l'on voulait en faire un *système bibliographique*, sans y opérer quelques changemens, qui nous paraissent nécessaires.

Depuis l'an 9, le citoyen *Coste* a perfectionné son *système*, en en changeant les dispositions. Voici comment il s'en explique lui-même : « Je me suis proposé le problème suivant : Trouver une classification tellement simple, que toutes les productions littéraires aillent se rattacher à un petit nombre de classes primitives, distinctes, faciles à saisir par l'esprit, à retenir par la mémoire ; tellement analytique, que, du haut de ces classes premières, les productions secondaires en découlent avec aisance, avec facilité ; tellement distincte, qu'elle pose des bornes invariables entre ce qui tient aux sciences, aux arts et à l'histoire, et quelle fasse disparaitre cette classe de *polygraphie*, utile sans doute au bibliothécaire dans son embarras, mais absolument infructueuse pour le lecteur, qui n'y trouve que des noms d'auteurs, et jamais les choses dont ils traitent. Pour résoudre ce problême, jai suivi la méthode des naturalistes : l'HISTOIRE, les SCIENCES et les ARTS. Voilà mes trois grandes classes primitives où tout vient aboutir.

	naturelle,	naturelle,	physiques,
HISTOIRE	civile,	SCIENCE morale,	ARTS libéraux,
	religieuse.	théologiq.	magiques ou divinatoires.

Voilà les trois ordres, uniformes dans leur objet, de chacune des classes primitives : les sous-divisions viendront aisément s'y encadrer ; mais il faut définir enfin ce que c'est que *science*, ce que c'est qu'*art* ; je crois y être à peu près parvenu. A l'aide de ce *système*, il serait possible de faire un dictionnaire de classification pour les productions littéraires, comme on en fait pour les productions naturelles, etc., etc. » On voit par ce plan, que le citoyen *Coste* est pénétré de son objet, et qu'il est bien fait pour présider au vaste dépôt littéraire qui lui est confié.

SYSTÈME *de Denis, premier garde de la bibliothèque impériale, à Vienne.* Ce savant bibliographe a publié, à Vienne, en 1795 et 1796, la seconde édition de son excellent ouvrage intitulé : *Introduction à la connaissance des livres*, 2 vol. in-4 (en allemand). Il y présente un tableau très-bien fait de la classification des sciences et des livres. Il divise son *système* en sept branches, savoir : *théologie, jurisprudence, philosophie, médecine, mathématiques, histoire*, *philologie*. Ensuite viennent les subdivisions de chacune de ces branches, sous le titre de *genres* et d'*espèces*. Selon *Denis*, cette disposition forme une encyclopédie parfaite : la théologie s'y joint à la jurisprudence, par les conciles ; la jurisprudence à la philosophie, par le droit naturel ; la philosophie à la médecine, par l'histoire naturelle ; la médecine aux mathématiques, par l'anatomie ; les mathématiques à l'histoire, par la chronologie ; l'histoire à la philologie, par les fables héroïques ; et la philologie à la théologie, par la mythologie.

Système *de Girard*. On a trouvé dans les manuscrits de l'abbé *Girard*, après sa mort, un *système bibliographique* différent de tous ceux qui existent. Il divise toutes les connaissances humaines en six classes, savoir : 1.º la THÉOLOGIE, qui renferme les *textes*, les *commentaires*, les *dogmatiques*, les *prédicateurs*, les *mystiques* et les *liturgiques* ; 2.º la NOMOLOGIE, qui comprend la *discipline*, le *droit civil*, la *corporologie*, l'*éthicologie*, la *thesmologie*, la *praxéonomie* ; 3.º l'HISTORIOGRAPHIE, qui se partage en *notices*, *histoires*, *personologie*, *littérologie*, *fictions*, *collections* ; 4.º la PHILOSOPHIE, qui se divise en *mathématiques*, en *cosmographie*, en *physiographie*, en *physique*, en *médecine* et en *spiritologie* ; 5.º la PHILOLOGIE, à laquelle appartiennent la *lexicologie*, l'*éloquence*, les *poëmes*, les *théâtres*, les *lettres* et la *critique* ; enfin, 6.º la TECHNOLOGIE, qui embrasse les *arts civiques*, les *arts académiques*, les *arts gymnastiques*, les *arts plastiques*, les *arts nutritifs* et les *arts mystériques*. On avouera que ce tableau présente quelque chose de barbare dans sa nomenclature (1) ; et les subdivisions se ressentent égale-

---

(1) J'ai rapporté ce tableau avec l'explication des termes dans le MANUEL BIBLIOGRAPHIQUE, pag. 67.

ment de cette barbarie. *Girard* a beau rendre compte, en philosophe, des raisons qui l'ont engagé à établir un tel ordre, et à employer de pareils termes ; il aurait eu beaucoup de peine à le faire adopter. On verra ce projet amplement détaillé dans l'Encyclopédie, à l'article CATALOGUE : il prouve que son auteur avait des connaissances très-étendues. Nous donnons dans le cours de ce Dictionnaire l'explication des mots qui pourraient embarrasser le lecteur.

SYSTÈME *de Laire*. Avant de parler de ce *système*, je vais réparer ici une erreur et des omissions qui se sont glissées dans l'article que j'ai consacré à ce savant bibliographe (1.er volume, pag. 330). *Laire*, de l'ordre des frères mineurs, n'est point né à Dole, mais à Vadans, près Gray, dans le département de la Haute-Saône. Il a beaucoup voyagé en Italie, où ses connaissances lui ont ouvert la porte de plusieurs académies. Pie VI l'affectionna et lui donna même un superbe anneau. C'était *Laire* que l'on désignait à Paris comme le plus en état de donner un *Cours de bibliographie*. Le citoyen Coste, dont nous avons parlé ci-devant, possède un manuscrit de *Laire*, sur les éditions des *Variorum*, et un volume de *Notes* à ajouter aux *Annales de Maittaire*. On trouve dans le *Specimen historicum*, dont j'ai parlé dans mon premier volume, les figures des types de Sweynheim et Pannartz, élèves de Fust et de Scheffer. J.-B. Audiffredi, dominicain, a fait la critique de cet ouvrage en 1783 : il a suppléé aux omissions de *Laire*, à celles de Maittaire, et d'Orlandi, dans son *Catalogus historico-criticus romanarum editionum sæculi 15*, etc., très-bon ouvrage. Revenons au *système* de *Laire*. L'homme, selon lui, est seul la cause et le but de toutes les productions littéraires : elles doivent toutes se rapporter à ses facultés et à ses besoins. Voici ses cinq grandes divisions :

1.º La *raison* a créé les ouvrages relatifs à la *philosophie*.

2.º L'*imagination* a donné le jour à la *poésie* et aux *arts d'agrément*.

3.º La *mémoire* a produit l'*histoire*.

4.º Les *besoins physiques* ont donné lieu aux *arts et métiers* et à l'*agriculture*.

5.º Et les *besoins moraux* à l'*art de la parole* et à tout ce qui tient aux *lois de l'ordre social*. Il appelle cette dernière classe *nomologie*, mot emprunté de l'abbé Girard.

Tel est le plan sommaire du *système* de classification présenté par *Laire*. On trouvera les détails dans les manuscrits qui sont entre les mains du citoyen Coste, à Besançon.

SYSTÈME *de Prosper Marchand*. Le *système* dont nous allons parler est exposé dans la préface du catalogue des livres de la bibliothèque de Joachim Faultrier, imprimé à Paris en 1709, in-8. *Marchand* considère d'abord les différens ordres d'après lesquels on peut former un *système bibliographique*, savoir : l'ordre naturel, l'ordre des nations, l'ordre des langues, l'ordre des temps et l'ordre alphabétique. Il forme son plan qu'il divise en trois grands chapitres qui doivent renfermer toute la matière des livres. Il fait précéder ces chapitres d'une introduction qui renferme les bibliographes, et les fait suivre d'un appendix qui contient les polygraphes. Ces trois chapitres ou classes fondamentales sont la science humaine ou PHILOSOPHIE, la science divine ou THÉOLOGIE, et la science des événemens ou HISTOIRE. La philosophie a deux parties principales : l'une regarde les belles-lettres (1) ; l'autre regarde les sciences (2). Quant aux deux autres parties, *Marchand* a

---

(1) *Litterae humaniores.*
(2) *Litterae severiores.*

adopté, à très-peu de chose près, les divisions et subdivisions reconnues par les autres bibliographes.

SYSTÈME *de Gabriel Martin* (1). Il divise toute la littérature en cinq classes primitives, savoir : théologie, jurisprudence, sciences et arts, belles-lettres et histoire. Voici les subdivisions : 1.° la THÉOLOGIE renferme l'*écriture sainte*, les *conciles*, les *pères de l'église*, *grecs et latins*, et les *théologiens* ; 2.° la JURISPRUDENCE se divise en *droit canonique* et *droit civil* ; 3.° les SCIENCES et ARTS en *philosophie*, *médecine*, *mathématiques* et *arts*, tant *libéraux* que *mécaniques* ; 4.° les BELLES-LETTRES en *grammaire*, *rhétorique*, *poétique*, *philologie* et *polygraphie* ; 5.° enfin, l'HISTOIRE en *histoire ecclésiastique* et *histoire profane*. Il fait précéder l'*histoire* par la *géographie* et la *chronologie*. Il divise l'HISTOIRE ECCLÉSIASTIQUE en *histoire catholique et pontificale*, en *histoire monastique*, en *histoire sainte* et en *histoire ecclésiastique des hérésies et des hérétiques* ; et l'HISTOIRE PROFANE est divisée en *histoire ancienne* ou des anciennes monarchies, en *histoire moderne* ou des monarchies qui subsistent aujourd'hui, en *histoire généalogique et héraldique*, en *antiquités*, en *histoire des solennités et des pompes*, en *histoire littéraire*, *académique* et *bibliographique*, en *vie des personnes illustres* et en *extraits historiques*.

Ce *système* a été le plus généralement adopté, à quelques légers changemens près (comme, par exemple, l'histoire

---

(1) Ce Gabriel Martin, fils d'un Gabriel du même nom, est le même que celui dont nous parlons dans notre premier volume. Il est mort en 1761, âgé de 83 ans. Il avait dressé, depuis 1705, 148 catalogues de bibliothèques, dont 22 avec tables d'auteurs. Il a été aidé dans ce travail par Claude Martin, son fils, dernier rejetton de cette ancienne famille, mort en 1788.

que l'on place quelquefois avant la jurisprudence, quelquefois avant les belles-lettres). Cependant on pourrait croire que l'ordre qu'on y observe tient peut-être plus à certains préjugés qu'à la nature : aussi plusieurs bibliographes ont présenté d'autres plans qui, avouons-le, n'ont point encore fait oublier celui de *Martin* (1).

Système *de Debure.* Ce *système* est entièrement calqué sur celui dont nous venons de parler. Mais comme il est très-détaillé, je crois qu'il est intéressant de le faire connaître dans ses principales parties.

Classe 1ère. Théologie. Cette classe est divisée en cinq sections.

1.ère section. *Ecriture sainte avec ses interprètes, critiques et commentateurs.* Prolégomènes de l'écriture sainte, ou Traités généraux préparatoires à la lecture de l'écriture sainte. Textes et versions de l'écriture sainte. Harmonies et concordes évangéliques extraites des livres mêmes des évangélistes. Histoires et figures de la Bible. Ecrits et évangiles apocryphes. Interprètes et commentateurs de l'écriture sainte, tant de l'ancien que du nouveau Testament. Philologie sacrée.

2.e section. *Conciles.* Traités généraux et particuliers de la célébration des conciles, de leur puissance, forme et teneur. Collection des conciles et conciles généraux. Conciles et synodes nationaux de différens pays.

3.e section. *Liturgies.* Traités singuliers de l'office divin et des cérémonies anciennes et modernes de l'église. Liturgies de l'église ancienne, grecque ou orientale, rituels, livres de prières, etc. Liturgies de l'église latine ou occidentale.

---

(1) Martin devait le fonds de son système à un jésuite nommé Jean Garnier; mais il a le mérite de l'avoir perfectionné.

4.e section. *SS. pères.* Traités singuliers de la lecture des SS. pères, de leur usage, de leur morale et du fruit que l'on en retire. Collections et extraits des SS. pères grecs et latins, écrivains et autres monumens ecclésiastiques. Ouvrages des SS. pères grecs et latins, rangés chronologiquement selon l'ordre des siècles dans lesquels ils ont vécu.

5.e section. *Théologiens.* Théologie scholastique et dogmatique, contenant les ouvrages des théologiens de l'église latine ou occidentale, à commencer vers l'an 1050, temps auquel Pierre Lombard fut le premier qui la rédigea en corps. Théologie morale. Théologie catéchétique ou instructive. Théologie parénétique ou des sermons. Théologie mystique ou contemplative. Théologie polémique ou traités concernant la défense de la religion chrétienne et catholique. Théologie hétérodoxe.

CLASSE II.e JURISPRUDENCE. Cette classe a deux sections.

1.ère section. *Droit canonique.* Droit canonique universel. Droit ecclésiastique de France. Droit ecclésiastique étranger. Droit ecclésiastique des réguliers et des religieux.

2.e section. *Droit civil.* Droit de la nature et des gens, et droit public. Droit civil général. Droit romain nouveau. Droit français et ses différentes parties. Droit étranger et de différentes nations.

CLASSE III.e SCIENCES ET ARTS. Cette classe a six sections.

1.ère section. *Philosophie.* Traités généraux préparatoires à l'étude de la philosophie ; introductions et traités qui renferment l'histoire, l'origine et les progrès de la philosophie. Philosophie ancienne ; ouvrages des anciens philosophes grecs et latins, Trismégiste, Pythagore, Démocrite, Socrate, Épicure, Platon, Aristote et autres qui ont paru jusqu'à la fin de l'empire romain, avec leurs interprètes et sectateurs. Philosophie moderne ; ouvrages des philosophes modernes, Abeilard, Ockam, Descartes, Pereyra, Gassendi, Mallebranche et autres qui ont paru jusqu'à présent. Cours universels et généraux de philosophie scholastique et particulière ; institutions, règles et méthodes, etc. Logique et didactique. Ethique et morale. Economie. Politique. Métaphysique.

3.e section. *Physique.* Introductions, cours et traités généraux de physique. Traités singuliers de physique.

3.e section. *Histoire naturelle.* Introductions et traités préparatoires à l'étude de l'histoire naturelle. Histoire naturelle générale universelle, contenant les ouvrages généraux des naturalistes anciens et modernes. Histoire naturelle particulière : 1.º les élémens et ce qui y a rapport ; 2.º agriculture et botanique ; 3.º les animaux, insectes et coquillages, etc. ; 4.º prodiges, mélanges et collections de cabinet.

4.e section. *Médecine.* Introductions, cours, pratiques, dictionnaires et traités généraux de médecine. Médecins anciens et modernes, grecs, latins, arabes, avec leurs interprètes et commentateurs. Traités singuliers de médecine. Chirurgie. Anatomie. Pharmacie. Chimie. Alchimie ou philosophie et médecine hermétique, paraceltique, qui est la science de la transmutation des métaux ou de la pierre philosophale, de l'or potable, etc.

5.e section. *Mathématiques.* Institutions, cours universels et traités généraux de mathématiques. Arithmétique et algebre. Géométrie. Astronomie. Astrologie. Gnomonique ou traité de la science des cadrans et horloges solaires. Hydrographie ou la science de la navigation. Optique. Statique ou la science des forces mouvantes. Hydraulique ou la science pour l'élévation des eaux, pour les aqueducs, cascades, grottes, etc. Mécanique ou la science des machines. Traités singuliers des instrumens de mathématiques et de ce qui les concerne. Musique ou science de l'harmonie.

6.e section. *Arts*. Dictionnaires et traités généraux des arts libéraux et mécaniques. Art de la mémoire naturelle et artificielle, et différentes pratiques pour l'exercer. Art de l'écriture, où il est aussi traité des chiffres et des différentes manières d'écrire secrètement. Art typographique ou la science de l'imprimerie. Arts du dessin, de la peinture, de la sculpture et de la gravure. Architecture ou science des bâtimens. Art militaire. Art pyrotechnique ou du feu, de la fonderie, de la verrerie, etc. Art gymnastique, où il est traité du maniement des chevaux et de leur traitement (1), de la lutte, de la chasse, de la pêche, etc. Traités singuliers des jeux d'exercices et de divertissement, du saut, de la danse, etc. Traités singuliers de quelques arts mécaniques, pelleteries, fourrures, teintures de laines, fabriques particulières, vulgairement appelées *métiers*.

CLASSE IVe BELLES-LETTRES. Cette classe a cinq sections.

1.ère section. *Grammaire*. Principes et traités généraux, et raisonnés de la grammaire. Institutions, grammaires et dictionnaires de différentes langues.

2.e section. *Rhétorique*. Rhétorique ou traités généraux de la rhétorique ou de l'art oratoire. Orateurs anciens et modernes.

3.e section. *Poétique*. Introductions à la poésie, ou institutions, élémens et traités généraux de poétique. Traités singuliers de poésie, contenant l'art de composer des pièces

---

(1) Je crois que le maniement des chevaux, ou pour mieux dire l'équitation, n'est qu'un accessoire de la gymnastique, qui regarde tout ce qui a rapport aux exercices du corps. Ainsi Debure ne devait pas placer en premier ordre *le maniement des chevaux*; l'article suivant convient infiniment mieux à ce que l'on entend par le mot gymnastique.

de vers, comédies, tragédies, poëmes épiques ; de leur construction, etc. Poëtes anciens, grecs et latins. Poëtes latins modernes. Poésie française, ancienne et moderne. Poésie française, ancienne et moderne, qui comprend les théâtres, etc. Poésie italienne. Poésie espagnole et portugaise. Poésie anglaise, irlandaise, écossaise. Ouvrages des poëtes allemands, flamands, septentrionaux, etc. Mythologie. Poésie prosaïque.

4.ᵉ section. *Philologie*. Critiques anciens et modernes. Gnomiques ou sentences, apophthegmes, adages, proverbes et collections de rencontres et bons mots qui ont paru sous des titres en *ana*. Hiéroglyphiques ou emblêmes, devises, symboles, rebus, etc., avec les traités singuliers de l'art de les composer.

5.ᵉ section. *Polygraphie*. Polygraphes latins, anciens et modernes, ou qui ont écrit divers traités en un ou plusieurs volumes, sur diverses matières et sur différens sujets. Dialogues et entretiens sur différens sujets mêlés. Mélanges de polygraphie ou diverses collections de questions curieuses et variées ; extraits et diverses leçons de discours mêlés, en latin et en français. Epistolaires.

CLASSE V.ᵉ HISTOIRE. Cette classe a onze sections.

1.ʳᵉ section. *Prolégomènes historiques*. Introductions et traités préparatoires à l'étude de l'histoire. Traités singuliers de l'utilité de l'histoire. Traités singuliers, critiques apologétiques, pour et contre l'histoire et les historiens.

2.ᵉ section. *Géographie*. Introductions et traités préparatoires à l'étude de la géographie. Géographie, proprement dite, ou cosmographie et description de l'Univers (1). Géo-

---

(1) La géographie, proprement dite, n'est qu'une partie de la cosmographie : cette dernière embrasse la description de l'Univers, et par conséquent tout le système planétaire ; au lieu que la géographie n'embrasse que la description de la terre : Debure ne devait donc pas les confondre.

graphes anciens et modernes, grecs et latins, français, etc. Descriptions et cartes géographiques. Voyages et relations.

3.e section. *Chronologie.* Introductions et traités préparatoires à l'étude de la chronologie. Chronologie technique, ou traités dogmatiques du temps et de ses parties. Chronologie historique, ou l'histoire réduite et disposée par tables, divisions chronologiques et années. Histoire universelle.

4.e section. *Histoire ecclésiastique.* Introductions et traités préparatoires à l'étude de l'histoire ecclésiastique. Histoire générale des cérémonies religieuses des différens peuples de la terre. Histoire ecclésiastique, proprement dite, ou histoire de l'église ancienne et nouvelle, judaïque et chrétienne. Histoire ecclésiastique particulière, distinguée par ordre d'églises et de nations. Histoire catholique et pontificale. Histoire monastique et des ordres religieux et militaires. Histoire sainte. Histoire ecclésiastique des hérésies et des hérétiques.

5.e section. *Histoire profane des monarchies anciennes.* Histoire des juifs, générale et particulière. Histoire générale des quatre monarchies anciennes ou empires (1). Histoire byzantine ou de l'empire de Constantinople, depuis Constantin jusqu'à la prise de cette capitale par les turcs.

6.e section. 1.ère partie. *Histoire moderne ou des monarchies qui subsistent encore aujourd'hui, d'abord en Europe.* Histoire d'Italie. Histoire de France. Histoire d'Allemagne. Histoire des Pays-Bas. Histoire de Lorraine, générale et particulière. Histoire des suisses et des peuples leurs con-

---

(1) Ces quatre monarchies sont, 1. les chaldéens, les babyloniens et les assyriens; 2. les medes et les perses; 3. les grecs, qui comprennent les athéniens, les lacédémoniens, les macédoniens, les syriens, les égyptiens, les carthaginois, etc.; 4. les romains, depuis la fondation de Rome jusqu'au démembrement et à la fin de l'empire romain.

fédérés. Histoire d'Espagne, Histoire de Portugal. Histoire de la Grande-Bretagne ou des trois royaumes, Angleterre, Ecosse et Irlande. Histoire des pays septentrionaux, Dannemarck, Suède, Moscovie, Pologne, Hongrie, Transilvanie, etc.

6.e section. 2.e partie. *Histoire moderne ou des monarchies qui subsistent encore aujourd'hui, hors de l'Europe.* Histoire orientale générale. Histoire des arabes, des sarrasins et des turcs. Histoire asiatique. Histoire d'Afrique. Histoire de l'Amérique ou des Indes-Occidentales.

7.e section. *Paralipomènes historiques.* Histoire héraldique et généalogique. Histoire généalogique des maisons royales et des familles illustres de toutes les parties de la terre.

8.e section. *Antiquités.* Rites, usages et coutumes des anciens et des modernes. Histoire lapidaire, inscriptions et marbres antiques. Histoire métallique ou médailles, monnaies, etc. Divers monumens d'antiquités, ou fragmens, description et traités singuliers des édifices publics, amphithéâtres, obélisques, pyramides, sépulchres, statues, etc. Diverses antiquités, pierres gravées, cachets, sceaux, lampes et autres choses qui nous restent des anciens. Mélanges d'antiquités, contenant des collections mêlées, des dissertations, cabinets d'antiquaires, etc., etc. Histoire des solennités et des pompes, spectacles, etc. des anciens.

9.e section. *Histoire littéraire, académique et bibliographique.* Histoire des lettres et des langues, où il est traité de leur origine et de leurs progrès. Histoire des académies, écoles, universités, colléges et sociétés de gens de lettres, avec les traités particuliers concernant leur origine, fondation, progrès, utilité, etc. Bibliographie ou description de livres.

10.e section. *Vies des personnes illustres.* Vies des illustres personnages anciens, grecs et romains. Vies et éloges des personnages illustres parmi les modernes. Vies et éloges des hommes illustres, dans les sciences et dans les arts.

11.e section. *Extraits historiques.* Diverses collections extraites des historiens anciens et modernes. Dictionnaires historiques.

J'ai cru, dans l'exposition de ce *système*, devoir omettre les paragraphes qui subdivisent chacune des parties de chaque section : ce que j'en ai rapporté textuellement suffit pour en donner une idée : ceux qui désireront le connaître plus en détail, le trouveront en entier dans le premier volume de la *Bibliographie instructive*, pag. 15. Je ne rapporterai point le *système bibliographique* de Cailleau (1); il est conforme à celui de *Debure*, à quelques petites différences près (2).

Système *du citoyen Massol, bibliothécaire du département du Tarn, à Albi.* Le plan bibliographique du citoyen Massol, est très-bien raisonné. Nous allons en présenter le préambule tracé par lui-même. Ce préambule suffira pour donner une idée avantageuse du *système* tout entier.

« Après le langage obscur et insuffisant des signes, le premier soin des hommes réunis en société, fut sans doute de se communiquer leurs idées par le moyen de la parole : delà sont venues les langues, et ces langues cultivées ensuite et perfectionnées, ont produit les lettres ou la *littérature* des divers peuples. Ces mêmes hommes, faibles, inquiets

---

(1). *Voyez* le Dictionnaire bibliographique de Cailleau, tom. III, pag. 511.

(2) Cailleau place, dans la théologie, les *liturgies* avant les *conciles*; il met la *musique* parmi les arts libéraux, au lieu de la mettre aux mathématiques, comme Debure : il consacre à l'article philologie une place à l'*étude des belles-lettres* ; ce que n'a pas fait Debure : il ajoute à l'article géographie, les *voyages imaginaires, ou relations supposées*, qui seraient aussi bien dans la classe des romans.

sur leur destinée, agités par mille craintes, affligés par mille maux, ont dû chercher un protecteur puissant ; et conduits par degrés à la connaissance d'un Dieu, ils ont voulu se le rendre propice par le culte qu'ils ont cru lui être plus agréable : c'est ce qu'on nomme *religion* chez tous les peuples du monde. Heureux s'ils n'avaient pas trop souvent mis leurs intérêts, leurs caprices, leurs passions à la place d'une institution si respectable ! De nouveaux besoins firent bientôt sentir aux hommes que la religion et la morale ne sont pas toujours un garant suffisant contre les passions et le crime : ils en cherchèrent un qui fut plus à leur portée, et ils le trouvèrent dans leurs engagemens et dans leurs services réciproques : ce qui forma peu à peu de grandes familles, des patries, des états, des empires, et produisit par conséquent des conventions, des coutumes, des lois, en un mot, le *droit* ou la jurisprudence. Le spectacle de l'Univers, les merveilles de la nature, son travail aussi varié que constant et infatigable, devinrent le sujet des méditations de l'esprit humain, avide de tout connaitre. Delà les méthodes de penser et de raisonner, la philosophie, l'analise et toutes les observations que l'on nomme proprement *sciences*, et qui, en excitant l'industrie, ont donné naissance aux *arts*, auxquels elles sont unies par une chaîne qui resserre leur intérêt mutuel. Enfin, les hommes, jaloux de leur honneur, sensibles à l'estime et à la renommée, ont travaillé à conserver la mémoire des actions et des événemens : delà l'origine d'un cinquième objet d'érudition, qui n'est pas le moins vaste, sous le titre d'*histoire*. En conséquence de ces observations, nous distribuons une bibliothèque et le catalogue des ouvrages qu'elle doit renfermer, en cinq branches ou classes principales : 1.° littérature, proprement dite ; 2.° religions ; 3.° jurisprudence ; 4.° sciences et arts ; 5.° histoire. Chacune de ces branches se divise par sections, et celles-ci peuvent se subdiviser en autant de paragraphes que l'abondance des matières respectives l'exige, pour éviter la confusion. » Le peu d'espace nous oblige malgré nous de passer sous silence les développemens de ce *système*, qui sont très-intéressans.

SYSTÈME *de Naudé*, dans le catalogue de Decordes. Ce Decordes, qui mourut en 1642, était chanoine de Limoges, et avait donné beaucoup de soin à la formation de sa bibliothèque, qui a été un des premiers fonds de celle du cardinal Mazarin. *Naudé* a observé l'ordre suivant dans le catalogue qu'il a donné de cette bibliothèque (1) : Bibles, livres de théologie, bibliographes, chronologie, géographie, histoire, art militaire, droit, conciles et droit canonique, philosophie, politique et belles-lettres.

SYSTÈME *du citoyen Parent.* Dans ce *système*, le citoyen *Parent* offre deux parties assez essentielles : la première est une division chronologique de la république universelle des lettres, en quatorze époques remarquables pour la bibliographie ; et la seconde est un nouveau *système bibliographique,* proprement dit. Comme le texte de ces deux objets est très-bref, je vais le rapporter en entier.

1ère partie. Chronologie. 1.ère *époque*. Homère, le père des poëtes et le prodige de son siècle. 2.e *époque*. Alexandre-le-Grand vengeant la Grèce, protégeant et enrichissant les beaux-arts. 3.e *époque*. Paul-Emile rapportant dans Rome les trésors de Persée, et notamment la bibliothèque de Macédoine. 4.e *époque*. Auguste entouré des beaux-arts et commandant pendant 40 années à toute la

---

(1) *Bibliothecae cordesianae catalogus, cum indice titulorum.* Parisiis, Vitray, 1643, in-4.

terre. 5.e *époque*. Marc-Aurèle faisant asseoir la philosophie sur le trône des Césars. 6.e *époque*. Omar I.er incendiant la fameuse bibliothèque d'Alexandrie, et voulant substituer l'Alcoran à toutes les richesses bibliographiques. 7.e *époque*. Charlemagne luttant avec une lampe monacale, contre les épaisses ténèbres de son siècle. 8.e *époque*. Guttemberg, de concert avec Faust et Schoiffer, donnant naissance à l'art typographique. 9.e *époque*. François Ier et Léon X provoquant la renaissance des beaux-arts. 10.e *époque*. Richelieu s'entretenant de sciences au milieu des quarante premiers pères de l'académie française. 11.e *époque*. Louis XIV offrant avec orgueil aux hommes célèbres de la Grèce et de Rome des rivaux dignes de ces fameuses républiques. 12.e *époque*. Voltaire charbonnant sur les murs de la bastille, les premiers essais de la Henriade. 13.e *époque*. Voltaire couronné à Paris, et descendant dans la tombe à 84 ans. 14.e *époque*. Bonaparte, ami des arts et des savans, consolidant la république française, et donnant la paix à l'Europe. Après avoir ainsi formé ses cadres chronologiques, le citoyen *Parent* passe à la classification des genres, et met dans un ordre uniforme qui embrasse successivement toutes ses époques, les matières diverses et les auteurs qui les ont traitées.

2.e partie. *Système bibliographique*. I.ère *division*. AGRICULTURE et COMMERCE. II.e *division*. Les LANGUES et la GRAMMAIRE GÉNÉRALE. III.e *division*. Les ARTS MÉCANIQUES. IV.e *division*. Les ARTS LIBÉRAUX. V.e *division*. Les MATHÉMATIQUES, arithmétique, géométrie et mécanique. VI.e *division*. BELLES-LETTRES. VII.e *division*. COSMOGRAPHIE. VIII.e *division*. HISTOIRE NATURELLE, zoologie, botanique, minéralogie. IX.e *division*. CHIMIE et PHYSIQUE, médecine. X.e *division*. HISTOIRE DES NATIONS. XI.e *division*. LÉGISLATION. XII.e *division*. La MORALE. XIII.e *division*. Les OUVRAGES PÉRIODIQUES.

Ce que je viens de citer est tiré d'une petite brochure très-intéressante que le citoyen *Parent* vient de publier, sous le titre d'*Essai sur la Bibliographie et sur les talens du bibliothecaire*. Je l'ai déjà citée à l'article BIBLIOTHÉCAIRE.

SYSTÈME *du répertoire général de littérature pour les années* 1785 *à* 1790, imprimé à Iena en 1793. En tête de ce répertoire, est l'*extrait de la table encyclopédique*, d'après lequel est ordonné le *système* dont nous parlons ici. Toutes les branches de la bibliographie y sont très-bien et presque complètement développées. Les grandes divisions sont au nombre de seize, savoir : *connaissance des livres, philologie, théologie, jurisprudence, médecine, philosophie, pédagogie, science de l'homme d'état, science de l'homme de guerre, connaissance de la nature, connaissance des arts et métiers, mathématiques, géographie et histoire, beaux-arts, histoire littéraire, mélanges*. Chacune de ses parties se ramifie plus ou moins, selon le nombre des objets qu'elle comprend, et selon les rapports qu'ils ont entre eux.

SYSTÈME *du citoyen Arsenne Thiébaut*. Ce système est développé dans une petite brochure intitulée : *Exposition du tableau philosophique des connaissances humaines ; par le citoyen Arsenne Thiébaut*. Paris, impr. de la répub., an 10, in-8. C'est à l'arrangement d'une bibliothèque dont a été chargé le citoyen *Thiébaut*, que nous devons ce tableau philosophique très-intéressant. L'idée-mère, dit-il, en appartient à Diderot, qui l'a consignée dans son *Traité de l'éducation publique*. Le savant encyclopédiste adopte pour la division naturelle des connaissances humaines, les trois principales époques de l'éducation : il place dans le domaine de l'enfance, les *connaissances* dites *instrumentales*; il donne les *connaissances* dites *essentielles*, à l'adolescent ; et il assigne à la jeunesse les connaissances dites de *convenance*, résultant des goûts et des fruits des premières études. Voici comment le citoyen *Thiébaut* développe l'idée de l'auteur. Nous allons rapporter son tableau en entier (1).

I. CONNAISSANCES INSTRUMENTALES.

1.° *Langage.*
    A. Parler.
        a. Gestes,
        b. Sons articulés.
        c. Prosodie.
    B. Ecriture.
        a. Hiéroglyphique.
        b. Caractéristique, orthographe.
        c. Pasigraphique.
        d. Sténographique.
        e. Okygraphique.
    C. Emblêmes et signes.
        Télégraphie.

2.° *Mathématiques.*
    A. Arithmétique.
    B. Algèbre.
        a. Elémentaire.
        b. Infinitésimale,
            différentielle,
            intégrale.
    C. Géométrie
        élémentaire,
        transcendante,

---

(1) Ne donnant point ce tableau sur une seule feuille, ainsi qu'il se trouve dans l'ouvrage du citoyen Thiébaut, nous sommes obligés d'employer des chiffres et des lettres indicatives des subdivisions, pour éviter toute confusion.

3.° *Logique.*
- **A.** Grammaire.
    - *a.* Elémens.
    - *b.* Syntaxe.
- **B.** Critique.
    - *a.* Analise.
    - *b.* Synthèse.
    - *c.* Philologie.
    - *d.* Analogie.
- **C.** Rhétorique.
- **D.** Poétique.
    - *a.* Construction du discours.
    - *b.* Versification.
    - *c.* Poésie
        - narrative.
        - dramatique.
        - parabolique.

II. CONNAISSANCES ESSENTIELLES.

1.° *Morales.*
- Métaphysique.
    - *a.* Onthologie.
    - *b.* Théologie naturelle.
    - *c.* Pneumatologie.

2.° *Physiques.*
- **A.** Cosmographie.
    - *a.* Astronomie.
        - météorologie.
        - Astrologie physique.
    - *b.* Géographie physique.
    - *c.* Hydrographie.
- **B.** Histoire naturelle.
    - *a.* Minéralogie.
        - Cristallographie.

Théorie du magnétisme.
Pétrifications.
Eaux minérales.
Substances combustibles, etc.
b. Physique végétale.
botanique.
Agriculture.
Jardinage.
Culture des bois.
c. Zoologie.
1. Anatomie
simple.
comparée.
2. Physiologie.
Théorie des sentimens.
Causes et effets des passions.
Physiognomonie, etc.
3. Médecine.
Médecine, proprement dite.
Hygienne (1).
Patologie (2).
Médecine vétérinaire.
Médecine légale qui connaît
la structure du corps humain,
l'action des médicamens,
les effets des poisons.

---

(1) Elle renferme l'hygienne, proprement dite, l'orthopédie et la gymnastique.
(2) La pathologie renferme la pathologie, proprement dite, la séméiotique et la thérapeutique diététique, pharmaceutique, chirurgicale.

III. CONNAISSANCES DE CONVENANCE.

1.° *Histoire.*
    A. Positive.
        a. Statistique.
        b. Voyages et relations.
        c. Géographie
            ancienne.
            moderne.
        d. Chronologie.
            Art de vérifier les dates.
        e. Archæologie.
            Monumens.
            Numismatique.
            Inscriptions.
            Calligraphie.
    B. Civile.
        a. Civile, proprement dite.
            ancienne
            et moderne.
                Origines des usages.
                Mœurs.
                Révolutions politiques.
        b. Biographie.
        c. littéraire
            ancienne.
            moderne.
                Bibliographie.
                Paléographie.
    C. Sacrées.
        a. Religions.
            Dogmes.
            Cultes.
            Apophthegmes.

b. Superstitions.
  Mythologie.
  Astrologie judiciaire.
  Divination.
  Magie.

2.° *Théorie.*
 A. Morale.
  a. Philosophie,
   ou
  Science de
  l'homme.
   Economie personnelle.
   Indépendance primitive.
   Sociabilité.
   Pouvoir de l'imagination.
   Force motrice de l'amour-propre, etc.
  b. Jurisprudence,
   ou
  Science civile.
   Droit
    naturel.
    des gens.
    public des états.
    civil.
   Lois
    municipales ou de police.
    civiles.
    criminelles.
    Historique des lois.

 B. Physique.
  a. expérimentale.
   Chimie.
    Alchimie ou philosophie hermétique.
    Magie naturelle et galvanisme.

Métallurgie.
Teinture, etc.
b. Spéculative.
1. Mécanique.
Statique.
Statique, propr. dite.
Hydrostatique.
Dynamique.
Dynamique, prop. dite.
Ballistique.
Hydrodinamique.
Architecture navale.
Hydraulique.
2. Astronomie.
Chronologie.
Gnomonique.
Navigation, etc.
3. Acoustique.
4. Pneumatique.
5. Optique.
Optique, proprement dite.
Dioptrique.
Perspective.
Catoptrique.
6. Pyrotechnie.
7. Art de conjecturer.
Analise des hasards.

3.° *Pratique.*
A. Morale.
a. Privée.
Philantropie.
Economie domestique.
b. Publique.
Législation.

Justice.
Economie politique.
Education nationale.

B. Physique
  considérée
    comme arts.
      a. arts physiologiques.
        Economie rurale.
      b. Arts mathématiques.
        Architecture.
          civile.
          militaire.
        Marine et construction.
        Tactique militaire, etc.
      c. Manouvriers
        et
      Manufactures
        de nécessité.
          Taillanderie.
          Poterie.
          Boulangerie, etc.
        de commodité.
          Imprimerie.
          Librairie.
          Faïencerie, etc.
        de pur luxe.
          Modes.
          Gravures.
          Manufactures de tapisseries.
          Orfévreries, etc.
      d. Arts d'imagination
        ou
      Beaux-arts.

                    Musique
                        Instrumentale.
                        Vocale.
                Peinture.
                Sculpture.
    e. Gymnastique.
                Danse.
                Lutte et escrime.
                Equitation.
                Course.
                Natation.
                Chasse et pêche.

Tel est le *tableau philosophique des connaissances humaines* présenté par le citoyen Thiébaut : nous le mettons au rang des systèmes bibliographiques, parce que son auteur assure qu'une bibliothèque nombreuse disposée dans un local vaste et commode, acquiert plus de prix aux yeux de son possesseur lorsqu'on est parvenu à y faire correspondre ce tableau.

Essai d'un système bibliographique *calqué sur les trois grandes divisions de l'Encyclopédie, et précédé d'une notice sur l'ordre observé par Bacon, d'Alembert et Diderot, dans le tableau sommaire des connaissances humaines.*

Avant Bacon, les sciences étaient, pour ainsi dire, nulles ; la scholastique faisait d'Aristote un impitoyable tyran, tout en défigurant ses immortelles productions ; on se servait des bornes que l'inexpérience de son siècle avaient mises à son génie pour comprimer celui des modernes qui voulaient les franchir. La religion et les lois ne rougirent point de prêter quelquefois secours à l'aveugle routine qui défendait de s'écarter du sentier étroit qu'elle avait tracé d'après les principes les plus abstraits et les plus intelligibles du maître (1). Enfin, pour me servir à peu près des expressions de Dalembert : « La vraie philosophie n'existait pas; la géométrie de l'infini n'était pas encore; la physique expérimentale était inconnue ; il n'y avait point de dialectique ; les lois de la saine critique étaient entièrement ignorées ; l'esprit de recherche et d'émulation n'animait pas les savans ; un autre esprit, moins fécond peut-être mais plus rare, celui de justesse et de méthode, ne s'était point soumis les différentes parties de la littérature; etc. » Ajoutons qu'un aride, astucieux et minutieux ergotisme tenait lieu de raisonnement. C'est dans cet état de choses que Bacon parut: malheureusement la politique et des disgraces dérobèrent à cet homme célèbre les instans peut-être les plus précieux de sa carrière, et c'est à ses revers que l'on doit tout ce qu'il a fait pour les sciences. Citons encore Dalembert : « A considérer les vues saines et étendues de ce grand homme, la multitude d'objets sur lesquels son esprit s'est porté, la hardiesse de son style, qui réunit partout les plus sublimes images avec la précision la plus rigoureuse, on serait tenté de le regarder comme le plus grand, le

---

(1) *Voyez* la condamnation de Pierre Ramus pour ses *Animadversiones in dialecticam Aristotelis*, libri XX, in-8, et ses *Institutiones dialecticæ*, libri III, in-8. Voyez d'autres condamnations, surtout celle de Galilée, son Système sur le mouvement de la terre fut déclaré *absurde et faux en bonne philosophie, et erroné dans la foi, en tant qu'il est expressément contraire à la sainte écriture*, et l'auteur fut condamné, le 21 juin 1633, par un décret signé de sept cardinaux, à être emprisonné, et à réciter les sept psaumes pénitentiaux, une fois chaque semaine, pendant trois ans. Galilée, âgé de 70 ans, demanda pardon d'avoir soutenu ce qu'il croyait la vérité, et l'abjura, les genoux à terre et les mains sur l'Evangile, comme une erreur, une absurdité et une hérésie....... *Corde sincero et fide non fictâ, abjuro, maledico et detestor supradictos, errores et hereses.* Au moment qu'il se releva, agité par le remords d'avoir fait un faux serment, les yeux baissés vers la terre, on prétend qu'il dit, en frappant du pied ; *Cependant elle remue.*

plus universel et le plus éloquent des philosophes. Bacon, né dans le sein de la nuit la plus profonde, sentit que la philosophie n'était pas encore, quoique bien des gens sans doute se flattassent d'y exceller; car plus un siècle est grossier, plus il se croit instruit de tout ce qu'il peut savoir. Il commença donc par envisager, d'une vue générale, les divers objets de toutes les sciences naturelles; il partagea les sciences en différentes branches, dont il fit l'énumération la plus exacte qu'il lui fut possible; il examina ce que l'on savait déjà sur chacun de ces objets, et fit le catalogue immense de ce qui restait à découvrir : c'est le but de son admirable ouvrage *De la dignité et de l'accroissement des connaissances humaines*. Dans son *Nouvel organe des sciences*, il perfectionne les vues qu'il avait données dans le premier ouvrage; il les porte plus loin, et fait connaître la nécessité de la physique expérimentale, à laquelle on ne pensait point encore. Ennemi des systèmes, il n'envisage la philosophie que comme cette partie de nos connaissances qui doit contribuer à nous rendre meilleurs ou plus heureux : il semble la borner à la science des choses utiles, et recommande partout l'étude de la nature. Ses autres écrits sont formés sur le même plan : tout, jusqu'à leurs titres, y annonce l'homme de génie, l'esprit qui voit en grand. Il y recueille des faits, il y compare des expériences, il en indique un grand nombre à faire; il invite les savans à étudier et à perfectionner les arts, qu'il regarde comme la partie la plus essentielle de la science humaine. Il expose avec une simplicité noble ses conjectures et ses pensées sur les différens objets dignes d'intéresser les hommes, et il eût pu dire, comme ce vieillard de Térence, que rien de ce qui touche l'humanité ne lui était étranger (1). Science de la

---

(1) *Homo sum, humani nil à me alienum puto.*

La première fois, dit S. Augustin, que l'on entendit prononcer

nature, morale, politique, économique, tout semble avoir été du ressort de cet esprit lumineux et profond, et l'on ne sait ce qu'on doit le plus admirer, où des richesses qu'il répand sur tous les sujets qu'il traite, ou de la dignité avec laquelle il en parle (1). » L'ordre encyclopédique créé par Bacon n'a point été entièrement suivi par Diderot et Dalembert : un mot sur ses divisions sommaires le fera voir. Il partage le système général de la connaissance humaine en trois classes : HISTOIRE, POÉSIE et PHILOSOPHIE, selon les trois facultés de l'entendement, *mémoire, imagination, raison*.

1.° Division de l'HISTOIRE en naturelle et civile. L'histoire naturelle a trois branches, production de la nature, fin et usage de la nature, et histoire des choses célestes. L'histoire civile est ou ecclésiastique, ou littéraire, ou civile, proprement dite.

2.° Division de la POÉSIE en narrative, dramatique et parabolique.

3.° Division générale de la science en théologie sacrée et PHILOSOPHIE. La philosophie a trois branches : science de Dieu, science de la nature et science de l'homme.

Les subdivisions de ce système ayant beaucoup de rapport avec celles de Diderot, nous nous abstenons de les donner. Passons à l'entreprise immortelle de Dalembert et Diderot.

Il existait déjà plusieurs encyclopédies (2) quand Leibnitz,

Rome, sur la scène, ce beau vers, il s'éleva dans l'amphithéâtre un applaudissement universel : il ne se trouva pas un seul homme, dans une assemblée si nombreuse, composée des romains et des envoyés de toutes les nations déjà soumises ou alliées, qui ne parut sensible à ce cri de la nature.

(1) *Discours préliminaire de l'Encyclopédie*, in-12, pag. 124, le cito. en Antoine Lasalle publie une traduction des *OEuvres complètes de Bacon*, avec des notes historiques, critiques et littéraires, 16 vol. in-8.

(2) Telles que celle d'Asteldius, en latin, Herborn, au comté de Nassau, 1620, 3 vol. in-fol., et Lyon, 1649, 4 vol. in-fol., etc. etc. J.-B. Porta avait conçu le projet d'une Encyclopédie.

de tous les savans le plus capable de coopérer à un travail aussi important et aussi pénible, en demandait une (1); il en sentait toutes les difficultés, et c'est peut-être ce qui l'a restreint à la désirer. De toutes celles qui ont paru jusqu'au milieu du 18ᵉ siècle, celle d'Ephraïm Chambers peut tenir le premier rang; le plan et le dessein de son Dictionnaire sont excellens; » il a bien senti le mérite de l'ordre encyclopédique ou de la chaîne par laquelle on peut descendre sans interruption des premiers principes d'une science ou d'un art jusqu'à ses conséquences les plus éloignées, et remonter de ses conséquences les plus éloignées jusqu'à ses premiers principes, passer imperceptiblement de cette science ou de cet art à un autre, et, s'il est permis de s'exprimer ainsi, faire, sans s'égarer, le tour du monde littéraire (2); mais, quelque soit le mérite de cet ouvrage (3), il a été éclipsé par cette vaste collection française à laquelle ont coopéré tant de savans et tant d'artistes ; cette entreprise inconcevable par le nombre, la variété et la richesse des matériaux fera époque dans les fastes littéraires ; non-seulement de la France, mais de toutes les nations civilisées. Les deux célèbres éditeurs qui ont gravé leur nom sur la

---

(1) Léibnitz assurait que les sources où il avait puisé toutes ses connaissances, consistaient en peu de volumes : il n'avait pour toute bibliothèque que les Œuvres de Platon, d'Aristote, de Plutarque, de Sextus Empyricus, d'Euclyde, d'Archimèdes, de Pline, de Cicéron et de Sénèque: voilà les seuls ouvrages qu'il a consultés, et à l'aide desquels, graces aux heureuses dispositions qu'il avait reçues de la nature, il est devenu l'un des premiers savans du monde : historien, jurisconsulte, métaphysicien, philosophe, mathématicien, il a été l'homme le plus universel et le plus érudit de l'Europe. Né à Leipsick en 1646, il est mort à Hanovre, en 1716.

(2) *Discours préliminaire de l'Encyclopédie.*

(3) Son titre est : *Cyclopædia or an universal Dictionary of arts and sciences; by* E. CHAMBERS. Dublin, 1742, 2 vol. in-fol. fig. A *supplement to.* M. CHAMBERS *Cyclopædia.* Dublin, 1753, 2 vol. in-fol.

première pierre de cet édifice colossal; et qui en ont si bien tracé le frontispice, ont droit à la reconnaissance de la postérité la plus reculée (1). Nous n'entrerons dans aucun détail sur cette production immortelle; on en trouvera de très-précieux dans le discours préliminaire fait par Dalembert. Nous nous contenterons de donner ici une notice abrégée du système des connaissances humaines que Diderot a placé à la suite de ce discours. En abrégeant le tableau du système, nous y avons fait quelques légers changemens qui tiennent au cadre étroit que la nature de notre ouvrage nous force de donner à un aussi riche tableau.

« Les êtres physiques, dit Diderot, agissent sur les sens. Les impressions de ces êtres en excitent les perceptions dans l'entendement. L'entendement ne s'occupe de ces perceptions que de trois façons, selon ses trois facultés principales, la mémoire, la raison, l'imagination : ou l'entendement fait un dénombrement pur et simple de ses perceptions par la mémoire, ou il les examine, les compare et les digère par la raison, ou il se plaît à les imiter et à les contrefaire par l'imagination. D'où résulte une distribution générale de la connaissance humaine qui paraît assez bien fondée en *histoire*, qui se rapporte à la *mémoire*, en *philosophie*, qui émane de la *raison*, et en *poésie*, qui naît de l'*imagination*. Nous allons parcourir rapidement ces trois grandes branches : MÉMOIRE d'où HISTOIRE.
RAISON d'où PHILOSOPHIE.
IMAGINATION d'où POÉSIE.

---

(1) Nous n'ignorons point les critiques ni les satyres dont l'Encyclopédie a été l'objet de la part de Chaumeix, de l'infortuné Linguet, et de mille autres personnes à passions ou à préjugés; nous n'ignorons pas non plus que tous les articles de ce vaste dictionnaire ne sont pas du même mérite; mais il n'en est pas moins vrai que la conception de cet ouvrage est marquée au coin du génie; que le plan en est supérieurement tracé dans le discours préliminaire; que la partie des sciences et des arts et métiers est très-bien faite, et que l'exécution en a été soignée.

HISTOIRE. Elle se divise, I.° en histoire *sacrée ou ecclésiastique*,

II.° En histoire civile, que l'on peut subdiviser en *mémoires*, en *antiquités* et en histoire complette, qui comprend l'*ancienne*, la *moyenne* (1), la *moderne*, et l'*histoire littéraire*,

Et III.° en *histoire naturelle*, qui comprend, 1.° celle de l'*uniformité de la nature*, telle qu'on la voit dans l'histoire céleste, et dans l'histoire des météores, de la terre, de la mer, des minéraux, des végétaux, des animaux et des élémens; 2.° celle des *écarts de la nature*, comme dans les prodiges célestes, les météores prodigieux, les prodiges sur terre et sur mer, les minéraux, végétaux et animaux monstrueux, et les prodiges des élémens; 3.° enfin celle des *usages de la nature*, c'est-à-dire, l'histoire des différens usages des pro-

---

(1) L'histoire moyenne ou le moyen âge renferme l'intervalle de temps qui s'est écoulé depuis la chûte de l'empire d'Occident, arrivée dans le cinquième siècle, jusqu'à la chûte de l'empire d'Orient, éteint dans le quinzième. C'est vers l'an 475 qu'Odoacre, roi des hérules, força Augustule d'abdiquer l'empire d'Occident. Augustule est le dernier romain qui ait possédé la dignité impériale à Rome. Peu de temps après, Théodoric, empereur des goths, s'empara de Rome et de l'Italie. Vers cette malheureuse époque, cette ville fut saccagée par Alaric, et, au milieu du sixième siècle, elle le fut une seconde fois par Totila; après ces deux funestes événemens, la puissance des romains et leur nom s'anéantirent au point que, dès le commencement du septième siècle, on cessa de parler latin, même à Rome. La chûte de l'empire d'Orient eut lieu en 1453, époque à laquelle Mahomet II, surnommé le Grand, ayant défait Constantin Paléologue, dernier empereur, s'empara de la ville de Constantinople. Le moyen âge a donc duré un espace de près de 1000 ans. On en a distingué plusieurs parties par différentes dénominations, telles que celles de siècle monothélétique, siècle des yconoclastes, siècle obscur, siècle de fer, siècle hildibrandin, etc. Tous ces noms ne donnent pas une grande idée des lumières de ces temps. Le dixième siècle surtout est remarquable par son excessive ignorance. On peut consulter sur l'histoire du moyen âge, l'*Historia litteraria* de Cave, et l'*Histoire ecclésiastique* de Mosheim.

ductions de la nature que l'on emploie dans les arts, métiers et manufactures. Les arts et métiers sont au nombre de plus de deux cent cinquante.

PHILOSOPHIE. Elle se divise sommairement, I.° en MÉTAPHYSIQUE GÉNÉRALE ou ONTOLOGIE, qui est la la science de l'*être en général*, de la *possibilité*, de l'*existence*, de la *durée*, de la *substance*, de l'*attribut*, etc.

II.° En MÉTAPHYSIQUE PARTICULIÈRE, OU PNEUMATOLOGIE, qui est la *science de l'âme*, que l'on subdivise en *science de l'âme raisonnable*, et *science de l'âme sensitive*.

III.° En SCIENCE DE L'HOMME, qui embrasse la *logique* et la *morale*. C'est par la logique que l'homme doit diriger son entendement à la vérité, et c'est par la morale qu'il doit plier sa volonté à la vertu.

Et IV.° en SCIENCE DE LA NATURE, qui traite de la *métaphysique des corps*, c'est-à-dire, de la PHYSIQUE GÉNÉRALE, des MATHÉMATIQUES et de la PHYSIQUE PARTICULIÈRE.

Revenons aux subdivisions des deux dernières parties de la philosophie.

La LOGIQUE, première partie de la science de l'homme, renferme, 1.° *l'art de penser*, qui comprend l'*appréhension* ou science des idées, le *jugement* ou science des propositions, le *raisonnement* ou science de l'induction, et enfin la *méthode* ou science de la démonstration, d'où analise et synthèse.

2.° L'ART DE RETENIR, qui provient de la *mémoire*, soit naturelle, soit artificielle, ou du *supplément* à la *mémoire*, qui consiste dans l'*écriture* ou *imprimerie*, d'où l'*alphabet* et les *chiffres*, l'art d'*écrire*, d'*imprimer*, de *lire*, de *déchiffrer*, et l'orthographe.

3.° L'ART DE COMMUNIQUER, qui n'a que deux objets: le premier est *la science de l'instrument du discours*, qui renferme la *grammaire*, que l'on distribue en science des signes, de la prosodie ou prononciation, de la construction et de la syntaxe. On rapporte aussi à l'art de communiquer ou de transmettre, la *philologie*, la *critique* et la *pédagogie*, qui traite du choix des études et de la manière d'enseigner. La *grammaire* parle aussi des *signes*, qui regardent, soit le *geste*, d'où *pantomime*, soit le *geste* et la *voix*, d'où *déclamation*, soit les *caractères*, qui sont ou *idéaux*, ou *hyéroglyphiques* ou *héraldiques*.

Le second objet de l'ART DE COMMUNIQUER est la *science des qualités du discours*, d'où *rhétorique* et *versification* ou mécanisme de la poésie.

La MORALE, seconde partie de la science de l'homme, se divise en GÉNÉRALE et PARTICULIÈRE. La GÉNÉRALE traite de la *science du bien et du mal* en général, de la *nécessité de remplir ses devoirs*, d'être *bon*, *juste*, *vertueux*, etc.

La PARTICULIÈRE se distribue en *jurisprudence naturelle*, qui est la *science des devoirs de l'homme seul*, en *jurisprudence économique*, qui est la *science des devoirs de l'homme en famille*, et la jurisprudence politique, qui est la *science des devoirs de l'homme en société*, et même la science des devoirs réciproques des sociétés. Cette dernière renferme le commerce intérieur, extérieur, de terre et de mer. La politique etc.

Passons à la science de la nature. Elle considère d'abord la PHYSIQUE GÉNÉRALE, qui traite des abstraits convenables à tous les individus corporels, comme de l'*étendue*, de l'*impénétrabilité*, du *mouvement* et du *vide*, etc.

Ensuite viennent les MATHÉMATIQUES, divisées en *pures* et en *mixtes*.

Les PURES renferment l'*arithmétique* et la *géométrie*. L'*arithmétique* est ou *numérique*, c'est-à-dire, par chiffres, ou *algébrique*, c'est-à-dire, par lettres : cette dernière n'est autre chose que le calcul des grandeurs en général, et dont les opérations ne sont proprement que des opérations arithmétiques, indiquées d'une manière abrégée. L'algèbre est ou *élémentaire*, ou *infinitésimale* : l'*infinitésimale* est ou *différentielle*, quand il s'agit de descendre de l'expression d'une quantité finie ou considérée comme telle, à l'expression de son accroissement ou de sa diminution instantanée ; ou *intégrale*, quand il s'agit de remonter de cette expression à la quantité finie même. La *géométrie* est ou *élémentaire*, quand elle n'embrasse que les propriétés du cercle ou de la ligne droite, ou *transcendante*, quand elle embrasse dans ses spéculations toutes sortes de courbes. L'*architecture militaire*, la *tactique* et la *théorie des courbes* sont du ressort de la *géométrie*.

Les MIXTES comprennent, 1.° La *mécanique*, qui considère les corps en tant que mobiles ou tendant à se mouvoir : on la divise en *statique* et en *dynamique*. La *statique* renferme la *statique, proprement dite*, qui a pour objet la quantité considérée dans les corps solides en équilibre et tendant seulement à se mouvoir ; et l'*hydrostatique*, qui a pour objet la quantité considérée dans les corps fluides en équilibre et tendant seulement à se mouvoir.

La *Dynamique* a pour objet la quantité considérée dans les corps solides actuellement mus, et l'*hydrodynamique* a le même objet dans les corps fluides actuellement mus.

L'*hydraulique* a pour objet la quantité dans les eaux actuellement mues.

La *navigation* a rapport à l'*hydrodynamique*, et la *ballistique*, ou le jet des bombes, se rapporte à la *mécanique*.

2.° L'*astronomie géométrique* renferme d'abord la *cosmographie* ou description de l'univers, que l'on divise en *uranographie* ou description du ciel, en *hydrographie* ou description des eaux, et en *géographie*, ou description de la terre : elle renferme aussi la *chronologie*, qui est la science des dates, ainsi que la *gnomonique*, qui est l'art de construire les cadrans.

3.° L'*optique* a rapport à la quantité considérée dans la lumière. L'*optique, proprement dite*, traite de la lumière mue en ligne directe ; la *catoptrique* traite de la lumière réfléchie dans un même milieu, et la *dioptrique* traite de la lumière rompue en passant d'un milieu dans un autre. La *perspective* est du ressort de l'optique.

4.° L'*acoustique* traite de la quantité considérée dans le son, dans sa véhémence, dans son mouvement, dans ses degrés, dans ses réflexions, dans sa vitesse, etc.

5.° La *pneumatique* parle de la quantité considérée dans l'air, sa pesanteur, son mouvement, sa condensation, sa raréfaction, etc.

6.° Enfin l'*art de conjecturer*, qui s'applique à la quantité considérée dans la possibilité des événemens, d'où naît l'analise des hasards.

La troisième partie de la science de la nature est la PHYSIQUE PARTICULIÈRE : elle traite 1.° de la ZOOLOGIE, qui est la science de la *conservation*, de la *propagation*, de l'*usage* et de l'*organisation* des animaux, d'où sont émanés l'*anatomie* simple, l'*anatomie* composée, et la *physiologie*, qui traite de l'économie du corps humain, et raisonne son anatomie.

La *médecine* prend le nom d'*hygienne* quand elle s'occupe de la manière de garantir le corps humain des maladies. Si elle considère le corps malade, et traite des causes, des différences et des symptômes des maladies, elle s'appelle *pathologie* ; si elle a pour objet les signes de la vie, de la santé et des maladies, leur diagnostic et leur prognostic, elle prend le nom de *séméiotique* ; si elle traite de l'art de guérir, elle se nomme *thérapeutique*, et renferme trois objets, la *diète*, la *chirurgie* et la *pharmacie*.

L'*hygienne*, *proprement dite*, a rapport à la santé du corps: si elle a rapport à la beauté, elle se nomme *cosmétique* et produit l'*orthopédie*, qui est l'art de procurer aux membres une belle conformation ; si elle a rapport à ses forces, on l'appelle *athlétique*, d'où nait la *gymnastique*, qui est l'art d'exercer le corps.

La *vétérinaire*, le *manège*, la *chasse*, la *pêche* et la *fauconnerie* sont encore relatives à la zoologie.

2.° L'*astronomie physique* est une science qui conduit à la recherche de l'origine et des causes des phénomènes, du mouvement des astres, de leurs apparences sensibles, etc. L'*astrologie* est la science de leur influence, d'où *l'astrologie physique* et *l'astrologie judiciaire*.

3.° La *météorologie* est la science de l'origine, des causes et des effets des météores, tels que pluies, vents, grêles, tonnerre, etc.

4.° La *cosmologie* embrasse la science de l'univers : elle se divise en *uranologie*, ou science du ciel, en *aërologie*, ou science de l'air, en *géologie*, ou science de la terre, et en *hydrologie*, ou science des eaux.

5.° La *botanique* est la science de l'économie, de la propagation, de la culture et de la végétation des plantes. Elle a deux branches qui sont : l'*agriculture* et le *jardinage*.

6.° La *minéralogie* est la science de la recherche de la formation et du travail des mines.

7.° La *chimie* est la science qui conduit à la recherche des propriétés intérieures et occultes des corps naturels ; ou elle décompose les êtres, ou elle les revivifie, ou elle les transforme, etc.

La *métallurgie*, ou l'art de traiter les métaux en grand, est une branche importante de la chimie. Cette dernière a donné naissance à l'*alchimie* et à la *magie naturelle*. On rapporte à cette science la *pyrotechnie* (1) et la *teinture*.

---

(1) La pyrotechnie est l'art qui enseigne l'usage du feu, etc.

POÉSIE. Elle est ou *narrative*, comme dans le poëme épique, le madrigal, l'épigramme, le roman, etc.; ou *dramatique*, comme dans la tragédie, la comédie, l'opéra, l'églogue, la pastorale, etc., ou *parabolique*, comme dans les allégories.

La *musique* se rapporte à la poésie, puisqu'elle est le fruit de l'*imagination*; elle est ou *théorique* ou *pratique*, ou *instrumentale* ou *vocale*.

La *peinture*, la *sculpture*, la *gravure* et l'*architecture civile* sont aussi du ressort de l'*imagination*.

Tel est à peu près le sommaire des connaissances humaines présenté par l'un des célèbres coopérateurs de l'Encyclopédie.

D'après cette esquisse presque universelle, il est facile de juger des rapports plus ou moins éloignés que les sciences ont entre elles; on les voit pour ainsi dire se tenir toutes comme par la main, et se prêter un mutuel secours; il est impossible d'en isoler une : trois ou quatre la suivent nécessairement. Quelle est celle à laquelle sont étrangers l'art de penser, l'art de retenir, l'art de communiquer, en un mot la logique et toutes les parties qui en dépendent? Qu'elle est celle que l'on peut posséder sans avoir des notions au moins élémentaires, soit d'une partie des mathématiques, soit de physique générale ou particulière? Comment pourra-t-on lire l'histoire si l'on ignore ce que l'on entend par droit naturel, droit des gens, droit public, droit civil, politique, tactique, belles-lettres, arts libéraux et arts mécaniques? Quel est l'homme assez hardi pour aborder le temple de la nature, si les Pline, les Buffon, les Bonnet, les Valmont de Bomare, ne lui remettent entre les mains la clef des sciences indispensables à l'étude de l'histoire naturelle? La botanique, et la chimie dans ses procédés relatifs à l'art de guérir, sont aussi essentiels à la médecine, que la géométrie et le dessin le sont à l'architecture. Serez-vous poëte si vous ne savez ni parler, ni lire, ni écrire correctement votre langue, si vous n'avez pas une teinture de la mythologie, et si vous n'avez point étudié le mécanisme des vers ? Serez-vous orateur sans connaître les principes de l'art que les Démosthènes, les Eschile, les Cicéron, les Quintilien, les Bossuet, les Fléchier, les Mirabeau ont si bien possédé ? La sculpture et la peinture exigent une étude approfondie non-seulement du dessin, mais d'une infinité de connaissances qui tiennent autant aux mathématiques et à la physique, pour le matériel de l'art, qu'à la fable et à l'histoire, pour le goût. Que seraient la géographie et le commerce sans la navigation ? que serait la navigation sans l'astronomie ? et l'astronomie existerait-elle sans le calcul et sans la précision de l'observation ? Enfin on peut dire que toutes les sciences sont de la même famille ; mais c'est particulièrement aux bibliographes à connaître les degrés de parenté (si j'ose me servir de ce terme) qui existent entre elles ; car c'est de cette connaissance que dépendra leur classification (1). Nous conclurons donc, de tout ce que nous venons d'exposer, que l'on ne peut qu'applaudir à la manière aussi savante que profonde dont les éditeurs de l'Encyclopédie ont changé, corrigé et augmenté le système général de la connaissance humaine suivant Bacon. On voit que, dans l'arbre qu'ils ont enté sur celui du chancelier, ils suivent beaucoup mieux les divisions et les sous-divisions ; on y apperçoit mieux la filiation et l'enchaînement de tout ce qui est du ressort de l'entendement humain ; mais ce tableau, que l'on peut regarder, pour ainsi dire, comme parfait quant à sa disposition encyclopédique, jouirait-il du même avantage si, dans les sous-divisions, on suivait le même ordre relativement à un système bibliographique ? nous ne le croyons pas, et nous fondons notre opinion sur un exemple pris

---

(1) Voyez les différens systèmes bibliographiques rapportés en tête de cet article.

au hazard : à la classe MÉMOIRE, on parle de l'*histoire du ciel*, de l'*histoire des météores*, *de la terre*, *de la mer*, etc. ; à la classe RAISON (MATHÉMATIQUES MIXTES), on parle d'*uranographie*, de *géographie*, d'*hydrographie*, etc. ; et à l'article PHYSIQUE PARTICULIÈRE, d'*uranologie*, d'*aérologie*, de *géologie*, d'*hydrologie*, etc. Voilà dans trois endroits très-distincts des objets qui ont un rapport intime entre eux, et qui, quoique séparés à propos dans un système encyclopédique, pourraient, l'étant ainsi dans un système bibliographique, y mettre de la confusion. Nous pourrions encore citer d'autres exemples qui prouveraient qu'il existe et qu'il doit exister une différence frappante entre la classification des connaissances humaines et celle des livres qui les renferment; dans la dernière, on ne peut atteindre avec précision toutes les nuances qui se trouvent dans une même science, comme on peut le faire dans un tableau purement encyclopédique ; c'est ce qui nous a décidé à faire plusieurs changemens que nous avons cru nécessaires dans les détails, tout en respectant les principales divisions de Diderot. 1.° Mémoire ou histoire ; 2.° raison, philosophie ou science; 3.° imagination, poésie, arts libéraux, arts mécaniques; telles sont les trois branches que nous faisons sortir du tronc commun de l'entendement humain. Nous n'avons pas cru devoir placer dans la première classe les arts, métiers, manufactures, etc., parce qu'il nous semble que l'imagination a eu plus de part aux arts et métiers, que la nature, qui n'a fait que fournir les matériaux bruts que le génie a souvent dénaturés pour les plier à nos usages ; ainsi, au lieu de placer à l'article *histoire naturelle* les usages de la nature, nous les transportons à la fin de la classe *imagination*.

L'esquisse du système que nous allons donner est très-incomplette, mais nous ne la présentons que comme un simple essai dont les imperfections même peuvent être utiles pour conduire par la suite à la découverte d'une nouvelle classification préférable à toutes celles qui existent. Un objet essentiel qui doit être à la tête de tout système de ce genre, est la partie bibliographique : plusieurs savans ont fait sentir la nécessité de cet ordre, et nous nous empressons de l'adopter ; en effet c'est la bibliographie qui présente le fil qui doit guider l'amateur dans le labyrinthe littéraire nommé bilibothèque; c'est elle qui doit diriger son choix et le fixer sur les meilleurs ouvrages, sur les meilleures éditions ; par conséquent il faut qu'elle se trouve sous la main, dès qu'il parait dans le lieu qui renferme une vaste collection de livres. Nous commencerons donc par l'article bibliographie, et ensuite nous donnerons les grandes divisions sans nous astreindre aux sous-divisions, qu'il est très-facile de placer soi-même, parce qu'on les voit dans presque toutes les classifications dont nous avons parlé plus haut; nous n'avons point motivé l'ordre observé dans chaque division, soit parce que cela nous aurait conduit trop loin, soit parce que l'on s'appercevra aisément que nous avons cherché à réunir méthodiquement toutes les connaissances qui ont le plus de rapport entre elles.

ESQUISSE DU SYSTÈME.

BIBLIOGRAPHIE.

BIBLIOLOGIE ou introduction à la connaissance de la bibliographie théorique et pratique, raisonnée ou technique.
Bibliographes généraux.
Bibliographes particuliers.
Diplomatique.
Typographie.
Catalogues de bibliothèques publiques.
Catalogues de bibliothèques particulières.
Catalogues de livres.
Dictionnaires bibliographiques.

I.

HISTOIRE.

Prolégomènes historiques.
Cosmographie élémentaire.
Astronomie.
Géographie.
Hydrographie.
Voyages anciens.
Voyages autour du monde.
Voyages généraux ou particuliers
        en Europe.
        en Asie.
        en Afrique.
        en Amérique.
Atlas et cartes géographiques.
Atlas et cartes hydrographiques.
Dictionnaires géographiques.
Chronologie.
Histoire universelle.
Histoire ancienne, générale ou particulière des différens
   peuples d'Asie.
     d'Afrique.
     d'Europe.
Histoire moderne, générale ou particulière des différent
   peuples d'Europe.
     d'Asie.
     d'Afrique.
     d'Amérique.
Histoire générale de chacune des quatre parties du monde.
Chroniques.
Mémoires historiques.
Biographie.
Journaux historiques.
Dictionnaires historiques.

HISTOIRE LITTÉRAIRE.

Prolégomènes.
Histoire littéraire universelle.
Histoire littéraire générale ancienne.
Histoire littéraire particulière ancienne
                des égyptiens.
                des hébreux.
                des grecs.
                des romains.
                des peuples du Nord.
                des peuples de l'Orient,
                etc.

Histoire littéraire générale moderne.
Histoire littéraire particulière moderne
                d'Italie.
                de France.
                d'Allemagne.
                du Nord, etc.

Histoire particulière de chaque science.
Mémoires littéraires.
Biographie des savans.
Journaux littéraires.
Dictionnaires historiques des savans.

HISTOIRE DES RELIGIONS.

Prolégomènes.
Histoire universelle des religions.
Histoire ancienne générale des religions.
Histoire ancienne particulière de la religion
                des égyptiens.
                des hébreux.
                des grecs.
                des romains.
                des peuples du Nord.

Histoire moderne générale des religions.
Histoire moderne particulière de la religion
         des chrétiens.
         des musulmans.
Histoire moderne particulière de la religion des peuples qui
   ne sont soumis ni au christianisme ni à l'islamisme
         en Asie.
         en Afrique.
         en Amérique.

Histoire sacrée des hébreux.
Histoire ecclésiastique.
Histoire des SS. pères.
Histoire des conciles.
Histoire monastique.
Histoire de l'inquisition.
Journaux ecclésiastiques.
Dictionnaires historiques des religions.

HISTOIRE NATURELLE.

Prolégomènes.
Traités généraux d'histoire naturelle.
Géologie.
Hydrologie.
Météorologie.
Traités particuliers d'histoire naturelle.
Règne animal.
   Histoire naturelle
      de l'homme.
      des quadrupèdes.
      des oiseaux.
      des insectes.
      des reptiles.
      des poissons.
      des crustacées.

des testacées.
des polypes et polypiers.

Règne végétal.
    Traités généraux de botanique.
        Nomenclature des végétaux.
        Culture des végétaux.
        Propriétés des végétaux.
    Traités particuliers de botanique
        des arbres.
        des plantes.
        des fleurs, etc.
    Traités d'agriculture.
    Traités du jardinage.

Règne minéral.
    Traités généraux de minéralogie.
        Histoire de la terre.
        Histoire de l'eau.
    Traités particuliers de minéralogie.
        Des terres.
        Des pierres.
        Des fossiles.
        Des minéraux.
        Des métaux.
        Des concrescences.
        Des pétrifications, etc.

Ecarts de la nature.
    Monstres.
    Prodiges, etc.

Dictionnaires généraux d'histoire naturelle.
Dictionnaires particuliers d'histoire naturelle.
De la chimie.

II.
PHILOSOPHIE.

Traités généraux de philosophie.
Traités généraux et particuliers de métaphysique.
   Erreurs de l'esprit humain.
      De l'astrologie.
      De la cabale.
      De la magie.
      Des sorciers.
      De l'alchimie.
      etc.

SCIENCE DE DIEU.

Théologie naturelle
   du théisme.
Théologie révélée.
   Textes des livres sacrés dans les différentes religions.
    Commentateurs des textes.
    Théologiens.
    Liturgies.
    Théologie hétérodoxe.
    Athéisme.

SCIENCE DE L'HOMME.

De la logique.
   De l'art de penser.
   De l'art de retenir.
   De l'art de communiquer.
     De la grammaire.
     De la syntaxe.
     De la rhétorique.
      Rhéteurs et orateurs, tant anciens que modernes.

De la philologie ou critique.
De la polygraphie.
Des épistolaires.

De la morale.
Traités généraux de morale.
Traités particuliers de morale.
De la jurisprudence naturelle ou des devoirs de l'homme seul.
De la jurisprudence économique, ou des devoirs de l'homme en famille.
De la jurisprudence politique, ou des devoirs de l'homme en société.
De la jurisprudence, proprement dite.
Du droit de la nature.
Du droit des gens.
Du droit public.
Du droit civil ou romain.
Du droit français.
Du droit étranger.
Du droit canonique.
Du droit ecclésiastique de France.
Du droit ecclésiastique étranger.
De la politique.
De la diplomatique.
Du commerce.

SCIENCE DE LA NATURE.

Des mathématiques.
Traités généraux de mathématiques.
Traités particuliers de mathématiques élémentaires.
De l'arithmétique.
De l'algèbre.
De la géométrie.
De la trigonométrie.

Traités particuliers de mathématiques transcendentales.
>> Du calcul de l'infini, etc.

De la physique.
Traités généraux de physique.
Traités particuliers de physique.
>> Physique expérimentale.
>> Optique.
>> Mécanique.
>> Statique.

De la médecine.
>> De l'hygienne.
>> De la pathologie.
>> De la séméiotique.
>> De la thérapeutique

De la chirurgie.
De l'anatomie.
>> De l'ostéologie ou des os.
>> De la myologie ou des muscles.
>> De la splanchnologie ou des viscères.
>> De l'angéiologie ou des artères.
>> De la nevréologie ou des nerfs.
>> De l'adénologie ou des glandes.

De la pharmacie.
De la médecine vétérinaire.
De la gymnastique.

III.
IMAGINATION.

Poésie.
Traités généraux ou particuliers de poétique.
Traités généraux ou particuliers de mythologie.
De la versification ou mécanisme des vers
>>>> grecs.
>>>> latins.

S Y S

     français.
     italiens.
     espagnols.
     anglais.
     allemands, etc.
  Du poëme épique.
  Du poëme didactique.
  De la satyre.
  De la fable.
  De la poésie bucolique.
  De la poésie lyrique.
  Des pièces fugitives.
  De la poésie simplement narrative.
    des nouvelles.
    des contes.
    des historiettes, etc.

De la poésie prosaïque.
  Des romans
    gothiques, de chevalerie ou héroïques.
    historiques.
    allégoriques.
    fabuleux.
    moraux.
    galans.
    contes et nouvelles.
    bons mots, facéties, etc.

Des beaux-arts.
  De l'architecture
    civile.
    navale.
    militaire.
  Du dessin.
  De la peinture.
  De la sculpture.

De la gravure.
De l'art militaire.
De la musique.
Des arts mécaniques ou métiers.

Nous ne nous étendrons pas davantage sur ce système, parce que nous nous proposons de le développer ailleurs: il pourra servir d'introduction à un ouvrage dont nous nous occupons ; il sera intitulé : Nouveau Dictionnaire Bibliographique, par ordre de matieres, *présenté sur un plan neuf et commode, pour trouver à l'instant l'indication du sujet et du titre de toutes sortes d'ouvrages.* Voici le plan que nous observons dans ce dictionnaire. On y trouvera, par ordre alphabétique, tout mot qui peut être le sujet d'un livre, et sous chaque mot on rangera, également par ordre alphabétique tous les ouvrages relatifs à ce mot; une table générale des noms d'auteurs facilitera les recherches (1). Nous terminerons cet ouvrage par des listes précieuses, telles que la liste chronologique des éditions du 15e siècle (2) ; la liste chronologique des auteurs connus sous le nom de *variorum*; la liste des auteurs grecs, latins et français, imprimés dans le 17e siècle par les Elzévirs ; la liste des livres qui composent les collections que les italiens appellent la *Collana greca* et la *Collana latina*; la liste des auteurs latins appelés *ad usum*, et des auteurs français imprimés par Didot, avec la même destination;

―――――――――――――――

(1) Lipénius a suivi à peu près le plan que j'indique ici, dans sa *Bibliotheca realis*; mais ses six volumes in-folio, qui ont paru en 1675 et années suivantes, offrent une nomenclature si sèche et si inexacte que son livre ne peut être d'aucun secours ; d'ailleurs les bons ouvrages qui ont paru depuis cent trente ans exigent un nouveau travail plus intéressant que celui de Lipénius.

(1) On commencera par celles qui , malgré qu'elles soient sans indication de ville, sans date et sans nom d'imprimeur, sontre connues être de ce siècle.

la liste complette des volumes qui doivent composer la
bysantine, etc. Nous avons déjà beaucoup de matériaux
pour ce travail, qui exige d'autant plus de recherches
que nous voulons ajouter à une critique raisonnée des
articles les plus essentiels, le double avantage du choix
et des prix des différentes éditions les plus précieuses
et les plus recherchées dans la librairie, soit ancienne,
soit moderne, soit nationale, soit étrangère. Nous con-
sultons à cet effet les meilleurs philologues, les meilleurs
bibliographes et les meilleurs catalogues; nous comparons
les diverses critiques, et nous les citons quand elles
paraissent fondées. Les livres les plus modernes trouveront
place dans notre nouveau dictionnaire, quand ils jouiront
d'une certaine considération dans la république des lettres.
Mais le plan circonscrit que nous avons adopté nous
force à donner l'exclusion à cette foule immense d'ouvrages éphémères qui n'ajoutent rien aux progrès de l'esprit
humain.

TABLETTES ou TABLES. Matière subjective de
l'écriture chez les anciens. Dom Calmet prétend que l'usage
des *tables* de pierre et de bois est le plus ancien dont nous
ayons connaissance. Il pense aussi que les rouleaux tiennent
à la plus haute antiquité. Aux *tables* de pierre et de bois
succédèrent celles de cuivre, de plomb, d'ivoire, de buis,
de citron, et même d'ardoise. Ordinairement les bords des
tablettes étaient relevés de tous les côtés, de manière à laisser
un espace creux dans le milieu pour y placer une cire préparée, laquelle élevant un peu la page rendait une face
toute unie et de niveau avec les bords. On nommait ces
tablettes ceratæ tabellæ (1); on écrivait, ou, pour mieux

---

(1) La cire était communément verte ou noire; les *tablettes* n'étaient
quelquefois enduites que d'un côté, quelquefois des deux. On réunissait

dire, on gravait sur cette cire préparée, ce que l'on voulait, et l'on effaçait ce qu'on avait écrit, soit en pressant avec la tête du style quand la cire était encore molle, soit en la raclant quand elle était sèche; alors elle tombait en poussière. Les *tablettes* de bois n'étaient pas toujours enduites de cire; dans ce cas elles s'appelaient chez les romains *schedœ* et chez les grecs *axones*. Les romains, avant de graver leurs lois sur le bronze, les inscrivaient sur des *tables* de chêne, et de ces *tables* on faisait des livres nommés *codices*. Les lois des douze *tables* étaient gravées sur l'airain, ainsi que les lois pénales, civiles et cérémoniales des grecs; on nommait ces dernières *tables cyrbes*. Un incendie détruisit, sous Vespasien, trois mille *tables* de bronze conservées au capitole, qui contenaient les lois, les traités d'alliances, etc. etc.

Le décalogue était gravé sur des *tables* de pierre : le traité d'alliance entre les juifs et les romains sous Judas-Machabée, était buriné sur une *table* de cuivre. On conservait dans le temple des muses en Béotie, les poésies d'Hésiode, gravées sur des lames de plomb. Callicrate grava sur un grain de millet les vers d'Homère. Les lois de Solon étaient écrites sur des *tables* de bois. La chronique d'Athènes était gravée en lettres capitales grecques sur le marbre de paros. Le mot *ostracisme* vient du grec *ostrakon*, parce qu'on

---

ces *tablettes*, en collant sur le dos des ais, des bandes de parchemin, ce qui formait des espèces de livres nommés *codicelli* ou *libelli*; ces livrets étaient des agenda, des mémoriaux pour les besoins de tous les jours. « Antoine est en marche, disait Cicéron; il va trouver Lepidus... comme je l'ai reconnu par ses *tablettes* qui me sont tombées entre les mains. » *In itinere est Antonius; ad Lepidum proficiscitur ... ut ex libellis suis animadverti, qui in me inciderunt,* liv. 2, ep. XI. Les romains se servaient encore de ces *tablettes*, qu'ils nommaient *tesserae*, pour donner leurs suffrages dans les comices, pour donner le mot du guet aux soldats, pour gage d'amitié, d'hospitalité mutuelle, etc. etc. etc.

écrivait le nom du proscrit sur une écaille. Dans le quatrième siècle on se servait, pour la promulgation d'une loi, dans les villes de l'empire, ou de *tables* de bronze ou de cuivre, ou de *tablettes* de bois enduites de céruse, ou recouvertes de nappes de linge, que l'on nommait *lintei*, selon Pline, et *carbacini*, selon Claudien. Il est extrêmement rare de rencontrer des livres en lames d'or, d'argent ou de bronze ; et plus rare encore de trouver des diplômes gravés sur ces métaux, ou même sur le plomb et l'ivoire: on ne connaît que quatre pièces de cette espèce, savoir ; l'une du pape Léon III, sur plomb ; l'autre de Luitprand, roi des Lombards, aussi sur plomb ; la troisième, sous Charlemagne, en airain, mais violemment suspectée ; et enfin la quatrième, de Jean, évêque de Ravenne, et qui est en pierre. On voit à Lyon deux *tables* d'airain sur lesquelles est gravée la harangue (1) que l'empereur Claude, étant censeur, prononça dans le sénat de Rome en faveur des lyonnais. Il existe à Strasbourg une de ces *tablettes*, en livret, nommées *codicelli*; elle est du 12° ou 13° siècle ; les planches de bois sont enduites de cire noire ; les lettres gravées en creux étaient remplies d'une couleur blanche, afin d'en faciliter la lecture. C'est un registre de ménage, tenu par un pasteur alsacien, en latin et en allemand. Ces sortes de *tablettes* étaient, suivant Martial, appelées, quant à la quantité des feuillets, *duplices*, *triplices*, *quintuplices*, etc., et, quant à la matière dont elles étaient com-

---

(1) L'abbé Barthelemy, parlant de cette harangue, dit « Qu'il n'en reste plus qu'une partie tracée, non sur deux *tables* de cuivre, comme l'a dit Spon, mais sur une seule, qui avait été cassée en deux. Ce monument est d'autant plus précieux qu'il fixe nos idées sur la manière dont Tacite composait les harangues insérées dans ses ouvrages. Il rapporte celle de Claude d'une manière bien différente que la *table* de cuivre. Il paraît qu'il s'est contenté d'en prendre l'esprit et de la traduire dans son style. »
LETTRE *de Barthelemy au comte de Caylus, en 1755.*

posées, *citrei, eburnei, membranei*, etc. Le citoyen Viguier, de Narbonne, possède des *tablettes* de plomb trouvées depuis quelques années dans un tombeau isolé, découvert dans les montagnes de Corbière, au pied des Pyrénées. Elles consistent en plusieurs planches d'environ une demi-ligne d'épaisseur, et contiennent des figures hyéroglyphiques d'hommes et d'animaux, gravées avec la pointe d'un stylet. Ces figures ressemblent à celle des dieux égyptiens. Au-dessus sont des inscriptions que l'on regarde comme fragmens de l'écriture des gaulois, et on croit que les caractères, qui sont runiques et imités du grec ancien, ont été tracés de la main des druides. Les mots sont en partie chargés de consonnes, entre lesquelles on voit des espaces où l'on suppose que les druides auraient intercallé les voyelles, s'ils n'avaient craint de découvrir à d'autres qu'à des initiés, le sens mystérieux que renfermait ce talisman sacré. Ce livre de plomb est-il un monument de l'ancienne écriture des gaulois, ou est-il un simple reste de la superstition des gnostiques et des basilidiens, qui mêlèrent le culte des égyptiens à celui de J. C. ? c'est ce que l'on ignore.

Les anciens se servaient d'une espèce de *tablettes* nommées *abacus*, pour écrire ou pour tracer des figures de mathématiques ou faire des calculs. Cette *tablette* d'arithmétique était une espèce de cadre long divisé par plusieurs cordes d'airain parallèles ; chacune de ces cordes enfilait une égale quantité de petites boules d'ivoire ou de bois, mobiles comme nos grains de chapelets. La disposition de ces boules et le rapport que les inférieures avaient avec les supérieures, en marquant les nombres de même genre en diverses classes, servaient à faire toutes sortes de calculs. Cette méthode de compter était un peu difficile ; on y substitua les jetons. A la chine et dans quelques cantons de l'Asie, on fait encore usage des abaques ou *abacus*.

TACHÉOGRAPHIE ou **TACHYGRAPHIE**. C'est l'art d'écrire aussi vite que l'on parle, en employant certains signes qui ont des significations particulières. On a inventé différentes sortes de *tachéographies*. Les romains se servaient de certaines notes dont chacune signifiait un mot. Plutarque prétend que Ciceron s'en servit pendant les troubles que Catilina excitait dans la république. Paul Diacre assure qu'Ennius imagina les onze cents premiers caractères; que Tiron ne fit qu'étendre et perfectionner cette science; que ce fut Sénèque qui y mit la dernière main, en les rédigeant par ordre alphabétique, et que cette rédaction porta indifféremment le nom de notes de Tiron et de Sénèque. Saint Cyprien ajouta de nouvelles notes à ces dernières, afin que les chrétiens pussent s'en servir, en s'écrivant mutuellement, dans le temps des persécutions. Les rabbins se sont fait aussi une *tachéographie* par des abréviations, qui sont des espèces de mots techniques, dans lesquels chaque consonne tient lieu d'un mot entier. En France et en Angleterre, la *tachéographie* se fait en retranchant d'un mot des lettres et des syllabes entières. Ainsi l'on met *sdm* pour *secundùm*, *aut* pour *autem*, *d* pour *sed*, *o* pour *non*, *scrmt* pour *sacrement*, etc. Walshelton, Macaulai et Wilkins ont donné des traités de *tachéographie* (1). L'art *tachéographique*, qui était très-négligé, et qui n'existait presque plus qu'en Angleterre, vient de se renouveler sous le nom

---

(1) Charles-Louis Ramsay, écossais, a aussi publié une *tachygraphie* en latin, qu'il a dédiée à Louis XIV, et qui a été traduite en français en 1681, in-12. L'auteur remplace les lettres romaines par des traits plus simples, représentés en six tables. La première contient 22 lettres, la seconde 205 consonnantes doubles et triples, la troisième est une manière de suppléer aux voyelles par la position des traits, la quatrième et la cinquième abrègent les diphtongues et les triphtongues, la dernière donne l'exemple des mots écrits suivant les principes de l'auteur.

de *sténographie* (*voyez* ce MOT), et semble prendre universellement. La *brachygraphie* signifie la même chose à peu près que *tachéographie*. Ce dernier mot vient du grec *vite* et *écriture*; et l'autre vient également du grec *court* et *écriture*. Le citoyen Coulon de Thévenot, membre de l'institut national, a publié, en 1779, un *Tableau tachygraphique*, in-8; en 1789, un *Almanach tachygraphique*, et en 1790, un ouvrage intitulé : l'*Art d'écrire aussi vite que l'on parle*, in-8.

TASSIN (Réné-Prosper). Bénédictin de la congrégation de Saint-Maur, né en 1697, mort en 1777. Le principal ouvrage de ce savant est le *Nouveau Traité de diplomatique*, qu'il a continué après la mort de dom Toustaint, son confrère et son ami. On lui doit encore une *Histoire littéraire de la Congrégation de S.-Maur* (1). Bruxelles, 1770, in-4. — Une *Dissertation sur les hymnographes*. — Une nouvelle édition d'une *Notice* de Saas (*voyez* SAAS). — *Ang. Mariæ Quirino epistola*, 1744, in-4. — *Défense des titres et des droits de l'abbaye de Saint-Ouen*, 1734, in-4.

TCHEOU-PI-SOUAN-KING. Livre chinois fort ancien. Il traite de mathématiques. On y dit que l'étoile polaire s'appelle ainsi, parce qu'elle est précisément vis-

---

(1) Cette histoire est plus exacte et plus étendue que la *bibliothèque* de dom le Cerf. Elle renferme la vie et les travaux des auteurs qu'elle a produits depuis son origine en 1618, jusqu'à nos jours; on y détaille avec soin les titres et les différentes éditions de leurs livres et les jugemens que les savans en ont portés; on y donne aussi la notice de beaucoup d'ouvrages composés par des bénédictins de cette congrégation. Les principaux auteurs qu'elle a produits, sont les pères Menard, d'Acheri, Mabillon, Ruinart, Germain, Lauri, Montfaucon, Martin, Vaissette, le Nourri, Martianay, Marténne, Massuet, etc., etc.

à-vis le centre du pôle ; comme elle en est maintenant éloignée, on pourrait juger, par le chemin qu'elle a fait, de l'antiquité de ce livre.

TCHUN - TSIEOU. Livre chinois. C'est une simple chronique des petits rois de Lou. Cet ouvrage, dont le titre signifie le *printemps* et *l'automne*, est attribué, sans preuve, à Confucius. On y voit les éclipses marquées avec exactitude et d'une manière propre à confirmer l'histoire. Ces espèces d'annales commencent à l'an 720 ou 722 avant J. C. Des savans prétendent que Confucius ayant chargé plusieurs de ses disciples de lui ramasser les histoires de tout l'empire, ils lui apportèrent les livres précieux de cent vingt royaumes, et il en composa son *Tchun-sieou*. Sé-ma-tsien, auteur du Sé-ki, veut qu'un nommé Tso-kieou-ming ait travaillé au *Tchun-tsieou* avec Confucius, et qu'après la mort du philosophe Tso-kieou-ming, appréhendant que ces disciples, qui ne l'avaient reçu que de vive voix, ne le donnassent au public chacun suivant ses idées, les prévint et le donna lui-même, avec de longs commentaires, qui sont appelés Tso-tchouen.

TEBALDINI (Nicolas). Imprimeur du 17e siècle. Il a publié une *Description de Bologne*. Il imprimait en 1623.

TEISSIER (Antoine). Ce bibliographe, né à Montpellier, et mort à Berlin en 1715, âgé de 83 ans, a donné les *Eloges des hommes savans, tirés de l'Histoire du président de Thou*, dont on a quatre éditions : la dernière est de 1715, 4 vol. in-12. — *Catalogus auctorum qui librorum catalogos, indices, bibliothecas, virorum litteratorum elogia, vitam aut orationes funebres scriptis consignârunt*, Genève, 1686, in-8 ; — et d'autres ouvrages qui n'ont aucun rapport à la bibliographie.

TÉLÉGRAPHIE. C'est l'art de correspondre à de grandes distances et avec rapidité, en se servant de signes qui représentent des lettres et des mots. On pourrait appeler l'établissement d'un *télégraphe*, *poste aérienne* ou *poste aux paroles*. Les anciens ont employé les phares, les feux, la fumée, les torches, les pavillons, les étendards, les jalons d'alarmes, les tambours et les trompettes pour annoncer promptement et au loin des avis ou des événemens prévus d'avance. Polybe et Jules l'Africain font particulièrement mention de l'usage de la *Télégraphie* chez les grecs et les romains. Mais les procédés de ces peuples, quoique simples, étaient imparfaits, et ne pouvaient exprimer les lettres et les modifications du discours. Dailleurs, dans ces temps, le défaut de lunettes d'approche devait rendre très-courtes les distances entre les stations, et la plupart des signaux n'étaient visibles que de nuit. Depuis les grecs, les premiers essais *télégraphiques* connus sont ceux d'Athanase Kircher, de Kesler d'Amontons, de Rob-Hoock, d'un nommé dom Gautkey, de Guyot et de Paulian. Mais leurs différentes méthodes, plus ou moins ingénieuses, n'auraient jamais pu présenter tous les avantages de la vraie *télégraphie*. Il était réservé au citoyen Chappe de les réunir le premier dans le *télégraphe* de son invention. Ce *télégraphe* est composé d'un long chassis garni de lames à la manière des persiennes, tournant autour d'un axe et fixé sur un mât, qui lui-même roule sur un pivot, et est maintenu à la hauteur de dix pieds par des jambes de force, de manière à rendre visibles tous les mouvemens de la machine. Aux deux extrémités du châssis sont deux ailes mouvantes moitié moins longues, et dont le développement s'effectue en divers sens. Par l'analise des différentes inclinaisons de ces trois branches sur l'horison ou sur le mât vertical, et des positions où elles se trouvent les unes à l'égard des autres, on a cent signaux parfaitement prononcés qui représentent des figures ou lettres dont on détermine la valeur. Et l'on doit aux soins pénibles et aux méditations du citoyen Chappe une méthode de tachygraphie dont les caractères ont beaucoup de ressemblance avec l'écriture runique. Le mécanisme du télégraphe est tel, que la manœuvre se fait, sans peine et avec célérité, au moyen d'une double manivelle placée à hauteur convenable. C'est à l'aide de bons télescopes et de pendules à secondes que se font les observations et que se communiquent les avis d'une extrémité à l'autre, souvent sans que les observateurs intermédiaires puissent pénétrer le sens de la missive.

Cette découverte, qui fait honneur à la nation française, date de 1793 : elle ne fut pas seulement une spéculation ingénieuse ; ses résultats ne laissent point d'équivoque dans la transmission littérale des avis. Elle devait être de la plus grande utilité dans une foule de circonstances, et surtout en temps de guerre, où de promptes communications peuvent avoir beaucoup d'influence sur le succès. Aussi la convention nationale s'empressa-t-elle d'accueillir cette découverte. Ce fut le 12 juillet 1793 que son comité d'instruction publique, chargé d'examiner le *télégraphe* du citoyen Chappe, en fit faire l'expérience. Le succès fut complet ; et il fut reconnu qu'en 13 minutes 40 secondes, la transmission d'une dépêche pouvait se faire à la distance de 48 lieues. La première nouvelle importante transmise à Paris par le *télégraphe*, fut la reddition de Condé. On lut à la séance de la convention du 13 fructidor an 2, la dépêche télégraphique ainsi conçue : *Condé est au pouvoir de la république, et la garnison prisonnière de guerre*. La convention répondit par la même voie. Dès-lors le *télégraphe* a toujours annoncé les événemens les plus intéressans. On en a placé en France sur plusieurs rayons qui correspondent, de celui de Paris, à divers points des frontières de la république. Il est calculé que l'établissement d'un *télégraphe*, y compris les appareils de nuit, coûte 6000 liv.

L'heureuse invention du *télégraphe* a passé chez les différens peuples de l'Europe, notamment en Suède, en Irlande, en Angleterre ; cette dernière nation, qui avait d'abord plaisanté sur son usage, a fini par l'adopter. M. Edelcrantz, suédois, a fait un traité du *télégraphe*; après avoir donné l'historique de cette découverte, il propose un nouvel établissement de ce genre, pour lequel il indique différens procédés aussi simples qu'ingénieux : son ouvrage est enrichi de planches. D'autres ont encore cherché à étendre et à perfectionner ces établissemens. On trouve dans la *Bibliothèque britannique*, janvier 1796, des détails sur un *télégraphe* inventé par deux gentilshommes irlandais ; et dans le Bulletin de la Société philomatique, n.º 16, an 6, la description et la figure du *télégraphe* du cit. Chappe, et celles d'un nouveau *télégraphe* présenté, en l'an 6, à l'institut par les citoyens Breguet et Betancourt. C'est aux savans, et plus encore à l'expérience, à décider de la supériorité des uns sur les autres. Le citoyen Peytes-Montcabrier a imaginé un *télégraphe* marin ou *vigigraphe*, qui est d'une construction simple, peu dispendieuse : on peut l'établir en vingt-quatre heures et exécuter grand nombre de signaux avec exactitude et célérité. L'épreuve en a été faite avec succès à Rochefort. *Télégraphie* vient de deux mots grecs qui signifient *loin* et *écriture*. *Vigigraphe* vient de *vigie*, terme de marine, *sentinelle* et *graphen*, *écrit*. Être en vigie, c'est être en sentinelle.

TEMPORAL (Jean). Imprimeur de Lyon en 1550; il a donné plusieurs éditions et plusieurs traductions.

THALMUD (1). C'est ainsi que s'appelle le livre qui

---

(1) Ce mot vient de l'hébreu, et signifie *enseigner* : on peut le rendre par *doctrinale*.

est le plus en considération parmi les juifs. Il renferme tout ce qui regarde l'explication de leur loi ; c'est une espèce de corps de droit hébraïque et d'explication des devoirs imposés à cette nation, soit par l'écriture, soit par la tradition ou par l'autorité des docteurs, ou enfin par la coutume ou la superstition : on peut le regarder encore comme un cours de théologie morale des juifs, dans lequel les devoirs sont expliqués et les doutes éclaircis, non par le raisonnement, mais communément par autorité, par l'usage de la nation et par la décision des anciens docteurs les plus accrédités et les plus célèbres. Le *Thalmud* est composé en général de deux parties ; l'une est appelée la Mischna (1), qui comprend le texte, et l'autre la Gemare (2), qui renferme le commentaire du texte. Cette seconde partie se nomme aussi le *Thalmud* du nom commun de tout l'ouvrage. Les juifs distinguent la loi en loi écrite ; ce sont les livres de Moïse ; et en loi non écrite, c'est la glose et l'explication de la première loi par les anciens docteurs. Ainsi, le *Thalmud* contient la tradition des juifs, leur police, leur doctrine et leurs cérémonies, qu'ils observaient aussi religieusement que la loi de Dieu. Ce n'est qu'après la destruction de Jérusalem qu'ils mirent par écrit le *Thalmud*. On en compte deux ; l'un compilé par le rabbin Johanan à Jérusalem, environ 300 ans après Jesus-Christ, et l'autre que les juifs prétendent compilé par le rabbin Juda, surnommé le Saint, n'a été terminé, à Babylone, qu'en l'an 506 de J. C (3). C'est ce dernier auquel les juifs sont très attachés. Maimonides en a fait un extrait qui est très estimé ;

---

(1) *Mischna* signifie *seconde loi.*
(2) *Gemare* signifie *complément*, *perfection.*
(3) C'est-à-dire, l'an 436 après la destruction du second temple : c'est seulement la Gemare compilée par le rabbin Asé qui a été finie à cette époque ; car la première partie, la Mischna, compilée par Juda, avait paru

il en a écarté les fables, les vaines disputes, etc. Il a donné à ce livre le titre de YADHACHAZAKAH. On regarde cet ouvrage comme un digeste de lois des plus complettes qui se soit jamais fait, non par rapport au fond, mais pour la clarté du style, la méthode et la belle ordonnance de ses matières. D'autres juifs ont essayé de faire la même chose, mais aucun ne l'a surpassé : aussi passe-t-il à cause de cet ouvrage et d'autres qu'il a publiés, pour le meilleur auteur qu'aient les juifs. Il y a trois traités tirés de l'extrait de Maimonides qui ont été traduits par un nommé Compiegne ; le premier est du jeûne, le second de la fête des expiations, qu'on célébrait le 10 de septembre, et le troisième du pain levé et azyme. Daniel Bomberg, célèbre libraire, a donné une édition du *Thalmud* en 11 volumes in-folio. Il a imprimé trois fois cet ouvrage.

THARGOUM. Ce mot vient du chaldéen, et signifie *interprétation* ; aussi le donne-t-on aux paraphrases chaldaïques de la Bible. On compte huit *Thargoums* : le premier et le plus estimé est celui d'Onkelos sur les cinq livres de Moïse ; le second, est celui de Jonathan-ben-Uzziel sur les livres de Josué, des Juges, de Samuel (1), des Rois,

---

bien avant ce temps, vers le milieu du 2e siècle. La Mischna est composée de six parties ; la première traite de l'agriculture et des semences ; la seconde, des jours de fêtes ; la troisième, du mariage et de ce qui concerne les femmes ; la quatrième, des dommages-intérêts et de toutes sortes d'affaires civiles ; la cinquième, des sacrifices, et la sixième, des puretés et impuretés légales. Ce livre est le texte du *Thalmud*. Il forme le code des arrêts et sentences des anciens magistrats juifs. Surhenusius en a donné une bonne édition en hébreu et en latin, avec des notes, en 1698, 6 vol. in-fol. La Gemare est contenue en onze volumes.

(1) Sous le nom de Samuel, on entend les deux premiers livres des Rois. Les Juifs ne donnent proprement le nom de livre des Rois qu'au 3e et au 4e.

d'Isaïe, de Jérémie, d'Ezéchiel et des douze petits Prophètes; le troisième est un autre ouvrage dans ce genre, sur la loi, attribué au même Jonathan-ben-Uzziel; le quatrième est le *Thargoum* de Jérusalem sur le Pentateuque; le cinquième comprend les cinq petits livres nommés Meghilloth, c'est-à-dire, Ruth, Esther, l'Ecclésiaste, le Cantique des Cantiques, avec les lamentations de Jérémie. Le sixième est un autre *Thargoum* répété uniquement pour Esther; le septième est celui de Joseph-Saginahor, sur Job, sur les Psaumes et sur les Proverbes; le huitième est celui des Chroniques, que nous appelons Paralipomènes. On n'a point de *Thargoum* sur Esdras ni sur Daniel, sans doute parce que ces livres n'ont pas besoin d'interprétations, étant, pour la plus grande partie, écrits en chaldéen. Mais on est surpris de n'en point voir sur Néhémie, dont l'original est en hébreu. Peut-être le retrouvera-t-on un jour, comme on a retrouvé celui des Chroniques, dont on doit la publication à Beckius, qui publia le premier livre à Augsbourg en 1680, et le deuxième livre en 1683.

THESMOLOGIE. Ce mot est à la tête de l'une des subdivisions du système bibliographique de l'abbé Girard : il comprend les livres qui regardent les usages reçus dans les sociétés, soit sous le rapport du cérémonial, soit sous le rapport des modes.

THIBOUST (Guillaume). Imprimeur du 16e siècle. Il donna, en 1544, les *Complaintes d'une Dame surprise d'amour*.

THIBOUST (Samuel). Fils du précédent, imprima la *Mythologie* ou *l'Explication des Fables*, par Baudouin, in-fol., avec fig., et l'*Histoire d'Espagne*, par Turquet, 2 vol. in-fol. Il fut imprimeur de l'université.

THIBOUST (Claude). Fils du précédent, fut aussi imprimeur de l'université, et mourut subitement à Passy en 1667.

THIBOUST (Claude-Louis). Fils posthume du précédent, fut maître ès-arts en 1685, libraire-imprimeur de l'université, graveur-fondeur de caractères en 1694, et adjoint de sa communauté en 1709. L'acte qui lui donne le titre d'imprimeur de l'université, dit, en parlant tant de ses prédécesseurs que de lui : *Qui contra quam cœteri librarii solent, plus in arte suâ nominis ac famœ quam divitiarum sibi suisque comparare studuerint.* Cl.-Louis *Thiboust* s'adonna surtout à l'impression des livres classiques et s'y distingua. Il possédait les langues grecque et latine : il fit un poëme latin intitulé : *de Typographiæ excellentiâ*, 1718, in-8. Il mourut en 1737.

THIBOUST (Claude-Charles). Fils du précédent, dont il fut le successeur et le rival dans son art : il fit de très-bonnes études. Il traduisit le poëme latin de son père, et le fit paraître en 1754, avec le latin à côté. Il donna, en 1748, la liste des 409 *libraires et imprimeurs de Paris, reçus depuis* 1689 *jusqu'en* 1748. Il avait tant de vénération pour la mémoire de son père, qu'il fit graver son portrait par le célèbre Daullé, et mit au bas ces quatre vers de sa composition :

» Docte, enjoué, plaisant, ce vieillard agréable
» Fut un mortel humain, généreux, secourable ;
» Bon père, tendre ami, sans détour et sans fard,
» Et celui de nos jours qui sut le mieux son art.

Il imprima une *Traduction littérale et poétique des Psaumes de David, suivant la vulgate*, par le sieur Pepin, en 1744. Puis, quelques jours après, il ridiculisa lui-même cette traduction dans une *Lettre à un ami*. Il traduisit en prose française les vers latins qu'on lisait dans le petit cloître des chartreux de Paris, et qui renferment la vie de saint Bruno, peinte par le Sueur dans vingt-un tableaux. Il fit deux éditions de cet ouvrage, l'une in-4 en 1755, avec le latin à côté, et les gravures des tableaux par Chauvau, et l'autre aussi in-4 sans gravures. Il travaillait à une traduction d'Horace lorsqu'il mourut, en 1757, d'une chûte occasionnée dans une salle de billard : quelqu'un ayant retiré sa chaise pendant qu'il était debout ; il ne s'en apperçut pas, et, croyant s'asseoir, il tomba et se tua. Il avait été imprimeur de l'université, imprimeur du roi et adjoint de sa communauté.

THIERRY (Henri). Imprimeur du 16ᵉ siècle. La beauté de ses caractères et une correction sévère lui ont fait une réputation. Il a imprimé quelques volumes du *Corpus juris civilis*, 1576, in-fol. *S. Hyeronimi opera*, 1588, 4 vol. in-folio ; *Origine des Bourguignons*, 1581, in-folio ; *Ordinarium carthusiense, continens novam collectionem statutorum*, etc. 1582, in-4, etc.

THIERRY (Rolin). Imprimeur, neveu du précédent, son successeur et son égal en talent. On lui doit : *Etats de la France, et de leur puissance*, traduit par le sieur Mathieu, 1588, in-8 ; *la Parthénie ou l'Histoire de Notre-Dame de Chartres*, par Sébastien Rouillard, 1609, in-8 ; ouvrage recherché ; *la sainte Bible*, de la traduction des docteurs de Louvain, avec le latin à côté, par Pierre de Besse, 1608 ; in-folio, imprimée par *Thierry*, en société avec Nicolas Dufossé ; *les Annales ecclésiastiques de Baronius*, traduites par Durand ; 1616, 12 vol. in-folio, etc. Il avait pour marque trois tiges de riz, faisant allusion à son nom *Tiers-ris*, avec cet hexamètre barbare :

Pænitet æternum mens non TER *provida* RITE.

Il avait été l'un des imprimeurs de la *sainte union*, par conséquent grand ligueur. En 1593 il fut constitué prisonnier par ordonnance de MM. de la cour, à cause du livre du *Manant*. V. *Mémoires de l'Estoile*, la *Satyre Ménipée* et le *Catalogue des Libraires de Paris* par Lotin.

THIERRY (Denis). Imprimeur, fils du précédent: il a imprimé le *Voyage inconnu* de M. du Bellay; *Digestum sapientiæ P. Yvonis, capucini*, 3 vol. in-folio; les ouvrages français de ce religieux, 16 vol. in-4; *Bagotii Theologia*, 1644, in-folio, etc.

THIERRY (Denis). Imprimeur, fils du précédent. Il a imprimé une grande quantité d'ouvrages, parmi lesquels on distingue: *Corpus juris canonici, cum notis Pitheorum*, 2 vol. in-fol.; l'*Histoire de France de Mezeray*, 3 vol. in-fol.; *Description de l'univers*, par le sieur Molet, 5 vol. in-8., avec les *Travaux de Mars* ou *l'Art de la guerre*, 3 vol. in-8, par le même auteur; *la Coutume de Paris commentée par Ferrières*, 3 vol. in-fol.; *le Journal du Palais*, 10 vol. in-4; le 3e vol du *Supplément de Morery*, etc. Il avait pour enseigne S. Denis avec ces mots: *Sanctus Dionysius Galliarum apostolus*. Ce *Thierry*, mort en 1657, eut un fils aussi nommé Denis, qui fut le libraire de Boileau. C'est de lui dont ce poëte parle dans sa lettre à Brossette du 16 juin 1708, et dans son Epître X, parlant à ses vers :

> Vous irez . . . .
> Ou couvrir chez *Thierry*, d'une feuille encor neuve,
> Les Méditations de Buzée et d'Hayneuve.

Ce dernier *Thierry*, qui avait pour enseigne la *Ville de Paris*, est mort en 1712.

THOMASIUS (Thomas). Ce grammairien fut imprimeur de l'université de Cambridge, vers 1680.

TILETAIN (Jean-Louis). Imprimeur de Paris, au 16e siècle. Malgré qu'il n'ait imprimé que pendant dix ans, on a beaucoup d'ouvrages sortis de ses presses. Il corrigeait ses épreuves avec beaucoup de soin, surtout pour le grec. Il écrivait très-bien en latin. Il a composé des commentaires sur Quintilien. Les livres latins qu'il a imprimés, le sont en caractères italiques et romains d'un œil très-riant. Il avait plusieurs devises, telles que le basilic, les élémens. Il a imprimé pour Jean Roigny, Jean Petit, Michel Vascosan et Guillaume Richard. Il avait pour correcteur Guillaume Morel. Les livres imprimés sous son nom, sortaient tantôt de ses presses, tantôt de celles de Neobarius. Il est mort en 1547.

TIRON (Notes de). On nomme ainsi des espèces de signes sténographiques, par le moyen desquels les latins écrivaient d'une manière très-rapide et très-abrégée. Chaque note était ordinairement composée de deux ou de plusieurs lettres qui, réunies dans un seul signé, et ne ressemblant à aucune des lettres qui le composaient, exprimaient un mot, et même quelquefois plusieurs mots. Rien de plus difficile à déchiffrer que les *Notes tironiennes*, soit parce que des traits semblables signifient des lettres différentes, soit parce qu'un point, placé d'une façon ou d'une autre, change entièrement la nature des mots ; par exemple, la *Note* de *Tiron* figurée par un U et un B, dépourvu de son jambage droit, lequel B est attaché dans l'intérieur de l'U au jambage à gauche, cette *note*, dis-je, signifie *vobis* ; en plaçant un point au haut du côté droit de la *Note*, elle signifie *vobis videntibus* ; le point mis au côté gauche sur le premier jambage, marque *vobis audientibus* ; au milieu, du côté droit, il signifie *vobis præsentibus* ; au milieu, du côté gauche, *vobis absentibus* ; sur le milieu de la *Note*, *vobis superius* ; sous la *Note*, *vobis inferius*. Il se trouve aussi des enclaves dans les notes de *Tiron*, connues dans les anciennes écritures; dès-lors une lettre presque défigurée ou tronquée emporte quelquefois avec elle d'autres lettres précédentes ou subséquentes; il arrive aussi que la première ou même les premières lettres d'un mot se trouvent souvent transposées dans le corps du mot, pour la facilité des conjonctions. Ces difficultés, qu'il est impossible de surmonter, rendront toujours les recherches sur les *Notes* de *Tiron*, sinon infructueuses, du moins incomplettes. L'alphabet tironien de Carpentier est un très-bel ouvrage; mais il est insuffisant, parce qu'il lui a été impossible de le completter, et que l'explication des *Notes* qu'il rapporte ne peut servir à rien pour l'explication de celles qui ne se trouvent pas dans son alphabet. Selon saint Isidore, c'est Ennius qui inventa, le premier, onze cents *Notes*; *Tiron*, affranchi de Cicéron, en inventa un plus grand nombre, et régla le premier comment les écrivains en *Notes* devaient se partager, et quel ordre ils devaient observer pour écrire les discours qu'on prononçait en public. Persannius fut le troisième inventeur de *Notes*, mais seulement de celles qui exprimaient les prépositions. Philargirus et Aquila, affranchi de Mécène, en augmentèrent le nombre; Sénèque en ajouta d'autres; en sorte qu'il en forma un recueil en ordre de cinq mille. Saint Cyprien mit en *Notes* les expressions particulières aux chrétiens (1). Si l'on en croit Diogène Laerce (2), l'invention des *Notes tironiennes* doit être attribuée aux grecs (3); il atteste que Xénophon fut

_____

(1) *Voyez* Tillemont, Hist. eccles. tom 4, pag. 194.
(2) *Voyez* lib. II *in Vita Xenophontis.*
(3) Quelques auteurs l'attribuent aux égyptiens, qui, les premiers, se servirent d'hiérogliphes ou de figures symboliques pour exprimer leurs pensées; cet usage passa des égyptiens aux grecs, et des grecs aux romains.

le premier des grecs qui s'en soit servi, s'il n'en est pas lui-même l'inventeur. Cicéron est le premier qui en ait fait usage à Rome, lorsque Caton prononça son discours pour combattre l'avis de Jules-César au sujet de la conjuration de Catilina. Cicéron, alors consul, posta, en divers endroits du sénat, des *notaires*, c'est-à-dire, des écrivains en *Notes*, pour copier la harangue. Suétone dit que Tibère écrivait par abréviation aussi vite que l'on pouvait parler. Les *Notes tironiennes* furent d'un usage très-étendu en occident ; les empereurs s'en servirent, ainsi que les derniers de leurs sujets : on les enseignait dans les écoles publiques ; on s'en servait dans les interrogatoires des criminels et dans les sentences des juges; c'est de là que nous sont venus les actes sincères des martyrs. Dans la suite on s'en servit, sans besoin, à transcrire des manuscrits tout entiers ou en partie, comme on le voit par le grand nombre qui se trouve encore dans nos grandes bibliothèques. On usa également de ces signes pour former des diplômes ou plutôt des protocoles ou formules, comme l'attestent les cinquante-quatre que dom. Carpentier a publiés, et qui appartiennent au règne de Louis-le-Débonaire. Le titre de l'ouvrage de Carpentier est : ALPHABETUM *tironianum, seu notas tironis explicandi methodus ; cum pluribus Ludovici pii chartis, quæ notis iisdem exaratæ sunt et hactenus ineditæ, ad historiam et jurisdictionem cum ecclesiasticam tum civilem pertinentibus. Labore et studio D. P. Carpentier. Lutetiæ Parisiorum*, Guerin, 1747, *in-fol*. Cet ouvrage est très-bien gravé et très-bien imprimé. L'usage des *Notes* de *Tiron* cessa en France vers la fin du 9e siècle, et en Allemagne vers la fin du 10e : il n'en reste presque nul vestige dans les monumens depuis le commencement du 10e siècle, si ce n'est l'abréviation d'*et* par 7, et d'*us* par 9 à la fin des mots. Les *Notes* de *Tiron* ont donné l'idée de la *Sténographie* (*voyez ce* MOT) que l'on pratique aujourd'hui en Angleterre et en France.

TOQUEL (Guillaume). Libraire et imprimeur espagnol au 16e siècle. Il a fait *un Traité d'orthographe pour la langue espagnole.* Il travaillait à Salamanque en 1589.

TORCULAR. Mot latin qui signifie pressoir; les auteurs du 15e siècle désignaient, sous ce nom, l'imprimerie, et les imprimeurs sous celui de *torculares.*

TORRENTINUS (Laurent). Célèbre imprimeur flamand du 16e siècle. Il a recouvré à Florence le manuscrit original des *Pandectes de Justinien.* Ce manuscrit avait été conservé pendant plusieurs siècles à Pise, d'où il passa dans la bibliothèque de Florence. Cosme de Médicis le fit imprimer, pour la première fois, en 1553, en deux vol. in-fol. magn. Cette édition, exécutée en caractères romains et connue sous le nom de *Pandectæ Florentinæ,* est un chef-d'œuvre d'impression; elle est recherchée par les savans jurisconsultes, à cause de la pureté et de l'ingénuité du texte. *Torrentinus* reçut des priviléges de Charles-Quint à Bruxelles en 1549, et de Henri II, roi de France, à Saint-Germain-en-Laye, en 1550 : ces priviléges attestent ses talens, et annoncent qu'*avec grand soing, labeur et frais, il a recouvert les vrais types et originaux des Pandectes.*

TORRES (Joseph DE). Imprimeur espagnol. Il établit, en 1716, la première imprimerie de musique à Madrid. En 1798 le libraire Gomez monta un atelier de gravure en musique, dans le genre anglais, sur des planches d'étain. En 1787, dom Joseph Doblado inventa une excellente méthode d'imprimer les ouvrages d'église, missels, etc.

TORRESANI (Frédéric). Imprimeur du 16e siècle. On lui doit plusieurs traductions. Oncle de Paul Manuce, il imprima à Venise, en société avec ses neveux et son frère, en 1533 : il fit des éditions à son compte depuis 1539 : elles ne déshonorent point celles des Manuces.

TORY (Geoffroy). Imprimeur à Paris, né à Bourges et mort en 1510. Il a beaucoup contribué à perfectionner les caractères d'imprimerie. Il a composé, sur la proportion des lettres, un livre sous le titre de *Champ fleury*, ou *l'Art et science de la vraie proportion des lettres attiques* ou *antiques*. Paris, 1529, in-4, et 1549, in-8.° Il a aussi traduit les *Hyéroglyphes d'Horus Apollo*, ainsi que l'ouvrage intitulé : *Ædiloquium, seu digesta circa Ædes ascribenda*, in-8.

TOUBEAU (Jean). Imprimeur à Bourges en 1667. Il a publié, avec François *Toubeau*, son fils, des *Principes sur la Jurisprudence consulaire*. François a succédé à son père en 1685.

TOURNES (Jean DE). Imprimeur de Lyon, et contemporain des Griffes qu'il a égalé. On admire dans ses éditions la beauté, la netteté du caractère, l'exactitude, la correction et un bon choix des ouvrages. Il avait pour devise deux vipères entrelacées, avec ces mots : *Quod tibi fieri non vis alteri ne feceris*. Il avait chez lui de savans correcteurs.

TOURNES (Jean DE). Imprimeur, fils du précédent. Il n'hérita pas entièrement du talent de son père pour l'art typographique ; mais il eut plus d'érudition. Il a donné des traductions et des Vies latines de plusieurs illustres philosophes, dont il fut auteur, éditeur et imprimeur : on lui attribue des notes sur Pétrone. Il quitta Lyon pour se rendre à Genève sur la fin du 16e siècle. Il eut un fils nommé Jean, qui n'imita ni son père ni son aïeul, et qui eut deux fils. L'un, Jean-Antoine, mourut dans le célibat ; et l'autre, Gabriel, eut aussi deux fils, Gabriel et Samuel : ces derniers augmentèrent singulièrement le commerce de leur père. Jean-Jacques et Jacques de *Tournes*, fils de Gabriel, achetèrent, à la vente d'un fonds considérable de Lyon, la partie latine de ce fonds, destinée au commerce d'Espagne, d'Italie, des Indes et de tous les pays étrangers. Ils obtinrent, en 1727, la permission de se fixer à Lyon de nouveau (ils étaient protestans) ; et en 1749, ils obtinrent la continuation de cette même permission pour leurs fils aînés. Jean Christian Wolf, célèbre professeur de Hambourg, publia en 1749, deux vol. in-8 sur les monumens de l'imprimerie, et les dédia aux de *Tournes* établis à Lyon et à Genève, comme à la plus ancienne famille connue par ses talens dans l'art typographyque, et par ses vertus.

TOUSTAIN (Charles-François). Savant bénédictin de la congrégation de Saint Maur, né en 1700 et mort en 1754. Il possédait l'hébreu, le grec, les langues orientales, l'italien, l'allemand, l'anglais et le hollandais : la connaissance de ces langues lui était essentielle pour l'entreprise de sa *Nouvelle Diplomatique* (*voyez* DIPLOMATIQUE). Le premier volume de cet immortel ouvrage parut en 1750, in-4. Après la mort de dom *Toustain*, dom Tassin publia le second volume en 1755, le troisième en 1757, le quatrième en 1759, le cinquième en 1762, et le sixième en en 1765. Dom Tassin ne s'est point écarté du plan tracé dans la préface. Nous avons omis de dire à l'article DIPLOMATIQUE que François-Scipion Maffey, de Véronne, a publié *Istoria Diplomatica, che serve d'introduzzione all' arte critica in tal' materia*, 1727 ; in-4. C'est une Histoire de la science diplomatique, qui peut servir d'introduction à ceux qui veulent s'y appliquer.

TRECHSEL (Melchior et Gaspard), frères. Imprimeurs

de Lyon dans le 17e siècle. Leurs éditions sont estimées. Ils donnèrent la Bible de Pagninus, à laquelle travailla Michel Servet, qui était correcteur dans leur imprimerie. Servet prit le nom de Villeneuve pour glisser dans cette édition des impiétés, ainsi que le rapporte Calvin dans sa défense latine de la foi orthodoxe contre Servet. Les frères *Trechsel* ont encore imprimé plusieurs ouvrages, entre autres, les *Œuvres de Louis Vivès*. Ils avaient pour devise un sphinx à trois têtes sur un piédestal, ect., avec ces mots : *usus me genuit*, sentence qui, au rapport de Platon, se voyait sur le temple de Diane à Ephèse.

TROUBADOURS (1). Ce sont des poëtes provençaux qui commencèrent à être célèbres en 1120 : on peut les regarder comme les pères de notre poésie. Ils contribuèrent beaucoup à établir la langue française. C'est à eux que l'on est redevable d'avoir fait sentir à l'oreille les véritables agrémens de la rime, en la plaçant à la fin du vers. Il ne faut pas confondre les *troubadours* avec les conteurs, chanteurs et jongleurs qui parurent dans le même temps : les conteurs composaient des proses historiques et romanesques ; les chanteurs mettaient en musique et chantaient les productions des *troubadours*, et les jongleurs accompagnaient les chanteurs avec leurs instrumens. Les plus célèbres *troubadours* sont : Arnaud Daniel, à qui l'on doit les *Illusions du paganisme* et des poésies dont Pétrarque a profité ; Anselme Faydit ; Hugues Brunet ; Pierre de Saint-Remy ; Perdrigon ; Richard de Noues ; Luco ; Parasols ; Pierre Roger ; Giraud de Bournel ; Remond-le-Proux ; Rutheboeuf ; Hébers ; Chrétien de Troyes ; Eustace-le-Peintre, etc. Les *troubadours* n'ont brillé que depuis 1120 jusques

---

(1) *Trombadours*, Trouveors, Trouveours, Trouverses, Trouveurs ou Trovères.

vers 1382. Les jongleurs et les joueurs (*joculatores*) leur succédèrent. Ces derniers n'étaient que joueurs d'instrumens, au lieu que les premiers récitaient les vers des *troubadours* et s'accompagnaient de la harpe ou de la vielle. Les jongleurs ou jongleours s'appelaient encore menestrels. Les poésies des *troubadours* consistaient en sonnets, pastorales, chants, satyres, en tensons (plaidoyers ou disputes d'amour) et en syrventes (poëmes mêlés de louanges et satyres), dans lesquels les *troubadours* célébraient les victoires des princes chrétiens contre les infidèles dans les guerres d'outre-mer. Pasquier parle d'un livre appartenant au cardinal Bembo, et ayant pour titre : *Les noms d'aquels firent tensons et syrventes*. Ils étaient au nombre de quatre-vingt-seize, parmi lesquels se trouvaient l'empereur Frédéric I, Richard I, roi d'Angleterre, un roi d'Arragon, un dauphin de Viennois, des comtes, etc.

TURNEBE (Adrien). Imprimeur à Paris dans le 16.e siècle. Il fut d'abord professeur royal en langue grecque; puis il se fit imprimeur, et fut pendant quelque temps directeur de l'imprimerie royale, surtout pour le grec. Il connaissait à fond les langues, les belles-lettres et le droit. Il joignait aux qualités de l'esprit et à une vaste érudition, toutes les vertus sociales au plus haut degré ; aussi était-il chéri et estimé de tous ceux qui le connaissaient. Les italiens, les espagnols, les anglais et les allemands lui firent des offres considérables pour l'attirer dans leur pays. Il les refusa : il était d'une grande modestie (1) et d'un zèle infatigable pour l'étude : le jour de ses noces, il passa plusieurs heures dans son cabinet, entièrement livré à ses occupations ordinaires, c'est-à-dire, à l'étude. Il fut loué

---

(1) Henri Etienne disait de lui ;

Hic placuit cunctis, quòd sibi non placuit.

généralement, et surtout par les savans et les littérateurs, tels que Berthier, Scaliger, Montaigne, Huet d'Avranches, Ronsard, etc. Il a imprimé en 1552 les *ouvrages de Philon le juif*, en grec, in-fol. ; *Apolinarii Metaphrasis, seu interpret. psalm. versibus heroïcis græcis*, in-8 ; *Æschilus græc.* in-8, etc. On a de lui un recueil important connu sous le nom d'*Adversaria*, 1580, in-fol. en 30 livres, dans lequel il a réuni tout ce qu'il a trouvé d'intéressant dans ses lectures. Ses autres ouvrages ont été imprimés à Strasbourg en 1606, 3 vol. in folio. Ils renferment des notes sur Cicéron, sur Varron, sur Thucydide, sur Platon ; des écrits contre Ramus ; des traductions d'Aristote, de Théophraste, de Plutarque, de Platon, etc. ; des poésies grecques et latines, et des traités particuliers. *Turnèbe* connaissait si bien le génie des langues grecque et latine, que, dans ses traductions, il rendait beauté pour beauté, et ne s'écartait jamais de son auteur. Il mourut en 1585, âgé de 53 ans. Il n'exerça l'art de l'imprimerie que par zèle pour les lettres : il mettait ordinairement, à la première page des livres qu'il imprimait, le passage d'Homère qui signifie : *bon roi, vaillant soldat, sage pour le conseil.* Il eut trois fils, dont l'un fut avocat au parlement ; le second auditeur des comptes, et le troisième conseiller au parlement.

TYPOGRAPHIE. ART TYPOGRAPHIQUE. La *typographie* comprend tout ce qui est relatif à l'impression des livres ; elle a surtout pour objet, 1.° la gravure ou taille des poinçons, 2.° la fonte des caractères, et 3.° l'impression : ces trois parties constituent essentiellement la *typographie*. Avant d'en parler en détail, nous allons dire un mot sur l'origine et l'histoire de l'imprimerie (1).

---

(1) Le citoyen Camus prépare une nouvelle *Histoire de l'imprimerie*, qui perfectionnera tout ce qui a été publié jusqu'à ce jour sur ce sujet.

Trois villes se disputent l'honneur d'avoir donné le jour à l'art *typographique*. Ces trois villes sont : Harlem, Strasbourg et Mayence. Voici sur quel fait Harlem fonde ses prétentions, qui sont vivement combattues par les bibliographes. Méerman rapporte dans ses *Origines typographiques* l'histoire d'un nommé Jean Laurent Coster, qu'il a puisée dans la description de la Hollande par Adrien Junius. Ce Jean Laurent, surnommé Coster, se promenant un jour dans un bois près de Harlem, détacha des écorces de hêtres, et s'amusa à en former des lettres ; il les imprimait séparément l'une après l'autre sur du papier, et en faisait des lignes en sens inverse pour servir d'exemple et de leçon à ses neveux : il fit, avec son gendre Thomas Pierre, une encre plus tenace et plus glutineuse que l'encre ordinaire ; puis il tira des épreuves des caractères qu'il avait réunis ; et, comme il n'imprimait que sur un côté du papier, il collait deux feuillets ensemble pour faire disparaître le blanc qui se trouvait entre les pages imprimées. Ensuite Laurent changea ses types de hêtre en types de plomb, puis en types d'étain : il fit de sa découverte une branche de commerce fort lucrative, et prit un domestique qu'il s'associa. Ce domestique, nommé Jean, et qu'on suppose être *Fust*, étant au fait de l'imprimerie, déroba, pendant la nuit de Noël, les types et tous les ustensiles de son maître : il prit la fuite en dirigeant sa marche par Amsterdam et Cologne, et se réfugia à Mayence, où il retira des fruits abondans de son vol. C'est là que, vers 1442, il a imprimé, avec les caractères de Jean Laurent Coster, son maître, une grammaire alors fort en usage, appelée *Doctrinale Alexandri galli*. Tels sont les titres de Harlem. Ce qui fait douter de leur

---

Les bibliographes et les savans attendent cet intéressant ouvrage avec une impatience que légitime naturellement la profonde érudition de l'auteur.

authenticité, c'est qu'ils n'ont été publiés qu'un siècle après la découverte de l'imprimerie. Méerman avoue lui-même que les historiens hollandais n'ont parlé de Laurent Coster que cent trente ou cent quarante ans après sa mort. En général on regarde l'histoire de ce Coster comme une fable. Les droits de Strasbourg à l'honneur de la découverte sont plus fondés, comme nous allons le voir. Jean Guttemberg, que l'on croit né à Mayence vers 1400, vint à Strasbourg dès 1424, et peut-être avant. En 1435, il forma une société avec André Drizehennius ou Dryzehn, Jean Riff et André Heilmann, bourgeois de Strasbourg, et s'engagea à leur découvrir des secrets importans qui devaient assurer leur fortune. Ils stipulèrent d'abord entre eux une mise de quatre-vingts florins, puis ils en ajoutèrent une autre de cent vingt-cinq. André Drizehennius, chez qui était le laboratoire, mourut. Guttemberg envoya dire au frère de cet André de ne laisser entrer personne dans le laboratoire, de peur qu'on ne vint à découvrir le secret et à enlever les pages, les formes qui s'y trouvaient; mais elles étaient déjà disparues; et cette fraude, ainsi que les prétentions de Georges Dryzehn, qui voulait succéder à son frère André, devinrent la matière d'un procès entre les associés. Ils furent entendus; les dépositions des cinq principaux témoins et de Laurent Beildeck, domestique de Guttemberg, se rapportent: elles disent en substance qu'il existait dans le laboratoire établi chez André Dryzehn, une presse garnie de ses deux vis, des pages, des formes, etc., et que Guttemberg avait recommandé de décomposer les formes et d'en cacher les pièces sous le pressoir ou au-dessus, de peur qu'on ne vît le secret de son mécanisme. Le résultat de ce procès fut la rupture de la société. Guttemberg n'ayant pu atteindre son but à Strasbourg, s'en retourna à Mayence en 1445, et s'y occupa de nouveau d'impression. C'est là qu'il s'associa avec Jean Fust, que l'on dit avoir été orfèvre, et qui était un des notables de la ville. Ils furent, au rapport de quelques historiens allemands, et de Méerman, aidés dans leur entreprise par Jean Meydenbach, Conrad Henlif et Jacques Fust, frère de Jean ; mais ce fait n'est rien moins que certain. On nomme parmi les premiers ouvrages imprimés à Mayence, 1.° l'*Alphabet gravé sur une planche à l'usage des écoles* ; 2.° *Alexandri galli doctrinale et Petri Hispani tractatus logicales*, et, 3.°, un vocabulaire latin intitulé : *Catholicon*, c'est-à-dire, universel, ou bien *Donatus seu grammatica brevis in usum scholarum conscripta* (1). Plusieurs bibliographes assurent que ces ouvrages ont été imprimés en caractères fixes gravés sur des tables de bois. On fit succéder à cette impression tabellaire des essais de caractères détachés et gravés sur des tiges mobiles de bois ou de cuivre ; c'est avec ces caractères que la plupart des bibliographes pensent qu'a été imprimée la première Bible en 1450 jusqu'en 1455. Cette opinion est combattue par d'autres bibliographes qui ne croient point à l'existence de cette Bible. Il devait être très-

---

(1) Donat était un grammairien de Rome du 4e siècle, et l'un des maîtres de S. Jérôme. Il a composé un *Traité en huit parties du discours* que Cassiodore estimait le plus méthodique et le plus propre pour les commençans. Le Donat en question était une grammaire usitée dans les écoles du moyen âge ; elle est un abrégé de celle d'*Ælius Donatus*, par demande et par réponse. Il ne faut pas confondre cet ouvrage avec le volumineux Lexicon de Jean Balbi, de Gênes, qui porte le même titre, et dont nous parlerons bientôt. On conserve à la bibliothèque nationale deux planches qui ont servi à l'impression du Donat qui est l'objet de cette note. Mais ces deux planches in-4.°, qui renferment chacune une page, n'ont pas servi pour la même édition. Elles ont été acquises à la vente de la bibliothèque de la Valliere, pour la somme de 219 l. 10 s. On en voit des épreuves dans le catalogue de cette bibliothèque, 1783, tom. 2, Méerman possède une planche du même Donat, mais elle est cassée de vieillesse.

long, très-difficile et très-pénible de sculpter à la main ces lettres de bois ou de métal; aussi, après bien des tentatives, Guttemberg et Fust trouvèrent la méthode de fondre dans des matrices les formes de toutes les lettres de l'alphabet latin; ils virent alors la possibilité d'imprimer la Bible, et Fust fournit les premiers fonds nécessaires à cette entreprise le 22 août 1450. On peut dater de cette époque l'acte de société de Guttemberg et Fust, et la véritable invention de l'imprimerie. A peine ces deux associés étaient-ils parvenus au troisième quaternion de la Bible, qu'ils avaient déjà dépensé un capital de quatre mille florins d'or (1). Mille obstacles, outre l'excessive dépense, entravaient la marche de leur opération; l'imperfection des moules, du métal, de l'encre, du papier, de la presse; l'inégalité et la disproportion des lettres fondues, tout concourait à les retarder et à les arrêter dans leur entreprise, quand Pierre Schoeffer (2), l'un des ouvriers de Fust, homme ingénieux et réfléchi, imagina une méthode plus facile de composer des caractères et de leur donner une mesure et une forme plus régulière et mieux proportionnée. Il trouva la taille des poinçons; il fit de nouvelles matrices abécédaires, et d'autres instrumens qui élevèrent l'*art typographique* à un plus haut degré de perfection en 1452. Fust, par reconnaissance et par attachement, lui donna sa fille Christine en mariage, et il l'associa à son entreprise. Guttemberg, Fust et Schoeffer s'engagèrent à garder le secret de leur invention, et obligèrent leurs domestiques et leurs ouvriers, sur la foi du serment, à ne le révéler à personne. On croit que ces trois associés ont ouvert leur carrière *typographique* par l'impression de la Bible de 1452. Mais cette Bible

---

(1) A peu près 16000 francs.
(2) En latin *Petrus opilio* (berger), né à Gernsheim, ville du Rhin, dans le territoire de Mayence.

existe-t-elle? et, dans le cas où elle existe, y ont-ils fait entrer les trois quaternions composé par Fust et Guttemberg un ou deux ans auparavant? Cela n'est pas présumable: les caractères grossiers et inégaux de Fust et Guttemberg, n'auraient pu se marier aux nouveaux caractères de Schoeffer, beaucoup plus perfectionnés. En 1455, la société fut dissoute par suite d'un procès que Guttemberg perdit avec Faust, à qui il fut obligé de céder son attirail d'imprimerie; mais il y a apparence qu'il monta une autre imprimerie à part, et que Fust et Schoeffer restèrent toujours unis. Ces derniers donnèrent, en 1457, une édition du *Psautier*, qui passe pour le plus beau monument de l'*imprimerie* naissante, et qui fera, dans tous les siècles, l'admiration des connaisseurs (1). Le 29 août 1459, ils donnèrent une seconde édition de ce Psautier. Le 31 août 1490, parut une troisième édition du même livre, imprimée avec les mêmes caractères que ceux des éditions de 1457 et 1459. On croit que les frais de la première édition ont été faits par les religieux de Saint-Alban, ceux de la seconde par les bénédictins de Saint-Jacques, et ceux de la troisième encore par des

---

(1) On en connaît six exemplaires, l'un à la bibliothèque impériale, à Vienne, nommé exemplaire vierge, à raison de sa beauté et de sa netteté, et parce qu'on n'y voit point de notes de musique, ni de corrections à la main; il est entier et a 174 feuillets; le second, à Paris, était chez Gaignat, avec 158 feuillets; le troisième, à la bibliothèque de l'école publique de Freyberg en Saxe, 159 feuillets; le quatrième, au monastère de Roth, près de Memingen, 134 feuillets; le cinquième, à Hanovre, 138 feuillets; et enfin le sixième, à la bibliothèque de la cathédrale de Mayence. Ce livre précieux est un des premiers ouvrages où se trouve dévoilé le secret de l'imprimerie naissante; on y lit cette souscription remarquable: *Ad inventione artificiosa imprimendi ac characterisandi absque calami exaratione sic effigiatus ... per Joannem Fust, civem Moguntinum, et Petrum Schoeffer, de Gernsheim. A. D., 1457.* Le format est petit in-fol.

bénédictins. Le second ouvrage imprimé en caractères de fonte, est un traité de liturgie intitulé : *Durandi rationale divinorum officiorum*, in-folio exécuté en caractères gothiques sur deux colonnes, en 1459. Guillaume Durand, évêque de Mende dans le Gevaudan, auteur du *Rationale*, florissait en 1274. Le troisième ouvrage imprimé à Mayence est le *Catholicon* ou *Summa grammaticalis* de Jean de *Janua* (de Gênes), qui a été mis sous presse en 1460. Ce Jean de *Janua*, de l'ordre des frères prêcheurs, est le même Jean Balbi dont nous avons parlé dans une note précédente: il florissait dans le 13e siècle. Il acheva son *Catholicon* en mars 1286. Ce *Catholicon* comprend la grammaire et les parties qui la composent, suivie d'un vocabulaire. On y trouve aussi l'étymologie et la signification de certains mots qu'on rencontre fréquemment dans la Bible, dans les ouvrages des pères, des orateurs et des poètes. On présume que le *Catholicon* sort des presses de Guttemberg, et non pas de celles de Fust et de Schoeffer (1). Ces derniers publièrent, la veille de l'Assomption, en 1462, une édition de la Bible, qu'ils appellent *Opusculum*, quoique cette Bible soit composée de deux tomes dont le premier a 242 feuillets, et le second 239. Elle est d'un format beaucoup moindre que celui de la Bible dite de 1450, et exécutée sur deux colonnes, dont chacune contient 48 lignes. Schoeffer, dans l'édition qu'il a donnée de la Bible en février 1472, 2 vol. in-folio max., a suivi à la lettre, page par page et ligne par ligne, celle de 1462. En 1465, Fust et Schoeffer

---

(1) Guttemberg avait quitté ses associés en 1455; il fut reçu, 10 ans après, gentilhomme d'Adolphe, électeur de Mayence, et mourut en février 1467 ou 68. On peut consulter sur cet homme célèbre un opuscule très-intéressant du cit. Oberlin, intitulé *Essai d'annales de la vie de Jean Guttemberg, inventeur de la typographie*. Strasbourg, Levrault, 1801, in-8.

publièrent un de leurs chefs-d'œuvre ; c'est le livre *des Offices de Cicéron*, imprimé sur vélin, in-4, le premier ouvrage où l'on voit des caractères grecs. Ils en donnèrent une seconde édition en 1466, dans la souscription de laquelle Fust a ajouté le nom de Pierre de Gernshem, son fils. On voit à Francfort un in-folio de onze pages, intitulé : *Grammatica vetus Rhytmica*, imprimé sans nom de ville ni d'imprimeur, mais avec la date de 1466, cachée énigmatiquement dans quatre vers qui en font la souscription. Passé 1466, on ne voit plus le nom de Fust dans aucune souscription, et celui de Schoeffer paraît seul, le 6 mars 1467, dans la souscription de *Secunda secundæ B. Thomæ de Aquitano*, in-fol. max. sur membrane et sans écusson. Comme, depuis 1462 à 1465, Fust te Schoeffer n'ont point publié d'ouvrages, il y a apparence qu'ils ont employé ce temps à vendre ou à échanger en Allemagne, en Italie et en France dans les universités les plus célèbres, les livres qu'ils avaient imprimés, et qu'ils les vendaient pour manuscrits. Gabriel Naudé raconte que Fust apporta à Paris un grand nombre d'exemplaires de la Bible de 1462 ; qu'il les vendait d'abord, comme manuscrits, 60 couronnes l'exemplaire (environ 550 liv.) ; qu'ensuite il les passait à 40 couronnes, puis à 20 ; qu'enfin, la fraude ayant été découverte, Fust fut poursuivi en justice ; qu'il s'enfuit de Paris ; qu'il revint à Mayence, et que, ne s'y trouvant pas en sûreté, il se retira à Strasbourg pendant quelque temps, et apprit son art à Jean Mentelin. Fust retourna à Paris en 1466, comme on le voit par la note écrite sur un exemplaire *des Offices de Cicéron* dont il fit présent à Louis de Lavernade, écuyer, chancelier du duc de Bourbon et d'Auvergne. Cet exemplaire se trouve à la bibliothèque de Genève. On y lit, écrit de la main de Lavernade, en parlant du livre.... *Quem dedit Michi Joa. Fust supra dictus Parisiis in mense julii, anno Dommini M. CCCC. LXVI. Me tune existente Parisiis pro generali reformatione totius francorum regni* (1). On croit que Fust mourut à Paris de la peste, qui, en août et septembre de 1466, enleva 40,000 ames. En 1470 parut une édition des *Epîtres de saint Jerôme*, sortant des presses de Schoeffer.

La prise de la ville de Mayence, arrivée en octobre 1462, par Adolphe, comte de Nassau, endommagea l'atelier de l'imprimerie de Fust et Schoeffer, où l'on venait d'achever l'impression de la Bible qui porte la date de cette année. La plupart des ouvriers et des coopérateurs de Fust et Schoeffer se dispersèrent (2) de tout côté. Conrad *Sweynheim*, Arnold *Pannartz* et Ulric *Han*, de Vienne en Autriche, appelé en latin *Ulricus Gallus* (Lecoq), passèrent les premiers, en 1465, en Italie, au commencement du pontificat de Paul II. Ils établirent d'abord leurs presses dans le monastère de Sublac, dans la campagne de Rome; ils y formèrent des élèves, et imprimèrent le *Donat*, sans date; les *Œuvres de Lactance*, en caractères romains, sous la date du 30 octobre 1465, et la *Cité de Dieu*, le 12 juin 1467. Ils s'établirent à Rome en 1467, et publièrent cette année les *Epîtres de Cicéron*. Ulric Han, que le car-

---

(1) Ce Lavernade était de la *ligue du bien public*, formée par les princes mécontens contre Louis XI.

(2) L'imprimerie était déjà connue à Bamberg, si l'on en juge par le livre dont le cit. Camus a donné la description, et dont je donne une notice dans le cours de l'article LIVRE (*voyez ce mot*). Le cit. Camus parle aussi d'un *Recueil de fables* imprimé en allemand, à Bamberg, dont la souscription porte en six rimes allemandes ainsi traduites : *A Bamberg ce livret fut fini, après la nativité de J. C., quand on comptait mille quatre cents ans et soixante, cela est vrai, au jour de S. Valentin. Dieu nous garde de ses peines ! Amen.* Les bibliographes ne sont point d'accord sur cet ouvrage; cette date est-elle celle de la copie, ou de l'impression, et l'impression est-elle en planches de bois ou en caractères mobiles? Voyez à ce sujet Saubert, Schwarz, Mécrman, Heineck et Denis.

dinal Turrecremata avait fait venir de Sublac à Rome, avant Sweinheym et Pannartz, imprima en 1467 les *Méditations* de ce cardinal, et en 1470 ses *Commentaires* sur le *Psautier*. Il eut pour disciple Simon Nicolas de Lucques, qu'il associa à ses entreprises. Georges Laver établit ses presses à Rome vers 1469. Il avait pour correcteurs *Pomponœ Laetus*, *Platina* et d'autres gens de lettres. Adam *Rot* (1) exerça l'art de l'imprimerie à Rome depuis 1471 à 1475. Outre les imprimeurs que nous venons de nommer, il y en avait bien encore une vingtaine dans cette ville, et tous cherchaient, par une noble émulation, à se surpasser les uns et les autres. Aussi voit-on Sweynheim et Pannartz prier Sixte IV de les secourir, n'ayant pas le débit des nombreux ouvrages qu'ils avaient publiés à grands frais (2). *Mentel* et *Eggesteyn* s'établirent à Strasbourg vers 1466. *Olric* ou *Ulric Zel* porta le premier l'art typographique à Cologne, où il donna, en 1467, le *de Vitâ Christianâ* et le *de Singularitate Clericorum*, in-4, deux petits traités de saint Augustin. Les autres imprimeurs qui vinrent à Cologne dans le principe, sont Pierre *de Olpe* en 1470 ; Jean *Koelhoff* et Conrad *Winters*, la même année ; Arnold *Therhoernen* en 1471 ; Jean *Veldener* dans le même temps ; Nicolas *Gotz* en 1474 ; Jean *Landen* en 1477 ; Henri *Quentel* en 1479, etc., etc. Jean de Spire imprimait à Venise en 1469 les *livres de Pline le naturaliste*, in-fol. à longues lignes de 750 pages, achevés en trois mois. Cette édition est magnifique. La même année, il donna les *Epîtres de Cicéron*, petit in-fol. ;

---

(1) Il était clerc du diocèse de Metz. On croit que c'est lui qui introduisit dans l'imprimerie l'usage des diphtongues.

(2) Dans l'espace de sept ans ils avaient imprimé douze mille quatre cent soixante et quinze volumes de différens auteurs, tels que Lactance, Ciceron, saint Augustin, saint Jerôme, Apulée, Aulugelle, César, Platon, Virgile, Tite-Live, Strabon, Lucain, Pline, Suétone, Quintilien, etc.

et en 1470, il publia, avec son frère Vindelin de Spire, une nouvelle édition de la *Cité de Dieu*. Nicolas *Jenson*, français d'origine, donna à Venise, en 1470, les *Epîtres de Cicéron* d'après l'édition de *Jean* de Spire, et en 1471, le *Decor puellarum*, que l'on attribue à dom Jean-de-Dieu, chartreux, son ami. *Aldus Pius Manutius*, chef de la famille des *Manuces*, imprima à Venise, en 1476, le *Doctrinale puerorum*, ouvrage de grammaire, que l'on croit d'Alexandre de Villedieu, franciscain du 13e siècle. Erard *Ratdolt*, Bernard *Pictor*, Pierre *Loslein*, s'associèrent pour imprimer l'*Histoire d'Appien d'Alexandrie*. Cette édition est très-belle. Il parut à Naples quelques ouvrages pieux des presses de *Rufinger* en 1471. A Milan, Philippe *Lavagna* mit au jour un *Suétone* en 1475. Jean *de la Pierre*, prieur de la maison de Sorbonne, fit venir de Mayence à Paris, en 1469, trois ouvriers imprimeurs; savoir, Martin *Crantz*, Ulric *Gering* et Michel *Friburger*. Ils donnèrent successivement les *Epîtres de Gasparini* de Pergame, littérateur distingué, qui florissait au commencement du 15 siècle; les *Epîtres cyniques* de Cratès le philosophe; les six livres des *Elégances de la langue latine* de Laurent *Valla*; les *Institutions oratoires* de *Quintilien*; le *Speculum vitæ humanæ* de Rodrigue de Zamora, etc., etc. L'art typographique s'établit promptement dans les principales villes d'Italie, telles que Bologne, Milan, Mantoue, Florence, Vicence, Parme, Padoue, Sienne, Udine, etc.; puis en Espagne, à Tolède, à Séville, à Barcelonne, à Pampélune, à Grenade, à Madrid; en Angleterre, à Londres, à Oxford, à Westminster (1), etc., etc. Nous ne nous étendrons pas davantage sur l'histoire de l'origine de l'impri-

---

(1) C'est à peu près en 1728 qu'une imprimerie turque a été établie à Constantinople par Ibrahim-Effendi, originaire polonais. Le premier livre qui sortit de cette imprimerie fut un traité de l'art militaire,

merie. On voit, d'après ce que nous avons dit, qu'Harlem n'a produit aucun titre en sa faveur ; que Strasbourg n'a rien de certain, mais que Mayence a une foule de monumens incontestables, et une grande quantité de témoins irrécusables. On voit aussi que Guttemberg et Fust ne sont pas tout à fait les véritables inventeurs de la *typographie*; mais que c'est Pierre Schoeffer. Nous allons donner un précis des parties essentielles et constitutives de cet *art merveilleux*, ainsi que nous l'avons annoncé au commencement de cet article.

I.° GRAVURE OU TAILLE DES POINÇONS. On nomme poinçon une tige d'acier sur laquelle le graveur a taillé en relief la figure d'une lettre, mais à rebours. Le principal mérite d'un graveur est de donner à ses caractères la figure

---

dont le comte de Bonneval fournit les matériaux à Ibraim - Effendi : c'était, dit-on, en 1729. Parut aussi en turc, en 1730, l'expédition contre les Aguans. Cette imprimerie nous a enrichi d'une bonne histoire ottomane en turc, d'une grammaire turque expliquée en français, et d'autres ouvrages utiles ou curieux. On a dit *imprimerie turque* parce qu'il existait antérieurement d'autres imprimeries à Constantinople, puisque nous avons des livres hébreux imprimés dans cette ville longtemps avant 1728. L'imprimerie turque n'a pas subsisté long-temps, parce qu'elle nuisait au commerce de la librairie manuscrite; on a prétendu que l'on viendrait à imprimer l'Alcoran, qu'il s'y glisserait des fautes, et on tirait de là des conséquences à l'infini. On allégua aussi dans le divan qu'il serait inouï de voir imprimé le nom de Dieu avec une encre dans laquelle il entre du fiel de bœuf; enfin cette imprimerie n'a guère duré qu'environ 20 à 25 ans.

Je lis, dans le Magasin encyclopédique du 21 germinal an 10, que, « Dans l'imprimerie turque qui a existé à Constantinople depuis les deux dernières années, sous la protection du sultan Selim, on imprime maintenant un *Dictionnaire des langues turque, grecque, latine, française et persanne*, 3 vol. *in-fol.*, dont une centaine de feuilles sont déjà imprimées. Il y a en outre, dans cette ville, deux imprimeries grecques, sous l'inspection du patriarche Neophylus ; mais on n'y imprime que des livres d'église.

la plus parfaite, en observant scrupuleusement les dimensions qu'ils doivent avoir. Il les taille en relief sur l'acier pour les frapper en creux sur le cuivre, afin d'en former des matrices qui perpétuent les lettres à l'infini par la fonte. On conforme le poinçon au calibre qui détermine la grandeur des lettres, leur épaisseur, leur forme, leurs traits. Ce calibre est un petit morceau de laiton, de tôle ou de fer-blanc carré de l'épaisseur d'une carte, sur lequel on marque la hauteur que doit avoir la lettre, à l'aide de l'équerre, du compas et de la pointe d'acier. Ce calibre se divise en sept parties égales. L'œil, la grace de l'imprimé dépendent de l'exactitude de cette division et de la taille des lettres, par la juste proportion que cela donne au corps entier du caractère et des lettres grandes et petites. L'*m* est dans sa hauteur la mesure et la règle de toutes les autres lettres. Il faut que le graveur saisisse bien l'esprit et le goût du caractère qu'il doit produire, afin d'y conformer, avec intelligence, la taille de son calibre. Les matrices sont des petits morceaux de cuivre rouge, de 15 à 18 lignes de long sur trois environ d'épaisseur, et dont la largeur est relative à celle des lettres, des ornemens, vignettes, etc. que l'on veut former. La lettre, frappée en creux dans la matrice, s'y voit dans son sens naturel. Il faut environ 154 matrices pour une seule sorte de caractère qui comprend les grandes et les petites capitales, les doubles lettres, les lettres de bas de casse, la ponctuation, les accens, les chiffres, les notes, les guillemets, les parenthèses, etc., etc.

II.º Fonte des caractères. Les matrices étant bien frappées, on les adapte à un moule pour rendre leur figure sur le métal; et ces matrices étant bien justifiées et le moule préparé dans toute la perfection qui convient, il ne s'agit plus que de multiplier les lettres par la fonte, et de leur donner, par les autres opérations, le degré de proportion et et de justesse qui leur est propre. Le métal dont sont composés les caractères, était, dans le principe, un assemblage de plomb, d'étain, de cuivre cru appelé potin, et quelquefois de fer : ces dernières parties étaient fondues séparément du plomb, avec de l'antimoine, puis mêlées ensemble. Comme ce métal était imparfait, on l'a perfectionné et simplifié en le composant seulement de plomb et de régule d'antimoine (1). Le moule est composé de cent cinquante petites pièces de fer, à peu près. Il a deux parties, le dessous qui contient la matrice, et le dessus qui sert d'entonnoir. Ces deux parties, qui s'emboîtent l'une dans l'autre à chaque lettre que l'on fond, s'ouvrent et se ferment à volonté. Lorsque le moule est fermé, la partie de dessus forme une espèce d'entonnoir carré large par en haut et se réduisant, par l'autre bout, à la largeur du tiers du corps de la lettre. C'est par-là que l'on introduit le métal liquéfié dans toute la longueur du moule. Dès qu'on a fondu un certain nombre de lettres, on travaille à les rendre égales entre elles en longueur et en épaisseur : on les polit sur les côtés ; ensuite on les met dans le justificateur pour les raboter par le pied ; on les retourne pour dégager l'œil du caractère avec un autre rabot ; puis on les met dans un composteur d'apprêt, et on les rend égales entre elles, en les grattant sur le corps avec un couteau. C'est ce que l'on appelle *justification de corps*. *La fonderie* est donc un fonds de matrices, de moules,

---

(1) L'antimoine, dégagé de ses parties terrestres, sulfureuses et salines, et réduit à ses seules parties brillantes, dures ou métalliques, est ce qu'on appelle le *régule* : la dose qu'il en faut pour renforcer le plomb est de 15, 20 ou 25 pour 100, selon la qualité de la matière que l'on veut faire. On la distingue en matière faible, matière moyenne et matière forte : cette dernière est plus propre aux caractères de nompareille, et de mignone ou petit-texte. Le vieux plomb est préférable au neuf, parce qu'il est plus purifié et plus dur. FOURNIER. *Man. typ.*, tom. I.

de poinçons et d'ustensiles propres à la fabrique et à la proportion des caractères. Fournier prétend qu'une fonderie complette doit avoir au moins vingt mille matrices, y compris celles des caractères orientaux, des notes de musique, etc., qu'il évalue à huit mille. Il y a, dit-il, vingt sortes de caractères appelés corps, dans l'imprimerie ordinaire. Chaque caractère a son italique, cela fait donc quarante frappes ; ensuite chaque caractère peut être ou petit œil, ou œil ordinaire, ou œil moyen, ou gros œil ; cela fait autant de répétitions de frappes qui peuvent doubler ce nombre quarante ; ainsi, 80 frappes multipliées par 150 matrices forment 12,000, qui, joints aux matrices des caractères orientaux, font les 20,000. Mais quelle est la fonderie qui pourrait être aussi complette ?

III.° IMPRESSION. Cette partie de l'*art typographique* consiste à réunir des caractères, à en former des pages, à les mettre sous la presse, à les enduire d'encre et à leur faire communiquer leur empreinte au papier blanc. Pour connaître ces procédés, il faut savoir ce que l'on entend par *distribution* de caractères, *composition*, *imposition* et *correction* (pour l'ouvrier compositeur), et *préparation du papier*, *préparation*, *distribution de l'encre* et *tirage* (pour l'ouvrier de presse). Essayons un mot sur chacune de ces opérations. La *distribution* consiste à mettre chaque lettre et chaque signe de ponctuation dans le cassetin qui lui est destiné. Les cassetins sont des petits compartimens de différentes grandeurs que l'on voit dans les casses. Le haut de casse est pour les grandes et les petites capitales, selon leur ordre alphabétique, et, au dessous des unes et des autres, on place les lettres accentuées, quelques lettres liées et quelques signes, comme paragraphes, parenthèses, etc. Le bas de casse sert à placer les lettres minuscules qui sont employées pour le discours ordinaire : elles ne sont pas par ordre alphabétique, mais dans un ordre plus convenable à la commodité de l'ouvrier, qui trouve toujours sous sa main les lettres le plus souvent employées, telles que les voyelles. On met aussi dans le bas de casse les chiffres, les signes de ponctuation, les traits d'union, etc. Le premier devoir de l'ouvrier compositeur est de bien connaître sa casse, pour distribuer et lever la lettre avec beaucoup d'habileté. La *composition* consiste à prendre la lettre dans les cassetins, et à la placer dans le composteur, que le compositeur tient de la main gauche. Ce composteur est une lame de fer ou de cuivre coudée en équerre dans toute sa longueur, et terminée d'un bout par un talon fixe : un semblable talon est attaché à une coulisse qui s'avance ou se recule sur cette lame suivant la justification, c'est-à-dire, suivant la longueur qu'on veut donner aux lignes. C'est entre ces deux talons que le compositeur place les lettres qu'il lève des cassetins les unes après les autres, en les prenant par la tête, et fixant la vue sur le cran qui lui indique le sens de la lettre. Il forme des lignes, les espacie à mesure qu'il les forme, puis les porte dans la galée, qui est une planche en carré long, garnie sur les bords pour empêcher que les lettres ne tombent, et dont le fond est ordinairement mobile et va à coulisse. Quand il y a suffisamment de lignes pour former une page, le compositeur la lie en l'entourant d'une ficelle. Il continue ainsi à composer jusqu'à ce qu'il ait suffisamment de pages pour compléter une feuille, c'est-à-dire, 4 pour l'in-folio, 8 pour l'in-4, 16 pour l'in-8, 24 pour l'in-12, etc. (*voyez* FORMAT). L'imposition consiste à placer les pages dans l'ordre qui leur convient, et à les entourer de différentes pièces de bois qui forment les marges de ces pages, étant plus basses que les caractères; ces pièces de bois se nomment garniture; ce sont les biseaux, les coins, etc. L'*imposition* se fait en deux formes, c'est-à-dire, que si la feuille est in-8, on met huit pages dans une forme, que contient un chassis de fer partagé en deux par une barre, et qui reçoit quatre pages de chaque côté de cette barre. Lorsque la forme est serrée par la garniture, l'ouvrier la soulève un peu à diverses reprises, pour examiner si quelques caractères ne tombent pas ; ensuite il la lève perpendiculairement sur le marbre, et, dans cette situation, il la porte à la presse pour en tirer une première épreuve. Le prote est ordinairement chargé de la *correction*; il marque en marge les fautes qu'il a remarquées dans la première épreuve, puis il la remet corrigée au compositeur, qui reprend les deux formes, les couche sur le marbre horisontalement, desserre les coins pour rendre aux lettres leur mobilité, puis, avec la pointe, enlève les lettres fautives pour leur substituer celles qui conviennent, les justifie et fait tous les changemens indiqués par le correcteur, et même remanie les pages, s'il y a lieu. Ensuite on procède à la seconde correction ; quelquefois on va jusqu'à la tierce. Les formes étant bien corrigées, on les reporte à la presse pour les tirer. L'ouvrier de presse *prépare* le *papier* en l'humectant à l'avance, ni trop ni trop peu, mais de manière qu'il soit assez souple pour prendre exactement les contours du relief des lettres, et enlever l'encre dont leur superficie est enduite à l'aide de deux balles. L'*encre* d'imprimerie, comme nous l'avons dit ailleurs, est composée d'huile de lin, réduite par la cuisson en une sorte de pâte ou vernis mêlé de noir de fumée. Elle doit être plus ou moins épaisse, selon la qualité du papier ou la nature du travail. Il faut qu'elle ait assez de consistance pour ne point boucher l'œil de la lettre. On se sert de deux balles pour distribuer cette encre sur les caractères : l'ouvrier a soin d'agiter ces balles l'une sur l'autre en sens contraire, pour que l'encre s'y répande également. On appelle *tirage* l'action par laquelle, au moyen de la presse, on reçoit sur le papier la figure des caractères serrés dans les formes. La presse est composée de trois parties principales. 1.° Le corps de la presse (1) composé de deux jumelles et de deux sommiers, entre lesquelles se fait le foulage. 2.º La vis et ses dépendances qui occasionnent le foulage; dans cette partie sont compris l'arbre de la vis, le barreau qui fait tourner la vis, la boîte qui embrasse exactement l'arbre et qui a un jeu perpendiculaire; enfin, la platine dont la superficie est plane, et qui est attachée à la boîte. 3.º Le train qui reçoit le foulage; il est dans le berceau, espèce de châssis de menuiserie. Vers le milieu est le rouleau ou cylindre qui fait glisser le train sur les bandes du berceau. Le train est composé de la table, qui a un mouvement en avant et en arrière, communiqué par la corde du rouleau, et du coffre qui est attaché sur la table qui lui

___

(1) On a fait déjà plusieurs tentatives pour perfectionner la presse, en en changeant le mécanisme, soit en tout, soit en partie. En 1782 M. Prudon, mécanicien, fit établir chez M. Didot une presse qui ne différait des autres que par la solidité de sa construction et par la vis. En 1786 M. Anisson fils, directeur de l'imprimerie du Louvre, fit construire une presse qui, soumise au jugement de l'académie des sciences, reçut une approbation distinguée. La description en existe in-4, avec planches. Dans la même année M. Genard a donné l'idée d'une nouvelle presse dont il voulait rendre la manœuvre moins pénible, en substituant au mouvement de traction un mouvement de pression, du haut en bas. En 1784 M. Pierres, dont nous parlons ailleurs, présenta au roi le modèle d'une nouvelle presse; Louis XVI saisit le jeu de cette ingénieuse mécanique, imprima lui-même quelques feuilles, et fit exécuter la presse en grand par l'auteur. En 1786 M. Hany imagina une nouvelle presse pour l'imprimerie des aveugles-nés: à l'aide de cette presse ils peuvent imprimer, sans couleur à la vérité, mais avec relief. On doit regarder comme une fable la découverte d'une nouvelle presse d'un américain nommé Kinsley: au moyen de cette machine l'encre est portée sur la forme, et le papier étendu avec une si grande promptitude qu'un seul ouvrier suffit pour l'impression de 2000 feuilles par heure, tandis qu'une presse ordinaire, avec deux bons ouvriers, fournit à peine 250 feuilles par heure; cette presse américaine imprimerait donc deux feuilles par coup.

sert de fond ; son vide est rempli par le marbre ou pierre très-unie sur laquelle on pose la forme à imprimer. Les tympans et la frisquette sont les deux autres parties du train. C'est entre les deux tympans que l'on place les blanchets, qui sont deux morceaux d'étoffe de laine pliés en double, pour empêcher que la platine n'écrase les caractères et ne perce le papier. Les pointures sont deux pointes de fer qui se trouvent de chaque côté du grand tympan. Ces deux pointures, au moyen de leur ardillon, font chacune un petit trou vers le bord latéral de la feuille de papier blanc, lorsqu'on l'étend sur le tympan pour être imprimé d'un côté. Quand on met cette feuille en retiration, c'est-à-dire, lorsqu'on l'imprime de l'autre côté, on fait passer les ardillons dans les trous précédemment faits, afin que les pages se rencontrent l'une sur l'autre, ligne sur ligne ; c'est ce qu'on appelle être en registre. La frisquette est un châssis de fer à bandes plates, de la largeur et à peu près de la longueur du tympan. On étend sur ce châssis deux ou trois feuilles de papier ou du parchemin collé sur ses bords, et que l'on découpe à l'endroit où doivent se rencontrer les pages ; de manière que la frisquette, ne laissant à découvert que ce qui doit être imprimé, garantisse le reste de la feuille de papier, et l'empêche de se noircir sur la forme enduite d'encre. Pour le service d'une presse, il faut deux ouvriers ; l'un broie l'encre, la distribue également, touche la forme avec les balles, et ne prend de l'encre que de trois en quatre feuilles pour suivre le même ton de couleur ; l'autre pose la feuille sur le tympan, la conduit, avec la forme, sous la platine, la tire et la pose sur un banc près de lui. Les deux ouvriers doivent avoir soin de jeter souvent un coup d'œil sur les feuilles tirées, pour voir si le ton de couleur est le même, si les lettres ne se remplissent pas, si le foulage est uniforme, si l'empreinte est d'un relief égal, etc., etc. Deux ouvriers à la presse peuvent imprimer deux mille feuilles par jour (1). Nous terminons ici cet apperçu rapide des procédés de l'imprimerie, qui est extrait du *Manuel typographique* de Fournier le jeune ; nous croyons qu'il suffit pour en donner une idée.

VALADE (Jacques-François), de Toulouse. Il fut libraire et imprimeur à Paris dans le 18ᵉ siècle. Il connaissait très-bien son art, et la bibliographie ne lui était point étrangère. On lui doit le *Catalogue de la Bibliothèque de Hue de Miromenil*, garde des sceaux, Paris, 1781, in-4, et le *Catalogue de celle du lieutenant général de police*, 1782, in-4. Il prenait le titre de libraire du roi de Suède, qui l'a gratifié d'une médaille d'or représentant la liberté, et frappée à l'occasion de la révolution arrivée en 1772 (2). *Valade* mourut le 24 juin 1784, laissant une veuve et un fils qui ont continué à tenir son imprimerie.

———————————————————————

(1) Que l'on compare cette promptitude à multiplier les copies, au temps qu'employaient les copistes avant le 15ᵉ siècle. Il y avait dans la bibliothèque des célestins de Paris un bel exemplaire des Canons de Gratien, manuscrit : celui qui l'a écrit marque qu'il a été 21 mois à le faire. Sur ce pied, il faudrait 1750 ans à trois hommes pour faire 3000 exemplaires, qui, au moyen de l'imprimerie, peuvent être achevés par le même nombre d'hommes en moins d'un an. C'est ce qu'exprime le vers suivant mis au bas des éditions d'Udalricus Gallus, de 1470, par Jean-Ant. Campanus :

Imprimit ille die, quantum non scribitur anno.

(2) Cette révolution, faite par Gustave III le 19 août 1772, rendit au trône toute son autorité, en rétablissant la forme de gouvernement observée depuis Gustave Apolphe jusqu'à Charles XI. Le despotisme du fameux Charles XII avait forcé les suédois à conférer, en 1720, presque toute l'autorité au sénat. Les sénateurs, au nombre de seize, pouvaient tout sans le roi, et le roi ne pouvait rien sans eux : l'autorité royale était avilie ; Gustave III rentra dans tous ses droits par la révolution en question ; mais en mars 1792, il fut assassiné par Ankerstroom.

VAN-PRAET (Joseph). Savant bibliographe et un des conservateurs de la bibliothèque nationale. Il a publié des *Recherches sur la vie, les écrits et éditions de Colard Mansion* (1); *une notice d'un manuscrit de la bibliothèque nationale*, intitulé : *Tournois de Gruthule*; — *une lettre sur les Chansons de Henri III, et Jean II, duc de Brabant.* On lui doit encore la description des manuscrits de la bibliothèque de la Vallière.

VARIORUM (*cum notis*). Expression latine consacrée à certaines éditions recherchées, et par laquelle on désigne une collection d'auteurs anciens et modernes latins, avec les notes d'un grand nombre de commentateurs. Cette collection, pour laquelle on a adopté le format in-8, est volumineuse : elle a été exécutée dans le cours des 17e et 18e siècles. Elle monte à 397 volumes au moins : il est très-rare de la trouver complette. Elle a été vendue, en 1780, chez M. Mel de Saint-Ceran, avec ce nombre de volumes bien conditionnés, 3000 liv. Nous aurions desiré donner au moins la nomenclature des auteurs et des commentateurs qui composent les *variorum*; mais cela nous entrainerait trop loin. Nous renvoyons donc au *Catalogue de M. de Saint-Ceran*, pag. 270, à la *Bibliographie de Debure*, pag. 680 du tome 7, au *Dictionnaire d'Osmont*, pag. 411 du tome 2 (2), etc. Osmont ne rapporte que 141 volumes

---

(1) Colard Mansion, imprimeur et écrivain du 15e siècle, était, dit-on, de Bruges : on a de lui les *Métamorphoses d'Ovide moralisées, trad. en français par Mansion, du latin de Thomas Waleys, jacobin, et imprimées par lui.* 1484, in-fol. — La *Pénitence d'Adam*, trad. du latin, manuscrit à la bibliothèque nationale, n. 7864. — On lui attribue encore la traduction de la *Consolation de Boèce*, imprimée en 1474, et du *Dialogue des créatures*. Lyon 1483 (*voyez* son ARTICLE).

(1) Et à la bibliothèque portative des classiques grecs et latins d'Arvood (en italien). Il y donne une collection des classiques, *cum notis Variorum*,

de *variorum* ; il dit en tête de sa table : « Les éditions don-
« nées par Grævius sont plus estimées, parce qu'il a ra-
« massé quantité de commentateurs qu'il a donné tout en-
« tiers, et non par fragmens, comme a fait Schrevelius,
« qui s'en acquittait sans goût et sans discernement, lais-
« sant souvent le meilleur pour prendre le pire. »

VASCOSAN (Michel). Imprimeur à Paris dans le 16e siècle. Il a rendu son nom célèbre par ses talens distingués dans l'art typographique. Gendre de Badius (1), il devint allié de Robert Etienne, qui avait aussi épousé une fille de ce célèbre imprimeur. Il fut imprimeur du roi, ainsi que Morel, son gendre. Il possédait très-bien la langue latine, et la parlait avec facilité. Ce qui a principalement donné une grande réputation à ses éditions, c'est la bonté du papier, la largeur des marges, l'exactitude de l'impression, la sévérité de la correction, et surtout le choix des bons ouvrages. Parmi les nombreux ouvrages sortis de ses presses, on estime surtout les *Vies des hommes illustres* et les *Œuvres morales de Plutarque*, traduites par Amyot, 1567, 13 vol. in-8 (2) ; *Diodore de Sicile*, 1530 ; *Quintiliani opera*, 1542, in-fol., édition recherchée ; les *ouvrages de Cicéron* imprimés par partie ; in-4, etc., etc. *Vascosan* eut pour associés, Pierre Gaudoul, Jean Petit, Jean Louis Tiletain,

---

de format in-4, consistant en 147 volumes, non compris les réimpressions ou, pour mieux dire, les différentes éditions d'Elien, de Cicéron, d'Homère, de Longin, de Lucain, de Phèdre, de Porphyre, de Properce, de Suétone, de Théocrite, de Tibulle et de Virgile.

(1) Il épousa en secondes nôces Robine Coing, dont il eut deux enfans, Pierre et Michel *Vascosan*.

(2) Les *Oeuvres morales* ont été imprimées en 1574, 7 vol. in-8. Les six premiers, pour les *Vies*, ont été imprimés en 1567 ; on y a ajouté un septième volume, traduit de différens auteurs par Allègre, et impr. la même année par *Vascosan*.

Robert Etienne, et Jean Roigny, ses beaux-frères; Galiot Dupré, Simon de Colines, Oudin Petit, Gilles Corrozet, Mathurin Dupuis, Poncet, Olivier de Narsy, et Fréderic Morel, son gendre. Il mourut en 1576, à peu près; et si son nom se trouve à la tête de quelques livres postérieurement à cette année, ce n'est pas lui, mais son fils qui les a imprimés.

VATEL (Jean). Ce savant imprimait à Paris en 1514. On a de lui des critiques, des commentaires et des éditions.

VAUCELLES (Macé ou Mathieu DE). Imprimeur au Mans en 1539. Il cultiva la poésie.

VEDAM (1). C'est un livre indien pour lequel les brames, et en général les nations de l'Indostan, ont une vénération d'autant plus grande, qu'ils croient que Brama, leur législateur, l'a reçu des mains de Dieu même. Il est écrit en langue sans-krette. On le divise en quatre parties; savoir, 1.° *rogo-vedam* ou *roukou-vedam*, ou *ouroukou-vedam*, qui traite de la première cause, de la matière première, des anges, de l'ame, des récompenses et des peines; de la génération des créatures, de leur corruption, du péché, de sa rémission, etc.; 2.° *jadara-vedam* ou *issoure-vedam*, qui traite du gouvernement et du pouvoir des souverains; 3.° *sama-vedam*, qui est une morale pour exciter à pratiquer les vertus, à fuir les vices et à haïr les méchans; 4.° et *addera-vedam* ou *brama-vedam*, ou *addaravena-vedam*, ou *latharvana-vedam*, qui a pour objet le culte extérieur, les sacrifices, les cérémonies qui doivent s'observer dans les temples, les fêtes qu'il faut célébrer, etc. Cette dernière partie est perdue depuis long-temps, et les

---

(1) Le mot *védam* signifie *science*.

brames attribuent à cette perte la diminution de leurs honneurs et de leur pouvoir. Le *Vedam* est, dans l'Indostan, d'une autorité irréfragable, et on doit se soumettre dès qu'on allègue cette autorité ; mais, comme on disputait souvent sur la manière de l'interpréter, on en a fixé le sens par les *jastra* ou déclarations. Le *Vedam* accorde cinq priviléges aux bramines : le premier est de pouvoir célébrer le *jagam*, fête accompagnée d'un sacrifice ; le second est de pouvoir enseigner aux *settreas* à célébrer cette fête, de laquelle sont exclus les *veinsjas*, et à plus forte raison les *soudras* (1) ; le troisième privilége est la permission de lire le *Vedam* ; le quatrième, de pouvoir l'enseigner à d'autres bramines et aux settreas, qui, l'ayant appris, peuvent le lire, mais non l'enseigner aux autres ; enfin, le cinquième est de pouvoir demander l'aumône, privilège exclusif ; car, si on la fait à d'autres qu'à eux, la bonne œuvre n'est nullement méritoire. Le respect que les bramines ont pour le *Vedam* les empêche d'en communiquer aucune copie ; cependant les jésuites missionnaires en ont obtenu une par l'intermédiaire d'un bramine converti ; et cette copie est à la bibliothèque nationale : elle y a été déposée par dom Calmet en 1733.

VELDENER ou VELDENAR (Jean). Ce savant, à qui l'on doit plusieurs traductions, imprima à Louvain en 1476, à Utrecth en 1480, et à Culembourg en 1483.

---

(1) La nation brachmane est partagée en quatre castes ou familles, qui sont les *bramines*, les *settreas* ou kuteris, les *veinsjas* ou shudderis, et les *soudras* ou vises. Les *bramines* sont au-dessus de toutes ces castes ; les *settreas* forment la classe de la noblesse : ils doivent défendre le pays ; le gouvernement civil est entre leurs mains ; les *veinsjas* sont la caste commerçante de l'Indostan, et les *soudras* comprennent le commun peuple ou les artisans. On pourrait ajouter à ces castes celle des *parias*, regardés comme le rebut de la nation qui ne daigne pas seulement les compter pour une caste : ils sont avilis au dernier point.

VÉLIN. Il est fabriqué de la peau d'un veau mort-né ou d'un veau de lait. Le plus beau et le plus recherché est celui qui provient d'un veau mort-né (1). Le *vélin* se prépare comme le parchemin, mais il est plus fin, plus blanc et plus uni. (*Voyez* PARCHEMIN). En fait de diplomatique, le *vélin*, très-blanc et si fin que les feuilles se roulent et se recoquillent d'elles-mêmes à la seule chaleur de la main, présente un caractère d'antiquité très-certain. Depuis le 6e siècle jusqu'au 10e, on n'en voit pas de cette finesse, à moins que ces feuilles n'aient été tirées de manuscrits plus anciens pour en former de plus récents, ce qu'il est facile d'appercevoir. Les manuscrits et les livres imprimés sur *vélin*, surtout au 15e siècle, sont infiniment recherchés des curieux. Après le *vélin*, le papier dit *vélin* est la matière subjective la plus précieuse et la plus apparente pour l'impression. Ce papier se connaît facilement à sa beauté, à son poli, à sa blancheur et à sa force : on n'y voit ni vergeures ni pontuseaux ; je crois que le citoyen Etienne Montgolfier, mort depuis peu, célèbre par ses manufactures de papier à Annonay, et plus célèbre encore par ses découvertes aérostatiques en 1783, est le premier qui ait fabriqué en France du papier *vélin*. J'ai vu dernièrement sur un livre intitulé : *Choix d'Elégies de l'Arioste, traduit par le Tourneur*, Paris, de l'imprimerie de Philippe-Denis Pierres, 1785, petit in-8, papier *vélin* ; j'ai vu, dis-je, la note suivante écrite sur la couverture de cet ouvrage : *ce livre est le premier tiré sur papier* vélin *au nombre de soixante-dix exemplaires*. Si cette note est digne de foi, elle prouve que le papier *vélin* a été fabriqué en France vers 1785 : j'ignore d'où date son origine en Hollande.

---

(1) On éprouve la qualité du *vélin* en en mouillant une partie avec la langue ; si l'endroit mouillé sèche lentement, le *vélin* est bon ; si au contraire il sèche promptement, c'est qu'il boit, et alors il ne vaut rien.

VENTKLER (Michel). Imprimeur du 16ᵉ siècle. On connaît de lui sept éditions depuis 1477 jusqu'en 1486. La dernière qu'il publia, est *Gasparini Pergamensis epistolæ*, in-4. Le père Orlandi dit, dans son Catalogue, qu'elle ne porte ni date ni nom d'imprimeur; et Maittaire attribue cette même édition à Michel *Wentkler* et à Fréderic Biel. Maittaire, ou son imprimeur, ont commis une erreur en mettant *Parmensis* pour *Pergamensis*. Voyez les *Annales typographiques* de Maittaire.

VERARD (Antoine). Libraire et imprimeur de Paris sur la fin du 15ᵉ et au commencement du 16ᵉ siècle. Il a beaucoup imprimé, et surtout des romans : on en compte plus de cent sortis de ses presses, imprimés sur vélin et et ornés de belles miniatures.

VERDUSSEN (Jean-Baptiste). Ce bibliographe-historien était libraire et imprimeur à Anvers : il a beaucoup travaillé à l'histoire littéraire de sa patrie. Il imprimait à peu près au milieu du 18ᵉ siècle.

VIGNETTE. Nous ne parlerons point ici des *vignettes* qui servaient d'ornement aux livres avant qu'un goût sévère les eût proscrites ; on en connaît de mille espèces, et personne n'ignore à quel sujet, et comment on les employait (1) ; mais nous avons cru qu'il serait à propos de consacrer un article aux anciennes *vignettes* des imprimeurs qui, ayant

---

(1) Voyez le *Manuel typographyque* de Fournier, tome 1, pages 25, 72, 171, et tome 2, page 94 et suivantes, et le *Traité de l'imprimerie* de Bertrand Quinquet, page 271. En 1772 M. Luce, graveur, avait imaginé de graver, sur des poinçons et par pièces séparées, les vignettes et culs-de-lampe, de manière qu'on pût les composer et les tirer avec la lettre, comme les planches en bois.

négligé de mettre leur nom aux livres sortis de leurs presses, ne sont connus que par les marques, enseignes ou *vignettes* qu'ils plaçaient ou en tête ou à la fin de leurs ouvrages. Nous en allons donner la liste telle que nous l'avons prise dans les *Tablettes analytiques et méthodiques* de l'abbé Petity, qui les tient lui-même de Baillet.

L'*Abel* est le signe de Langelier, de Paris.

L'*Abraham*, de Pacard, de Paris.

L'*Aigle*, des Bellers, d'Anvers et de Douay ; de Blade, de Rome ; de Roville ou Rouille, de Lyon ; de Tharné ; de Velpius.

L'*Amitié*, de Guillaume Julien, de Paris.

L'*Ancre*, de Christophe Raphelenge ou Rafflenghein, de Leyde.

L'*Ancre entortillée et mordue d'un dauphin*, des Manuces, de Venise et de Rome ; de Chouet, de Genève ; de Pierre Aubert, de Genève.

L'*Ange gardien*, de Henaut, de Paris.

L'*Arbre verd*, de Richer, de Paris.

L'*Arion*, d'Oporin ou Herbst, de Basle ; de Brylinger, de Basle ; de Louis Leroy, de Basle ; de Chouet, de Genève ; de Pernet, de Basle.

L'*Arrosoir*, de Rigault, de Lyon.

Le *Basilic et les quatre Elémens*, de Rogny, de Paris.

Le *Bêcheur* ou *le Jardinier*, de Maire, de Leyde.

Le *Bellérophon*, de Perrier, de Paris.

Le *Berger*, de Bosc et de Colomien, de Toulouse.

La *Bonne foi*, des Billaines, de Paris.

Le *Caducée*, des Wechels, de Paris et de Francfort.

Le *Cavalier*, de Pierre Chevalier, de Paris.

Le *Cordon au soleil*, de Drouart, de Paris.

Le *Chêne verd*, de Nicolas Chesneau, de Paris.

Le *Cheval marin*, de Jean Gymnique, de Cologne.

Les *Cigognes*, sont le signe de Nivelle et de Cramoisy, de Paris.

La *Citadelle*, est le signe de Mounin, de Poitiers.

Le *Saint Claude*, d'Ambroise de Laporte, de Paris.

Le *Coq*, de Wigand Hanen Erben ou *Gallus*, de Francfort.

Le *Cœur*, de Huré, de Paris.

Les *deux Colombes*, de Jacques Quesnel, de Paris.

Le *Compas*, de Plantin, d'Anvers ; des Moret, d'Anvers ; de François de Raphelengien ou Rafflenghein, de Leyde ; de Beller, de Douay ; d'Adrien Perrier, de Paris ; de Soubron, de Lyon.

Le *Compas d'or*, de Claude et de Laurent Sonnius, de Paris.

Le *Corbeau*, de Georges Rabb ou Corvin, de Francfort.

La *Couronne*, de Materne Cholin, de Cologne.

La *Couronne d'or*, de Mathurin Dupuis, de Paris.

La *Couronne de fleurons*, de Rousselet, de Lyon ; de Jacques Crespin, de Genève.

La *Crosse* d'Episcopius ou Bischop, de Basle.

Le *Cygne*, de Blancher.

L'*Eléphant*, de François Regnaut, de Paris.

L'*Enclume et le Marteau*, d'Henric Petri de Basle.

L'*Envie*, de Gazeau.

Les *Epics meûrs*, de Dubray, de Paris.

L'*Espérance*, de Gorbin, de Paris ; de Barthelemy de *Albertis*, de Venise.

L'*Etoile d'or*, de Benoît Prevost, de Paris.

La *Fleur de lys*, de Cardon et d'Anisson, de Lyon.

La *Fontaine*, de Vascosan, de Paris ; des Morels, de Paris.

La *Fortune*, de Ph. Borde et de Rigaud, de Lyon.

Le *Frélon*, des Frélons et Harsy, de Lyon.

La *Galère*, de Galiot Dupré, de Paris.

Les *Globes en balance*, de Jansson ou Blaew, d'Amsterdam.

Les *Grenouilles* ou *Crapauds*, de Froschover, de Zurich.

Le *Griffon*, des Griffes de Lyon ; d'Antoine Hiérat, de Cologne ; de Wyriot, de Strasbourg.

La *Grue* ou *Vigilance*, est le signe d'Episcopius, de Basle; de Jean Gymnique, de Cologne.

L'*Hercule*, de Vitré, de Paris; de Jean Maire, de Leyde.

L'*Hermathène* ou *Terme de Mercure et Pallas*, de Verdust, d'Anvers.

Le *Janus*, de Jean Jannon, de Sedan.

Le *Nom de Jésus*, de Pillehotte, de Lyon.

La *Lampe*, de Perne ou Pernèt, de Basle.

La *Licorne*, de Jean Gymnique, de Cologne; de Boullé, de Lyon; de Chappelet, de Paris; de Kerver, de Paris.

Le *Lion rampant*, d'Arry. Orry

Les *Lions et l'Horloge de sable*, d'Henric Petri, de Basle.

Le *Loup*, de Poncet-le-Preux, de Paris.

Le *Lys*, des Junte, de Florence, de Rome, de Venise et de Lyon, etc. Ils ont pris quelquefois l'aigle de Blade, de Rome.

Le *Lys blanc*, de Gilles Beys, de Paris.

Le *Lys d'or*, d'Ouen Petit, de Paris; de Guillaume Boulle, de Lyon.

Le *Mercure fixe*, de Blaise.

Le *Mercure arrêté*, de David Douceur, de Paris.

Le *Mûrier*; de Morel, de Paris.

Le *Navire*, de Millot.

Le *grand Navire*, de la société des libraires de Paris pour les impressions des pères de l'église.

Le *Naufrage*, de Duchêne.

L'*Occasion*, de Fouet, de Paris.

L'*Œil*, de Vincent, de Lyon.

L'*Olivier*, des Estienne, de Paris et de Genève; de Patisson, de Paris, qui est celui des Estienne; de Sébastien Chappelet, de Paris; de Gamonet, de Genève, qui est celui des Estienne; de Pierre l'Huillier, de Paris; des Elzevirs d'Amsterdam et de Leyde.

L'*Oranger* est le signe de Zanetti, de Rome et de Venise; de Tosi, de Rome.

L'*Orme entortillé d'un cep de vigne*, selon quelques-uns, des Elzevirs, d'Amsterdam et de Leyde.

L'*Oiseau entre deux serpens*, des Froben, de Basle.

La *Paix*, de Jean Heuqueville, de Paris.

La *Palme*, de Courbé, de Paris.

Le *Palmier*, de Bebelius; d'Isingrein; de Guarin de Basle.

Le *Parnasse*, de Ballard, de Paris.

Le *Pégase*, des Wechels, de Paris et Francfort; de Marnef ou Marnius et des Aubry, de Francfort et d'Hanaw; de Denis Duval, de Paris.

Le *Pélican*, de Girault, de Paris; de François Heger, de Leyde; des deux Marnef, de Poitiers.

Le *Persée*, de Bonhomme, de Lyon.

Le *Phénix*, de Michel Soly, de Paris; de Pierre Leffen, de Leyde.

Le *Pin*, de Lefranc; de P. Aubert, de Genève, d'Ausbourg.

La *Pique entortillée d'une branche et d'un serpent*, de Fréderic Morel, de Paris; de Jean Bienné, de Paris, et quelquefois de Robert Estienne.

Le *Pot cassé*, de Geoffroy Thory, de Paris.

La *Poule*, des Myles et des Birckmans, de Cologne, et de Meursius, d'Anvers.

La *Presse* ou *l'Imprimerie*, de Badius Ascensius, de Paris.

La *Renommée*, des Jansson, d'Amsterdam; de Hautin, de la Rochelle; des Sigismon Feyrabem, de Francfort.

La *Rose dans un cœur*, de Corrozet de Paris.

La *Ruche*, de Robert Fouët, de Paris.

Le *Sage*, de Sartorius, d'Ingolstad.

La *Salamandre*, de Zenaro, de Venise; de Pesnot, de Lyon; de Saint-Crespin, de Lyon; de Denis Moreau, de Paris; de Claude Senneton, de Lyon.

La *Samaritaine*, est le signe de Jacques Dupui, de Paris.
Le *Samson déchirant un lion*, de Caleu et de Quintel, de Cologne.
Le *Samson emportant les portes de Gaza*, de Scipion et et de Jean Gabiano ou Garvian, de Lyon, et de Hugues de Laporte, de Lyon.
Le *Saturne*, de Colinet ou de Colines, de Paris, et quelquefois d'Hervagius, de Basle.
Le *Sauvage*, de Buon, de Paris.
Le *Sauveur du monde*, de Caleu et de Quintel, de Cologne.
Le *Sceptre éclairé*, de Vincent, de Lyon.
La *Science*, de Lazare Zetzener, de Strasbourg.
Le *Serpent mosaïque*, de Martin le jeune, de Paris; d'Eustache Vignon, de Genève.
Le *Serpent entortillé autour d'une ancre*, du même Vignon.
Les *deux Serpens*, des deux Detournes, de Lyon et de Genève.
Le *Soleil*, de Brugiot; de Guillard, de Paris; de Vlaq, de la Haye; de Baza, de Venise.
La *Sphère*, des Blaew ou Jansson, d'Amsterdam; des Huguetans et Ravaud, de Lyon. Il s'est trouvé aussi diverses éditions de livres de Hollande dans ces dernières années marquées de la *Sphère* sans nom d'imprimeur.
Le *terme des trois Mercures*, d'Hervagius, de Basle.
La *Toison d'or*, de Camusat, de Paris.
Le *Travail*, de Jean Maire, de Leyde.
La *Trinité*, de Pillehotte, de Lyon; de Méturas, de Paris.
L'*Uberté* ou *Fécondité*, d'Hubert Goltius, de Bruges.
Le *Vase* ou *la Cruche penchée*, de Barthelemi Honorat, de Lyon
La *Vérité*, de Commelius, d'Heidelberg; de Saint-André, et de David, de Paris.
La *Vertu*, de Laurent Durand, de Paris.

Les *Vertus théologales*, sont le signe de Savreux, de Paris.

Le *Victorieux*, est le signe de Vincent, de Lyon.

La *Vigilance* ou *la Grue sur une crosse*, d'Episcopius, de Basle.

La *Vipère de saint Paul*, de Michel Sonnius, de Paris; de P. de la Rovière, de Genève, etc.

VILLE (Pierre DE). C'est l'un des trois imprimeurs de Lyon qui, vers 1734, faisaient un assez grand commerce de livres non contrefaits. Celui dont nous parlons ici était grammairien.

VINCENT (Jacques), du Mans. Imprimeur à Paris dans le 18ᵉ siècle. On lui doit de très-belles éditions qui lui assurent une place parmi les bons imprimeurs. Pendant le cours d'une longue vie, il a cultivé son art avec distinction; pour s'en convaincre on peut consulter les *Œuvres de S. Cyrille*, qu'il a publiées en grec et en latin, 1720, 1 vol. in-folio; l'*Histoire du Languedoc* (1), par dom Vaissette, commencée en 1730, 5 vol, in-folio; les *Œuvres d'Origène*, grec et latin, 1733, 4 vol. in-folio, le 4ᵉ vol. a été imprimé par Philippe *Vincent*, son fils; *Biblia Sacra*, 1748, 1 vol. in-8, ou 7 vol. in-24, jolie édition dans les deux formats, et remarquable surtout par la correction et par la netteté des caractères; le *Dictionnaire italien et français* d'Antonini, 1 vol. in-4; la *Grammaire latine* réduite en jeu de cartes ou de dez, par dom César-Joseph Montpié de Négré, religieux de la congrégation de Saint-Maur. Cet ouvrage, singulier par sa nature et d'une exécution typographique très-difficile, a été supérieurement imprimé par le fils Philippe *Vincent*, qui était encore très-jeune et

---

(1) J. *Vincent* était imprimeur des états de Languedoc.

qui y a seul travaillé. Jacques *Vincent* est mort en 1760, laissant deux fils, celui dont nous venons de parler, et un autre nommé Jacques-Claude *Vincent*, mort en 1777, bibliothécaire de l'abbaye de Saint-Remy de Rheims.

VITRÉ (Antoine). Imprimeur à Paris dans le 17e siècle. Si ce célèbre typographe eût eu autant d'érudition que Robert Etienne, il l'aurait surpassé dans son art, car ses caractères sont supérieurs à ceux des Etiennes par l'œil, qui est riant, neuf et majestueux tout ensemble; mais à peine *Vitré* pouvait-il traduire les auteurs les plus faciles. Il est connu par un grand nombre de belles éditions, mais plus encore par la fameuse *Polyglotte* de Lejay, en 10 vol. in-folio dont l'impression dura dix-sept ans, de 1628 à 1645. On fait un juste reproche à *Vitré*, d'avoir fondu les superbes caractères qui ont servi à l'impression de ce beau monument typographique, crainte que l'on imprimât de pareils ouvrages après lui. On estime encore son *Corps de droit*, 1638, 2 vol. in-folio; et sa *Bible latine* in-folio, 1666, in-4, et 1652, 8 vol. in-12. On reproche à *Vitré* de n'avoir pas distingué la consonne de la voyelle dans les lettres J et V. Il fut comblé d'honneurs pendant sa vie. Le roi le nomma son imprimeur des langues orientales; le clergé de France le choisit pour imprimer ses actes; Colbert lui donna la direction de l'imprimerie royale et lui fit une pension, enfin il fut ancien consul, et directeur de l'hôpital général. Sa devise était un Hercule avec ces mots: *virtus non territa monstris*. Il mourut en 1674. On lui a attribué mal à propos une dissertation anonyme de Jacques Mentel, *De loco, tempore, auctore et inventione typographiæ*. Dans la polyglotte dont nous avons parlé, il orthographie son nom au frontispice *Vitray*, et à la fin *Vitré*.

VIVENAY (Nicolas). Libraire et imprimeur de Paris

au 17e siècle. Voici ce qu'en dit Guy Patin dans une de ses lettres à Spon, en 1649 : « Un petit libraire du Palais, grand vendeur de pièces mazarinesques, depuis notre guerre, a été surpris distribuant quelques papiers diffamatoires contre ledit sieur (d'Emeri, surintendant); il a été mis au Châtelet, où il a été condamné aux galères pour cinq ans, sauf son appel à la cour, où il y a apparence qu'il ne sera pas si rudement traité ; ce pauvre malheureux s'appelle *Vivenet*. » Il avait son imprimerie dans l'hôtel de Condé, d'où est sorti un grand nombre de pièces de ce temps-là. V. *Bib. hitsor. de la France*, tom. 2, n° 23297.

ULACQ (Adrien). Mathématicien qui fut d'abord libraire à Londres vers 1644, ensuite imprimeur à la Haye en 1652. Il a fait imprimer quelques livres à Paris.

ULPHILAS ou GULPHILAS, évêque des Goths, dont nous avons parlé à l'article BIBLIOTHÈQUES *de Suède*. Il florissait sous l'empereur Valens, vers 370, et habitait la Mœsie, partie de la Dacie. On le regarde comme l'inventeur des caractères gothiques, peut être par la seule raison qu'il a traduit la Bible dans cette langue, et que ces caractères n'étaient connus auparavant que de très-peu de personnes. Il n'existe de la traduction d'*Ulphilas* que les seuls Evangiles ; ce rare et précieux manuscrit que l'on voit à Upsal est appelé *Codex argenteus d'Ulphilas*, parce qu'il est écrit en lettres d'or et d'argent sur vélin. Le célèbre Junius a donné une édition en caractères pareils à ceux de ce manuscrit; voici le titre de cette édition. *Quatuor J. C. Evangeliorum versiones perantiquæ duæ, gothica scilicet et anglosaxonica : quarum illam ex celeberrimo codice argenteo nunc primum depromsit Fr. Junius. Hanc autem ex codicibus mss. collatis emendatius recudi curavit Thomas Mareschallus, Anglus : cujus etiam observationes in utram que versionem subnectuntur. Accessit et glossarium gothicum : cui præmittitur alphabetum gothicum, runicum, etc. operâ ejusdem Junii. Dordrechti*, 1665, 1 vol. in-4. *Ulphilas* obtint de l'empereur Valens, en 376, une permission qui autorisa les goths à habiter la Thrace ; mais, afin de l'obtenir, il embrassa l'arianisme.

UNIVERSITÉS. On entend par ce mot des établissemens d'instruction publique, fondés en différens temps dans les principales villes de l'Europe. On enseigne ordinairement quatre sciences ou facultés dans chaque *université*, savoir : la théologie, le droit, la médecine, et les humanités ou les arts, ce qui comprend aussi la philosophie. Les personnes qui fréquentent les *universités* y prennent des degrés ou des certificats d'études dans les diverses facultés (1). Le mot *université* équivalant à *écoles universelles* fait supposer que les quatre facultés comprennent toutes les études que l'on peut faire. Les *universités* ont commencé à se former dans les douzième et treizième siècles. Celles de Paris et de Boulogne en Italie prétendent être les premières qui aient été établies en Europe. Mais elles n'étaient point sur le pied ou nous les avons vues depuis. On commençait ordinairement par étudier les arts pour servir d'introduction aux sciences, et ces arts étaient la grammaire, la dialectique, et tout ce que nous appelons *humanités* et *philosophie*. Delà on montait aux facultés su-

---

(1) Il y a trois degrés dans les universités : le degré de maître-ès-arts, de bachelier, et de licencié ou de docteur. Pour le degré de maître-ès-arts, il faut avoir étudié deux ans en philosophie ; pour le degré de bachelier en droit civil ou en droit canon, il faut avoir étudié cinq ans ; pour celui de simple bachelier en théologie, six ans ; pour le degré de docteur ou de licencié en droit civil, en droit canon et en médecine, sept ans, et pour le degré de licencié ou docteur en théologie, dix ans. Il est inutile d'observer que toutes ces formalités ne sont plus d'usage en France depuis la fondation de la république.

périeures, qui étaient la physique ou médecine, les lois ou le droit civil, les canons, c'est-à-dire, le décret de Gratien et ensuite les décrétales ; la théologie, qui consistait dans le maitre des sentences (1) et ensuite dans la Somme de S. Thomas. Quoique toutes les universités de France aient été supprimées depuis la révolution, nous avons cependant cru devoir les citer dans la notice géographique qui termine notre ouvrage ; leur fondation tient à l'histoire littéraire de la France, et par conséquent ne peut être passée sous silence. Nous citons également dans la même notice toutes les universités étrangères sur lesquelles nous avons trouvé quelques renseignemens.

VOLUMES ou ROULEAUX. Ce mot vient du latin *volvere, rouler*, parce que les livres, ainsi appelés chez les anciens, étaient composés d'une ou plusieurs feuilles attachées les unes aux autres, et roulées autour d'un bâton appelé *cylindrus*, dont les extrémités ou boutons étaient nommés *umbilici* ou *cornua*. Les deux côtés extérieurs des feuilles ou les tranches s'appelaient *frontes* ; et les extrémités du bâton étaient ordinairement décorées de petits morceaux d'ivoire, quelquefois enrichis d'or et de pierres précieuses : c'est sur ces extrémités que l'on mettait le titre de l'ouvrage. Les feuillets qui composaient les *volumes* ou *rouleaux* se nommaient pages, *paginæ*, du mot *pangere*, lier ensemble. On entendait par *codices* des livres faits et

---

(1) Le maître des sentences est Pierre Lombard, qui vivait dans le 12e siècle. Il fut évêque de Paris. Son surnom vient de son ouvrage des *Sentences*, sur lequel on a tant de commentaires. C'est un recueil de passages des pères dont il concilie les contradictions apparentes, à peu près comme Gratien l'avait fait dans son décret. L'édition la plus précieuse des sentences est celle ayant pour titre et pour date : *Petri Lombardi, episcopi Parisiensis, sententiarum libri IV. Venetiis, per Vindelinum de Spira*, 1477, 1 vol. *in-folio*.

pliés comme les modernes, en feuillets quarrés de *papyrus* ou de parchemin.

VULGATE. Version latine de la Bible, déclarée authentique par le concile de Trente. L'ancienne *vulgate* de l'Ancien testament avait été traduite mot pour mot sur le grec des septantes; on ne connaît point l'auteur de cette *vulgate* qu'on appelait *italique* ou *vieille version*; elle a été commune ou vulgaire jusqu'à la nouvelle version que publia S. Jerôme, et dans laquelle il corrigea l'ancienne. C'est donc le mélange de l'ancienne version italique et de quelques corrections de S. Jerôme, que l'on nomme aujourd'hui *vulgate* et que le concile de Trente a sanctionnée. On ne se sert dans l'église que de cette *vulgate*, excepté quelques passages de la version italique qu'on a laissés dans le Missel, ainsi que les psaumes que l'on y chante encore selon la vieille version. Richard Simon, grand critique, appelle ancienne *vulgate* grecque la version des septantes avant qu'elle eût été revue et réformée par Origène. La révision d'Origène l'emporta dans l'usage sur la vieille version des septantes, dont on avait de la peine à trouver des exemplaires. On dit aussi la *vulgate* en parlant de l'ancienne version du nouveau testament.

WALEY (Jean). Imprimeur de Londres en 1547. On lui doit quelques ouvrages relatifs à l'histoire de cette ville.

WANLEY (Humfroi). Bibliographe anglais, mort en 1726. Il a publié *Antiqua litteratura septentrionalis*, Oxford 1703 et 1705, 6 parties in-fol. C'est un catalogue des livres sur les anciennes langues septentrionales; cet ouvrage est le fruit de ses recherches dans les différentes bibliothèques d'Angleterre.

WECHEL (Chrétien). Imprimeur de Paris, dans le

16e siècle. Il commença à se faire connaître par de bonnes éditions françaises, latines, grecques et hébraïques, très-correctes. Il donna plusieurs petits ouvrages de Galien, soit grecs, soit traduits en latin, et des morceaux choisis des philosophes, des médecins, des historiens, des orateurs et des poëtes grecs. Il n'imprimait les auteurs que par parties, pour faciliter, disait-il, la vente des livres. *Wechel* et son fils André, dont nous parlerons bientôt, avait eu soin de se pourvoir d'un correcteur habile et de beaucoup de réputation, nommé Fréderic Sylburge, l'un des plus éclairés critiques d'Allemagne et qui possédait parfaitement le grec. *Wechel* fit travailler d'autres imprimeurs à ses dépens. Simon Sylvius imprima pour lui la *Grammaire grecque et latine de Gaza*, livre rare, surtout de l'édition de Paris. Le grec et le latin y sont en deux colonnes voisines : manière déjà pratiquée avant *Wechel* et qui n'eut lieu à Paris, au rapport de Chevillier (1), que par Turnèbe, et par Gesner à Zurich. Les principaux ouvrages imprimés par Chrétien *Wechel* sont : *Grammatica quadrilinguis Joannis Droscæi, in quâ traduntur linguæ gallica, latina, græca et hebraïca*, in-4; *Dialogue de la tête et du bonnet, tourné d'italien en français* : ce livre est sans date. *Wechel* a, outre cela, imprimé par partie Hérodote, Xénophon, Thucydide, Tite-Live, Homère, etc. etc. Il est mort en 1554, laissant son fonds à André, son fils, dont la notice suit.

WECHEL (André). Il s'illustra, comme son père, dans la carrière typographique : on a de lui *Tertuliani opera cum notationibus Rhenali*, 2 vol. in-8. Cette édition est la plus complette, parce qu'elle contient la paraphrase de

---

(1) *Voyez* l'origine de l'imprimerie de Paris, Dissertation historique et critique, par André Chevillier, docteur et bibliothécaire de Sorbonne, 1694, in-4.

François Zéphirus sur l'apologétique qui ne se trouve pas ailleurs en entier. En 1573, André *Wechel* quitta Paris pour se rendre à Francfort, à cause de la réforme qu'il avait embrassée (1). Son second fils, Jean, en se retirant de Paris avec lui, emporta la moitié de l'édition de Polybe en grec et en latin, avec des notes de Casaubon; cette édition fut finie à Francfort; ainsi qu'on ne croie pas, en voyant ce Polybe, qu'il y ait deux éditions; c'est toujours la même, quoiqu'elle soit sous le nom de différens pays. Fréderic Sylburge, dont nous avons parlé, non-seulement corrigeait les épreuves d'André *Wechel*, mais même revoyait encore les ouvrages qu'il imprimait, et il mettait en tête de ces livres : *ex editione Fred. Sylburgii* : comme on le voit dans *Pausaniæ opera*, 1583, in-fol; *Dionisius Halycarnensis*, gr. lat., 1586, in-fol. *Romanæ hist. Script. græ. minores*, gr. lat., 1590; *Thucididis historia*, græ. lat. 1594, in-fol.; *Zenophontis opera*, gr. lat., 1596; *Etymologicum græcum*, etc. André *Wechel* mourut à Francfort en 1581, laissant des enfans qui s'établirent à Hanau sous la protection des comtes de cette ville. On a imprimé à Francfort, en 1590, le Catalogue des livres sortis des presses des deux *Wechels*.

WESTPHALIE (Jean DE) ou Jean de PADERBORN est le premier imprimeur qui soit venu s'établir à Louvain vers l'an 1473. On le surnommait aussi de *Aken* ou *Aeken* (2) à raison du lieu de sa naissance. On croit qu'il a appris son art à Mayence ou à Cologne; mais on ignore les particularités de sa vie, l'époque de sa naissance, de sa mort et le

---

(1) Et probablement à cause du danger qu'il avait couru l'année précédente, au massacre de la S. Barthelemy; il échappa par les soins de Hubert Languet, ministre d'état de Saxe, qui se trouvait alors à Paris.

(2) Hæken est un bourg situé à deux lieues d'Arensberg, dans l'Evêché de Paderborn.

lieu de sa sépulture; cependant, d'après les différentes souscriptions de ses éditions, il est présumable qu'il a d'abord établi ses presses dans l'université même de Louvain, et qu'il y résidait : *in almâ ac florentissimâ universitate Lovaniensi residentem*; qu'ensuite il y eut une maison, des associés, des compagnons, *impressus in domo Johannis de Westfalia.... Lovanei, per Joannem de Westfalia, ejusque sodales;* que ses presses roulaient en même temps à l'université et chez lui; enfin que, quoique établi à Louvain, il allait de temps à autre exercer son art dans d'autres villes, et former des élèves, particulièrement à Alost. Mais il est douteux qu'il ait imprimé à Nimègue, comme le prétendent la plupart des bibliographes. On connaît de lui 120 éditions, à-peu-près, qu'il a données depuis 1473 jusqu'en 1496, sans interruption; elles sont toutes importantes, quant aux sujets. Ses caractères, qui tiennent du romain et très-peu du gothique, sont beaux et nets. On croit avec fondement que *Jean de Westphalie* est le premier imprimeur de la Belgique (*voyez* les Recherches sur l'imprimerie, du citoyen Lambinet, *pages* 201 à 168).

WESTHEMER (Barthélemi). Grammairien et imprimeur assez renommé, de Basle, en 1536. Il a réimprimé, en 1539 et 1540, l'ouvrage de Dolet sur la langue latine. Il a écrit sur les matières théologiques.

WETSTENIUS (*Jacobus*). Imprimeur du 18ᵉ siècle, à Amsterdam; il est connu par de jolies éditions des auteurs classiques, en petit format : *Q. Horatius Flaccus ex recensione D. Heinsii et T. Fabri, ac variant : lect. Bentleii et Sanadonis. Amstel.*, 1743, in-32. — *Juvenalis et Persii Satyrœ, Amstelœdami*, 1735, in-32. — *Ausonius — Cæsaris Commentaria — Cornelius Nepos — Quintus Curtius — Erasmi Colloquia — Florus Justinus — Ovidii Opera — Plauti*

Comœdiœ — Salustius — Taciti Opera — Terentii Comœdiœ — Valerius Maximus — Virgilius — etc. Tous ces ouvrages sont imprimés format in-32, comme le Juvenal, le Perse et l'Horace, sur bon papier, avec des caractères très-nets et beaucoup d'exactitude. Jean-Henri Wetstein ou Wetstenius, père du précédent, et mort en 1726, à 77 ans, était très-versé dans les langues grecque et latine, il fut aussi imprimeur célèbre ; ses descendans subsistent encore en Hollande.

WOLFE (Reynier). Imprimeur à Londres vers le milieu du 16e siècle. Il était historien, compilateur et chronologiste.

WURDTWEIM (Etienne - Alexandre). Evêque de Worms, a publié un ouvrage très-intéressant sur les premiers monumens de l'imprimerie. Ce livre a pour titre *Bibliotheca Moguntina*, etc. Ausbourg, 1787, in-4. L'auteur y traite particulièrement de la généalogie de Guttemberg, de Fust, de Pierre Schœffer. Il a fait graver leurs écussons et leurs armoiries. Il a copié avec la plus sévère exactitude les souscriptions de toutes les premières éditions de Mayence qu'il a vues. On admire surtout celle du *Psautier* de 1457, dont il a fait graver le *fac simile*, et qui représente au naturel les dimensions des types originaux, le mode des abréviations et celui de la ponctuation. Sous ce point de vue, cette souscription peut servir de modèle de comparaison pour les autres caractères gravés et fondus par Fust et Schoeffer.

XÉNOGRAPHIE. Ce mot, d'ont l'étymologie vient du grec et signifie *étranger* et *écriture*, indique la science qui traite de toutes les langues écrites, tant anciennes que modernes, tant mortes que vivantes, et de tous les caractères employés par les différens peuples pour rendre leurs pensées par écrit. On sent, d'après cette définition, qu'il n'est donné à aucun homme de posséder la *xénographie* en entier. Que l'on jette un coup d'œil sur nos articles LANGUES, ALPHABETS et HERVAS, on y verra un grand nombre de langues différentes, qui ne sont peut-être pas la millième partie de toutes celles qui ont existé ; car, en nous restreignant même à l'Europe seule, il y a plusieurs langues dont il ne reste aucun monument, et d'autres dont il ne nous est parvenu qu'un ou deux modèles. Il faut donc regarder la composition et l'étude d'une *xénographie* complette comme une chose absolument impossible.

XYLOGRAPHIQUE. Qui est imprimé en planches de bois fixes ; ainsi l'on dit ouvrages *xylographiques*, pages *xylographiques*, caractères, planches *xylographiques*, pour désigner que ces objets ont été gravés ou sculptés sur bois.

Y-KING. Le premier des cinq livres canoniques des chinois ; c'est leur plus ancien monument : il renferme soixante-quatre marques composées de lignes droites, dont les unes sont brisées et les autres sont entières. (*Voyez* KOUA.) Ce livre n'est autre chose qu'une table des sorts. Pour le consulter, on prend quarante-neuf baguettes que l'on jette, au hasard, par terre ; puis on observe en quoi leur position correspond aux kouas de l'*y-king*. On prétend que Confucius est l'auteur qui a le plus prescrit de règles pour ce genre de sortilége ; malgré cela, l'*y-king* est le plus estimé de tous les monumens que la Chine nous ait conservés : peut-être est-ce par la raison qu'il en est le plus ancien et le plus obscur. On appelle *ta-tchouen* un traité divisé en deux parties qu'on trouve à la fin de l'*y-king*, et qu'on attribue vulgairement à Confucius. *Su-koua* est un autre petit traité qu'on trouve également dans le même livre. On peut voir une notice de l'*y-king* à la fin du chou-king, traduit par Gaubil et publié par de Guignes. Cette notice a été envoyée à la propagande à Rome, en en 1728, par Claude Visdelou, qui en est l'auteur : elle a pour titre : *Notice du livre chinois nommé Y-king, ou livre canonique des changemens, avec des notes par M. Claude Visdelou, évêque de Claudiopolis.*

YRIATE (dom Jean DE). Bibliographe, né à l'île Ténériffe en 1702, mort à Madrid en 1771. Il fit ses études en France, et devint ensuite bibliothécaire du roi d'Espagne. Il a composé une *Paléographie grecque* in-4 ; le premier volume in-fol. du *Catalogue des manuscrits de la bibliothèque royale* ; le *Catalogue des manuscrits arabes de l'Escurial*, 2 vol. in-fol. Ses autres ouvrages sont étrangers à notre sujet.

ZEINER (Jean). Imprimeur allemand du 15e siècle. On le regarde comme le premier qui a exercé l'imprimerie dans la ville d'Ulm : il était peut-être fils ou frère de Gunter *Zeiner*, qui imprima à Ausbourg depuis 1470. On connait neuf éditions de Jean *Zeiner* depuis 1473 jusqu'en 1484, dont deux sont la *Bible latine* in-fol. et *Helvarius Pelagius de Planctu ecclesiæ*, 1473, 2 vol. in-fol., édition rare et curieuse. Il avait l'habitude de mettre sur ses livres : *Jo. Zeiner de Reutlingen* (lieu de sa naissance), ou *Reutlinga*, et quelquefois *Jo. Zeiner Ulmensis oppidi incola*. On ignore la date de sa mort.

ZELL (Ulric). Né à Hanau, diocèse de Mayence, florissait en 1467. Il était clerc, c'est-à-dire, calligraphe, enlumineur, lettré. C'est lui qui porta le premier l'art de l'imprimerie de Mayence à Cologne. Il y donna la première édition de deux petits traités de S. Augustin, l'un *de Vitâ Christianâ*, l'autre *de Singularite Clericorum*, in-4 (1), à longues lignes, formant en tout 52 feuillets de 27 lignes dans les pages entières, avec la suscription dans laquelle il supprima le millésime et les centésimes de la date *anno sexagesimo septimo* (1467); cet exemple a été imité par d'autres typographes. Méerman a donné l'épreuve de ses caractères dans la table IX (*voyez* MÉERMAN). Il prétend, ainsi que Mercier, qu'ils sont semblables à ceux de Fust et de Schœffer; mais ils se trompent.

ZEND-AVESTA. C'est un ouvrage de Zoroastre qui contient les idées théologiques, physiques et morales de ce législateur; les cérémonies du culte qu'il a établi, et plusieurs traits importans relatifs à l'anciene histoire des Perses. Cet ouvrage a été traduit en français par Anquetil Duperron, sur l'original *Zend*, 1771, 3 vol. in-4. On doit au même auteur un traité de la *Législation orientale*, 1778, in-4, dans lequel il combat l'idée que l'on a ordinairement des principes du gouvernement établi en Turquie, en Perse et dans l'Indostan; il soutient que le despotisme n'y est point absolu, et qu'il y a un code de lois écrites, qui oblige le prince ainsi que les sujets. Le même Anquetil a encore publié des *Recherches Historiques et Géographiques sur l'Inde*. Berlin 1786, 2 vol. in-4. La *Géographie de l'Inde par le pere Thieffenthaler*, avec divers mémoires, par Anquetil, a été publiée par Bernouilly, Berlin 1789, 5 vol. in-4; et tout récemment il vient de paraitre le premier vol. d'un ouvrage curieux sur la doctrine philosophique et théologique des Indiens; en voici le titre : « OUPNEK'HAT » (*id est* SECRETUM TEGENDUM, *opus ipsâ in Indiâ rarissimum, continens antiquam et arcanam, seu theologi-*

---

(1) Ce livre a été vendu chez la Vallière 850 liv.

» cam et philosophicam doctrinam, è quatuor sacris indo-
» rum libris Rak beid, Djedjr beid, Sam beid, Athrban
» beid, excerptam; ad verbum, è persico idiomate, Sam-
» kreticis vocabulis intermixto, in latinum conversum; dis-
» sertationibus et annotationibus, difficiliora explanantibus,
» illustratum: studio et opera Anquetil Duperon, indico-
» pleustæ R. inscript. et human. litt. academiæ olim pension.
» et directoris, 2 vol. in-4. »

Cet ouvrage est très-bien imprimé par les citoyens Levrault de Strasbourg. On prétend que la France et l'Angleterre sont les seuls pays de l'Europe où l'on trouve des
livres zend, et qu'il n'y a que la France qui possède des
livres pehlvis ou palvis (*voyez* GUISE, au SUPPLÉMENT).

ZILETTI (Jordan). Imprimeur de Venise. Il a beaucoup
travaillé, et ses éditions sont remarquables par leur beauté;
il a augmenté, en 1566, *l'Index librorum juris* de Labittus
et *J. B. Ziletti*, son parent. Franç. *Ziletti*, autre parent de
Jordan, était jurisconsulte et imprimeur célèbre à Venise en
1570. On lui attribue l'édition du *Tractatus tractatuum juris*,
et de quelques autres recueils.

ZUYREN (Jean DE). Imprimeur à Harlem en 1561;
il a écrit une *Dissertation sur l'origine de l'imprimerie*, dont
il ne reste que des fragmens imprimés; il fut échevin et
consul de Harlem.

SUPPLÉMENT.

A.

AA (Pierre Vander). Bibliographe, éditeur et libraire établi à Leyde dès 1682; il y vivait encore en 1729. On lui doit un Atlas de 200 cartes, la plupart inexactes, sur les voyages de long cours, depuis le 13e siècle jusqu'à la fin du 17e. Ces cartes sont insérées dans un recueil de figures connu sous le titre de *Galerie agréable du monde*, etc. 66 vol. in-fol. reliés ordinairement en 35.

AD-USUM-DELPHINI. Terme latin sous lequel on désigne une collection d'auteurs classiques commentés et imprimés avec beaucoup de soins pour l'usage du dauphin, sur la fin du 17e siècle et au commencement du 18e. La première idée de cette collection est venue de M. de Montausier, et on est redevable à M. Huet de l'exécution qui en a été faite sous sa direction; Bossuet y a eu aussi part; elle est imprimée in-4, et forme 62 vol. (1). Les auteurs qu'elle renferme sont Apulée, Ausone, Boëce, Jules-César, Catulle, Tibulle et Properce, Ciceron, Claudien, Q. Curce, Dictys-Cretensis et Dares-Phrigius, Eutrope, Pompeius-Flaccus et Marcus-Verrius-Flaccus, Florus, Aulugelle, Horace, Justin, Juvenal et Perse, Tite-Live, Lucrece, Manilius, Valerius-Martial, Valere-Maxime, C. Nepos, Ovide, *Panegirici-Veteres*, V. Pa-

---

(1) Cette collection était en 64 vol. dans la bibliothèque du célèbre Mirabeau; mais on y avait ajouté le *Dictionnaire des antiquités* de Pierre Danet, 1 vol., et *Callimaque*, 1 vol. Ces 64 vol. ont été vendus, en 1792, 3250 liv.; et chez M. Mel de Saint-Ceran, en 1780, 3599 liv.

terculus, Phedre, Plaute, Pline second, Prudentius, Saluste, Stace, Suétone, C. Tacite, Térence, Aurelius-Victor, et Virgile. Les premiers volumes de cette collection ont paru en 1674; c'est Florus commenté par Madame Dacier, 1 vol. et Saluste, commenté par Daniel Crispin, 1 vol. Le dernier ouvrage publié en 1730 est Ausone avec les commentaires de J. B. Souchay, 1 vol.

Le citoyen Didot aîné a aussi imprimé, sur la fin du 18 siècle, par ordre du roi et pour l'éducation du Dauphin, une magnifique collection composée de 14 volumes in-4, des ouvrages suivans: Télémaque, Racine, Bossuet (Histoire universelle), Boileau, Voltaire (la Henriade), J. B. Rousseau, Massillon (le petit carême), Lafontaine (les Fables), *Biblia Sacra*; cette collection est aussi en in-8 et en in-18 (*voyez* DIDOT, tome 1, pag. 225). Nous donnons les dates de ces différentes éditions). Nous devons dire, avant de terminer cet article, que la collection *Ad usum* en 62 vol. in-4.°, n'a pas tout-à-fait répondu à l'attente de ses principaux auteurs, et voici la raison qu'en donne Huet en parlant des commentateurs : *Nonnulli vel levius quam putabam tincti litteris, vel impatientes laboris, quam mihi commoverant expectationem sui fefellerunt*. Les auteurs qui passent pour les mieux traités sont Pline commenté par Hardouin, les Oraisons de Ciceron par Charles de Mérouville, Titelive par Doujat, Virgile par Larue, et Quinte-Curce par Letellier.

AGRICOLA (Conrad). Ce théologien protestant a exercé l'art typographique. Il imprimait à Nuremberg en 1602, et à Altorf en 1615.

ALBRIZZI (Almorò). Littérateur et imprimeur à Venise en 1724, époque où il fonda une société d'amateurs de littérature, de musique et de peinture. Il a fait l'*histoire de l'état de Venise*. On connaît encore un Giambatista *Albrizzi*, fils de Jerôme, qui imprimait aussi à Venise en 1740, et qui a fait *le Guide de Venise*, en faveur des étrangers.

ALCYONIUS (Pierre). Cet écrivain, né à Venise en 1487, fut d'abord correcteur d'imprimerie chez Alde Manuce. Il passa ensuite à Florence, où il occupa la chaire de professeur d'éloquence latine. Pierius Valerianus, dans son ouvrage sur le *Malheur des gens de lettres*, le cite comme ayant eu une érudition immense et une brillante littérature ; mais il le traite d'arrogant, d'orgueilleux et de vrai plagiaire, qui eut la barbarie de brûler l'unique exemplaire connu du beau traité de Ciceron *sur la Gloire*, après avoir pris tout ce qu'il trouva propre à être inséré dans un ouvrage qu'il composa lui-même *sur l'exil*. Paul Jove, Antoine Duverdier, Pierre Victorius, Paul Colomiés, Abercrombius, Mencken et plusieurs autres savans lui attribuent aussi ce crime littéraire, avec d'autant plus de raison qu'il avait déjà soustrait les quatre livres précieux que Pierre Martel avait composés sur les mathématiques. M. Coupé, dans ses *Soirées littéraires*, donne la traduction du *Traité de l'exil* par *Alcyonius* : cet ouvrage, divisé en deux livres, fut d'abord imprimé en Italie, puis à Leipsick en 1707, in-12. Mencken, dernier éditeur, nous apprend que les deux livres de *l'exil* ont été payés onze ducats à la vente de la bibliothèque de Gudius. M. Coupé semble se ranger de l'avis des savans qui accusent *Alcyonius* au sujet du traité de *l'exil*. Toutefois il ne lui refuse pas un grand talent ; il en juge d'après des morceaux qui sont incontestablement de lui, et surtout d'après les trois beaux caractères de Jean, de Jules et de Laurent de Médicis, qu'il a tracés de main de maitre. On a encore d'*Alcyonius*, *Aristotelis opera varia*, *latinè*, Venise, 1521, in-folio, édition rare, parce qu'il acheta et brûla tous les exemplaires qu'il en put trouver, tant il fut piqué des critiques qu'on en fit. *Alcyonius* était un censeur amer, d'un esprit inquiet et remuant : il trouva peu d'amis après le sac de Rome par les Espagnols et les Allemands, qui lui enlevèrent tout ce qu'il possédait. Il chercha vainement un asile. Toutes les portes lui furent fermées ; enfin il parvint à émouvoir la pitié du cardinal Colonne, mais la mort l'enleva au moment où il allait jouir de ses bienfaits. Il était âgé de 40 ans.

ANA. Mot dont on ne connaît point l'étymologie, et qui s'applique à des recueils de pensées, de bons mots ou de petits traits historiques qui n'ont point encore été publiés. Ordinairement on ajoute ce mot à un nom propre lorsque le livre a rapport à un seul homme ; ainsi l'on dit *Thuana*, *Naudæana*, *Sorberiana*, pour indiquer un recueil de pensées, bons mots, etc. appartenant à de Thou, à Naudé, à de Sorbière. Wolfius a fait l'histoire des livres en *ana* dans sa préface du *Casauboniana*. Il y dit que si le mot *ana* est nouveau, la chose est fort ancienne ; car les livres de Xénophon, *des Dits et des Faits de Socrate*, et les *Dialogues de Platon*, sont des *Socratiana*. On peut également regarder comme *ana* les apophtegmes des philosophes recueillis par Diogène-Laerce, les sentences de Pythagore, celles d'Epictète, les ouvrages d'Athénée, de Stobée et de plusieurs autres. Il en est presque de même de la gemare des hébreux et de plusieurs livres orientaux dont il est fait mention dans la Bibliothèque orientale de d'Herbelot. Le *Scaligeriana* est le premier livre qui ait paru à la Haye en 1666 avec ce titre. Cet ouvrage a été fait par Pithou sur les papiers de Vassant, ami de Scaliger, qui avait recueilli les pensées de ce savant. La seconde édition de ce recueil parut à Groningue en 1669, par les soins de Tannegui le

Fevre, et sur les papiers de Verthunien, également ami de Scaliger: c'est le jurisconsulte Sigone qui recouvra ces papiers. Depuis ce temps on a publié beaucoup d'*ana*, dont très-peu méritent de sortir de la poussière qui les couvre dans la plupart des bibliothèques : il en faut cependant excepter le *Menagiana*, qui passe pour le meilleur recueil en ce genre ; le *Chevrœana* ou traités composés par M. Chevreau lui-même, et le *Casauboniana*, ou remarques écrites et laissées par Casaubon, avec des notes de Wolfius. Struvius a donné une liste de tous les *ana* connus de son temps, dans ses *Supplementa ad notitiam rei litterariæ*, cap. 7. Outre les *ana* dont nous avons parlé, on connaît encore les *Perroniana*, les *Patiniana*, les *Fureteriana*, les *Colomesiana*, les *Parrhasiana*, les *Longueruana*, les *Ducatiana*, les *Carpentariana*, les *Valesiana*, les *Maupeouana*, etc., etc., etc. Depuis quelque temps on a publié les *Feminœana*, les *Voltairiana*, les *Bonapartiana*, les *Fredericana*, les *Fontaniana*, les *Scaroniana*, les *Santoliana*, les *Pironiana*, les *Harpagoniana*, les *Gasconiana*, les *Linguetiana*, les *Fontenelliana*, les *Comédiana*, la *Moliérana*, les *Arlequiniana*, les *Jocrissiana*, les *Henriana*, les *Asiniana*, les *Christiana*, les *Encyclopediana*, etc., etc. On peut dire en général que ces derniers *ana* ne sont pas faits pour relever ces sortes d'ouvrages du discrédit où ils étaient tombés long-temps avant la révolution.

ANAGNOSTES. Ce sont ceux qui, chez les grecs, faisaient profession de lire les ouvrages des principaux écrivains dans les maisons particulières ; certains esclaves étaient ordinairement chargés de cet emploi : ils étaient instruits et s'exerçaient continuellement à bien lire, à un débit agréable et à une déclamation soignée. Les lectures se faisaient aux heures de loisir, c'est-à-dire, du repas, du bain, etc. On commençait par les ouvrages des poëtes, des orateurs et des historiens. On croit que cet usage vient de Pythagore, et quelques auteurs le font remonter avant Homère. Outre les lectures particulières, il y avait aussi des lectures publiques, mais qui étaient faites par les auteurs eux-mêmes. Le lecteur se plaçait sur une tribune élevée, les auditeurs sur des banquettes : on applaudissait ou l'on improuvait, soit par des gestes ou par des acclamations bruyantes ; quelquefois même on reconduisait l'auteur jusques chez lui pour lui prouver davantage combien on était content de son travail. L'art de bien lire a été négligé chez les modernes ; on l'a cultivé en France depuis la révolution française. On ne connaît guère, sur l'art de la lecture et de la déclamation, que le poëme de Sanlèque, qui regarde spécialement la chaire, et le beau discours du citoyen François (de Neufchâteau) sur la manière de lire les vers.

ANONYME ou INSOMUCH (Jean). Cet auteur imprimait à Saint-Albans, en Angleterre, en 1480. Il était traducteur, historien, etc.

ANONYME. Ce mot, qui vient du grec *anonymos*, *sans nom*, se donne à tout auteur dont on ignore le nom, ou à tout ouvrage qui paraît sans nom d'auteur. P. Decker, avocat de la chambre impériale de Spire, et Placcius de Hambourg, ont fait un *Traité des livres anonymes*, dont nous donnons le titre à l'article PSEUDONYME. Burchard-Gotthlieb Struvius parle des savans qui ont tâché de deviner les auteurs des écrits *anonymes*, c'est dans ses *Supplémens à la connaissance de la littérature*. On a annoncé, il y a quelque temps, qu'un bibliographe français très-instruit, s'occupe depuis plusieurs années de la recherche des noms des auteurs, tant nationaux qu'étrangers, qui ont écrit leurs ouvrages en français, et sont restés anonymes. Ce travail, ajoute-t-on, qui demande beaucoup de patience, et qu'on n'aurait pu imprimer avant la révolution française sans compromettre des hommes estimables, est fort avancé, et l'on espère qu'il ne tardera pas à paraître. Il est certain qu'un ouvrage de cette nature est bien fait pour piquer la curiosité et pour jouir du plus grand succès : il répondra à l'attente des bibliographes, si, comme je le présume, l'auteur est M. Barbier, bibliothécaire du conseil d'état, qui doit consigner des recherches très-précieuses à ce sujet dans le Catalogue de la bibliothèque du consulat, qu'il fait imprimer dans ce moment (1). Le citoyen Née de la Rochelle a publié une *Table des anonymes* dont il est question dans la *Bibliographie de Debure*. Cette table est très-utile.

ANTESIGNANUS (Petrus). Ce grammairien imprimait à Lyon en 1554.

ANTI. Ce mot, qui signifie *opposé*, désigne ordinairement un écrit satyrique dirigé contre une personne ou un objet dont le nom suit cette espèce de préposition, comme dans l'*anti-Caton*, l'*anti-Choppin*, etc. Baillet divise les *anti* en satyres personnelles, qui, regardant la personne d'un auteur, sont, pour la plupart, des censures accompagnées d'invectives et de médisances, et en satyres réelles, qui, ne s'en prenant qu'aux vices de l'ame et aux erreurs

---

(1) M. Barbier a publié dernièrement, dans le *Journal encyclopédique*, une notice très-curieuse sur un petit volume intitulé : *Epistolæ illustrium et eruditorum virorum (ad Sorberium)*. *Parisiis*, 1669, in-16. Ce volume commence à la page 433, et finit à la page 600. Il est fort rare : on n'en connait que quatre exemplaires. Nous renvoyons à la notice de M. Barbier, qui donne des détails très-intéressans, tant sur ce petit livre que sur un manuscrit des Lettres de Sorbière, Paris, 1673, in-fol. de 828 feuillets (latin), qui appartient à M. Debure l'aîné.

de l'esprit, les combattent sans en vouloir à la personne. Mettons au rang des satyres personnelles l'*anti-Baillet*, par Ménage, l'*anti-Ménagiana*, l'*anti-Belarmin*, l'*anti-Baronius*, l'*anti-Copernic*, etc.; et au rang des satyres réelles, l'*anti-Paradoxes*, l'*anti-Sophistique*, l'*anti-Grammaires*, l'*anti-Rosarium*, etc. En général, les *anti* appartiennent à la controverse et aux disputes littéraires ; ce mot n'est point nouveau ; les romains l'ont connu dans le sens que nous lui donnons ici ; l'*anti-Catones* de César le dictateur en est une preuve ; Ciceron, à la prière de Brutus, avait fait un livre à la louange de Caton d'Utique ; César écrivit deux livres contre Caton, et les intitula *anti-Catones*. Ciceron dit que ces livres étaient écrits avec impudence, *usus est nimis impudenter Cæsar contra Catonem meum*. Ad treb. topica, cap. XXV. Il ne faut pas confondre ce livre de Ciceron avec celui qui est intitulé *Cato major*. Le livre de Ciceron à la louange de Caton, et les *anti-Catons* de César ne nous sont point parvenus, quoique Vivès prétende avoir vu ces derniers dans une ancienne bibliothèque. Si l'on désire quelques détails sur la majeure partie des *anti*, on les trouvera dans le 7.ᵉ volume des *Jugemens de Baillet*, et dans l'*anti-Baillet*, qui forme le 8.ᵉ volume de cette collection in-4.

ARRIVABENE (André). Ce littérateur imprimait à Venise dès 1541, *al segno del pozzo*, à l'enseigne du puits.

ARVOOD (Edouard). Ce bibliographe instruit a publié à Venise, en 1786, un Catalogue raisonné des auteurs grecs et latins, dont la meilleure édition est : *Degli autori classici sacri profani græci è latini bibliotheca portatile ossia il prospetto del Dr. Eduardo Arvood reso piu interessante per nuovi articoli e per recenti scoperte, ed illustrazioni critiche, chronologiche, e tipographiche con mutua cura dis-*

poste dall' abb. Mauro Boni e da Bartholomeo Gamba. Venezia, a spese di Antonio Astolfi, 1793, 2 vol. in-12. Cet ouvrage, qui m'a paru très-exact et très-bien fait, se trouve chez M. Renouard, libraire à Paris. Il est terminé par un petit tableau critique typographique de l'abbé Mauro Boni, qui est fort intéressant. L'auteur indique d'abord dans ce tableau les principaux auteurs d'histoire littéraire, d'annales typographiques, de catalogues bibliographiques généraux ou particuliers, et de dissertations critiques sur l'origine de l'imprimerie; ensuite il donne une analyse des différentes opinions sur l'origine de l'imprimerie et sur son introduction en Italie : il expose les causes des erreurs que l'on rencontre dans l'histoire de la typographie; il parle de l'origine et des progrès de l'imprimerie en Allemagne, de son introduction et de sa perfection en Italie; il répond à toutes les objections faites contre la date du *Decor puellarum* (*V.* JENSON, 1.er vol., pag. 322 *). Il termine son tableau par une notice de la découverte d'une édition de Bologne antérieure au Lactance de 1465, quoiqu'avec la date de la même année. L'ouvrage n'a point de titre : il est divisé en trois parties, et relié en deux gros volumes. Au commencement de chaque partie, on a laissé du blanc jusqu'à mi-page pour mettre les titres à la main, comme cela se pratiquait alors. A la fin de la première partie, qui se termine avec la lettre E, on lit : *Explicit prima pars repertorii famosissimi utriusque juris doctoris Domini Petri episcopi Brisiensis finis.* La seconde partie se termine avec la lettre O, et finit par ces mots : FINIS *Bonoie die xv may*, et la troisième partie, qui se termine par l'article ZONA, a cette inscription remarquable : *Laus z gloria imortali Deo in secula seculorum amen. Repertorium utriusq3 juris reveredi patris*

---

* Consultez la *Bibliographie* de Debure n.º 1336.

Domini Petri episcopi Brisiensis suma ou vigilia ac diligenia in collegio Domino4 Ispano4 correptu Bononieq3 hae mira arte impressum ano Dni mccclxv *die* viii *novembris.* L'auteur observe qu'on doit présumer que la première partie a été imprimée en 1464, la seconde en mai 1465, et la troisième en novembre même année. L'ouvrage est à deux colonnes de 59 lignes chacune. Le caractère est majuscule et gothique ; il n'est pas aussi élégant que celui de Jenson.

AUBOUIN (Pierre), le second du nom. Il était libraire et imprimeur à Paris en 1666 : ses éditions sont recherchées ; il cultivait les lettres et est mort sur la fin du 17ᵉ siècle ou au commencement du 18ᵉ.

B.

BACQUENOIS (Nicolas). Ce littérateur a imprimé à Lyon en 1548, à Rheims en 1551 et à Verdun en 1564.

BAGFORD (Jean). Il était libraire à Londres en 1700. Il a composé une *Histoire de l'art de l'Imprimerie*.

BALDINI (Vittorio). Historien qui a imprimé à Ferrare en 1581.

BARROIS (Marie-Jacques). Ce bibliographe a exercé la librairie à Paris depuis 1734 jusqu'en 1769, époque de sa mort. Il a laissé deux fils, Louis-François et Pierre-Théophile, qui ont marché sur les traces de leur père. Le nom de Barrois est avantageusement connu dans la librairie, à Paris, depuis 1606.

BEGON (Michel). Grand bibliophile, né à Blois en 1638. Nous ne parlerons point ici des différentes charges importantes qu'il a remplies d'une manière distinguée, soit dans la robe, soit dans la marine : nous ne le considérerons que comme un homme d'esprit, aimant les savans, les protégeant et leur ouvrant une riche bibliothèque qu'il avait composée avec beaucoup de goût. Il possédait en outre un beau cabinet de médailles, d'antiques, d'estampes, de coquillages et d'autres curiosités ramassées dans les quatre parties du monde. On ne lisait point à l'entrée de sa bibliothèque cette inscription barbare : *ite ad vendentes* (1); mais on trouvait sur le frontispice de ses livres ces mots précieux : *Michaelis Begon et amicorum*. Son bibliothécaire lui ayant fait observer qu'en communiquant ses livres à tout le monde, c'était s'exposer à en perdre beaucoup : il répondit qu'il aimait mieux perdre ses livres que de paraître se défier d'un honnête homme. Cet estimable citoyen, justement regretté de tout ceux qui l'ont connu, a fait graver les portraits de plusieurs personnes célèbres du 17e siècle ; il rassembla sur leurs vies des mémoires qui ont servi à Perrant pour son *Histoire des hommes illustres de France*. Michel *Begon* est mort en 1710.

BELTRANO (Ottavio). Il était historien, mathématicien, et exerçait la librairie et l'art typographique à Naples en 1621 et à Ancone en 1651.

BENACCI (Alexandre le jeune), en latin BENATIUS.

---

(1) Zacharie Ursin avait mis sur la porte de son cabinet l'inscription suivante :

Amice quisquis huc venis,
Aut agito paucis, aut abi,
Aut me laborantem adjuva.

Alde Manuce et Jean Oporin avaient aussi une inscription à peu près semblable sur leur porte.

Ce littérateur, qui a écrit sur l'ordre de la Toison d'or, était imprimeur à Bologne en Italie vers 1585. Victor *Behacci* a imprimé dans cette ville en 1598 ; il a fait une description des fêtes données par la ville de Bologne au pape Clément VIII. Victor II *Benacci*, qui a composé une description historique de Bologne, y imprimait en 1655.

BERNARD (Jean-Fréderic). Ce littérateur était libraire à Amsterdam dès 1711 : il y a fait de très-belles entreprises.

BEUGHEM (Corneille DE). Ce bibliographe fut libraire à Emmerick en 1681.

BIBLIOLYTE. Nous croyons qu'on peut appliquer cette épithète, d'après son étymologie, à tout destructeur de livres ; car ce mot, formé du grec, signifie *livres*, et *je romps, je mets en pièces*. Omar qui a brûlé la bibliothèque d'Alexandrie, était un vrai *bibliolyte*. Gregoire-le-Grand était également *bibliolyte*, car Jean de Sarisbery, écrivain du 12ᵉ siècle, rapporte qu'il fit brûler les livres des auteurs payens ; quelques auteurs ont cherché à justifier ce pape de cette imputation, entre autres M. Landi, dans son *Histoire de la littérature de l'Italie*, tome 1. Ce qu'il y a de certain, c'est que S. Gregoire conseille à Didier, archevêque de Vienne, de ne pas s'amuser à enseigner la grammaire, parce qu'un évêque a des occupations plus importantes. Voilà le seul passage des ouvrages de S. Gregoire, mort en 604, qui puisse donner quelque poids à l'accusation de Jean de Sarisbery. La France a aussi compté quelques *bibliolytes* en 1793. Voici comment le sénateur Gregoire s'en explique dans son savant rapport sur la bibliographie (du 22 germinal an 2). « A
» Paris, à Marseille et ailleurs, on proposait de brûler
» les bibliothèques. La théologie, disait-on, parce que

» ce n'est que du fanatisme ; la jurisprudence, des chi-
» canes ; l'histoire, des mensonges ; la philosophie, des
» rêves ; les sciences, on n'en a pas besoin . . . . . On
» était scandalisé qu'on n'eût pas encore envoyé à la mon-
» noie les deux boucliers votifs, en argent, qui sont au
» cabinet des médailles, et aux fonderies de canons, les
» cercles en bronze de l'horison et du méridien des deux
» globes magnifiques, qui sont à la bibliothèque natio-
» nale ; ces deux globes, exécutés il y a plus d'un siècle
» par Coronelli, ont chacun près de douze pieds de dia-
» mètre. Butterfield, aidé des lumières de Lahire, exé-
» cuta en bronze les méridiens et les horisons. »

BIBLIOPÉE. Mot dérivé du grec et qui signifie *livre*, et *je fais*. Nous hasardons ce nouveau terme pour exprimer l'art d'écrire ou de composer des livres : cet art est très-facile et très-répandu, si l'on en juge par le nombre prodigieux de volumes qui sortent tous les ans des presses européennes ; mais on le regardera comme fort difficile et presqu'entièrement ignoré, si l'on examine comment sont composées et de quel intérêt sont la plupart des innombrables productions qui surchargent et obscurcissent l'horison littéraire. Avouons qu'au commencement du 19e siècle il règne dans les champs de la littérature, une stérile abondance, dont il est vrai, nous sommes un peu dédommagés par les progrès des sciences exactes. Mais l'art de faire un livre existe-t-il ? Peut-on établir des règles fixes et universelles de *bibliopée* ? Nous le croyons. Le cardinal Augustin Vallerio réduit à peu de points ces règles. Il faut, dit-il, qu'un auteur considère à qui il écrit, ce qu'il écrit, comment et pourquoi il écrit ; il développe ces préceptes dans son ouvrage : *De cautione adhibendâ in edendis libris*, 1719, in-4. Salden, dans son traité *De libris variorumque eorum usu et abusu*, avance que les qualités que l'on exige dans un livre, sont la solidité, la clarté et la concision. On donne à un ouvrage la solidité en le gardant quelque temps avant de le publier, en le corrigeant et le revoyant avec le conseil des gens instruits; on y répand la clarté en disposant ses idées dans un ordre simple et méthodique, et en les rendant par des expressions naturelles et convenables; enfin on le rend concis en écartant tout ce qui n'appartient pas directement au sujet. Ces préceptes de Vallerio et de Salden sont très-bons; mais on pourrait y ajouter que, pour composer un livre, de quelque nature qu'il soit, il faut bien posséder la langue dans laquelle on écrit; avoir formé son style par la lecture des bons auteurs; choisir un sujet intéressant, soit sous le rapport de l'utilité, soit sous le rapport de l'agrément, s'en bien pénétrer, le considérer sous tous les aspects, consulter les catalogues des grandes bibliothèques, pour voir si le même sujet n'a pas déjà été traité; lire les ouvrages qui y ont rapport, éviter leurs défauts, profiter de ce qu'ils ont de bon, bien tracer le plan de son livre, le développer naturellement, choisir les expressions, polir chaque phrase, laisser le manuscrit reposer au moins un an, et enfin terminer l'ouvrage de manière que la lecture en soit attachante d'un bout à l'autre, et par le fonds et par le style qui en est comme le coloris. Tout auteur qui se conformera aux règles que nous exposons rapidement, verra ses productions rangées parmi celles qu'Horace regarde comme dignes d'être arrosées d'huile de cèdre, *linienda cedro*, c'est-à-dire, dignes de passer à la postérité. Les anciens apportaient une attention extrême à ce qui regarde la composition d'un livre; ils en avaient une si haute idée qu'ils comparaient les livres à des trésors: *thesauros oportet esse, non libros*. Le travail, l'assiduité, l'exactitude ne leur paraissaient pas suffisans pour faire paraître un livre; ils considéraient encore chaque expression, le sens de chaque phrase, chaque opinion, les envisageaient sous différens points de vue, et n'admettaient aucun mot qui ne fût exact. Cependant les anciens ont eu des ouvrages médiocres et même mauvais; car Pline l'ancien disait qu'il n'y avait point de livre, quelque mauvais qu'il fût, qui ne renfermât quelque chose de bon : *dicere solebat nullum librum tam malum esse, ut non aliquâ parte prodesset. Lib. III, epist. 5.* Nous sommes obligés de nous borner à ce peu de mots sur la *bibliopée*: si l'on voulait en développer les règles, et ensuite signaler les écueils qu'il faut éviter dans la carrière épineuse de la composition, un fort volume suffirait à peine à ce travail, aussi pénible qu'utile, et dont il serait à souhaiter que quelque savant se chargeât. Quel service ne rendrait-on pas à la république des lettres si, en diminuant le nombre des auteurs et des livres, on parvenait à augmenter celui des bons ouvrages?

BOCKENHOFFER (Jean-Philippe). Cet imprimeur, qui travaillait à Copenhague en 1690, a écrit sur l'histoire de l'imprimerie.

BONDUCCI (André). Ce littérateur a établi une imprimerie à Florence, en 1744.

BORCULOO (Herman). Cet imprimeur, qui était voyageur et géographe, s'est établi à Utrecht en 1541; il est le premier des imprimeurs de ce nom, et ses descendans exerçaient encore la même profession au commencement du 18e siècle.

BORDAZAR de Artazu (Antoine). Savant Espagnol, qui a écrit sur la grammaire, les mathématiques, la chronologie, etc.; il a exercé l'art typographique à

Valence, où il mourut en 1744 : il passe pour le plus savant imprimeur d'Espagne.

BOUCHET, sieur de BROCOURT (Guillaume). C'est l'auteur des *Serées*, discours rempli de plaisanteries et de quolibets qu'il suppose tenus par des personnes qui passaient la soirée ensemble. Bouchet était imprimeur à Poitiers en 1556 : il est mort au commencement du 17e siècle.

BOUDET (Antoine). Libraire à Paris depuis 1734, et imprimeur depuis 1742 : il est le premier auteur des *petites Affiches de Paris*, dont on lui a enlevé l'entreprise ; il a travaillé au *Journal économique*, et a donné, en 1779, un *Recueil des sceaux du moyen âge, avec des éclaircissemens*, gr. in-4 : il est mort en 1789.

BOWYER (Guillaume). Célèbre imprimeur de Londres, auquel on doit quelques dissertations sur l'origine de l'imprimerie (en anglais), publiées en société avec Jean Nichols, libraire dans la même ville.

C.

CABALE ou KABALE. Ce mot vient de l'hébreu *Kabbalach*, qui signifie *tradition*. On n'entend pas seulement par *cabale* la tradition orale, dont les juifs pensent que la source remonte, avec la loi écrite, au mont Sinaï, mais on entend encore la doctrine mystique, la philosophie occulte des juifs ; enfin, leurs opinions mystérieuses sur la métaphysique, sur la physique et sur la pneumatique. On croit que l'origine de la *cabale* date du séjour des juifs en Egypte, sous le regne de Cambyse, d'Alexandre-le-Grand, et de Ptolémée-Philadelphe ; ils s'accommodèrent aux mœurs des grecs et des égyptiens ; ils prirent de ces peuples, l'usage d'expliquer la loi d'une manière allégorique, et d'y mêler des dogmes étrangers. On assure donc que l'Egypte est la patrie de la philosophie *cabalistique*, et que les juifs ont inséré dans cette science, quelques dogmes tirés de la philosophie égyptienne et orientale. On divise la *cabale* en contemplative et en pratique ; la contemplative est la science d'expliquer l'Ecriture sainte conformément à la tradition secrete, et de découvrir, par ce moyen, des vérités sublimes sur Dieu, sur les esprits et sur les mondes ; la *cabale* pratique enseigne à opérer des prodiges par une application artificielle des paroles et des sentences de l'Ecriture sainte, et par les différentes combinaisons de certaines lettres initiales. Nous ne parlerons point de toutes les puérilités ridicules et absurdes qui appartiennent à la *cabale* pratique ; nous nous contenterons de rapporter les onze fondemens sur lesquels porte la *cabale* philosophique, qui est une branche de la *cabale* contemplative. 1. *De rien il ne se fait rien.* 2. *Il n'y a donc point de substance qui ait été tirée du néant.* 3. *Donc la matière même n'a pu sortir du néant.* 4. *La matière, à cause de sa nature vile, ne doit point son origine à elle-même.* 5. *Delà il s'ensuit que, dans la nature, il n'y a point de matière proprement dite.* 6. *Delà il s'ensuit que tout ce qui est est esprit.* 7. *Cet esprit est incréé, éternel, intellectuel, sensible, ayant en soi le principe du mouvement, immense, indépendant et nécessairement existant.* 8. *Par conséquent cet esprit est l'ensoph ou le Dieu infini.* 9. *Il est donc nécessaire que tout ce qui existe soit émané de cet esprit infini.* 10. *Plus les choses qui émanent sont proches de leur source, plus elles sont grandes et divines, et plus elles en sont éloignées, plus leur nature se dégrade et s'avilit.* 11. *Le monde est distingué de Dieu comme un effet de sa cause ; non pas, à la vérité, comme un effet passager, mais comme un effet permanent. Le monde étant émané de Dieu, doit donc être regardé comme Dieu même* (1)*, qui, étant caché et incompréhensible dans son essence, a voulu se manifester et se rendre visible par ses émanations.* Tels sont les principes et les fondemens sur lesquels est appuyé tout l'édifice de la *cabale*; ces principes sont tirés des auteurs anciens et modernes, qui passent pour avoir traité cette matière avec le plus d'ordre et de clarté : on distingue parmi les modernes R. Jizchak Loriia, auteur du livre *Druschim* ou *Introduction métaphysique à la cabale*, et R. Abraham-Cohen Irira, auteur du *Schaar Hascamaim* ou *Porte des cieux* ; c'est un traité des dogmes *Cabalistiques* écrit avec beaucoup de méthode. Henri Morus et Van-Helmont sont les premiers savans qui ont débrouillé le cahos de la philosophie *cabalistique* ; mais ils ont attribué aux *cabalistes* des sentimens qu'ils n'ont jamais eus, et l'exposition des principes de la *cabale*, qu'ils ont donnée, n'est nullement conforme à la vérité (*voyez* la *Kabala denudata*, de Knorrius à Rusenroth, 3 vol. in-4.°, dont les deux premiers ont paru à Sultzbach en 1677, et le 3e à Francfort en 1684 : ce dernier est rare). Reuchlin, Pic de la Mirandole, Kircher dans son *Œdip. Ægypt.* Serarius et Bonfrerius, dans leur prolegomènes, ont parlé de la cabale, ainsi que beaucoup d'autres auteurs qu'il serait trop long de détailler ici. Finissons cet article par dire que, dans les derniers siècles, on n'a pas donné le nom de *cabale* seulement à la science mystérieuse des juifs ; mais on l'a encore étendu à toute sorte de magie ; c'est dans ce sens que l'abbé de Villars le présente dans son *Comte de Gabalis*, livre qui expose les ridicules secrets de la *cabale*, que les *cabalistes* appellent la *sacrée cabale*; *cabala, cabalistica doctrina, occulta, arcana hebræorum disciplina,*

---

(1) Tel est le fond du système de Spinosa.

sapientia. Ils supposent qu'il y a des peuples élémentaires, sous les noms de sylphes, de gnomes, de salamandres, etc., et que cette science introduit les hommes dans le sanctuaire de la nature. Ils prétendent que les Hébreux connaissaient ces substances aériennes, qu'ils avaient l'art particulier d'entretenir ces nations élémentaires, et de converser avec ces habitans de l'air; ils ont, selon l'auteur, déféré à Paracelse le sceptre de la monarchie *cabalistique*. On peut conclure, de tout ce que nous venons de dire, qu'il faut mettre la *cabale* et la science *cabalistique* au rang des erreurs et des faiblesses les plus puériles de l'esprit humain.

CALLIERGI (Zacharie). Scholiaste grec : il exerçait l'art de l'imprimerie à Venise en 1499, et à Rome en 1515; ses éditions sont précieuses.

CALLIGRAPHIE (supplément à cet article, 1.er vol. page 133). Nous n'avons parlé de la *calligraphie* que sous le rapport diplomatique, c'est-à-dire, de ce qu'elle était dans le moyen âge. Nous allons suppléer à cet article en présentant une esquisse rapide des progrès de l'art de l'écriture depuis la renaissance des lettres.

Les premiers artistes écrivains, depuis l'invention de l'imprimerie, sont Guillaume Le Gagneur, qui parut à la fin du 16e siècle, et Louis Beaugrand, au commencement du 17e. Du temps de ces écrivains, le goût des ornemens avait introduit dans l'écriture une quantité de traits tellement étrangers à la lettre, que la lecture en devenait très-pénible : deux livres d'écriture de ces artistes en donnent la preuve. En 1632 Barbedor et Lebé, célèbres *calligraphes*, furent chargés, par arrêt du parlement, de travailler à la réformation de cet abus. C'est à cette époque que remontent nos écritures modernes. Barbedor est auteur d'un beau *livre d'écriture*, le premier qui a paru après cette réformation. Jarry s'est aussi distingué dans ce temps. (*voyez* JARRY). Louis Senault a dédié à Colbert des modèles d'écriture qu'il a supérieurement exécutés à la plume et au burin. Nicolas Duval et Laurent Fontaine sont les artistes les plus distingués depuis ceux dont nous venons de parler ; à peu près dans le même temps, parut à Paris, Alais, qui, par un goût particulier pour la *calligraphie*, quitta le barreau, qu'il suivait à Rennes avec distinction. Ce jurisconsulte se livra entièrement à l'écriture, et effaça tous ceux qui l'avaient précédé dans cette carrière. Sauvage, Marlié, Michel et plusieurs autres, qui formaient, au commencement du 18e siècle, la communauté des écrivains, ont dû leur talent au célèbre Alais ; mais Sauvage fut distingué parmi eux, et fut d'ailleurs le maître et l'instituteur de Rossignol, l'un des plus grands artistes écrivains que l'Europe ait eu. Gallemant, Hénard, Paillasson et Roland, élèves de Rossignol, l'ont soutenu par des modèles d'autant plus beaux que les artistes seuls peuvent les distinguer de ceux de leur maître. Paillasson est auteur de l'article sur l'*art de l'écriture* dans l'Encyclopédie. Royllet est auteur de plusieurs livres d'écriture très-estimés. Dautrepe, élève de Michel, est celui des artistes modernes qui a mis le plus de méthode dans l'enseignement de l'écriture, considérée sous le rapport de son utilité ; il a formé quantité de belles mains. C'est aux Barbedor, aux Patel, aux Gilbert et aux Senault, que les graveurs en lettres doivent leur talent, si utile dans les cartes géographiques et dans les légendes au bas des gravures. Vallain a publié, en 1760, un vol. in-12 de 180 pages sur l'art d'écrire et sur les inconvéniens d'une écriture trop négligée ; il nous apprend qu'Auguste aimait les belles écritures, qu'il en enseignait lui-même les élémens à ses petits-fils ; que Charlemagne recommandait que l'art calligraphique fît partie de l'éducation de la jeunesse ;

que la réunion des artistes écrivains en communauté eut lieu sous Charles IX, pour opposer à des faussaires qui avaient contrefait sa signature, des hommes en état de les dévoiler; que Colbert et Louvois protégèrent ce bel art, et qu'une *grammaire* composée pour le grand Dauphin, écrite par Gilbert, est un morceau du plus rare mérite. Vandenvelde rapporte que la ville de Roterdam donnait, à certains jours de l'année, une plume d'or au maitre qui excellait dans cet art, et que cette récompense était décernée et avec titre. On s'apperçoit généralement que l'art si utile de l'écriture, qui avait été longtemps négligé en France, commence à y refleurir; et l'on compte parmi les artistes qui s'y distinguent maintenant, les citoyens Saintomer et Léchard. La *copie du Traité de paix* entre la France et l'Angleterre, envoyée dernièrement par le gouvernement français au cabinet de St. James, passe pour un chef-d'œuvre de calligraphie: elle a fait l'admiration des anglais.

CAMUA. Livre indien qui renferme les cérémonies des prêtres d'Ava, de Pégu et de Siam. Le major Symes, dont nous parlons à l'article BIBLIOTHÈQUE BIRMANNE, en avait apporté en Angleterre un exemplaire, ou, pour mieux dire, une copie, lors de son retour de son ambassade à Ava; la bibliothèque bodléienne vient de recevoir deux copies de cet ouvrage, qui sont parfaitement conformes à celle apportée par le major Symes.

CARLO ou KARLO (Jacques DE). Ce littérateur, qui était prêtre, a exercé l'art de l'imprimerie à Florence en 1487, et à Venise en 1491.

CAXTON (Guillaume). Imprimeur et littérateur du 15e siècle. Il est le premier qui ait porté l'art de l'imprimerie en Angleterre, où il s'établit dans l'abbaye de Westminster en 1477. Il n'exerça point cet art par un motif d'intérêt, comme la plupart des inventeurs de l'imprimerie, mais seulement pour enrichir sa nation des productions littéraires des pays voisins ; aussi il s'acquit l'estime générale et la protection des plus grands seigneurs de l'Angleterre.

CHRESTOMATHIE. Ce mot, qui vient du grec, signifie connaissance, production ou recherche utile, élémentaire et propre à faciliter l'instruction dans quelle partie que ce soit ; ainsi on peut donner le nom de *chrestomathie* aux livres élémentaires qui ont un caractère d'utilité, qui sont bien faits, et qui applanissent les difficultés qui accompagnent ordinairement le début dans toute espèce d'études.

CLASSIQUE. Cette épithète ne se donne qu'aux auteurs qui ont le mieux écrit dans chaque langue portée à son plus haut degré de perfection, et qui servent ordinairement de modèles à ceux qui s'appliquent à l'étude des belles-lettres, *sciptores primæ notæ, et prestantissimi*, dit Aulu-Gelle. Mais chez les modernes on entend plus particulièrement, par auteurs *classiques*, ceux que l'on expliquait dans les colléges, et surtout les latins qui ont vécu du temps de la république, et ceux qui ont été contemporains ou presque contemporains d'Auguste, tels que Térence, César, Corn. Népos, Cicéron, Salluste, Virgile, Horace, Phédre, Tite-Live, Ovide, Val. Maxime, Velleius Paterculus, Quintcurce, Juvenal, Martial et Frontin, auxquels on ajoute Corneille Tacite, qui vivait dans le second siècle, ainsi que Pline le jeune, Florus, Suétone et Justin. C'est dans ce second siècle, sous les Antonins, que la belle latinité commença à se corrompre. Chez les grecs, Homère, Hésiode, Pindare, Hérodote, Thucydide, Xénophon, Démosthènes, Isocrate, Aristote, etc., peuvent passer pour *classiques* ; ajoutons-y les Fables d'Esope, les Dialogues de Lucien, et beaucoup de fragmens de Plutarque. On peut considérer comme *classiques* français les bons auteurs du siècle de Louis XIV, tels que Corneille, Despreaux, Pascal, Bossuet, Fénelon, Racine, Molière, Regnard, et ceux du 18ᵉ siècle, comme Crébillon, Voltaire, les deux Rousseau, Dumarsais, Montesquieu, Buffon, Mably, Condillac, Barthelemy, etc. etc. Dans les écoles de théologie, S. Thomas d'Aquin et Pierre Lombard, le maître des Sentences, sont considérés comme auteurs *classiques*. On trouve les *classiques* réunis dans la nombreuse collection des *Variorum* et dans celle des *Ad-usum* (*voyez les mots* VARIORUM *et* AD-USUM). Voltaire désirait que l'académie française donnât une édition correcte des auteurs *classiques* français, avec des remarques de grammaire. C'est à l'institut national à exécuter le vœu de Voltaire. Il serait aussi à souhaiter que l'on eût une nouvelle collection des *classiques* latins, moins volumineuse, moins dispendieuse et plus exacte que celle des *Variorum* ; on pourrait même l'enrichir de bonnes traductions séparées ou jointes au texte. N'oublions point, en parlant des *classiques*, la collection intéressante publiée et continuée depuis 1779, par la société typographique de Deux-Ponts. Le citoyen Exter et compagnie dirigent cette société ; ils ont mis au jour, depuis 1779 jusqu'à l'an 2 de la république, 104 volumes d'anciens auteurs *classiques* latins, et 35 volumes d'auteurs grecs choisis, le tout, imprimé format grand in-8°. Cette belle entreprise a été interrompue par les malheurs de la guerre, depuis l'an 2 jusqu'à l'an 6, époque à laquelle le citoyen Exter et compagnie se sont établis à Strasbourg, où ils continuent cette précieuse collection.

COORNHERT (Théodore). Ce littérateur était graveur, et passe pour le restaurateur de l'art de l'imprimerie à Harlem, dans le 16e siècle : il était en société avec Jean de Zuyren, dont nous parlons ailleurs.

COPIN (Michel Mouchet). Libraire à Madrid en 1766, a écrit sur l'origine de l'imprimerie. Il a aussi composé quelques traductions.

COT (Pierre). Il a travaillé sur le mécanisme de l'art du fondeur et de l'imprimeur. Il exerçait à Paris, en 1703, ces deux professions.

COUPÉ (L. M.). Ancien professeur à l'université de Paris. Ce savant estimable est l'auteur des *Soirées littéraires*, dont le premier volume a paru en l'an IV (1795). Ce précieux ouvrage, qui est à la portée de tous les lecteurs, doit être particulièrement recherché par ceux qui étudient l'histoire des belles-lettres ; c'est une entreprise de la plus grande étendue : elle embrasse tous les siècles. Les productions les plus agréables et les plus curieuses de la littérature grecque, romaine, du moyen âge et moderne, s'y offrent alternativement de la manière la plus variée. On y trouve des anecdotes neuves et piquantes, qui appartiennent aux différens écrivains, dont le citoyen *Coupé* a traduit les ouvrages avec autant d'élégance que de fidélité. Et parmi ces écrivains, il en est une foule dont il n'est nullement question dans les biographes ; ce qui prouve l'immensité des recherches de l'auteur, et les soins qu'il s'est donnés pour que son ouvrage ait tout l'intérêt dont il est susceptible. La collection des *Soirées littéraires* est arrêtée depuis long-temps au 20e volume ; il est fort à désirer que le citoyen *Coupé* ne renonce pas au projet qu'il avait formé de le porter à 32, y compris les tables générales, qui sont indispensables. Outre plusieurs traductions de poëtes grecs et latins, qui se trouvent dans les *Soirées littéraires*, le citoyen *Coupé* a encore publié le *Théâtre de Sénèque*, 1795, 2 vol. in-8, et l'*Eloge de l'Ane*, traduction libre du latin de Daniel Heinsius, 1796, 1 vol. in-16.

COURET DE VILLENEUVE (Martin). Imprimeur à Orléans, et littérateur instruit. Il a exercé l'art de l'imprimerie d'une manière distinguée. Dès 1748 on lui doit beaucoup de bonnes éditions, entre autres celle d'*Horace commenté par Jean Bond*, Orléans, 1766, in-12. L. P. Couret de Villeneuve, son fils, a suivi la même carrière, soit dans la littérature, soit dans la typographie.

CRAESBECK (Laurent). Imprimeur portugais : il était littérateur ; il exerçait son art à Lisbonne en 1633, après avoir succédé à son père, qui passe pour le plus célèbre, mais non pas le plus savant imprimeur de Portugal.

D.

DANFRIE (Philippe). Ce savant, versé dans les mathématiques et la géométrie, était tailleur général des monnaies de France ; il a taillé les poinçons d'un très-joli caractère, imitant l'écriture bâtarde ; il s'en est servi pour ses ouvrages. Il a imprimé à Paris en 1558, en société avec Richard Breton.

DEMETRIUS DUCAS. Imprimeur du 15e siècle. Il était grec d'origine, traducteur, correcteur d'imprimerie, et éditeur ; il trouva le premier l'art d'imprimer des ouvrages entiers en langue grecque. Il en fit l'essai à Milan en 1476, avec Denis Paravisino. Il a aussi imprimé pour Bernardin Nerlius, à Florence, en 1488, et à Rome, seul, en 1526. Il y a grande apparence que l'abbé de Fontenay, dans son

Dictionnaire des artistes, aura confondu *Demetrius Ducas* avec Demetrius Chalcondyle (*voyez* CHALCONDYLE).

DONZELLA (Pierre). Ce théologien mystique, qui a chanté les louanges de S. Jean de Dieu, a été libraire à Grenade vers 1541. C'est le premier et sans doute le seul libraire qui ait été canonisé. On connaît encore un *Donzella* qui était aussi libraire à Palerme en 1712.

E.

ENDTERS (Jean-André). Imprimeur à Nuremberg en 1723; il descend d'une famille qui faisait, depuis long-temps, le commerce de la librairie dans cette ville. Il a écrit sur l'origine de l'imprimerie.

ERPENIUS (Thomas). Ce savant, qui était grammairien, orateur, traducteur et éditeur, a levé une imprimerie pour les livres arabes, à Leyde, vers 1612.

ESTAMPILLE. En terme de bibliographie, c'est une marque, inscription ou signature que l'on appose sur les livres pour indiquer à quelle bibliothèque ils appartiennent. Autrefois les livres de la bibliothèque du roi avaient, pour estampille les armes de France, avec ces mots autour : *Bibliothecæ regiæ*. Il serait à souhaiter que tous les livres appartenant à la république, dans les départemens, fussent *estampillés*. On pourrait composer cette estampille des lettres R et F entrelacées en forme de chiffre, avec ces mots autour : PROPRIÉTÉ NATIONALE, et au bas, le nom du département. Je proposerais aussi de placer l'estampille à peu près au milieu du verso du frontispice de l'ouvrage, et d'y ajouter, à la main, le n.° du volume : on se servirait d'encre d'imprimerie, ou noire ou rouge, pour imprimer l'estampille. Alors, les acides les plus mordans n'auraient aucune prise sur cette marque; les ouvrages ne pourraient jamais s'égarer, et l'on éviterait les accidens arrivés à la bibliothèque du roi en 1706, par la friponnerie d'un nommé Jean Aimont; il s'est enfui en Hollande après avoir enlevé et détérioré des manuscrits précieux qu'on n'a pu lui faire restituer, en partie, qu'avec grande peine, parce que malheureusement l'estampille n'avait point été apposée dessus (voyez l'*Histoire de la bibliothèque du roi*, in-12, page 74, et l'article MANUSCRITS de notre supplément).

F.

FAGNON (Jean-Charles). Habile graveur, mort à Paris en germinal an 8, âgé de 67 ans; il a été attaché à l'imprimerie du Louvre pendant environ 40 ans. Il a succédé, en 1771, à M. Louis Luce, sous la direction duquel il avait d'abord gravé un nombre infini de fleurons et de vignettes, qui faisaient l'ornement des éditions du Louvre avant qu'un goût plus sévère les eût bannis entièrement de l'art typographique; il réunissait à l'art de la gravure la parfaite connaissance du mécanisme et de toutes les machines qui concourrent à la fonte des caractères d'imprimerie; l'établissement auquel il était attaché lui en doit même de fort ingénieuses; il donnait à cette partie tous les instans dont sa place lui permettait de disposer, et il les a employés, avec une constance infatigable, à graver une suite complète de caractères français qui, avant ceux des citoyens Didot, avaient cours indistinctement, avec ceux de Fournier et de Gando, dans toutes les fonderies de Paris et des provinces. Mais ce qui doit le faire marcher de front avec ceux qui, de nos jours, ont porté l'art à sa perfection, c'est un caractère d'écriture que lui seul a gravé complet, et pour lequel il n'a point encore eu de second. J'ai sous les yeux des épreuves de ces beaux caractères : il est impossible de voir une écriture mieux proportionnée, plus soignée et plus agréable à la vue. La main du plus habile calligraphe n'exécuterait pas mieux : on peut choisir entre la bâtarde, la coulée et la ronde de différens corps. Ces épreuves sortent de la fonderie du citoyen Gillé fils, connu avantageusement par une très-belle collection de soixante-dix caractères soigneusement gravés, dont il vient de publier des épreuves, et de six cents vignettes, fleurons, camées et ornemens d'un goût moderne, qui paraîtront sous peu. Le citoyen Gillé s'occupe d'un ouvrage sur son art, qui bientôt verra le jour. Jean-Charle Fagnon réunissait à un talent réel la pratique des vertus sociales ; aussi laisse-t-il un nom cher à tous ceux qui l'ont connu, et surtout au citoyen Solvet, libraire à Paris, qui vivait dans la société de cet estimable artiste, et qui a eu la complaisance de me transmettre une notice sur ses précieux travaux.

FRIS, ou FRISIUS (André). Ce littérateur, à qui l'on doit des traductions et des éditions, était imprimeur à Amsterdam en 1664. On estime les ouvrages sortis de ses presses.

FRITSCH (Thomas). Ce bibliographe exerçait l'art typographique à Leipsick en 1709 ; ses éditions sont estimées. On lui doit une collection des auteurs qui ont écrit sur les Antiquités de l'Allemagne.

FROBEN (Georges-Louis). Ce *Froben* est étranger à celui dont nous avons parlé : éditeur, il a extrait les ouvrages de Cicéron en dix *index* ; il était libraire à Hambourg en 1614.

G.

GESSNERS (Chrétien-Frédéric). Imprimeur à Leipsick en 1740 : il a écrit sur l'histoire et le mécanisme de l'art de l'imprimerie.

GUISE (Samuel). Chirurgien en chef de l'hôpital général de Surate dans l'Inde. Cet anglais, pendant le séjour qu'il a fait dans cette ville depuis 1788 jusqu'en 1795, a formé une collection précieuse de manuscrits recueillis dans l'Indostan. Cette collection renferme, dit-on, tous les manuscrits qu'Anquetil s'est procurés sur la religion et l'histoire des Perses, et d'autres qu'il a cherché en vain. On y trouve également un grand nombre de bons ouvrages en langues arabe et persanne; mais le principal mérite de cette collection consiste dans plusieurs manuscrits zends et pehlvis concernant la religion et l'histoire des perses. Plusieurs de ces manuscrits ont été rassemblés et payés très-chers par la veuve Darab, la même qui a enseigné ces deux langues à Anquetil Duperron. Cette collection contient encore tous les ouvrages qui nous restent de Zoroastre sur la création du monde, sur le paradis terrestre, sur la dispersion du genre humain, l'origine du mal moral et physique, la fin du monde, la résurrection, ses préceptes moraux et son code des cérémonies religieuses. Cette collection précieuse qui, dit-on, est en vente, doit rapporter de fortes sommes, surtout si l'on prend pour bases les prix des manuscrits dans l'Inde, et dont on cite les exemples suivans. Le voyageur Madelsloh raconte que l'empereur Akbar possédait une bibliothèque de 24,000 volumes, dont la valeur fut estimée 32 lacs de roupies, ou 31,865 couronnes; de sorte que chaque volume était taxé à près de 34 livres sterlings. Parmi les manuscrits sanscrits le *mahaburrat* est regardé comme l'un des plus rares. Pendant le règne de l'empereur Akbar on en a fait une traduction en langue persanne, que le général anglais Carnac a payé 1000 roupies. On a dernièrement publié à Londres le catalogue de la collection de M. Samuel Guise.

GUTNER (Jean-Gabriel). Imprimeur à Chemnitz en Misnie en 1661. Il a écrit sur l'art de l'imprimerie.

GUYOT DE MERVILLE (Michel). Auteur dramatique, qui a fini malheureusement, dans les environs de Genève, une vie que la misère et le chagrin lui rendaient insupportable. Cet auteur est suffisamment connu, mais non pas comme libraire, et nous le citons ici en cette seule qualité : il se fit libraire à la Haye en 1726 ; son nom paraît, en cette qualité, sur le titre de quelques livres. Né à Versailles en 1696, il est mort en 1765.

H.

HALMA (François). Ce savant s'est acquis beaucoup de réputation à Utrecht, où il imprimait en 1682 ; il a transporté ses presses à Amsterdam en 1701, et à Lewarde en 1713 : il a imprimé beaucoup de bons ouvrages. La poésie, l'histoire, la grammaire, etc. lui étaient familières.

HERVAS (Laurent). Savant glossographe espagnol, ci-devant jésuite. Dom Lorenzo Hervas a publié quelques ouvrages sur l'origine et l'affinité des langues, qui lui assurent l'une des premières places parmi les auteurs qui ont traité le même sujet. Ses recherches sur l'origine et l'analogie des langues usitées dans les quatre parties du monde sont immenses ; il compare plus de 300 vocabulaires ou grammaires manuscrites qu'il a rassemblés pendant son séjour aux Indes et en Amérique, ou qui lui ont été communiqués par ses confrères en Italie et en Espagne. Son travail est consigné dans cinq volumes in-4 qui font partie des Œuvres complettes de l'auteur, imprimées à ses frais à Césène. Nous allons en donner une idée.

Le premier volume a pour titre : *Catalogo delle lingue conosciute e notizia della loro affinità e diversità, opera dell' abbate don Lorenzo Hervas.* Cesena, 1784. Ce volume est divisé en cinq chapitres.

1. Notice historique et comparative des langues de l'Amérique, c'est-à-dire, de celles de la Terre de feu et des Patagons, du Chili, du Paraguai, du Brésil, de la Terre ferme, de l'Orénoque, Casanare, Meta et des Antilles; du Pérou, de Quito jusqu'à Panama; de la Nouvelle-Espagne, de la Californie, de l'Amérique septentrionale et de la Floride. Le nombre de ces différentes langues, avec leurs dialectes, se monte à plus de deux cents.

2. Langues de la mer du Sud, depuis l'Amérique jusqu'aux Philippines. On y compte la langue malaise avec vingt-neuf dialectes, et cinq langues différentes de Mindanao.

3. Langues d'Asie; savoir, de la Chine jusqu'au Gange; c'est le chinois avec quinze dialectes : langues de l'embouchure du Gange jusqu'au golphe Persique; langues de l'Arabie, de la Syrie, de la Palestine, de la Chaldée, de l'Arménie, de la Natolie et des autres provinces de la Turquie d'Asie; langues tartares ou de la Tartarie chinoise, russe et du Japon. Quant à la langue géorgienne, *Hervas* cherche à démontrer l'analogie qui existe entre cette langue et la biscayenne, et il tire la conséquence que la Géorgie a été peuplée anciennement par les espagnols.

4. Langues européennes, divisées en illyrique, scytique, turque, grecque, teutonique, celtique, latine, cantabrique, opsca, sabina, sebella, volsca et étrusca, anciennes langues

d'Italie. De la langue latine dérivent le français, l'italien, le portugais, l'espagnol et les langues de la Valachie et de la Moldavie ; et de la langue celtique dérivent le gallo-antico-bretono, le galato-antico, l'armorico, le gaulois, l'anglais, l'irlandais et l'erse.

5. Langues d'Afrique, c'est-à-dire, celles d'Egypte, parmi lesquelles se trouvent le galas avec vingt-quatre dialectes ; celle du Zanguébar et des hottentots ; parmi ces dernières on compte le mandinga avec trente-deux dialectes, et la langue de Gialofa usitée en Guinée avec vingt-huit dialectes. A la fin de ce volume, *Hervas* a donné un aperçu général de toutes les langues-mères connues, dont il compte pour l'Amérique cinquante ; pour l'Asie sept, qui sont le chinois, le malais, l'indou, l'hébreu, l'arménien, le mantchou et le mongol ; pour l'Europe sept, savoir, l'illyrique, le scytique, le tartaro-mongol, le grec, le teutonique, le celtique et le cantabrique ; pour l'Afrique huit, le copte, le galais, l'hottentot, le congo, le mandingo, le gialofa, le fula et l'akanique.

Le second volume est intitulé : *Origine, formazione, mecanismo ed armonia degl' idiomi*. Cesena, 1785, in-4. Ce volume est divisé en quatorze paragraphes, qui traitent :

1. des différentes manières de parler.
2. Des organes et du mécanisme de la prononciation.
3. De la formation des mots relativement aux organes.
4. De leur formation relativement aux objets désignés.
5. Mots dérivés.
6. Changemens des mots primitifs.
7. Mélange des langues causé par la transmigration des peuples.
8. Mots communs à différentes langues.
9. Mots primitifs qu'on retrouve dans plusieurs langues.
10. De l'harmonie des langues.
11. De la culture des langues.

12. La multiplicité et la différence des langues en occasionnèrent la confusion quelques siècles après le déluge.

13. De la confusion des langues de Babel.

14. Remarques historiques et philosophiques sur les langues.

Le troisième volume ayant pour titre : *Aritmetica delle nazioni e divisione del tempo fra l'orientali*. Cesena, 1786, in-4, traite de l'arithmétique ou de l'art de compter des peuples connus, et l'autre de la division du temps usitée parmi les peuples anciens et modernes de l'orient.

Le quatrième volume est ainsi intitulé : *Vocabulario poliglotto, con prolegomeni sopra piu di CL lingue, dove sono delle scoperte nuove ed utili all' antica storia dell' uman genere, ad alla cognitione del mecanismo delle parole*. Cesena, 1787, in-4. Hervas consacre ce volume à comparer une soixantaine de mots français avec cent cinquante-quatre langues différentes.

Le cinquième volume a pour titre : *Saggio prattico delle lingue con prolegomeni e una raccolta di orazioni dominicali in più di trecento lingue e dialetti, con cui si dimostra l'infusione del primo idioma dell' uman genere e la confusione delle lingue in esso poi succeduta, e si additano le dimarazione e dispersione delle nazioni, con molti risultati utili alla storia*. Cesena, 1787. Ce volume est divisé en six paragraphes, qui traitent :

1. De l'utilité de l'étymologie pour l'histoire.
2. De l'histoire des langues et des peuples.
3. De l'utilité d'une collection d'oraisons dominicales.
4. Liste des langues dans lesquelles *Hervas* a fourni l'oraison dominicale et la désignation des pays où elles sont en usage : il y en a cinquante-cinq de l'Amérique, cent quarante-deux de l'Asie, cent neuf de l'Europe, et dix de l'Afrique.
5. L'oraison dominicale dans presque toutes les langues connues, accompagnée de remarques grammaticales.

6. Hymnes, prières et maximes en vingt-deux autres langues. Le volume est terminé par une récapitulation des langues dans lesquelles l'oraison dominicale existe. Il y en a 136, outre les 154 dont nous avons parlé au quatrième volume.

Tels sont à peu près les détails que nous ont fournis le Journal de littérature étrangère sur les ouvrages relatifs aux langues de dom Lorenzo *Hervas*. On voit que peu ou point d'auteurs ont traité ce sujet d'une manière aussi vaste et aussi détaillée, même en y comprenant Buttener et Chamberlayn. Cependant les cinq volumes que nous citons, et qui forment les 17, 18, 19, 20 et 21 de la collection des Œuvres de Lorenzo *Hervas*, sont, à l'exception de l'Espagne et d'une partie de l'Italie, presqu'inconnus dans le reste de l'Europe. L'auteur les a fait imprimer à Césène, et toute l'édition a passé en Espagne, d'où il n'en est sorti que très peu d'exemplaires; puisque M. Fischer a été le premier qui, dans ses *Voyages d'Espagne*, en ait annoncé l'existence.

HONDIUS (Josse I). Il était géographe, graveur, fondeur de caractères et imprimeur à Amsterdam en 1605: son fils Henri marcha sur les traces de son père en 1618.

I.

INSCRIPTIONS. Les *inscriptions* anciennes, qui forment une branche de l'archæologie (*voyez* ce MOT), sont d'une telle importance pour les langues, la géographie, l'histoire et la philologie, que nous croyons devoir leur consacrer un article; ce sont des monumens publics et contemporains qui jettent le plus grand jour sur les faits historiques, et qui, par conséquent, sont bien dignes de toutes les recherches que les érudits modernes ont multipliées à leur sujet. Les *inscriptions* se trouvent ordinairement sur des colonnes, sur des pierres, des marbres, des autels, des tombeaux, des vases, des statues, des temples, des médailles, des monnaies, des tables de bois et d'airain ; elles sont quelquefois en vers, mais le plus souvent en prose. Elles sont écrites avec une telle forme et une telle brièveté énergique, qu'on les a nommées *epigrammata* (1), *inscriptiones tituli*. On y rencontre beaucoup d'abréviations ; les pensées en sont nobles ; tout y est bref, simple, clair : elles ont un style qui leur est propre, mais qui a varié suivant les différens âges, et que l'on nomme style lapidaire. On peut consulter, sur les abréviations en usage dans les *inscriptions*, les ouvrages de Maffei, de Corsinus (2), de Montfaucon, etc., etc. les *inscriptions* grecques et romaines sont celles qui intéressent le plus les antiquaires ; parmi les grecques, les plus anciennes sont, 1.° celle d'*Amyclæ*, en boustrophédon, consistant en deux fragmens, qui ne forment peut-être qu'un ensemble ; c'est une liste de noms de prêtresses grecques ; elle remonte à mille ans avant J.-C. : elle a été trouvée par l'abbé Fourmont, en 1728, à Sklabochori (autrefois *Amyclæ*), sous les ruines d'un temple d'Apollon. 2.° L'*inscription* sigéenne, aussi en boustrophédon, découverte par l'anglais Sherard dans la Troade, dans le lieu où était l'ancien *Sigeum* : elle appartient à une statue d'Hermès sans tête. 3.° Les marbres d'Arundel (*voyez* ce MOT, page 418 du premier volume). L'anglais Robertson a jeté des doutes sur l'antiquité de ces *inscriptions* chronologiques dans un livre publié en 1788, in-8 ;

---

(1) Le mot *épigramme* convient à de petits poëmes qui renferment en peu de mots une pensée ingénieuse rendue avec esprit et clarté.

(2) Fr. Scip. Maffei græcorum siglæ lapidariæ, collectæ atque explicatæ. Véron., 1746, in-8.

Edw. Corsini notæ græcorum. Florent., 1749, in-fol.

mais il a été réfuté dans la même année par un de ses compatriotes. 4.° Une *inscription* athénienne avec des caractères anciens ioniens, qui datent vraisemblablement du temps de la guerre du Péloponèse, et une autre sur deux colonnes qu'Hérodes Atticus fit élever sur la route appienne. L'une et l'autre ont été découvertes par Antoine Galland, si connu par ses Contes orientaux. 5.° Plusieurs *inscriptions* découvertes à Herculanum sur des tables d'airain, etc. Les *inscriptions* romaines les plus précieuses, soit par leur antiquité, soit parce qu'elles étaient publiques, sont, 1.° celle du piédestal de la colonne rostrale érigée en l'honneur du consul Duilius, après la victoire navale remportée sur les carthaginois l'an 494 de Rome. Cette colonne fut frappée de la foudre à l'époque de la seconde guerre punique, et elle n'a été découverte et relevée qu'en 1565 ; l'*inscription* est très-mutilée ; Lipse et Ciacconi ont travaillé à en remplir les lacunes. 2.° Le *senatus-consultum de Bacchanalibus*, rédigé l'an 566 de Rome, et dont Tite-Live parle, liv. 39, chap. 8 : ce sénatus-consulte a été gravé sur une table de bronze qu'on découvrit en 1640 à Tirioli ; il contient la prohibition de la célébration nocturne des mystères de Bacchus dans toute la domination romaine. La table de bronze où il se trouve quelques lacunes et quelques fractures, a à peu près un pied carré, et est déposée dans la collection impériale à Vienne. 3.° L'*inscription* sur L. Scipion, fils de Scipion Barbatus, plus ancienne que la précédente, car elle date de l'an 495 de Rome ; elle a été trouvée dans le 15e siècle. 4.° L'*inscription* appelée *Monumentum Ancyranum* ; elle parle des faits de l'empereur Auguste ; c'est une table de marbre que Busbeck découvrit en 1553. 5.° Les *Fasti Capitolini* ; ce sont des fragmens de tables anciennement placées au Capitole, sur lesquelles étaient inscrits les noms des consuls romains et d'autres magistrats, etc. Nous ne nous étendrons pas davantage sur les *inscriptions* grecques

et romaines ; d'ailleurs, il y a tant d'ouvrages qui en parlent, qu'il est facile de se procurer sur leur nombre, sur leur antiquité et sur leur importance tous les détails nécessaires ; mais il faut se défier de certains auteurs, tels que Mazocchi, Smetius et Fulvio Ursini, qui ont cité beaucoup d'*inscriptions* fictives, sans se douter de leur fausseté. On trouvera dans les *Mémoires sur les antiquités de la Perse*, par le savant Sylvestre de Sacy, Paris, 1793, in-4 ; un grand nombre d'*inscriptions* découvertes dans cette partie de l'Asie, et expliquées avec la sagacité et la profonde érudition si familières à cet auteur ; je saisis encore ici l'occasion de rendre hommage à la mémoire de mon ami Beauchamp (*voyez* ma DÉDICACE et l'article VESOUL à la notice géographique). Voici comment s'explique à son sujet M. de Sacy, qui, parlant de l'inexactitude d'une relation en Turquie et en Perse, ajoute : « Il n'en est pas de même de
« celle de M. Beauchamp, vicaire général de l'évêché de
« Babylone, et correspondant de l'académie des sciences.
« Quoique l'objet de ses voyages dans le Curdistan et dans
« plusieurs provinces de la Perse, fût plutôt d'étudier le
« ciel (1) que de chercher sur la terre des vestiges de l'an-
« tiquité, il n'a cependant négligé aucune occasion de se
« rendre utile à ceux qui s'occupent de l'étude des monu-

---

(1). C'est dans le même temps à peu près, qu'il observa une éclipse de lune, la plus importante, dit M. de Lalande, qu'on ait jamais observée.... Les observations de Mercure, qui sont si rares en France, étaient une des choses que M. de Lalande lui avait le plus recommandées. Il en a plus fait à lui seul que tous les astronomes européens dans toute leur vie, et que l'on n'en avait eu depuis l'origine de l'astronomie : il l'a vu plus près du soleil qu'on ne l'avait jamais observé. M. de Lalande a publié plusieurs de ces observations dans les Mémoires de l'académie ; et c'est à Beauchamp qu'il doit les plus grands secours pour les tables de cette planète qu'il a publiées (*Monit. an X*).

« mens. Ses observations sur les ruines de Babylone et sur
« l'édifice nommé par les arabes Tak kesrâ, dont il a fait
« part à l'académie, en sont une preuve certaine, et les
« descriptions des monumens de Kirmanschah, qu'il a eu
« la bonté de me communiquer, lui assurent un nouveau
« droit à la reconnaissance des antiquaires. Ces descrip-
« tions que j'ai extraites de son journal manuscrit et d'une
« lettre qu'il écrivit de Kirmanschah à M. Choiseul-Gouf-
« fier, ambassadeur de France à la Porte, et membre de
« l'académie des belles-lettres, sont d'autant plus précieuses,
« qu'ignorant que ces monumens eussent attiré l'attention
« d'autres voyageurs avant lui, il les a vus sans préjugés
« et les a décrits de même. Mais ce qu'il y a de plus im-
« portant, ce sont deux *inscriptions* qui accompagnent un
« de ces monumens, et que M. Beauchamp a copiées et
» m'a pareillement communiquées, etc., etc. » (MÉMOIRES, *inscriptions de Kirmanschah*, page 213.) L'anglais Hager, dont nous avons déjà parlé, vient de publier un ouvrage ayant pour titre: *Monument de l'empereur* YU, ou la plus ancienne *inscription* de la Chine, suivie de 32 différentes formes des plus anciens caractères, tirés de tombeaux, marbres, sceaux, monnaies, tablettes de bambou, tambours de pierres, vases de métal, cloches et autres anciens monumens de ce vaste empire, et publiés à Pékin, avec quelques remarques sur la figure de ces caractères, sur la traduction chinoise et sur différens autres points. 1 vol. in-fol., grand papier.

J.

JARRY (Nicolas). Célèbre calligraphe, qui travaillait à Paris dans le 17e siècle. Tout ce qui est sorti de la main de cet inimitable artiste passe pour chef-d'œuvre; son talent dans l'art calligraphique est au-dessus de tout éloge;

il a effacé tous ceux qui l'ont précédé et qui l'ont suivi dans la même carrière. Pour donner une idée du mérite de ses productions, il suffit d'en citer quelques-unes, et de dire quel prix les connaisseurs y ont mis dans les ventes publiques : *Preces christianæ cum Officio Virginis ; codex MSS. in membranis*, 1652, *Parisiis exaratus*, in-12, vendu 40 liv. 3 s. en 1769. *Livre de prières dévotes*, MSS. *sur vélin*, encadré d'un filet d'or, in-16, vendu 95 liv. en 1779. *Heures de Notre-Dame escrites à la main*, 1647, *par N. Jarry, parisien*, in-8. MSS. contenant 120 feuillets de vélin d'une blancheur éclatante, et écrit en lettres rondes et en lettres bâtardes, dont grand nombre sont peintes en or. Voici comme G. Debure l'aîné s'explique au sujet de ce manuscrit dans le Catalogue de M. de la Vallière : « Ces Heures sont un chef-d'œuvre d'écriture et de peinture. Le fameux *Jarry*, qui n'a pas encore eu son égal en l'art d'écrire, s'y est surpassé et y a prouvé que la régularité, la netteté et la précision des caractères du burin et de l'impression pouvaient être imitées avec la plume à un degré de perfection inconcevable. Ce beau manuscrit, orné de sept superbes miniatures, a été vendu, en 1784, 1601 liv. *La Guirlande de Julie, pour mademoiselle de Rambouillet, Julie Lucine d'Angennes*, 1641, in-folio. Ce manuscrit, précieux, écrit sur vélin, est unique dans son genre. Huet l'a appelé le chef-d'œuvre de la galanterie. L'abbé Rive en a donné la description. C'est le baron de Saint-Maur, duc de Montausier, qui en a conçu l'idée, qui en a fait la dépense et qui l'a donné, en 1641, à Mlle de Rambouillet, qu'il a épousée en 1645. Ce manuscrit a trente miniatures, représentant des fleurs, et soixante-un madrigaux, tous écrits sur un feuillet séparé, et les fleurs, qui ont été peintes par le fameux Robert, sont également chacune sur un feuillet. Ce livre unique a été vendu à la vente de la bibliothèque de la Vallière, en 1784, 14510 livres (1). *La Guirlande de Julie, pour mademoiselle de Rambouillet, Julie Lucine d'Angennes*, 1641, in-8, copie sur vélin du bel ouvrage que nous venons de citer ; elle contient seulement 40 feuillets, écrits en bâtarde, et ne renferme que les madrigaux sans aucune peinture. Ce chef-d'œuvre d'écriture de *Jarry* a été vendu, en même temps que l'autre guirlande, 406 liv. *Airs nouveaux de la cour, escripts par Jarry*, in 8. MSS. sur vélin avec les airs notés et écrits par le même. Il a été vendu, en 1785, 14 liv. 19 s. *Les sept Offices de la semaine, avec leurs litanies*, 1653, in-32, les marges encadrées en or : manuscrit vendu 200 liv. en 1785. *Livres d'emblêmes*, in-4, manuscrit sur vélin très-blanc, contenant 60 feuillets, avec trente dessins emblématiques lavés à l'encre de la Chine. « Le fameux *Jarry* en est le calligraphe, dit Debure ; quoiqu'il n'y ait pas mis son nom, il est impossible de se méprendre à la beauté des caractères tracés par la main de cet artiste habile, qui, en exécutant ce livre, ne l'a pas voulu rendre inférieur aux chefs-d'œuvre qu'il a souscrits. » Ce manuscrit a été vendu 761 livres en 1784. J'ignore la date de la naissance et de la mort de *Jarry*. Il paraît qu'il n'a travaillé que vers le milieu du 17e siècle.

JOMBERT (Charles-Antoine). L'un des plus habiles libraires et imprimeurs de Paris. Il était mathématicien, amateur des arts, de la peinture, du dessin, de la gra-

---

(1) Dans le 10e siècle, un *Recueil d'Homélies* a été payé, par une comtesse d'Anjou nommée Grécie, deux cents brebis, trois muids de grain et cent peaux de martres (*Nouvelle Bibliothèque de société*). Homélie signifie exhortations ou conférences qui se faisaient, par les évêques, dans les cinq premiers siècles de l'église. Il reste plusieurs belles Homélies des pères, comme de S. Jean Chrisostôme, de S. Gregoire, etc.

vure, de l'architecture, etc., sur lesquels il a publié beaucoup d'ouvrages qui enrichissent son beau Catalogue, dans lequel on voit plusieurs autres grands ouvrages sur l'art militaire dont il est éditeur. Il a été imprimeur du roi, pour l'artillerie et le génie, en 1736. Il est mort en 1784, à Saint-Germain-en-Laye. Il a eu pour fils Claude-Antoine *Jombert* et Louis-Alexandre *Jombert*, qui est devenu gendre de François-Ambroise Didot.

JORRE (François). Imprimeur à Rouen en 1732. Il était aussi romancier et éditeur. Voltaire est cause de la ruine de cet imprimeur, ainsi que de celle de plusieurs autres libraires, tel que Ledet, etc. On peut consulter à ce sujet la correspondance de Voltaire et les écrits du temps relatifs à sa conduite envers les imprimeurs avec lesquels il traitait.

K.

KIRSTENIUS (Pierre). Ce médecin était très-versé dans la langue arabe. Il a levé une imprimerie, pour les livres arabes, à Breslaw en 1608.

L.

LACOMBE (Jacques). Né à Paris en 1724, avocat, auteur et éditeur d'un grand nombre d'ouvrages relatifs à l'histoire et aux beaux-arts, a eu pendant quelque temps une imprimerie à Deux-Ponts. Il a été libraire à Paris depuis 1765 : il l'était encore en 1788.

LEONARD (Frédéric). C'est un des célèbres imprimeurs de Paris. Il exerçait en 1653 : on lui doit la plupart des auteurs *Ad-usum Delphini*, et une compilation des Traités de paix.

LYNN (Gaultier). Imprimeur à Londres en 1548. Il a traduit en anglais une partie des ouvrages théologiques de Luther (1).

M.

MANILIO (Sébastien). Imprimeur du 15e siècle. Il exerçait son art à Venise en 1494 : il était instruit ; on lui doit quelques traductions.

MANNI (Dominique-Marie). Ce savant italien, versé dans la grammaire, les antiquités, l'histoire, la bibliographie et la critique, a été imprimeur à Florence en 1728 : il passe pour l'un des plus savans imprimeurs du 18e siècle. Il a succédé à Joseph *Manni*, son père, imprimeur à Florence, en 1701. Ce Joseph *Manni* a composé un Catalogue des sénateurs de Florence.

MANUSCRITS. Comme nous n'avons cité aucun *manuscrit* particulier dans notre premier volume, à l'article consacré à ces sortes d'ouvrages (*voyez* page 410), nous allons réparer cette omission en parlant de quelques *manuscrits* intéressans : commençons d'abord par les livres grecs et latins les plus précieux par leur antiquité. On distingue, parmi les grecs, 1.° le *Code du Vatican* de la

---

(1) On prétend que l'on conserve dans la bibliothèque du Vatican un exemplaire de la Bible, à la fin duquel on voit un prière en vers allemands, écrite de la main de Luther, dont le sens est :

« Mon Dieu, par votre bonté, pourvoyez-nous d'habits, de chapeaux, de capotes et de manteaux ; de veaux bien gras, de cabris, de bœufs, de moutons et de genisses ; de beaucoup de femmes et de peu d'enfans : bien boire et bien manger est le vrai moyen de ne point s'ennuyer. »

Il est permis de douter de l'authenticité de cette anecdote.

traduction des septante. 2° Le *Code Alexandrin*, qu'on voit à Londres : c'est l'ancien Testament de la version des septante et le nouveau Testament avec le texte original ; on a donné dernièrement une édition figurée de ce *manuscrit*. 3° Le *Code de Colbert* : c'est un morceau de l'ancien Testament en langue grecque, qui se trouve à la bibliothèque nationale de France. 4° Un *Dioscoride* qui est à la bibliothèque impériale à Vienne, et un autre à celle des augustins de Naples. On ne trouve dans ces *manuscrits*, écrits en lettres initiales de forme carrée, ni accens, ni signes d'aspiration. Quant aux *manuscrits* en langue latine, les plus anciens connus sont, 1° *l'Evangile de saint Marc*, dans l'église patriarchale de Venise (*voyez* notre 1er volume, *page* 108) ; 2° le *Virgile de Florence*, ou le *Codex Médicœus* que Foggini a fait imprimer en 1741, d'après le *manuscrit* in-4 ; 3°. le *Virgile* de la bibliothèque du Vatican, que Bottari a fait paraître tout gravé en 1741, et qui semble appartenir au 5e siècle ; 4° le *Térence* du Vatican, écrit en lettres carrées et orné de masques antiques, imprimé à Urbino en 1736, in-folio, et à Rome en 1767, in-fol. (*voyez* notre 1er volume, pag. 104) ; 5° le *manuscrit* florentin des *Pandectes*, dont Brenckman a donné la description détaillée en 1722 : tels sont à peu près les *manuscrits* les plus précieux, tant grecs que latins, et dont on ne peut pas précisément fixer la date, mais qui remontent, à ce que l'on croit, aux premiers siècles du moyen âge, c'est-à-dire, vers les 5, 6, 7 et 8e siècles. On peut ajouter à ces monumens curieux un *manuscrit* connu sous la dénomination *d'Heures de Charlemagne*, et qui a été conservé pendant plus de dix siècles dans la sacristie ou trésor des reliques du chapitre de St-Sernin de Toulouse. Ce *manuscrit* renferme les quatre Evangiles disposés pour les différentes fêtes de l'année. C'est un petit in-folio composé de 126 feuillets, vélin, fond couleur pourpre, lettres en or ; il y a aussi des lettres d'argent pour quelques titres, mais l'argent a disparu ou s'est entièrement noirci.

L'écriture est en lettres onciales (1), bien formées, de deux lignes de haut. Ce *manuscrit* est du 8e siècle. On en trouvera une description très-détaillée et très-curieuse, faite par M. Castilhon, dans la Décade philosophique, an III, n° 47. M. Planta, bibliothécaire du musée de Londres, s'occupe d'un catalogue complet des *manuscrits* de la bibliothèque cottonienne, qui contiendra près de 16000 articles; l'ancien catalogue n'en contient que 6000 (*voyez* le 1er vol, *page* 463). Disons un mot de quelques *manuscrits* remarquables de la bibliothèque nationale : le peu d'espace nous oblige de présenter une simple nomenclature. La *Somme rurale*, enrichie de belles miniatures et de riches ornemens, 2 vol. in-fol. *Consolation de* Boëce, d'une exécution parfaite; la *Forteresse de la foi*, avec de belles et grandes miniatures : ce dernier ouvrage a appartenu à M. de la Vallière. Le *Cynégéticon*, ou *Traité de la chasse, par Oppien*, écrit de la main de Vergèce, célèbre calligraphe grec (2), par ordre de Henri II, qui en fit cadeau à Diane de Poitiers, sa maîtresse (3). *Statuts*

---

(1) L'étymologie du mot *onciale* vient du latin *uncia*, once, la 12e partie d'une livre; par extension, la 12e partie d'un total et la mesure d'un pouce. Onciale est donc un terme d'antiquité, par lequel on a désigné les lettres dont on se servait en grand pour les inscriptions et les épitaphes, et en petit pour les manuscrits (*Voyez* le premier volume, page 369).

(2) Ange Vegèce ou Vergèce écrivait si bien, que François I.er, instruit de son talent, le fit venir en France, à peu près en 1544 : il copia plusieurs livres, et fit un catalogue par ordre alphabétique de 540 volumes grec. Palæocappa, autre copiste grec, fit le même catalogue par ordre de matières.

(3) L'écriture de ce manuscrit est si belle, que c'est sur ce modèle que les beaux caractères grecs dont s'est servi Robert Etienne pour ses magnifiques éditions, ont été gravés. La reliure de ce manuscrit est très-curieuse : d'un côté, sont les armes de Henri II, et de l'autre on voit Diane de Poitiers avec les attributs de la Diane fabuleuse, etc.

et livre Armorial des escripts et blasons des armes des chevaliers commandeurs de l'ordre et milice du S. Esprit, institué par Henri III, en 1578. Manuscrit in-folio. La *grande Bible de Charles-le-Chauve :* c'est l'un des plus précieux monumens de la bibliothèque nationale ; elle est in-folio *max.*, vélin, et écrite en cinq sortes de caractères : la capitale *rustique* ou aiguë, la capitale ordinaire, l'onciale, caractère carré approchant du saxon, et caractère minuscule. Ce livre est relié en maroquin rouge, du temps de Henri IV. Il y manque 14 feuillets qui ont été enlevés par un nommé Jean Aymont. *L'Histoire des rois de France par Dutillet, manuscrit* sur vélin, supérieurement exécuté, avec portraits en miniature, et présenté à Charles IX par l'auteur. Le *manuscrit de Pétrone,* petit in-folio, en papier, de 237 pages, trouvé, dit-on, en Dalmatie par Pierre Petit, en 1665. Les *quatre Evangiles* en grec très-ancien, sur parchemin, en lettres onciales, avec notes de musique en rouge entre les lignes. Ce *manuscrit* a été donné à la bibliothèque du roi, en 1706, par l'abbé de Signy. Le fameux *Concile,* ou *Synode de Jérusalem, tenu en* 1672, *manuscrit* très-intéressant qui, en 1706, a été volé à la bibliothèque dont nous parlons, par le même Jean Aymont que nous venons de citer, et qui a été restitué, en 1709, par les états généraux des Provinces-Unies. Ce Jean Aymont abusant de la confiance de M. Clément, sous-bibliothécaire à la bibliothèque du roi, s'est rendu coupable de plusieurs vols et détériorations de *manuscrits* précieux. M. Clément fut inconsolable d'avoir été la cause quoiqu'innocente, de ces pertes, dont quelques-unes ont été irréparables. La *Topographie d'Irlande,* ou Recueil de plus de 300 cartes *manuscrites,* formant 2 vol. in-fol. max. oblong. Ce Recueil est unique dans son genre : la description de l'Irlande est si exacte et si détaillée qu'on y a distingué jusqu'aux héritages des particuliers. Il y a un troisième volume des mêmes cartes gravées en petit : c'est en 1707 que des armateurs français prirent le vaisseau *l'Unité,* appartenant à mylord Sherburne, fils de l'auteur, qui repassait de Dublin à Londres; dans ce vaisseau se trouvèrent les trois volumes en question, qui furent sur-le-champ déposés à la bibliothèque du roi. Les *Copies des manuscrits du concile de Basle*, en 33 vol. in-folio., etc. etc. etc. Nous ne prolongerons pas davantage nos citations sur les *manuscrits* de la bibliothèque nationale, qui en renferme par milliers d'aussi précieux que ceux dont nous disons un mot. On peut d'ailleurs consulter le catalogue in-f. de cette bibliothèque, qui est en 10 vol., dont quatre comprennent les *manuscrits*; savoir, le 1er les *manuscrits* orientaux, le 2e les *manuscrits* grecs; les 3 et 4, les *manuscrits* latins. Les six autres volumes comprennent les livres imprimés; savoir, trois pour l'écriture sainte et la théologie, deux pour les belles-lettres, un pour le droit canon. Sans la mort de M. Capperonnier, on aurait le 11e volume, renfermant la partie du droit civil, qui était toute prête, et dont le plan était très-bien disposé.

MARCOLINI (Fançois). Ce savant imprimeur s'est acquis beaucoup de réputation dans l'art typographique, qu'il exerçait à Venise dès 1535. Il était encore dessinateur, et architecte. Il a fait un *Jeu du sort*, ou *Recueil d'oracles divertissans*.

MARIETTE (Pierre-Jean). Ce célèbre antiquaire a exercé la librairie à Paris en 1714: il a été imprimeur de la chambre des comptes en 1722; mais il s'est démis de son imprimerie en 1750. Nous avons parlé ailleurs de son beau *Traité des pierres gravées*, en 2 vol. in-fol. *Mariette* est mort en 1747. Le *Catalogue de ses estampes* a été dressé par M. Basan en 1775, in 8°: c'est un des plus complets en ce genre.

MENCKE ou *Mencken* (Jean-Burchard). Ce savant, né à Leipsick en 1674, et mort en 1732, a été professeur d'histoire à Leipsick, puis historiographe conseiller de Frédéric-Auguste de Saxe, roi de Pologne. Il était versé dans la bibliographie. Il a publié *Scriptores rerum Germanicarum speciatim Saxonicarum*, 1728-30, 3 vol. in-fol. *Catalogue des principaux historiens, avec des remarques critiques sur la bonté de leurs ouvrages et sur le choix des éditions :* nouvelle édition. Lipsic, 1714, in 12; *deux Discours latins sur la charlatanerie des savans*, Amsterdam, 1716, in-12, *traduits en français avec des remarques*, la Haye, 1721, ouvrage plus que médiocre. Cet auteur écrivait mal en français.

MOETJENS (Adrien I). Imprimeur à la Haye en 1679; il est connu par une foule de jolies éditions. Il a fait *le Guide de la Haye*.

MORALES (Juan-Gomez). Premier fondeur de caractères en Espagne; il fit venir des matrices de Bruxelles, et établit la première fonderie à Madrid, sous Charles II, en 1669. Cette première fonderie fut perfectionnée par Diego Dises, en 1683 et 1685; mais Eudaldo Paradel, catalan, fondit les premiers beaux caractères, et dès-lors les livres espagnols furent imprimés avec plus de goût et de correction.

MOREAU (Pierre). Ecrivain juré et inventeur d'une sorte de caractères typographiques imitant l'écriture bâtarde : il obtint un brevet d'imprimeur pour imprimer seulement dans le genre de son invention. Il imprima à Paris en 1640; mais il intervint un jugement qui lui fit défense de vendre des livres autres que ceux relatifs à son invention. Il mourut en 1648.

MUSÉE FARNÈZE de *Capo di monte*. Ce musée, dont nous n'avons dit qu'un mot dans notre 1er vol., page 467, est bien digne *de quelques détails* qui nous ont été fournis par M. Hébert. Nous nous empressons d'en enrichir notre supplément. Indépendamment des richesses acquises par la maison

Farnèse, ce musée fut composé des dépouilles des grands vassaux du duché de Parme, tels que les Sanseverini, comtes de Colorno, les Sanvitali, marquis de Sala, les comtes Simonetta et Masi, les Pallaviccini, et surtout des livres, tableaux, statues et camées antiques, rassemblés par les Torelli, comtes de Guastalle.

Ces derniers avaient réuni dans la forteresse de Montechiarugulo, lieu de leur résidence, cette collection, précieuse pour ces temps-là, commencée dès le 12ᵉ siècle, lorsqu'ils possédaient Ferrare; une suite d'individus de cette maison, connus par leur goût pour les lettres, les sciences et les arts, la formèrent successivement: les héritages des princesses Gonzague, Pii de Carpi et Pic de la Mirandole, l'augmentèrent; les pillages de la guerre et les présens des papes l'ayant encore enrichie, la rendirent un objet d'envie. Elle fut prise en 1612 sur Pio Torelli, dernier comte de Montechiarugulo, lorsqu'il eut la tête tranchée. Muratori et les historiens du temps ne dissimulent pas que les richesses de cet infortuné furent son véritable crime. Cette riche collection vint augmenter le Muséum des ducs de Parme. Elisabeth Farnèse, dernière héritière de sa maison, porta le duché et ses richesses mobiliaires à l'infant dom Carlos, et ce prince, ayant passé au trône de Naples en 1734, fit, avant de donner sa renonciation aux duchés de Parme et Plaisance, transporter le musée des Farnèse, et c'est celui qu'on admire aujourd'hui à Capo di monte.

N.

NÉE DE LA ROCHELLE (Jean-Baptiste-François). Libraire à Paris et bibliographe; il a exercé la librairie depuis 1773. Il est auteur de deux ouvrages curieux: l'un est la *Vie d'Etienne Dolet, imprimeur à Lyon dans le 16ᵉ siècle, avec une note des libraires et imprimeurs auteurs que l'on a pu découvrir jusqu'à ce jour*. Paris 1779, in-8°. On en a tiré 25 exemplaires ; format in 4°, dont les marges sont excessivement larges, parce que la justification in 8°, qui n'a point été changée, n'est pas fort grande. L'autre ouvrage du C. *Née* est une *Table des anonymes* de la *Bibliographie instructive de Debure*: cette table forme le tome 10, qui doit completter cette *Bibliographie*, et le *Catalogue de Gaignat*; elle est précieuse pour les recherches, et l'auteur l'a enrichie d'un *Discours sur la science bibliographique et sur les devoirs du bibliographe*.

NYON l'aîné (Jean-Luc). Libraire à Paris depuis 1765, et mort en 1799. La bibliographie n'était point étrangère à ce libraire, aussi estimable qu'instruit: c'est lui qui a donné le *Catalogue de la bibliothèque de la Valliere* (seconde partie), 1788, 6 vol in 8°; le *Catalogue de la bibliothèque de Letellier*, marquis de Courtanvaux, 1782, 1 vol in 8°, et le *Catalogue de la bibliothèque de l'infortuné Lamoignon-Malesherbes*, 1797, 1 vol. in 8.

O.

ORLANDI (Jérôme). Imprimeur à Palerme en 1680. Il a écrit sur l'artillerie.

ORLANDI (Pellegrino-Antonio). Savant bibliographe italien, auquel on doit *Origine e progressi della stampa e notizie dell' opere stampate dall' anno 1457, sino al 1500*, Bologna, 1722, in 4°. Cette édition d'un bon ouvrage est devenue rare. Orlandi a encore composé *Notizie degli srittori Bolognesi e dell' opere loro stampate e manoscritte*; Bologna, 1714, in 4°, et un autre ouvrage ayant pour titre: *l'Abecedario Pittorico, nel quale sono descritte le vite degli antichessimi pittori, scultori et architetti*; Bologna, per Constantino Pisarri, 1719, in 4°.

OSWEN (Jean). Imprimeur anglois, qui a donné quelques

traductions; il a imprimé d'abord à Ipswich, dans la province de Suffolk, en 1548, ensuite il a transporté ses presses à Worcester. On croit qu'il a été le premier imprimeur qui se soit établi dans cette ville. Il y a travaillé depuis 1549.

P.

PETIT (Jean). Célèbre et fécond imprimeur de Paris dans le 16e siècle. Il était libraire dès 1493; il fut libraire juré et imprimeur de l'université en 1530 : il entretenait les presses de plus de vingt imprimeries. Ayant été syndic ou garde de la communauté en 1516, il obtint du roi François I, le 20 octobre de cette année, la confirmation des priviléges et exemptions que Louis XII avait accordés aux libraires et imprimeurs. Les éditions de Jean *Petit* sont très-nombreuses ; elles offrent pour devise un médaillon carré, au milieu duquel est un arbre environné d'une banderolle supportant un écusson empreint d'une fleur-de-lis, avec les deux lettres J P ; deux lions debout soutiennent l'écusson ; au bas est une seconde banderolle sur laquelle est écrit: JEHAN PETIT. Cet imprimeur est mort en 1541, à peu près.

POSSEVIN (Antoine). Jésuite, né à Mantoue, mort à Ferrare en 1611, à 78 ans. Ce politique habile cultiva la bibliographie. Sa *Bibliotheca selecta de ratione studiorum*, parut à Rome, 1593, in-fol., puis à Venise, 1603, 2 vol. in-fol., avec augmentation. Il traite dans cet ouvrage de la théologie tant positive et scholastique, que morale et catéchistique, de la philosophie, de la jurisprudence, de la médecine, des mathématiques, de l'histoire, de la poésie et de la rhétorique. La théologie occupe le 1er vol., et les autres sciences le second. Le but de Possevin a été d'adoucir et d'abréger le travail à ceux qui s'adonnent à l'étude, en leur indiquant les meilleurs auteurs dont il donne une notice raisonnée. On lui doit encore un *apparatus sacer.* Cologne, 1607, 2 vol. in-fol., ouvrage dans lequel il se propose de faire connaître les interprètes de l'écriture sainte, les théologiens et les historiens ecclésiastiques; mais ses catalogues sont souvent imparfaits, inexacts; et, comme il s'est borné la plupart du tems à compiler et à transcrire les bibliographes, souvent il copie toutes leurs fautes et y ajoute les siennes. *Possevin* a encore composé plusieurs autres ouvrages dont il est inutile de rapporter les titres. Nous croyons devoir parler ici d'un livre de Jean Gruter qui se rapproche beaucoup du premier que nous avons cité de *Possevin;* c'est *Jani Gruteri Lampas, sive fax artium liberalium; hoc est, thesaurus criticus è bibliothecis erutus. Florentiæ*, 1437, 4 tomes en 2 vol. in-fol. La première édition est de Francfort, 1602, 6 vol. in-8. Cet ouvrage pouvait être autrefois très-utile; mais il a beaucoup perdu de son prix depuis que nous en avons de meilleurs sur le même sujet.

S.

SALDEN (Guillaume). Né à Utrecht; ministre dans plusieurs églises de Hollande, mort à la Haye en 1694. Il est avantageusement connu par son livre intitulé *De libris variorumque eorum usu et abusu, libri duo, cum indicibus.* Amsterdam, 1688, 1 vol. in-8. Cailleau donne une notice détaillée de cet ouvrage dans son Dictionnaire bibliographique, *tome III, page* 481. Il serait à souhaiter que ce bon livre fût traduit en français avec quelques corrections et additions. *Salden* a encore composé d'autre ouvrages, mais ils roulent sur des matières théologiques.

SCHOEPFLIN (Jean-Daniel). Professeur d'éloquence et d'histoire à Strasbourg, membre de plusieurs académies, etc. Ce savant distingué a publié différens ouvrages estimés et précieux à tous égards. Nous allons citer, par ordre de date, ceux qui nous sont connus. *Alsatia illustrata celtica, romana, francica.* Colmariæ, typ. reg., sumptibus Jo. Friderici Schoepflini, 1751, 2 vol. in-folio, fig.; ouvrage d'une belle exécution. *Vindiciæ typographicæ.* Argentorati, 1760, in-4, avec planches. *Historia Zaringo-Badensis* Carolsruhæ, ex officinâ Macklotiana, 1763, 7 vol. in-4. *Alsatia ævi merovingici, carolingici, saxonici, salici, suevici diplomatica.* Mannhemii, typographia academica, 1772, 2 vol. in-fol. avec beaucoup de planches. Tous ces ouvrages sont marqués au coin de l'érudition la plus profonde, et annoncent que leur auteur était très-versé dans la bibliographie, dans la diplomatique et dans les antiquités. Le *Vindiciæ typographicæ* renferme des pièces très-curieuses d'un procès entre Guttemberg et ses associés (nous en parlons à l'article TYPOGRAPHIE) : ces pièces jettent un grand jour sur l'origine de l'imprimerie, mais ne dissipent pas entièrement les ténèbres qui l'environnent encore. Schoepflin s'attache à prouver que c'est à Strasbourg qu'ont été faits les premiers essais de Guttemberg; qu'ils ont été perfectionnés à Mayence par Schoeffer, etc. L'ouvrage est terminé par sept planches, dont six présentent des fragmens figurés des premiers livres imprimés à Strasbourg. Ces livres sont, 1.º *Liber de miseria humanæ conditionis*, 1448; 2.º *Soliloquium Hugonis*, anni incerti; 3.º *Mentelii Biblia*, 1466; 4.º *Mentelii Astexanus*, 1469; 5.º *Eggesteinii Biblia*, 1468; 6.º *Eggesteinii officia Ciceronis*, 1472. La 7.ᵉ planche offre un fragment d'un manuscrit exécuté en lettres onciales par Pierre Schoeffer, de Gernesheim, à Paris en 1449. L'auteur, qui ignore comment ce manuscrit est parvenu à Strasbourg, en rapporte ce fragment, pour montrer qu'elle affinité il y a eu dans le principe entre l'art calligraphique et l'art de l'imprimerie. Fournier jeune a publié, en 1760, des observations sur le *Vindiciæ typographicæ*, Paris, in-8. Outre les ouvrages dont nous avons parlé, Schoepflin a composé un grand nombre d'opuscules, dont la plupart ont été réimprimés sous le titre de *Commentationes*, ect. *Basileæ*, 1741, in-4. Ce célèbre professeur est mort le 7 août 1771. M. le Beau a prononcé son éloge, et M. Oberlin a donné, sous le titre de *Musæum Schoepflinianum*, la description du cabinet légué à la ville de Strasbourg par ce savant.

SCRIPTORIA. Nom qui, dans le moyen âge, fut donné à des chambres particulières consacrées, dans les couvens et les abbayes, aux ecclésiastiques et aux moines qui s'occupaient principalement à copier des manuscrits. On nommait ces copistes calligraphes, tachygraphes, chrysographes ou notaires, selon le travail auquel on les employait. (*Voyez* CALLIGRAPHIE, CHRYSOGRAPHE, TYRON, etc.)

SENEBIER (Jean). Bibliothécaire de la république de Genève. Ce savant genevois a publié plusieurs ouvrages de bibliographie, de physique et d'histoire naturelle; nous nous arrêterons seulement aux premiers, c'et-à-dire, à ceux de bibliographie: on lui doit dans ce genre un *Catalogue raisonné des manuscrits conservés dans la bibliothèque de la ville et république de Genève*, 1779, 1 vol. in-8. Ce Catalogue est divisé en trois parties générales : la première renferme les *manuscrits* orientaux ; savoir, les hébreux, arabes, syriaques, grecs et chinois. La seconde renferme les *manuscrits* latins ; et dans le troisième sont les *manuscrits* français, italiens et espagnols. Le second ouvrage de *Senebier* qui a rapport à la bibliographie, est une *Histoire littéraire de Genève*, 1786, 3 vol. in-8. Elle est estimée. Dernièrement il a encore publié un *Mémoire historique sur la vie et les écrits d'Horace-Bénédict de Saussure, pour servir d'introduction à la lecture de ses ouvrages*. Genève, 1801, in-8.

SYMPOSIES. C'est ainsi que l'on nommait chez les grecs certains repas littéraires que les philosophes établirent avec leurs élèves au prytanée, à l'académie, au lycée, etc. Cette institution prouve combien les grecs cherchaient à mettre à profit toutes les occasions de se communiquer des connaissances utiles, même pendant les heures de récréation et parmi les plaisirs de la société. Des réglemens et des lois particulières déterminèrent le mode d'exécution de ces repas et la manière de s'y comporter. Xénocrate avait rédigé le code pour les *symposies* de l'académie, et Aristote celui du lycée. Quelques *symposies* étaient aussi consacrées à célébrer, d'une manière solennelle, la naissance et la mémoire des fondateurs et instituteurs des écoles de philosophie, ainsi que des autres personnages illustres de la république.

NOTICE GÉOGRAPHIQUE,

PAR ORDRE ALPHABÉTIQUE,

Des principales villes où il a été fondé des Académies, des Universités, et où l'Art typographique a été introduit dans le 15.ᵉ siècle.

Nous croyons devoir terminer notre dictionnaire par une nomenclature latine-française des villes les plus connues dans la république des lettres. Si la date de la fondation des universités et des académies est intéressante pour l'histoire littéraire, l'époque où l'on a commencé à exercer l'art typographique dans chaque ville n'est pas moins intéressante pour la bibliographie ; c'est ce qui nous a déterminé à réunir dans un très-petit espace le fruit de nos recherches à ce sujet. Nous avons ajouté à notre nomenclature quelques villes qui, par leur importance, méritent d'y figurer, quoiqu'elles n'aient ni université ni académie. Nous aurions désiré faire mention de tous les endroits qui ont donné le jour à des grands hommes, citer ces grands hommes (1) et leurs ouvrages, indiquer tous les établissemens modernes relatifs aux sciences, aux arts et à l'instruction publique ; mais ces détails immenses nous paraissent plutôt faits pour être consignés dans une *Géographie littéraire universelle*, ouvrage qui manque à notre littérature, et qui cependant serait aussi curieux qu'utile. Nous nous contenterons ici de composer la plupart des articles

---

(1) Nous en citons quelques-uns.

de notre notice, 1.º du nom latin et français de chaque ville et du pays où elle est située ; 2.º de la date de la fondation des académies et universités qui peuvent s'y trouver ; et enfin, 3.º nous dirons à quelle époque l'art typographique a été introduit dans certaines villes au 15e siècle, et par quel imprimeur il y a d'abord été exercé. Nous n'avons omis aucun chef-lieu de département en France. Cette notice sera sans doute regardée comme très-incomplette ; mais, pour entrer dans tous les détails qu'un tel sujet pourrait exiger, il faudrait, comme nous l'avons dit, faire un ouvrage quatre fois plus volumineux que notre Dictionnaire. D'ailleurs, si cette faible partie de notre travail, toute incomplette qu'elle est, évite quelques recherches à celui qui la consultera, notre but est rempli. Nous avons adopté la nomenclature latine, parce que cette notice est principalement destinée à ceux qui, peu familiarisés avec les noms latins des différentes villes, sont embarrassés lorsqu'ils en trouvent sur les frontispices des livres imprimés en cette langue.

NOTICE GÉOGRAPHIQUE.

A.

Abalium, *Aballo* ou *Avallo*, Avalon, France. Cette ville est la patrie de Pierre Forestier et de Lazare Boquillot.

Abbatis-Villa, Abbeville, France. *Typographie* : Pierre Gerard et Jehan Dupré en 1486. Abbeville a donné le jour à quatre fameux géographes : Nicolas Samson, Guillaume Samson, Pierre Duval et Philippe Briet, jésuite. Le cardinal Jean Alegrin et le médecin Hecquet en étaient aussi.

Aberdonia, Aberdéen, Ecosse. *Université*, 1494 : déjà en 1213, il y avait dans cette ville une célèbre école ou *studium generale*, d'où sont sortis plusieurs savans. Elle a donné naissance à Guillaume Barclay et à Robert Morisson.

Aboa, Abo, Suède, Finlande. *Université*, 1640 : elle a été fondée par la célèbre Christine, qui a abdiqué en 1654, et qui est morte à Rome en 1689, après avoir protégé les savans et tenu une académie dans son palais. Cette université est la seconde de Suède. La bibliothèque s'enrichit tous les jours par les soins du professeur Porthan : le bibliothécaire ordinaire est M. Franzen.

Abrincæ, Avranches, France. Cette ville peut se glorifier d'avoir possédé dans ses murs le savant évêque Pierre-Daniel Huet, mort en 1721 à 91 ans.

Abula, Avila, Espagne. *Université*, 1445.

Abusina-Vindelicorum, Abensberg, Allemagne.

Aduaticorum-Oppidum ou *Namurcum*, Namur, France.

Agesina ou *Engolisma*, Angoulême, France, chef-lieu de la Charente.

Aginnum, Agen, France, chef-lieu de Lot-et-Garonne. C'est la patrie de Jules Scaliger.

Ajaccio en Corse, chef-lieu du Liamone.

Albiga, Albi, France, chef-lieu du Tarn. Cette ville a donné le jour à Michel Leclerc, à Claude Boyer et à Antoine Rossignol.

Aldernardum, Oudenarde, Flandre. *Typographie*: Jean Keysere, 1480, à peu près.

Alentio, Alençon, France, chef-lieu de l'Orne.

Alostum, Alost, Flandre. *Typographie* : Thierry Martens, 1474.

Altavilla Eltville, petite ville dépendante et voisine de Mayence, Allemagne. Henri et Nicolas Bechtermuncze y imprimaient en 1467. On croit que ce Nicolas Bechtermuncze a acquis, en 1468, l'attirail typographique délaissé par Guttemberg.

Altorfia, Altorf, Allemagne, Franconie. *Université*, 1579, confirmée en 1622.

Ambianum, Amiens, France, chef-lieu de la Somme. *Académie*, science, belles-lettres et arts, 1750.

Amstelodamum, Amsterdam, Hollande. *Société de missions* pour la propagation du christianisme parmi les indiens, établie en 1741, par la confrérie évangélique des herrnhutes. Depuis 1750, cette société n'avait donné aucune preuve d'existence : en 1792, elle a envoyé quelques missionnaires au Cap de Bonne-Espérance. La secte des herrnhutes, voulant propager les principes du christianisme, a établi des communautés chrétiennes au Groenland, au Labrador, parmi les esquimaux, dans les Etats-Unis de l'Amérique ; dans l'Amérique méridionale, parmi les nègres et les indiens ; dans les iles anglaises de l'Amérique, comme la Jamaïque, Antigoa, Saint-Kitts ou Saint-Christophe et Barbados ; dans les iles danoises de l'Amérique, à Saint-Thomas, Sainte-Croix et Saint-Jean, parmi les esclaves nègres ; au Cap de Bonne-Espérance, parmi les hottentots, etc. A Zeist, petite ville de Hollande, on a établi, en 1793, une *société des missions*.

Ancona, Ancône, Italie. *Académie des Argonauti*, 1648. *Académie des Caliginosi*, 1624 : on réunit à cette dernière, en 1672, celle des *Anhelanti*, qui avait été formée en 1672.

Andegavum ou *Andegavi*, Angers, France, chef-lieu de Mayenne et Loire. *Académie*, 1685 ; *université*, 1398, augmenté en 1432. C'est la patrie du fameux Jean Bodin, auteur d'une *République* en six livres, et de beaucoup d'autres ouvrages.

Aneda, Edimbourg. *Voyez Edemburgum*.

Anseola, Christiana ou Anslo, Norwège. Il y a dans cette ville une réunion de savans qui, sous le titre de *société topographique de la Norwège*, publient des Mémoires ou un Journal relatif à leur institution.

Antverpia, Anvers, France, chef-lieu des Deux-Nethes. *Typographie* : Gerard Leeu, 1487.

Aquæ-Sextiæ, Aix, France. *Université*, 1409, rétablie en 1603. Cette ville a donné le jour au célèbre Piton de Tournefort.

Aquis-Granum ou *Aqua-Grani*, Aix-la-Chapelle, France, chef-lieu de la Roer.

Arausio, Orange, France. *Université*, 1365.

Arelate, Arles, France. *Académie des sciences et des langues*, 1669.

Argentina ou *Argentoratum*, Strasbourg, France, chef-lieu du Bas-Rhin. *Typographie* : Jean Mentel ou Mentelin, 1466. Cette ville, dont le nom est attaché au berceau de l'imprimerie, tiendra toujours un rang distingué dans les annales de ce bel art (*voyez* TYPOGRAPHIE). Elle s'est toujours signalée par de bonnes éditions : les imprimeurs de cette ville les plus connus au 15ᵉ siècle sont, outre Mentelin, Henri Eggestein, Martin Flachen, Georges Husner, Jean Bechenub, Cephalus Wolfius, Jean Gruningez ou Gruniger, Reynardus Gruningez, Jean Pruss, etc. Chaque siècle, depuis l'invention de l'imprimerie, peut offrir, dans les éditions sorties des presses de Strasbourg, des modèles de correction et de netteté ; et, dans les derniers temps, on peut citer avec avantage les auteurs grecs, dont est éditeur le célèbre Brunck, imprimé chez Heitz ; les *Virgile* et *Térence* in-4 du même Brunck, imprimés chez Dannbach. Le bel *Horace* in-4 du savant Oberlin ; les ouvrages imprimés par les citoyens Levrault, tels que *l'Homme des Champs*, surtout du format in-4 ; *la Phraséologie anglo-germanique* de Haussner, in-8 ; le *Calcul des dérivations* de L. F. A. Arbogast, in-4 ; l'*Oupnek'hat*, ouvrage indien qui vient de paraître, in-4, etc. Tous ces ouvrages sont remarquables par la difficulté et la beauté de leur exécution. Les librairies du citoyen Kœnig et des citoyens Treuttel et Wurtz sont très-bien assorties ; le *Journal de littérature de France et de littérature étrangère*, que publient les citoyens Treuttel et Wurtz, est très-intéressant : il nous a fourni plusieurs notice de bibliographie étrangère dont nous avons enrichi notre ouvrage. Les citoyens Levrault ont une fonderie de caractères, qui, d'après le livres d'épreuves que nous ayons sous les yeux, nous paraît être dans le cas de très-bien assortir une imprimerie, soit en caractères allemands, soit en caractères français, qui sont, les uns et les autres, d'une belle proportion ; bientôt il sortira de cette fonderie une nouveau livre d'épreuves, avec sept caractères allemands nouveaux et cinq à six français. *Université* : c'est au commencement du 16e siècle que Jacques Wimpheling, littérateur alsacien, forma une société libre de savans, dont Erasme parle dans ses lettres. Cette société dura jusqu'en 1538, que Jean Sturm, professeur de grec et de latin à l'université de Paris, vint fonder à Strasbourg une nouvelle école qui fut, en 1566, changée en académie, et prit, en 1621, le nom d'*université*. La bibliothèque de la ci-devant université protestante de Strasbourg, établie en 1531 et augmentée à différentes reprises, est remarquable par les éditions du 15e siècle et par des manuscrits curieux : elle fut enrichie en 1772 de la bibliothèque du savant Schoepflin, qui consiste en ouvrage de littérature ancienne, d'histoire et d'antiquités ; et en 1783, on y réunit la collection de feu Silbermann, relative à l'histoire et aux antiquités de Strasbourg et de la ci-devant Alsace. MM. Oberlin et Koch sont à la tête de cette bibliothèque. On admire encore à Strasbourg le cabinet d'antiquités de Schoepflin joint à la bibliothèque de la commune : il consiste en monumens égyptiens, étrusques, grecs, romains, gaulois, mérovingiens et gothiques : il y a une suite assez complette de lares ; des vases en abondance, des médailles, etc.

Arrebates, Arras, France, chef-lieu du Pas-de-Calais. *Académie* sous le nom de *société littéraire*, 1737.

Avenio, Avignon, France, chef-lieu de Vaucluse. *Université*, 1303.

Augusta-Suessonum, *Suessones*, Soissons, France. *Académie*, 1674.

Augusta-Ausciorum ou *Auscii*, Ausch, France, chef-lieu du Gers.

Augusta-Trevisorum, Trèves, France, chef-lieu de la Sarre. *Université*, 1473, renouvellée en 1558.

Augusta-Vindelicorum, Ausbourg, Allemagne, Souabe. *Académie* des curieux de la nature, 1670. *Typographie* : Jean Bemler, 1466.

Augustobona ou *Tricasses*, Troyes, France, chef-lieu de l'Aube.

Augustodunum, Autun, France. Cette ville, célèbre par son ancienneté, a donné le jour à Eumènes, professeur d'éloquence sous Constance et Constantin ; à saint Germain, évêque de Paris, mort en 576 ; à Pierre Turel, principal du collège de Dijon en 1520 ; au fameux président Jeannin, ministre de Henri IV ; aux quatre frères Guyon, dont Lamare a publié les Œuvres en latin et en grec, 1658, in-4 ; aux Clugny, aux Poillot, aux Montholons, etc.

Augustonemetum, *Averni*, *Claromons*, Clermont-Ferrand ou Clermont en Auvergne, France, chef-lieu du Puy-de-Dôme. *Société littéraire*, 1747. C'est la patrie de Blaise Pascal, de Domat et de Thomas.

Aureliacum, Aurillac, France, chef-lieu du Cantal.

Aurelianum ou *Genabum*, Orléans, France, chef-lieu du Loiret. *Université* pour le droit, fondée par Philippe-le-Bel, 1312. Ce roi en exclut la théologie (1), et cassa d'ailleurs les bulles d'érection de Clément V des années 1306 et 1307.

Austriæ civitas, ville de Frioul dans les états de Venise. Maittaire s'est trompé en prenant *Austriæ civitas* pour *Vienne en Autriche*, dans la souscription du livre de Platina *de Honesta voluptate et valetudine*.

Autissiodorum, Auxerre, France, chef-lieu de l'Yonne. *Société littéraire*, 1749. Cette ville a donné naissance à Mamertin ou Mamer au 5e siècle ; au moine Héric au 9e siècle ; au moine Remi au 10e siècle ; à Stuber Radulphe au 11e siècle ; à Robert de Saint-Marien au 12e siècle ; à Guillaume d'Auxerre au 13e siècle ; à Roger de Collery, poëte du 15e siècle ; à Jean Leclerc, chancelier de France en 1420 ; à Jean Duval, antiquaire ; à Roger de Piles ; à Edme Pirot ; à Louis Ligier ; à Jean Lebœuf ; à l'abbé Potel, etc.

---

(1) Cette exclusion provient sans doute des violens démêlés que Philippe-le-Bel eut au commencement du 14e siècle avec Boniface VIII. Ce pape poussait extrêmement loin ses prétentions sur les collations des bénéfices : il voulait partager avec le monarque les décimes levées sus le clergé ; il s'attribuait même le droit de faire rendre compte au roi du gouvernement de son état, et d'être le souverain juge entre lui et ses sujets. Cette conduite irrita Philippe-le-Bel. Le pape lança contre lui plusieurs bulles, auxquelles Philippe répondit vigoureusement.

Autricum, *Carnutes*, Chartres, France, chef-lieu d'Eure-et-Loire.

B.

Barcilo, Barcelone, Espagne. *Université*, 1440. *Typographie* : on y imprimait en 1497.

Basilea, Basle, Suisse. *Université*, 1459. *Typographie* : Bertholdt Rodt, de 1460 à 1465.

Barum-Ducis, Bar-sur-Ornain ou Bar-le-Duc, France, chef lieu de la Meuse.

Barum-ad-Sequanam, Bar-sur-Seine, France, c'est la patrie de Jean Bonnefons, poëte latin, mort en 1614; de Vignier, médecin de Henri IV, et de Rouget, qui a donné l'histoire de cette ville.

Bastia, Bastia, Corse, chef-lieu du Golo. *Académie* des *Vagabondi*, 1659, renouvellée en 1750.

Bellovacum, Beauvais, France, chef-lieu de l'Oise. Cette ville a vu naître dans ses murs Jean et Philippe de Villiers, l'Isle-Adam, Claude de la Sangle et Vignacourt, quatre grands-maîtres de Malte; Godefroy Herman et Jean-Foi Vaillant, savans antiquaires; Antoine Loisel; Adrien Baillet était du diocèse de Beauvais.

Berolinum, Berlin, Prusse. *Académie* ou *société* royale des sciences, 1700, renouvellée en 1744.

Berona, Beraun, Bohême. *Typographie* : Hélias de Louffen, 1470.

Biatia ou *Vitia*, Baeça, Espagne. *Université*, 1533, ou 38 selon quelques auteurs.

Bipontium, Deux-Ponts, Allemagne. Cette ville s'est fait un nom dans les annales de la typographie, moins par la beauté des éditions que par leur nombre et par les contrefaçons.

Bisuntium apud Sequanos ou *Vesontio*, et jadis *Chrysopolis*, Besançon, France, chef-lieu du Doubs. *Académie* des sciences, belles-lettres et arts, 1752. *L'université* de Dole, fondée en 1426, y fut transferée en 1691. *Typographie :* Jean Comtet, 1487. Besançon a donné le jour à un grand nombre de savans, entre autres, Mairet, le cardinal de Grandvelle, les Chifflet, Boissard, Dunod, Bullet, l'abbé Millot, etc., etc.

Biterræ, Béziers, France. *Académie* des sciences et belles-lettres, 1723. Plusieurs hommes célèbres ont pris naissance à Béziers, entre autres Guillaume Duranti, jurisconsulte, J. Barbeyrac, Pelisson, Fontanier, Jacques Esprit, le poëte Vanière et Dortous de Mairan.

Biturigæ, Bourges, France, chef-lieu du Cher. *Université*, 1464 ; quelques auteurs prétendent qu'elle avait été fondée sous saint Louis, en 1240.

Blesæ, Blois, France, chef-lieu de Loir et Cher. C'est la patrie des oratoriens Morin et Vignier, de Jean Bernier, de Louis Hubert et d'Isaac Papin.

Bononia, Bologne, Italie. *Académie* de physique et mathématiques, 1690. Cette académie prit une nouvelle forme en 1712 par les soins du comte de Marsigli, et se nomma *institut* de Bologne ou *académie* des sciences et des arts : elle ne commença ses séances qu'en 1714. *Académie* des *gelati*, 1590. *Typographie :* Dominicus de Lapis, 1462 (1). Il s'est formé en 1799, une nouvelle *société littéraire* sous le titre de *estensori delle varieta letterarie*.

Bravum Burgi, Burgos, Espagne. *Typographie :* Fréderic de Basle, 1482.

Brigantium, Compostelle, Espagne. *Université*, 1532.

---

(1) Voyez *Bibliographie* de Debure, n.° 4192. La longue dissertation qui s'y trouve sur une édition du Ptolémée portant cette date, paraît démontrer, au milieu de beaucoup d'incertitudes, que 1472 est plutôt la véritable date du Ptolémée, et que c'est par erreur que la souscription porte 1462. Cependant, on n'a rien de certain à cet égard.

Briosum, Saint-Brieux, France, chef-lieu des Côtes-du-Nord.

Briovera ou *Fanum Sancti-Laudi*, Saint-Lô, France, chef-lieu de la Manche.

Brivates, Brest, France. *Académie* de marine, 1752.

Brixia, Bresse ou Brescia, Italie. *Typographie* : Henricus Coloniensis et Statius Gallicus, 1474. *Académie* des erranti, 1626. Les savans nés dans cette ville sont Nicolas Tartaglia, mathématicien ; Laurent Gambara, poëte ; le comte Mazzucheli, biographe ; Christiani, ingénieur ; la signora Fenaroli était la Sapho de Brescia.

Brugæ, Bruges, France, chef-lieu de la Lys, autrefois Flandre autrichienne. *Typographie* : Colard Mansion, 1476 pour le certain ; mais on croit qu'il a pu imprimer en 1472.

Bruxellæ, Bruxelles, France, chef-lieu de la Dyle, ci-devant Brabant. *Typographie* : les Frères de la Vie commune, 1476. Arnaud de Bruxelles, a imprimé à Naples en 1473.

Buda ou *Aquincum*, Bude ou Offen, Basse-Hongrie. Il y existe une *université* ; j'ignore dans quel temps elle a été fondée.

Burdigala, Bordeaux ou Bourdeaux, France, chef-lieu de la Gironde. *Académie* des sciences et belles-lettres, 1713. *Université*, 1473.

Burgos, vide *Bravum*.

C.

Cabelium, Chablis, France. *Typographie* : Pierre Lerouge, 1478.

Cadomum, Caen, France, chef-lieu du Calvados. *Académie* des belles-lettres, 1705. *Université*, 1452 : elle avait déjà été érigée en 1431 et 1437 par les anglais et le pape

Eugène. Caen a produit des hommes illustres, tels que François Malherbe, le père de la poésie française, mort en 1628; Jean-François Sarasin, poëte, mort en 1655; les jésuites Dalechamp, Fournier et Robillar d'Avrigny; Tanneguy le Fèvre, père de Madame Dacier, morte en 1672; Gilles-André de la Roque, généalogiste; Jean Renaud de Segrais; Samuel Bochard, Daniel Huet, mort en 1721; Malfilâtre, mort en 1767, etc.

Cœsar-Augusta, Sarragosse, Espagne. *Université*, 1474; renouvellée en 1523.

Cœsarodunum, Tours. Voyez *Turones*.

Calcuta, Bengale. La compagnie des Indes orientales vient d'y fonder une *université*; plusieurs professeurs des langues anciennes et modernes et des sciences utiles ont été nommés. Un examen public des élèves aura lieu tous les ans, et l'on distribuera des prix. Calcuta est le séjour du gouverneur et du conseil de la compagnie anglaise dans le Bengale.

Callium, Cagli, Italie. *Typographie :* Robert de Fano et Bernardin de Berg, 1476.

Calvus-Mons, Chaumont, France, chef-lieu de la Haute-Marne.

Camberiacum, Chambery, France, chef-lieu du Mont-Blanc, ci-devant Savoie. *Typographie :* Antoine Neyret, 1486.

Cantabrigia ou *Camboricum*, Cambridge, Angleterre. *Université*, 1140. La plupart des anglais la font remonter jusqu'au 7e siècle; mais ce ne devait être d'abord, comme ailleurs, qu'une école ecclésiastique ou monastique. Elle a été renouvellée en 1470.

Cantium ou *Cantuaria*, Cantorbery, Angleterre.

Carcasso, Carcassonne, France, chef-lieu de l'Aude.

Carolopolis, Charleville, France, chef-lieu des Ardennes. C'est la patrie de Louis Dufour, abbé de Longuerue, connu par sa vaste érudition.

Carrodunum, Cracovie. Voyez *Cracovia*.

Casellæ, Casal, Italie. *Typographie* : Jean Fabri, français, 1475.

Castellum-Nozanum, lieu près de Lucques, Italie. *Typographie* : Henry de Harlem, 1491. Ce même Henry imprimait à Bologne en 1482, à Sienne en 1490, à Lucques et près de Lucques en 1491.

Castrum-Radulfi, Château-Roux, France, chef-lieu de l'Indre.

Catalaunum, Châlons-sur-Marne, France, chef-lieu de la Marne. *Académie* des belles-lettres, sciences et arts, 1753. C'est la patrie du docteur Clément d'Espence, du P. Dumoulinet, des ministres Aubertin et Blondel, et de Nicolas Perrot d'Ablancourt.

Cecerræ, Cervera, Espagne. *Université*, 1717.

Chilonium, Kiell, Allemagne, Basse-Saxe. *Université*, 1665.

Clavasium, Chivas ou Chivasio, Italie. *Typographie* : Jacobinus Suigo, 1486.

Colla ou *Collis*, Colle, Italie. *Typographie* : Jean de Medemblich, 1478.

Colonia agrippina, Cologne, Allemagne. *Université*, 1388. *Typographie*, Ulric Zel, 1467.

Colonia-Julia-Romana, Séville. *vid.* HISPALIS.

Colonia-Romulensis, Séville. (*Vid.* HISPALIS.)

Columbaria, Colmar, France, chef-lieu du Haut-Rhin.

Complutum, Alcala de Henares, Espagne. *Université* fondée par François de Ximènes en 1517.

Comum, Come, Italie. *Typographie* : Ambroise de Orco, 1474. C'est la patrie du poëte comique Cecilius, de Pline le jeune, de Paul Jove et du pape Innocent XI.

Condivincum-Nannettum, Nantes, France, chef-lieu de la Loire-Inférieure. *Université*, 1460. *Typographie* : Estienne Larcher, 1488. C'est la patrie de Réné Le-Pays, poëte français, et de M. de la Crose, philosophe et historien

Confluentes ou *Confluentia*, Coblentz, France, chef-lieu de Rhin et Moselle.

Conimbrica, Coimbre, Portugal. *Université*, 1541; elle était auparavant à Lisbonne.

Connecticut, province maritime de la Nouvelle-Angleterre, Amérique septentrionale. C'est une des quatre provinces de la Nouvelle-Angleterre, et l'un des treize Etats-unis les plus fertiles. Il vient de s'y former une association littéraire et philosophique sous le titre de *Connecticut academy of arts and sciences*, dont le but est de faire des recherches philosophiques, particulièrement sur l'histoire naturelle de ce pays. L'assemblée générale se tient à New-Haven.

Constancia, Constance, Allemagne. *Typographie*, 1489.

Corisopitum, Kimper ou Quimper-Corentin (Montagne-sur-Oder), France, chef-lieu du Finistère.

Cortona, Cortone, Italie, Toscane. *Académie* étrusque pour les antiquités, 1726. On a plusieurs volumes de ses Mémoires, in-4.

Cracovia, Cracovie, Pologne. *Université*, 1364.

Crema, Cresme, Italie. *Académie* des *sospiti*, 1612.

Cremona, Crémone, Italie. *Académie*, 1560, renouvellée en 1607 sous le nom des *desuniti*. Typographie, Bernardinus de Misintis Papiensis et Cæsar Parmensis, 1492.

Curia, Coire, Allemagne, Souabe.

Cusurgis, Prague, Allemagne, Bohême.

Cygnea, Zuickaw, Allemagne, Misnie.

Dariorigum ou *Veneti*, Vannes, France, chef-lieu du Morbihan.

D.

Daventria, Deventer, Hollande. *Typographie*: 1472. Cette date est douteuse: Richard Paffroed y imprimait en 1480.

Delphi, Delft, Hollande.

Derpatum ou *Torpatum*, Derpt, Russie, Livonie. *Université*, 1632, rétablie en 1731. L'empereur de Russie vient de fonder une nouvelle université dans cette ville ; elle sera composée de quinze professeurs, dont dix ordinaires et cinq extraordinaires.

Dertosa, Tortose, Espagne. *Université*, 1540.

Dillingia, Dillingen, Allemagne, Souabe. *Université*, 1549.

Dinia, Digne, France, chef-lieu des Basses-Alpes.

Divio, Dijon, France, chef-lieu de la Côte-d'Or. *Académie* des sciences, 1736, autorisée en 1740 ; *société* littéraire, 1752. Ces deux compagnies ont été réunies en 1761. *Université*, 1721. Dijon est la patrie de Bossuet, de la Monnoye, de Longepierre, de Crébillon, de Piron, de Rameau, du président Bouhier, etc.

Divona-Cadurci, Cahors, France, chef-lieu du Lot. *Université*, 1332. Les quatre facultés n'y furent qu'en 1422 : elle a été supprimée en 1751, et réunie à celle de Toulouse.

Dola apud Sequanos, Dole, France, ci-devant Franche-Comté. *Université*, 1426 ; transférée à Besançon, 1691. *Typographie* : Pierre Metlinger, 1490.

Domingo (*Sancto-*), en Amérique. *Université*, 1558.

Duacum, Douay, France, chef-lieu du Nord. *Université*, 1563. C'est dans cette ville qu'est né Jérôme Commelin, célèbre typographe (voyez *Heidelberga*).

Dublinum, Dublin, Irlande. *Académie*, 1685 ; *académie* des arts, 1753 ; *université*, 1592.

Duisburgum ou *Teutoburgum*, Duisbourg, Allemagne, Westphalie. *Université*, 1656.

Durocorturum, Reims (voyez *Remi*).

E.

Ebora, *Evora*, Portugal. *Université*, 1579. Elle ne subsiste plus depuis l'expulsion des jésuites, qui y professaient.

Eburovices, *Ebroicœ* ou *Mediolanum*, Evreux, France, chef-lieu de l'Eure.

Edimburgum ou *Aneda*, Edimbourg, Ecosse. *Université* fondée par Jacques III en 1482. Il existe dans cette ville une *société des antiquaires* et une bibliothèque fondée par Clément Little, qui possède 105 sceaux des princes de Bohême, de Moravie et autres, avec l'original de la protestation des bohémiens contre le concile de Constance, qui, malgré le sauf-conduit, brûla Jean Hus en 1415 et Jerôme de Prague en 1416. Edimbourg est la patrie d'Alexandre de Hales, de Robert Barclay et de Gilbert Burnet.

Elbenga, Elbing, Prusse. *Université*, 1542.

Elna, Perpignan, France, chef-lieu des Pyrénées orientales. *Université*, 1349.

Embricum ou *Embrica*, Emmerick, Allemagne. *Typographie*, 1465.

Engolismum, Angoulême, France, chef-lieu de la Charente. *Typographie*, 1491.

Epinal, France, chef-lieu des Vosges.

Erfurtum, Erfort en Thuringe, Allemagne. *Académie*, 1755. *Université*, 1398.

Esii ou *Œxii*, Jesi, Italie. *Typographie*, 1472.

Eslinga, Eslinghen ou Elingen, Allemagne. *Typographie*, Conrad Fyner, 1470, à peu près.

Eustadium, Neustadt, Allemagne. *Typographie*, Georges et Michel Reyser, 1470, à peu près.

F.

Faventia, Faenza ou Faïence, Italie. *Académie des filoponi*, 1612. C'est la patrie de Torricelli.

Ferraria, Ferrare, Italie. *Typographie*: Andreas Gallus, 1471. C'est la patrie de Lilio-Gregorio Giraldi, de Baptiste Guarini, auteur du Pastor fido; de J.-B. Riccioli, et du cardinal Guy Bentivoglio.

Firmium ou *Firmum picenum*, Fermo ou Firmo, Italie. *Académie* des *icneutici*, 1739; peu à près elle s'unit aux arcades de Rome. Cette ville a donné le jour à Lactance, au jésuite Anibal Adami, et au cardinal Phil.-Ant. Gualterio. Ce cardinal, qui cultiva les sciences et les arts avec passion, perdit deux fois ses livres et ses manuscrits, entre autres, une Histoire universelle qu'il avait composée, dont les matériaux formaient quinze grandes caisses; ses médailles, ses recueils de toutes sortes de raretés; et, réparant toujours ses pertes, il laissa après sa mort, arrivée en 1727, une nouvelle bibliothèque de trente-deux mille volumes imprimés ou manuscrits, outre une dixaine de cabinets remplis de curiosités de l'art et de la nature.

Florentia, Florence, Italie. *Académie*, 1272. *Université*, 1546, à peu près. *Typographie*: Bernardinus Cennini, 1471. L'académie *del cimento*, établie en 1667, ne subsiste plus depuis l'extinction de la maison des Médicis en 1737. *Académie* des *colombieri* pour les antiquités et l'histoire naturelle, 1736. *Académie* de la *crusca* pour la perfection de la langue italienne, 1582. *Académie* des *umidi*, 1540; c'est de cette dernière, nommée aujourd'hui *académie florentine*, que l'on a plusieurs histoires. Florence a produit de grands hommes, entre autres, les papes Léon X, Clément VII, Léon XI, tous trois Médicis, et Urbain VIII, qui était Barberin; le Dante, Guichardin, Galilée, Machiavel, Lulli le musicien, etc., etc.

Fontanetum-Comitis, Fontenay-le-Comte ou le Peuple, France, chef-lieu de la Vendée.

Forum-Cornelii, Imola, Italie. *Académie* des *industriosi*,

1656. Cette ville a donné le jour au poëte Flaminio, au jurisconsulte Tartagni et à l'anatomiste Valsalva.

Forum-Livii, Forli, Italie. *Académie* des *filirgiti*, 1574, renouvellée en 1652.

Franco-Furtum-ad-Mœnum, Francfort-sur-le Mein, ville impériale d'Allemagne. On l'appelle encore en latin *Francofordia*, et anciennement *Helenopolis*. On y tient tous les ans deux foires célèbres pour la librairie, l'une au printemps et l'autre en automne.

Franco-Furtum-ad-Oderam, Francfort-sur-l'Oder, Marche de Brandebourg. *Université*, 1506.

Franequera, Franeker, Hollande. *Université*, 1585.

Friburgum, Fribourg ou Freybourg en Brisgaw, Allemagne. *Université*, 1460. C'est la patrie du moine Schwartz, qui passe en Allemagne pour l'inventeur de la poudre à canon, et de Jean-Thomas Freigius, littérateur distingué.

Fulgineum ou *Fulginia*, Foligni, Italie. *Typographie :* Jean Numeister, 1470.

Fuxum, Foix, France, chef-lieu de l'Arriège. Le comté de Foix a donné le jour à Bayle, qui naquit à Carlat en 1647, et mourut à Roterdam, la plume à la main, en 1706.

G.

Gades, Cadix, Espagne.

Gandavum, Gand, France, chef-lieu de l'Escaut, autrefois Flandre autrichienne. *Typographie :* Arnoux Keysere, 1483 ou 1485. Gand est la patrie de Levinus Torrentius, littérateur mort en 1595, et de Daniel Heinsius, né en 1580.

Gandia, Gandie, Espagne. *Université*, 1549.

Genenna ou *Geneva*, Genève, France, chef-lieu du Léman. *Université*, 1365. *Typographie :* Adam Steinchauver, 1478. Cette ville possède une bibliothèque publique qui est très-bien assortie, et qui renferme beaucoup de manuscrits, dont M. Senebier a donné un bon Catalogue. Cet auteur a aussi publié l'*Histoire littéraire de Genève*, 3 vol. in-8. On trouve dans cet ouvrage des détails sur les savans que cette ville a fournis. Voici comment M. Peuchet s'exprime sur la librairie et l'imprimerie de Genève, dans son *Dictionnaire de la Géographie commerçante*. « Elles y sont assez considérables, et la liberté de la presse, qui y subsistait dans cette république avant qu'on la tolérât en France, y avait singulièrement accru le nombre des impressions d'ouvrages de toute espèce. Cependant, on peut reprocher aux imprimeurs de Genève, qu'outre le papier assez mauvais dont ils se servent, leurs éditions ne sont pas toujours très-corrects. Mais ce défaut est moins sensible aujourd'hui, qu'il y a une cinquantaine d'années. Le papier que l'on emploie à l'imprimerie se tire assez ordinairement de Divonne, au pays de Gex, de Dardagny, d'Allemagne, et de Versoix, qui en fournit de très-bon. » (DICT. DE GÉOG. COMM., tom. 4, pag. 478.)

Gedanum ou *Scurgium*, Dantzick, Pologne.

Gerunda, Gironne, Espagne, Catalogne. *Université*, 1710 : elle n'a subsisté que quelques années.

Giessa, Giessen, Allemagne. *Université*, 1605.

Glascua, Glaskow, Ecosse. *Université*, 1456 ; renouvellée en 1567. L'art typographique est cultivé dans cette ville avec beaucoup de succès, surtout par les Foulis, qui s'immortalisent par la bonté et la beauté de leurs éditions. Cette ville a produit plusieurs savans, parmi lesquels on distingue Jean Cameron, auteur du *Myrothecium evangelicum*. Saumur, 1677, 3 vol. in-4 ; et Jean Spotswod, primat d'Ecosse, qui couronna Charles I en 1633. Il a donné une savante *Histoire ecclésiastique d'Ecosse* en anglais (depuis 203 de J. C. jusqu'en 1624). Londres, 1655, in-fol. M. Peuchet dit, dans son *Dictionnaire de la Géographie commer-*

çante : « Que le papier qu'on fait en Ecosse est d'une grande beauté, et que c'est à lui que les imprimeurs de Glascow doivent une partie de leur réputation.

Gotha, Gotha, Allemagne. Elle possède un célèbre collège, une belle bibliothèque, un observatoire et un cabinet de raretés. Elle est la patrie du médecin Hofman.

Gottingen, ou Goettingue, Hanovre. *Université*, 1734.

Graiacum, Gratz, Allemagne. *Université*, 1585.

Granata, Grenade, Espagne. *Université*, 1537.

Grationopolis, Grenoble, France, chef-lieu de l'Isère. *Université*, 1339 ; transférée à Valence en 1452.

Gravionarium, Bamberg. *Université*, 1585. *Typographie*: on croit qu'elle y a été établie en 1462, au plus tard, par Albert Pfister. (*Voyez* le 1er vol., pag. 387.)

Gripswaldia, Gripswald, Allemagne. *Université*, 1456. C'est Wratislas IX, duc de Poméranie, qui l'a fondée: elle appartenait alors à la Suède.

Groninga, ou Groningue, Hollande. *Université*, 1614.

Gouda, Goude, Gouda ou Tergow, Hollande. *Typographie* : Gerard Leeu, 1477.

Guatimala, Guatimala, Amérique septentrionale. Nouvelle Espagne. *Université*, 1628.

H.

Hafnia, ou *Codania*, Copenhague, Danemarck. *Académie* des beaux-arts, 1753. *Université*, 1497, renouvellée en 1539. On voit encore à Copenhague beaucoup de sociétés littéraires récemment établies, telles que société royale de belles-lettres, société royale de médecine, société royale d'histoire naturelle, société royale d'économie rurale, société scandinave, société de danois qui travaillent au journal *For sandhed*, pour la vérité, lycée de jurisprudence, club norvégien, société *pour la postérité*, etc. La société littéraire de l'Islande est aussi à Copenhague, et publie en islandais des mémoires pour l'histoire et l'économie de ce pays. La langue islandaise est l'ancien idiôme des scandinaves.

Haganoa ou *Agenoia*, Haguenau, France. *Typographie* : Henri Gran, 1498.

Hala Magdeburgica ou *Hala saxonum*, Halle, Saxe, *Université*, 1694.

Hardervicum, Hasderwick, Hollande, *Université*, 1648.

Harlemium, Harlem, Hollande. (*Vid.* les articles L. COSTER et TYPOGRAPHIE.) Il existe à Harlem une *société batave* des sciences, fondée depuis peu.

Heidelberga et *Edelberga*, Heildelberg, Allemagne. *Université* fondée par l'électeur Robert, dans le 14e siècle, et rétablie en 1746. Il y avait autrefois une riche bibliothèque qui en fut enlevée par Maximilien de Bavière, lorsqu'en 1622 il saccagea cette ville ; ce prince donna cette bibliothèque au pape. C'est à Heidelberg, que Jerôme Commelin, célèbre imprimeur, né à Douai, alla s'établir. L'électeur Palatin lui confia le soin de sa bibliothèque. Il porta l'exactitude dans l'art typographique jusqu'à corriger sur les anciens manuscrits les auteurs qu'il imprimait. On a de lui de savantes notes sur Héliodore et sur Apollodore. Les principales éditions qu'il a publiées sont celles des SS. pères, surtout de S. Athanase et de S. Jerôme. Casaubon faisait beaucoup de cas des ouvrages sortis de ses presses, et se les procurait à tout prix. Commelin possédait le grec et le latin. Il avait pour devise la Vérité assise sur une imprimerie. Il est mort à Heidelberg en 1598. On connaît encore d'autres Commelins imprimeurs, mais moins célèbres que Jerôme. Nous plaçons ici quelques détails sur ce typographe de renom, parce que, par une omission involontaire, il est passé sous silence dans le corps de notre ouvrage.

Helmestadium, Helmstadt, Allemagne. *Université*, 1576,

nommée *Academia Julia*, parce qu'elle a été fondée par Jules, duc de Brunswick.

Herbipolis, Vurtzbourg, Allemagne. *Université*, 1403.

Herbona, Herborn en Vétéravie, Allemagne. *Université* qui fut transferée à Sigen en 1589.

Herculeia, Herculanum, ville ancienne retrouvée sous les fondations de Portici et de Résino, au royaume de Naples. Nous en parlons dans le premier volume, *page* 414. Nous ajouterons seulement ici qu'un savant anglais nommé Haiter, bibliothécaire du prince de Galles, a visité dernièrement les manuscrits trouvés dans les fouilles, et qui, au nombre de près de 1800, sont déposés au museum de Portici : cet anglais est parvenu à dérouler, plus facilement qu'on ne l'avait fait jusqu'alors, ces manuscrits réduits en charbon : il a eu de grandes difficultés à surmonter, mais il a déjà recueilli le fruit de ses peines, en découvrant l'ouvrage d'Epicure intitulé : *De la nature des choses*, qu'on ne connaissait que d'après ce qu'en ont dit quelques écrivains de l'antiquité, et qui paraît avoir servi de base au poëme de Lucrèce. On copie ce manuscrit, et il paraîtra bientôt. Dix personnes sont employées par M. Haiter au déroulement des objets qui méritent son attention ; il ne prend pas tout indistinctement, comme le père Antonio Piaggi ; il ne s'appesantit que sur les ouvrages qui ont rapport à la poésie ou à l'histoire. Le gouvernement français a remis dernièrement à l'ambassadeur de Naples à Paris, un assez grand nombre de planches gravées qui faisaient partie de la collection des planches de l'ouvrage sur les antiquités d'Herculanum publié par le gouvernement napolitain. Elles avaient été vendues aux français par les napolitains réfugiés. Mais elles n'auraient pu être, en France, qu'un objet de curiosité, tandis qu'elles seront utilement employées à Naples, où l'on continue le grand ouvrage que nous venons de citer. Herculanum n'est pas la seule ville qui ait été ensevelie sous les cendres du Vesuve; Pompéia, Stabia, etc., ont eu le même sort.

Herefordia, Hereford ou Hertford, Angleterre. Cette jolie ville est la patrie d'Adam Dolthon, et de Seltiward. La première manufacture de papier qui ait paru en Angleterre a été établie à Hertford en 1588; avant cette année, les anglais tiraient leurs papiers de l'étranger. En France, ce fut sous le règne de Philippe-de-Valois, vers 1340, que l'on vit des manufactures de cette espèce. Les premières usines furent celles de Troyes et d'Essonne. Avant ces établissemens, on tirait le papier de la Lombardie. Mais bientôt il s'en fabriqua en Hollande, à Gênes, et dans plusieurs provinces de France. Les hollandais surtout en firent un objet capital d'industrie, et excellèrent dans l'art de le coller. Beaumarchais tâcha de les imiter dans les papeteries qu'il a établies dans les Vosges vers la fin du 18e siècle, pour ses belles entreprises typographiques de Kell.

Hispalis, Seville, Espagne. *Académie* de littérature, 1753. *Université*, 1531. *Typographie* : Alonzo del Puerto, 1482.

I.

Jena, Ienne, Allemagne, *Université*, 1555. Cette ville a donné le jour au médecin Gonthier, Christophe Schelhammer, qui a publié plusieurs ouvrages estimés, etc.

Ilerda Lerida, en Catalogne, Espagne. *Université*, 1420.

Ingolstadium, Ingolstadt, Allemagne, Bavière; *Académie* ou société littéraire, 1516. *Université*, 1410. *Typographie*, 1492.

J.

Janua ou *Genua*, Gênes, Italie. *Typographie* : Mathias Moravus et Michael de Monacho, 1474.

L.

Laudunum, Laon, France, chef-lieu de l'Aisne.

Ledo-Salinarius, Lons-le-Saunier, France, chef-lieu du Jura.

Lemovices - Augustoritum, Limoges, France, chef-lieu de la Haute-Vienne. C'est la patrie de J. Dorat, du chancelier d'Aguesseau et d'Honoré de Sainte-Marie, carme déchaussé, historien, etc.

Leodium, Liège, France, chef-lieu de l'Ourthe.

Leovardia, Leuwarden, Basse-Allemagne.

Leucorea, Wittemberg, (Voyez *Viltemberga*.)

Lima au Pérou, Amérique Méridionale. *Université*, 1614.

Limonum, Poitiers. (Voyez *Pictavium*.)

Lipsia, Leipsick, Allemagne, Misnie. Cette ville est remarquable par le commerce de librairie qui s'y fait. *Université*, 1408. Cette université s'accrut des ruines de celle de Prague, d'où les allemands se retirèrent, dit-on, au nombre de 20,000 étudians, parce qu'ils y avaient été insultés. *Typographie* : Melchior Lotter, 1498. Il s'est établi à Leipsick une société philologique qui vient de publier le premier cahier du premier volume des *Commentarii societatis philologicæ Lipsiensis*, curante *Ch. D. Bek* (1). Il existe aussi dans cette ville une société linnéenne dont tous les travaux sont dirigés vers l'histoire naturelle. Leipsick a donné le jour à Leibnitz, à Carpzove, à Etmuller, à Fabricius, à Jungerman, à Mencken, à Thomasius et à beaucoup d'autres savans.

Londinum, Londres, Angleterre. *Société royale* fondée

---

(1) On connait la riche collection publiée, depuis 1682, sous le titre de *Acta eruditorum publicata Lipsiæ*, etc., et qu'il est difficile de rencontrer complette, en 113 vol. in-4, y compris tous les supplémens.

par Charles II en 1660 : ses Mémoires sont publiés sous le titre de *Transactions philosophiques*. *Académies* ou *sociétés*, l'une pour les antiquités et l'autre pour les arts. et métiers, fondées en 1751. Il vient de s'y établir une nouvelle *société littéraire* sous le titre d'*oriental society*, dont les principaux membres sont Barrington, G. Staunton, le colonel Symes, le capitaine Franklin, Brown, Ouseley, etc. Un *institut royal*, formé récemment, a pour objet l'application des sciences aux arts, métiers et autres usages de la vie. Il s'y est encore établi une *société* de minéralogie, une *société* d'humanité, etc. *Typographie :* le premier imprimeur d'Angleterre est un nommé Guillaume Caxton, qui s'établit à l'abbaye de Westminster en 1477. L'art de l'imprimerie a été exercé d'une manière distinguée par quelques anglais, à la tête desquels il faut placer Jean Baskerville de Birmingham. Brindley a publié, vers le milieu du 18e siècle, une collection de jolies éditions d'anciens auteurs latins (format in-18); c'est dommage que la ténuité du caractère en rend la lecture fatigante.

Lovanium, Louvain, France, ci-devant Brabant, département de la Dyle. *Université*, 1425. *Typographie* : Jean de Westphalie, 1474. Louvain est la patrie du fameux jurisconsulte et canoniste Zeger-Bernard van Espen.

Lubica, Lubeck, Allemagne, Saxe. *Typographie* : Lucas Brandis de Schafs, 1475. Cette ville a vu naître Jean Kirckman, Henri Meibomius, Henri Muller et Laurent Surius.

Luca, Lucques, Italie. *Typographie* : Henri de Harlem, 1491. Lucques est la patrie d'André Ammonius, de Jean Guidiccioni, de Martino Poli, de Sanctes Pagninus, etc.

Lugdunum, Lyon, France, chef-lieu du Rhône. *Académie* des sciences et belles-lettres, 1700. On établit dans cette ville, en 1713 et 1750, une société pour la physique, les mathématiques et les arts. Ces deux compagnies ont été réunies ensemble par lettres-patentes en 1758. *Typographie* :

1474. Les plus célèbres imprimeurs du 15e siècle qui ont travaillé à Lyon sont Barthelemi Buyer, Mathieu Husz, Jean Dupré, Jean Treschel, Jean Fabri et Jean de Wingle. Les savans qu'a produits Lyon sont, parmi les anciens, Sidonius Apollinaris, qui a laissé des épîtres et des poésies. Il est mort en 480 ; et, parmi les modernes, Terrasson, de Boze, Spon, Chazelles, Lagny, Truchet, le P. Mesnestrier, le poëte Gacon, le poëte Vergier, etc., etc. Parmi les artistes, Coysevox, Jacques Stella, Joseph Vivien, etc.

Lugdunum-Batavorum, Leyde, Hollande. *Université*, 1575. Les grands noms qui ont illustré Leyde et cette université sont ceux de Jean Douza, de Joseph Scaliger, de Saumaise, d'Adrien Junius, de Pierre Forest, de Rember Dodonée, de François Rapheleng, de Jean Cocceius, de François Gomar, de Paul Merula, de Charles Cluvius, de Conrad Vorstius, de Philippe Cluvier, de Jacques Arminius, de Jacques Golius, de Nicolas Heinsius, de Dominique Baudius, de Paul Herman, de Gérard Noodt, de Sebultens, de Burman, de Vitriarius, de s'Gravesande, de Boerhaave, des Gronovius, des Vossius, etc., etc., etc.

Lundinum-Scanorum, Lunden, Suède. *Université*, 1668.

Lutetia, Paris. (Voyez *Parisii*.)

Luxemburgum, Luxembourg, France, chef-lieu des Forêts.

M.

Macerata, Macerata, Italie. *Université*, 1540.

Manhemium, Manheim, Allemagne.

Mantua, Mantoue, Italie. *Académie* des *vigilanti* pour la littérature, la physique et les mathématiques. *Typographie* : Thomas Septemcastrensis et Burster de Campidonia ou Jean Wurster, 1472. C'est la patrie de Virgile : il n'est pas né précisément à Mantoue, mais dans un village voisin nommé autrefois *Andès*, et maintenant *Pitola*. Le poëte

Lelio Capilupi, de Mantoue, au 16e siècle, a fait un *Centon virgilien* contre les moines.

Mantua-Carpetanorum, Madrid, Espagne. *Académie* de peinture, sculpture et architecture, 1753. *Académie* de belles-lettres grecques et latines, 1755. Le premier ouvrage imprimé à Madrid est de 1499 : il a pour titre : *Leyes hechas por el rey D. Fernando y da. Isabel, para la brevedad y orden de los pleytos*, in-fol. L'imprimerie fit des progrès plus rapides à Alcala, à Salamanque, à Séville, à Saragosse et à Valence, où elle avait été transplantée par les allemands. Elle tomba vers le milieu du 17e siècle, et se releva sous le règne de Charles III, qui abolit les priviléges exclusifs des imprimeurs et des libraires. Madrid est la patrie de Lopez de Vega.

Marpurgum, Marbourg, Allemagne. *Université*, 1526.

Massilia, Marseille, France, chef-lieu des Bouches-du-Rhône. *Académie* de belles-lettres, histoire et critique, 1726. *Académie* de peinture et sculpture, 1753. Marseille a donné le jour à Pithéas, astronome et géographe, le plus ancien de tous les gens de lettres qu'on ait vus en occident ; à Pétrone, au chevalier d'Arvieux, au père la Feuillée, à Jules Mascaron, à Charles Plumier, à Antoine de Ruffi, à Honoré d'Urfé, au Puget, etc., etc.

Matisco, Mâcon, France, chef-lieu de Saône-et-Loire.

Mediolanum, Milan, Italie. *Académie* appelée *société palatine*, 1718. *Typographie* : Philippe Lavagna, 1472. Les imprimeurs les plus anciens connus à Milan, sont Antoine Zarot, Christophe Valdarfer, Jean Bon, Dominique de Vespolate, Léonard Pachel, en société avec Ulric Scinzinzeler, etc. Milan est la patrie de Valère Maxime, du jurisconsulte Alciat, de Philippe Decius, professeur en droit ; d'Octavio Ferrari, antiquaire ; du cardinal Jean Moron ; des papes Alexandre II, Urbain III, Célestin IV, Pie IV et Grégoire XIV.

Melodunum, Melun, France, chef-lieu de Seine-et-Marne.

Messana, Messine, Sicile. *Université* en faveur des jésuites, 1548. *Typographie* : Henri Alding, 1470. Cette ville est la patrie d'Antoine de Messine, peintre, à qui van Eyk de Bruges, confia le secret de la peinture à l'huile. Le Bellin ayant arraché, par stratagème, ce secret à de Messine, la peinture à l'huile fut bientôt connue de tous les peintres.

Metæ, Metz, France, chef lieu de la Mozelle. *Société* pour les sciences et arts, 1760. *Typographie* : Adam Rot y imprima depuis 1471 jusqu'en 1475. On prétend que c'est lui qui introduisit dans l'imprimerie l'usage des diphtongues. Metz a produit les Ancillon, les Duchat, les Ferri et les Foés.

Mexicum, Mexico, Amérique septentrionale. *Université*, 1551.

Mimate, Mende, France, chef-lieu de la Lozère.

Moguntia, Mayence, France, chef-lieu du Mont-Tonnerre. (*Vide* TYPOGRAPHIE, GUTTEMBERG, FUST, SCHOEFFER.) *Université*, 1482. Dès le 11ᵉ siècle, cette ville eut une école fameuse sous Raban-Maur, etc. Les principaux imprimeurs du 15ᵉ siècle établis à Mayence, après ceux que nous venons de citer, sont Errhard Rewinch, Jean de Meydembach, etc.

Molinæ, Moulins, France, chef-lieu de l'Allier.

Monochium, Munich, Allemagne. *Académie* électorale pour les sciences et pour l'Histoire de Bavière, 1760.

Mons-Albanus, Montauban, France. *Académie* de belles-lettres, 1730, confirmée en 1744. C'est la patrie de Dubelloy, auteur de l'apologie catholique en 1585.

Mons-Brisonis, Montbrison, France, chef-lieu de la Loire.

Mons-Hannoniæ, Mons, France, chef-lieu de Jemmapes.

Mons-Monachorum, lieu situé près de Bamberg. *Typographie* : Jean Sensenschmid, 1481.

Mons-Pessulanus, Montpellier, France. *Société* qui faisait corps avec l'académie des sciences de Paris, 1706. *Université* : 1289. Plusieurs auteurs prétendent que cette université avait été fondée en 1196 par des disciples d'Averroës et d'Avicenne, ou plutôt par des médecins juifs ou leurs disciples. Montpellier est la patrie des jurisconsultes Rebuffe, Despeisses et Bornier ; de Rondelet, de Pierre Sylvain Regis, de Michel le Faucheur, de François de la Peyronie, etc., etc.

Mons-Regius ou *Regiomons*, Konigsberg, Prusse. *Université*, 1544.

Mons-Regalis, Mont-Réal ou Mont-Royal, Sicile. *Typographie* : Dominique de Nivaldis, 1481. N'est-ce pas dans cette même ville qu'imprimait, en 1472, un nommé Balthazard Corderius ?

Moscua, Moskou, Russie. *Université*, 1755. *Typographie*, Ivan Fedor, diacre, et Pierre Timoféew Mstislavzow, 1563. L'*Apostol* ou Actes et Epîtres des Apôtres, ouvrage extrêmement rare, est le premier livre imprimé à Moscow. L'impression en a été terminée par les deux ouvriers que nous venons de citer, le premier de mars de l'an du monde 7072, c'est-à-dire, 1564. On n'en connait qu'un exemplaire trouvé par un soldat, qui le remit en 1730 à l'académie des sciences de Saint-Pétersbourg.

Mussipontum, Pont-à-Mousson, France. *Université*, 1573 ; transférée à Nancy en 1770.

Mutina, Modène, Italie. *Université*, 1773. *Typographie* : Dominique Rochociola, 1482. Modène est la Patrie des Falloppe, des Sadolet, des Sigonius, des Castelvetro, des Molsa, des Tassone, etc.

N.

Namurcum, Namur, France, chef-lieu de Sambre-et-Meuse.

Nanceium, Nancy, France, chef-lieu de la Meurthe. *Académie* des sciences et belles-lettres, 1750. L'*université* de Pont-à-Mousson, fondée en 1573, est transférée dans cette ville en 1770. Nancy est la patrie de Louis Maimbourg, historien-romancier.

Neapolis, Naples, Italie. *Université*, 1230 à-peu-près. *Typographie* : Sixtus Riessenger, Reissenger ou Ruesinger, 1471. Les autres imprimeurs de cette ville, au 15ᵉ siècle, sont Mathias Moravus, Arnold de Bruxelles, Berthold Rying, de Strasbourg, Aiolfo de Cantono, etc. Naples a été la patrie de Velléius Paterculus, né l'an de Rome 735; son histoire est très-estimée; elle a été publiée pour la première fois chez les modernes, en 1520, par Rhénanus. Naples a aussi donné le jour à Stace, qui florissait sous Domitien, à Junianus Majus, qui vivait dans le 15ᵉ siècle, à Jacques Sannazar, excellent poëte, à Jean-Baptiste Marini, à Jean-Alphonse Borelli, à Jean-Vincent Gravina, à Salvator-Rosa, peintre, au Bernin, architecte et sculpteur, au Pergoleze, célèbre musicien.

Nemausus, Nismes, France, chef-lieu du Gard. *Académie* littéraire, 1682, renouvellée en 1752 sous le titre d'académie des belles-lettres, antiquités et histoire. Cette ville a donné le jour à Domitius Afer, orateur sous Tibère; à Jacques Brousson, célèbre avocat, rompu vif pour cause de religion, en 1698; à l'abbé Cassaigne, à Jean-Baptiste Cotelier, à Jean Nicot, qui, le premier, introduisit le tabac en France en 1559, à Samuel Petit, à Jacques Saurin, etc.

Nicea, Nice, France, chef-lieu des Alpes-Maritimes.

Nidrosia, Drontheim, Norvège. Il y a dans cette ville une société royale des sciences qui s'occupe surtout de l'histoire naturelle, et qui publie des mémoires intéressans.

Niortum, Niort, France, chef-lieu des Deux-Sèvres. Patrie d'Isaac de Beausobre.

Nivernum, Nevers, France, chef-lieu de la Nièvre.

Norimberga, Nuremberg, Allemagne, cap. de la Franconie. *Académie* de peinture et belle bibliothèque. On y avait établi, en 1752, une *société cosmographique* pour la perfection de l'astronomie et de la géographie, mais elle ne subsiste plus. Cette ville a donné le jour à Jean Cochléus, théologien catholique, au médecin Jean Camerarius, et à Albert Durer. *Typographie* : Antoine Koburger, 1472. Les autres imprimeurs de cette ville, au 15ᵉ siècle, sont Frédéric Creusner, André Frisner, André Rumelius ou Jean Sensenschmid, Henri Kefer, Conrad Zeninger, etc. Quelques auteurs prétendent que Muller de Konigsberg a imprimé à Nuremberg en 1471. Les savans sortis de Nuremberg sont Basile Besler, botaniste; Joachim Camerarius, médecin et botaniste; Jean Crellius, Jérémie Hoelztin, Luc Osiander, Jean-Chrisostome Wagenseil, D. Michel Walther, etc.

O.

Olysippo ou *Ulisippo* Lisbonne, Portugal. *Académie* pour l'histoire de Portugal, 1721. Elle fut principalement formée de la plupart des membres d'une académie des anonymes commencée dans cette ville en 1717. *Université*, 1290; elle a été ensuite transférée à Coimbre. La reine de Portugal a fondé une *académie* des sciences aussitôt après son avénement au trône. En 1799 on établit une *académie* de géographie. On trouve encore à Lisbonne le *collège* des nobles, fondé en 1761; *l'académie* royale des gardes de la marine, fondée en 1782; *l'académie* royale de marine fondée en 1779, et *l'académie* royale des fortifications, fondée en 1790.

Onate ou *Ognate*, Espagne. *Université*, 1543.

Ovietum, Oviedo, Espagne. *Université*, 1536.

Oxonium, Oxford, Angleterre. *Université*, 895 à-peu-près;

Typographie, 1468. Cette ville est célèbre par son théâtre scheldonien et par son *Museum Ashmoleanum*; elle a donné le jour à Vood, à Chillingwort, à Fell, à Gale, à Hariot, à Hody, à Lydiat, à Owen, à Pocock, au comte de Rochester, etc., etc.

P.

Paderborna, Paderborn, Allemagne, Westphalie. *Université*, 1592.

Palencia, Palencia, Espagne. *Université*, 1200 : c'est la première université d'Espagne; elle fut transportée à Salamanque en 1404.

Palum, Pau, France, chef-lieu des Basses-Pyrénées. *Académie* des sciences et beaux-arts, 1720. Cette ville a donné naissance à Henri IV, le 13 décembre 1553.

Panormum ou *Panormus*, Palerme, Sicile.

Papia ou *Ticinum*, Pavie, Italie. *Université*, 1361. Charlemagne y avait érigé une école en 800, mais elle était tombée. *Typographie* : Martinus de la Valle, 1488 : on y imprimait avant cette date. Pavie a vu naître Boëce, le pape Jean XVIII, Jérome Cardan, Lanfranc, Menochius, Guidi, etc.

Parisii, Paris, France. *Académie*, assemblée particulière, ou société de physique et mathématiques, composée de savans, tels que Descartes, Gassendi, Roberval, Pascal père et fils, Fermat, Bachet, Desargues, etc. Les anglais Hobbes, Oldenbourg, Boyle, le danois Stenon, etc., s'assemblaient chez le père Mersenne, savant minime, en 1640. Après les assemblées du père Mersenne, il s'en tint chez Montmor, et ensuite chez Thevenot. *Académie d'architecture*, 1671, confirmée en 1717. *Académie de chirurgie*, 1731, confirmée en 1748. *Académie des inscriptions et belles-lettres*, 1663; elle a eu un réglement en 1701, et des lettres-patentes en 1713, on y a fait quelques changemens en 1716. *Académie française*, 1635 : son Dictionnaire parut en 1694. *Académie de musique* ou l'opéra, 1669. On pourrait en reporter la fondation à 1645, sous Mazarin. *Académie de peinture* et *sculpture*, 1648 ; dès 1391 on avait établi à Paris une académie de S. Luc pour la peinture. *Académie* des sciences 1666, renouvellée et affermie en 1699. Toutes ces académies ont été supprimées par un décret du 8 août 1793. *Université*, elle date, pour ainsi dire, du commencement du 9ᵉ siècle, sous Charlemagne qui, voulant rétablir l'étude des sciences que l'irruption des barbares du nord avait ruinées en occident, choisit Alcuin à cet effet ; il établit dans son palais une école où se formèrent divers savans ; les maîtres de cette école se succédant les uns aux autres donnèrent lieu à ce que l'on appela ensuite *université* de Paris. Au commencement du 12ᵉ siècle, elle se forma en compagnie, eut des lois et fut partagée en provinces ou nations. Charlemagne avait obligé les évêques à former d'habiles ecclésiastiques, et les moines à avoir des études réglées, à copier et à revoir les anciens manuscrits, mais les guerres et les irruptions des normands, sous les petits-fils de Charlemagne dérangèrent les études et introduisirent de nouveau la barbarie dont on ne sortit qu'au 15ᵉ siècle. L'*université* de Paris est la plus ancienne que l'on connaisse. *Typographie* : Ulric Gering, Martin Crantz et Michel Friburger, 1470 (1). Les

---

(1) Nous possédons à la bibliothèque de la Haute-Saône un *Sophologium Jacobi magni*, bel exemplaire en papier très-fort, petit in-folio ou grand in-4 : il renferme vingt-deux cahiers de vingt pages chacun. Le caractère est très-beau. La souscription est ainsi conçue : *Anno Domini mille. cccc. lxxv die prima mensis junii. Impressum fuit istud sophologium Parisiis per Martinum Crantz. Vdalricum Gering, et Michaelem Friburger.* Ce volume n'a ni signatures, ni réclames, ni chiffres au haut des pages.

principaux imprimeurs de Paris, au 15ᵉ siècle, outre les trois que nous citons, sont Pierre César et Jean Stol, Antoine Verard, Le Noir, Marchant, Gerard Mercator, Godefroi de Marnef, Pierre Le Caron, Pierre Cesaris, Aspais Bonhomme, Jean Bélin, etc.

Parma, Parme, Italie. *Académie* des *innominati*, 1450; le Tasse en était. *Académie* des *Schetti*, 1672, *Université*, 1599. *Typographie* : André Portilia, 1473 Les autres imprimeurs du 15 siècle, à Parme, sont Etienne Corallus, Deiphœbus de Oliveriis, Angelo Ugoleto; etc. Les hommes célèbres de Parme sont Cassius, qui conspira contre César, et chez les modernes, Enée Vic, antiquaire, et les poëtes Torelli, Rossi, Ravasini, Frugoni, etc.

Patavium, Padoue, Italie. *Académie* des *infiammati*, *Université*, 1179. *Typographie* : Barthelemi de Valde-Zochio et Martin des Septarbres, 1472. Les autres imprimeurs de cette ville, au 15 siècle, sont Albert de Stendael, Jean Herbort, Pierre Maufer, etc. Padoue est la patrie de Tite-Live, d'Asconius Pedianus, du M. de Poleni, de Jacques Dandus, de Jacques Alvaro, de Marc Benavidius, de Speroni, de la fameuse Isabelle Adreini, l'une des plus belles, des plus spirituelles et des meilleures comédiennes de l'Italie.

Perusia, Pérouse, Italie. *Académie* des *insensati*, 1561; Sannazar, Le Tasse, Marini, etc. en étaient. *Université*, 1307. *Typographie*: Stephanus Arns, alemanus, 1481. Perouse est la patrie de Balde, jurisconsute, disciple de Barthole; des Dante, de la famille des Rainaldi, de Jean-Paul Lancelot, etc.

Petrocorium, Perigueux, France, chef-lieu de la Dordogne. C'est la patrie d'Aymar Ranconnet, savant à qui Cujas dédia un de ses ouvrages. La famille de ce Ranconnet fut très malheureuse; enfermé à la bastille, il se donna la mort à 60 aus, sa fille mourut sur un fumier, son fils fut exécuté à mort, et sa femme périt d'un coup de foudre.

Petropolis, Saint-Pétersbourg, Russie. Cette ville a été

bâtie dans l'Ingrie, par Pierre-le-Grand en 1703. *Académie des sciences*, 1724. Ses séances commencèrent en 1747. *Université*, 1724. Il existe à Saint-Pétersbourg une société économique, etc.

Pictavium, Poitiers, France, chef-lieu de la Vienne. *Université*, 1431. *Typographie*, 1479. Poitiers a donné le jour à S. Hilaire au 4ᵉ siècle, à Berenger, disciple d'Abailard, à Guillaume Aubert, du 16ᵉ siècle, à Gilles Fillau des billettes, à Philippe-Goibaut Dubois, a Jean Bouchet, à Augustin Nadal, à Jean de la Quintinie, à Catherine Desroches et à sa fille, poëtes, etc.

Pisa, Pise, Italie. *Université*, 1472. *Typographie* : Laurentius et Agnolus, Florentins, 1484. Pise est la patrie du pape Eugene III, disciple de S. Bernard, de Laurent Berti, de Brogiani, anatomiste, du docteur Gatti, du docteur Vannuchi, etc.

Piscia, Pescia, Italie. *Typographie*, 1486.

Placentia, Plaisance, Italie. *Typographie*, 1475, Jacob de Thicla y imprimait en 1483. Plaisance est la patrie de Raphaël Furgose, du pape Grégoire X, du cardinal Alberoni, de Laurent Valla, de Ferrante Pallavicino, de Paul Casati, etc.

Podium, Le Puy, France, chef-lieu de la Haute-Loire.

Pollianum rus, Campagne près Véronne, Italie. *Typographie* : Innocent Zilet, 1476.

Pompelon, Pampelune, Espagne. *Université*, 1608.

Pons-Œni, Inspruck, Allemagne, Tyrol. *Université*, 1677, supprimée en 1782.

Praga, Prague, Allemagne. *Université*, 1348. La bibliothèque de cette université contient à-peu-près 100,000 volumes, et possède un fonds annuel de 3,000 florins, qui est même augmenté quelquefois par la chancellerie, et qu'on emploie à acheter les ouvrages nouveaux, sans avoir égard à *l'Index librorum prohibitorum*. On vient d'établir à Prague une *académie* des arts. La plupart des membres ont fourni d'excellens tableaux et d'autres objets précieux et intéressans pour l'ornement des salles destinées à leurs travaux.

Privatum, Privas, France, chef-lieu de l'Ardèche.

Promentour, *typographie* : Louis Guerbin, 1482. J'ignore où est situé ce Promentour, dont parle Laire dans son *Index Librorum*, etc. Voici le titre de l'ouvrage où il est question de cet endroit : *Le Doctrinal de sapience par Guy de Roye*, imprimé à *Promentour* par maitre Loys Guerbin, 1483, le ij jour d'août. *Deo gratias amen*, in-fol., mar. rouge. (voyez l'ouvrage de Laire, tome 2, page 61.)

Provinum, Provins, France. Typographie : Guillaume Tavernier, 1496. Cette ville est la patrie d'un nommé Guiot, moine bénédictin au 12e siècle; il a composé un roman qu'il a intitulé *la Bible-Guiot*, qui n'a jamais été imprimée, mais dont on a des manuscrits ; l'auteur nomma ce roman *Bible* parce qu'il disait qu'il ne renfermait que des vérités ; ce livre est une sanglante satyre dans laquelle le moine Guiot censure les vices de tout le monde, sans épargner les grands et les princes plus que le bas peuple. Nicolas Durand de Ville-Gagnon chevalier de Malte, était aussi de Provins.

Q.

Quitoa, Quito au Pérou, Amérique Méridionale. *Université*, 1586.

R.

Redones ou *Condate*, Rennes, France, chef lieu d'Ille-et-Vilaine. C'est la patrie du père Réné-Joseph Tournemine, jésuite ; de Gui-Alexis dom Lobineau, bénédictin, etc.

Regiomons, Konigsberg, Prusse. *Université*, 1544.

Regium Lepidi, Reggio, Italie. *Université*, 1752. *Typo-*

graphie : Prosper Odoard et Albert Mazali, 1481. On distingue encore parmi les imprimeurs du 15ᵉ siècle, à Reggio, Denis Berthocus, Barthelemy Bruschi ou Bottoni de Reggio, Antoine de Bacileriis, etc.

Remi, Reims, France. *Université*, 1548. C'est la patrie de François Lange, avocat, connu par le *Praticien français*, de Pierre Lalement, théologien ; de Nicolas Bergier, né en 1557, connu par l'*Histoire des grands chemins de l'empire romain* ; de Coquillard, poëte français ; de Simon Monipot, savant bénédictin ; de Henri de Monantheuil, mathématicien et médecin ; de Pierre Ressant et de Pierre-Antoine Oudinet, antiquaire ; de dom Thierry Ruinard, savant bénédictin, ami et disciple de Mabillon, etc.

Reutlinga, Reutlingen, Allemagne, Souabe. *Typographie* : Jean Averbach, 1469.

Roma, Rome, Italie. *Académie* des *lyncei* pour la physique, 1610 ; *académie* des *arcades*, dont les germes sont jetés par Christine en 1674 : elle s'établit en 1690. Cette ville avait déjà une académie florissante en 1453. *Académie* des *fantastici*, démembrée des *umoristi*, 1625. *Typographie* : Conrad Sweynheym et Arnold Pannartz, 1467. (*Voyez* PANNARTZ.) On compte encore parmi les imprimeurs de Rome au 15ᵉ siècle, Ulric Gallus, Simon-Nicolas de Luca, Adam Rot, Etienne Plannck de Padoue, Eucharius Argenteus, Eucharius Silber ou Franck, Jean Reynhard de Enyngen, Wendelinus de Willa, Ulric Han, etc., etc. On assure qu'il existe à Rome une Grammaire complette de la langue samscrite, par le père Paolino. La pénurie d'argent en a jusqu'ici retardé l'impression, qui sera d'autant plus exécutable, que l'on possède dans l'imprimerie de la congrégation de la propagande, des matrices très-bien conservées pour les caractères de cette langue.

Rostochium, Rostock, Allemagne. *Université*, 1419.

Roterodanum, Roterdam, Hollande. *Société* des missions,

établie en 1797. Le plan de cette société a été publié dans la gazette hollandaise d'Utrech de 1798, n.° 278.

Rhotomagus, *Rothomum* ou *Rodomum*, Rouen, France, chef-lieu de la Seine-inférieure. *Académie* des sciences, belles-lettres et arts, 1744. *Typographie* : Jean Lebourgeois, 1488 ; Noel de Harsy y imprimait aussi à peu près dans le même temps. Rouen est la patrie de Jacques Basnage, de Jean du Bosc, de Samuel Bochard, du père Brumoy ; de Brun Desmarets, de Louis Bulteau, de Jean-Louis Faucon de Ris, seigneur de Charleval, de François Timoléon de Choisi, de Pierre et de Thomas Corneille, de Daniel, l'historien ; de l'abbé Pierre-François Guyot Desfontaines, journaliste ; de Fontenelle, de Legendre, d'Alexandre le Noël, de Nicolas Lémery, célèbre pharmacien ; de Saint-Amand, de Pradon, de Raguenet, de Sanadon, de Letourneux, etc., etc.

Rubeus-Mons, prieuré de l'ordre de Clugny. *Typographie* : Wirczburg de Vach, religieux de ce couvent, 1481.

Rupella, la Rochelle, France. *Académie* des belles-lettres, 1732. C'est la patrie de Colomiès, du médecin Venette, de Tallement de Réaumur, de Desaguliers, de l'éloquent Dupaty, etc.

Rutheni, Rhodez. Voyez *Segodunum*.

S.

Sœna, Sienne, Italie. *Université*, 1387. *Typographie* : Sigismond Rot de Bitz, Henri de Cologne et Henri de Harlem, à peu près en 1490. Il vient de se former dans cette ville une société littéraire, sous le titre de *Academia italiana* : elle est divisée en quatre classes.

Sætobria, Sétubal, Portugal. *Académie* des occultés pour les problèmes, 1721 ; elle a subsisté jusqu'au tremblement de terre en 1755.

Salamantica , Salamanque, Espagne. *Université* très-célèbre , 1404 : elle avait été fondée à Palencia en 1200.

Salernum , Salerne, Italie. *Université*, 1230.

Salinæ , Salins , France. *Typographie* : Jean Desprez, Benoît Bigot et Claude Baudran , 1485. Salins est la patrie de Dolivet, célèbre grammairien.

Salisburgum , Saltzbourg , Allemagne , Bavière. *Université*, 1623.

Santones ou *Mediolanum Santonum*, Saintes ou Xaintes, France, chef-lieu de la Charente-inférieure. C'est la patrie de l'oratorien Amelotte et du prédicateur Dujarry.

Savona , Savone, Italie. *Typographie* : Jean Bon, 1474.

Scandianum , Scandiano , Italie. *Typographie* : Peregrinus Pasquali, 1494.

Segodunum , Rhodez, France, chef-lieu de l'Aveyron. C'est la patrie du jésuite Annat, auteur du Rabat-joie des Jansénistes, à qui Pascal adressa les deux dernières provinciales ; et de Ségui l'académicien.

Segontia , Siguenza, Espagne. *Université*, 1517.

Soncinum , Soncino , Italie. *Typographie* : 1488.

Sorow , ville de Danemarck. *Académie* pour l'éducation de la jeunesse, 1747. Le baron de Holberg a donné à cette académie, en 1750, deux terres en valeur de cent cinquante mille livres.

Sorten, monastère dont j'ignore la situation : on y imprimait en 1478.

Spira, Spire, en allemand *Speyer*, France, département du Mont-Tonnerre. *Typographie* : Conrad Historicus, 1446 (1) ; Pierre Drach , 1477. Spire a donné le jour au fameux Jean-

---

(1) Cette date est très-apocryphe, surtout d'après le silence de tous les bibliographes sur le *Speculum conscientiæ* qui la porte seul, et dont on ne connaît d'exemplaire que celui mentionné dans le Catalogue du baron de Hohendorf.

Joachim Becher, grand chimiste, mort à Londres en 1682, âgé de 37 ans.

Stocholmia, Stockolm, Suède. *Académie* des sciences établie, en 1739, par les soins du sénateur comte de Hocken et du célèbre Linnée : ses Mémoires sont imprimés in-8. *Académie* des belles-lettres, d'histoire et d'antiquités, fondée en 1753 par la reine Louise Ulrique. *Académie* royale suédoise, fondée en 1786 par Gustave III. *Académie* de peinture et sculpture fondée en 1735, et fondée de nouveau en 1773 par Gustave III. *Académie* de musique, fondée par le même roi en 1771. *Académie* militaire. *Museum regium*, etc. *Laboratorium mechanicum*, ou Cabinet de modèles, machines, etc. fondé en 1697 par M. Polhem. *Typographie* : le premier qui a porté l'imprimerie à Stockolm est un allemand nommé Jean Snell, qui a commencé par imprimer un *Dyalogus creaturarum moralysatus*, 1533, in-4. En 1594, on y établit une imprimerie royale. Il y a maintenant en tout à Stockolm douze imprimeries et une imprimerie de musique. On conserve, dit-on, à l'arsenal les habits ensanglantés dans lesquels Gustave-Adolphe et Charles XII furent tués, et ceux que portait Gustave III lorsqu'il fut assassiné au bal de l'opéra en 1792.

Sublacus, Sublac, Italie. (*Voyez* PANNARTZ.)

T.

Tamnum-Burgus, Bourg-en-Bresse, France, chef-lieu de l'Ain. C'est la patrie de Vaugelas et de M. de Lalande.

Taraco, Tarragonne, Espagne. *Université*, 1570.

Tarba, Tarbes, France, chef-lieu des Hautes-Pyrénées. C'est la patrie du frère Côme (Bascillac), fameux lithotomiste; de d'Aiteg, sculpteur; de Despourrins, chansonnier; Torné, mathématicien; de Corbin, etc.

Tarvisium, Trévise, Italie. *Typographie* : Gerard de Lisa ou Gerard Leeu, ou Gerard de Flandre, 1471. Les autres imprimeurs de cette ville, au 15ᵉ siècle, sont Barthol. Confalonerius de Salodio, Bernard de Cologne, Paul de Ferare et Denis de Bologne, Michel Manzolin de Parme, Bernardinus Celerius de Luere, etc.

Taurinum, Turin, Italie. *Académie*, 1675. *Université*, 1405. *Typographie* : Jean Fabri 1477. Franciscus Silva et Jacobinus de Suigo y ont aussi imprimé dans le 15ᵉ siècle.

Telo-Martius, Toulon, France, chef-lieu du Var. C'est la patrie de Cogolin, littérateur.

Ticinum, Pavie. (*Vide* PAPIA.)

Tigurum, Zurich, Suisse. C'est la patrie de Lavater et de Gessner.

Toletum, Tolède, Espagne. *Université*, 1475.

Tolosa - Palladia-tectosagum, Toulouse, France, chef-lieu de la Haute-Garonne. *Académie*, des sciences, inscriptions et belles-lettres, 1730, confirmée 1740. *Académie* de peinture et sculpture, 1751, c'était une société dès 1744. L'institution des jeux floraux remonte, dit-on, à 1323 ; Clémence Isaure fit ensuite une fondation à ce sujet ; et cette société a été érigée en académie en 1694.

Il ne faut point confondre cette *Toloza* avec une autre *Toloza*, qui signifie Toloze, petite ville de Biscaye à quinze lieues sud-ouest de Bayonne. Cette conformité du nom latin a fait donner dans l'erreur Prospère Marchand, Caille et Maittaire qui ont présenté des éditions comme venant de Toulouse, tandis qu'elles ont été imprimées à Toloze, ville d'où sont sortis la plupart des livres du 15ᵉ siècle, qui portent *Toloza* : ces livres sont presque tous écrits en langue espagnole.

Trajectum-ad-Mosam, Mastricht ou Maestricht, France, chef-lieu de la Meuse-Inférieure.

Trevi apud Ancones. Typographie, 1470.

Tricasses, Troyes. Voyez *Augustobona*.

Tridentum, Trente, Italie. *Typographie*, 1482.

Tubinga, Tubingen, Allemagne, Souabe. *Typographie*: Fréderic Meynberger, 1499. *Université*, 1477.

Turones ou *Cæsarodunum*, Tours, France, chef-lieu d'Indre-et-Loire. C'est la patrie de Bérenger, connu par ses disputes théologiques, de Néricault Destouches, de Grécourt, du jésuite Rapin, poëte, de Hardion, de Gabrielle d'Estrées, etc.

Tutela, Tulle, France, chef-lieu de la Corrèze.

Tzenna, monastère de l'ordre de Citeaux en Saxe. *Typographie*, 1492.

U.

Ulma, Ulm, Allemagne, Souabe. *Typographie* : Jean Zeyner de Reutlingen, 1473. Leonard Hol, Jean Reger de Kemnat y ont imprimé dans le 15e siècle.

Ultrajectum, Utrecth, Hollande. *Université* pour le droit, 1636.

Upsale, Upsal, Suède. *Société* des sciences, 1720. *Université*, 1477. Elle a été renouvellée en 1595 par le roi de Suède Charles IX. M. Kuttner, savant allemand, dans la relation de ses voyages en Allemagne, Danemarck, Suède et Norwège, qu'il vient de publier en 4 vol. in-8, dit qu'il a vu l'université d'Upsal dont la bibliothèque peut se monter à 52,000 volumes, parmi lesquels se trouve le *Codex argenteus*. Dans une des chambres de cette bibliothèque, ajoute M. Kuttner, on voit un grand coffre surmonté d'un autre plus petit, tous les deux fermés avec des chaînes et des verroux, et scellés. Ces deux coffres ont été donnés à l'université par Gustave III, avec ordre de ne les ouvrir que dans cinquante ans. On voit encore, dans ce même auteur, que le cabinet d'histoire naturelle du professeur Thunberg, qui est très-riche et complet, a été légué par le propriétaire à l'université d'Upsal, tandis que le fils de Linné a vendu la collection de son père à un anglais.

Ursius Sanctus, lieu près de Vicence, où Joannes de Reno a imprimé en 1475; Henricus Librarius en 1480; Denis Berthoc en 1481, et Jacobus Dusensis en 1482.

Ursa, Ossuna, Espagne. *Université*, 1549.

V.

Valentia, Valence, Espagne. *Université*, 1470. *Typographie*, 1475.

Valentia, Valence, chef-lieu de la Drôme. L'*université* de Grenoble, fondée en 1339, y est transférée en 1452 par Louis XI. Valence est la patrie de Laurent Joubert, médecin, auteur des *Erreurs populaires* ; de Baro, académicien, continuateur de l'*Astrée* de Durfé ; du jésuite Sautel, poëte, etc.

Vallis-Guidonis, Laval, France, chef-lieu de la Mayenne.

Valli-soletum, Valladolid, Espagne. *Académie*, pour l'histoire et la géographie, 1753.

Vapincum, Gap, France, chef-lieu des Hautes-Alpes.

Varactum, Guéret, France, chef-lieu de la Creuse. C'est la patrie de Varillas, historien très-fécond, et de Pardoux Duprat, jurisconsulte.

Varsovia, Varsovie, Pologne. *Académie* pour les langues, l'histoire et la chronologie, 1753.

Venetiæ, Venise, Italie. *Académie* des *incogniti*, 1660. *Typographie*: Jean de Spire, 1469. Les autres imprimeurs de cette ville au 15e siècle, sont Vendelin de Spire, Jean de Colonia, Christophe Valdarfer, Manthen de Gerethsem, Christophe Arnold, Nicolas Jenson, Alde Manuce, etc., On prétend que l'on vient de trouver à la bibliothèque de Saint-Marc une carte marine de Bianchi, faite avant la découverte d'Améric Vespuce, et sur laquelle sont indiquées les Antilles. Cette carte, qui prouve que les européens avaient connaissance de l'Amérique avant la fin du

15e siècle, sera publiée par le savant bibliothécaire Morelli, à qui l'on doit le beau Catalogue de la fameuse collection du libraire Pinelli. M. Peuchet dit qu'il y a trente imprimeries à Venise, et que le commerce de la librairie de cette ville est considérablement accru et s'accroît encore tous les jours depuis qu'il s'est étendu en Espagne. On fabrique les papiers dans le territoire de Brescia : les foules sont sur l'Oglio et d'autres rivières qui fertilisent ce beau pays.

Verona, Vérone, Italie. *Académie* des *aletofili*, 1702; des *filarmonici*, etc. Cette ville a donné le jour à Catulle, à Vitruve, à Pline l'ancien, à Fracastor, à l'historien Paul Émile, au cardinal Noris, à Onuphre, à Paul Véronèse, à Fran. Bianchi, à Scipion Maffei, etc. La *typographie* a été exercée à Véronne en 1472 *per Johannem, ex Verona, Nicolai Cyrurgie Medici filium*. On y imprimait déjà en 1470.

Versaliæ, Versailles, France, chef-lieu de Seine-et-Oise.

Vesontio Besançon. Voyez *Bisuntium*.

Vesulium, Vesoul, France, chef-lieu de la Haute-Saône. C'est la patrie de Joseph Beauchamp, astronome, mort à Nice, le 19 novembre 1801. On peut consulter sur ses travaux importans, le *Journal des Savans* de 1784, de 1785, de 1787, de 1790 ; les *Mémoires de l'académie des sciences* de 1787, le *Journal du baron de Zach*, les *Mémoires sur diverses antiquités de la Perse*, etc., par M. Silvestre de Sacy, etc., et la *Notice biographique* que le citoyen Lalande a insérée dans le moniteur : il la finit ainsi : « le premier consul devançait le retour de Beauchamp (prisonnier d'état à Constantinople), en le nommant commissaire général des relations commerciales à Lisbonne : Beauchamp apprit cette nomination avant sa mort. Il est peu d'hommes qui aient si bien employé le court espace de la vie : il avait tous les genres de mérite et de savoir. Jamais astronome n'a eu tant de peines pour ses observations. La chaleur accablante de Bagdad le réduisait quelquefois à une espèce d'anéantissement ; ses voyages, toujours pénibles et dangereux, lui causaient toujours des maladies ; enfin, il est mort victime de son zèle, augmentant le martyrologe, déjà nombreux, de l'astronomie. » (*Lalande.*) Vesoul a, en outre, donné le jour à Jean Bâlin, médecin et littérateur ; à François Demongenet, médecin et habile mathématicien, à qui l'on doit deux globes estimés dont parle Gollut ; à Claude Renaudot, auteur des *Révolutions des empires*, 2 vol. in-12, et de l'arbre chronologique de l'histoire universelle, qui lui a valu, de la part du duc de Berry, 1200 liv. de gratification ; à François Rousselet, médecin, auteur de la *Chrysographie* ou *Traité de la vertu de l'or*; à Jean Ferrière, avocat ; à Charles Sonnet ; à Jacques Durand ; au père Chappuis, jésuite ; à Remond Besard, etc., etc.

Vicentia, Vicence, Italie. *Typographie* : Hermann de Lévilapis, 1476 ; mais on y imprimait au moins en 1474. Denis Berthoch, Herman Lichtenstein de Cologne, Jean de Rheno, etc., etc.

Vienna Delphinatûs, Vienne en Dauphiné, France. *Typographie* : Pierre Schenck, 1484. Je crois que Debure est dans l'erreur, quand, dans sa table des éditions du 15e siècle, il place l'*Abusé en court* comme imprimé par Schenck, à Vienne en Autriche ; Laire dit positivement : *Petrus Schenck imprimebat* L'ABUSÉ EN COURT, *Viennæ Delphinatûs, anno* 1484. Vienne est la patrie du dominicain Hugues de Saint-Cher, qui publia, dans le 13e siècle, la première *Concordance de la Bible* ; de Boissat, historien ; de Chorier, l'auteur du *J. Meursius* ; de Lériget de Lafaye, académicien, et de l'abbé d'Artigny. C'est à Vienne que fut prononcée, le 22 mars 1311, la suppression de l'ordre militaire des Templiers, établi en 1118. Molay, le grand-maître, fut brûlé le 11 mars 1314.

Villafranca, Villefranche, France. *Société* littéraire, 1667, érigée en académie des sciences et des beaux-arts en 1695. Villefranche a donné le jour au maréchal de Belle-isle, à Daudiguier, à Pechmeja, etc.

Vilna, Wilna, Pologne. *Université*, 1579.

Vindinum, *Cenomanum* ou *Subdinnum*, le Mans, chef-lieu de la Sarthe. C'est la patrie de Nicolas Denisot, peintre et poëte; de Tahureau, de Geoffroy Boussard, de Bréard, de Lacroix-Dumaine, de Jacques Lepelletier, du pere Mersenne, de Bernard Lamy, de Cureau de la Chambre, du comte de Tressan, de Coeffeteau, etc.

Vindobona ou *Vienna*, Vienne en Autriche. *Académie* ou école des langues orientales, 1754. *Université*, 1237; renouvellée en 1365.

Viqueria. On ignore quel endroit de l'Italie est désigné par ce mot, qui se trouve dans la souscription de l'*Alexandri de Immola postillæ ad Bartholum*, 1486, in-fol.

Virmaranum, Guimaraens, Portugal. *Académie* littéraire, 1724.

Vittemberga ou *Vittebarea*, Vittemberg, Allemagne, Haute-Saxe. *Université*, 1502.

Vratislavia, Breslaw, Allemagne. *Université*, 1702. Il y avait un *collége* illustre dès 1505.

Z.

Zamoscium, Zamoski, Pologne. *Université*, 1589.

Zuvolla, Zwol, Hollande. *Typographie*, 1479.

CORRECTIONS PRINCIPALES
ET ADDITIONS POUR L'OUVRAGE ENTIER (1).

T O M E I.er

Pag. lig.

viij 7 chefs-d'œuvres *lisez* chefs-d'œuvre

xi 15 *Supprimez la phrase suivante :* 2.° à l'article SIÈCLES LITTÉRAIRES qui donne un aperçu rapide de ceux d'Alexandre, d'Auguste, de Léon X et de Louis XIV. *Cet article a été réuni à celui* PHILOSOPHIE.

xv 5 inquons *lisez* indiquons

xvij 4 pères mineurs *lisez* frères mineurs

28 25 Bandelot, *lisez* Baudelot

49 10 don Calmet *lisez* don Calmet et Jacques Lelong

55 21 l'un et l'autre *lisez* l'une et l'autre

59 31 donné *lisez* donnée

95 13 il y plusieurs *lisez* il y a plusieurs

106 20 *Après* vélin *ajoutez :* on le nomme *codex argenteus.*

116 Avant l'article BROCARIO on devait placer BRINDLEY, imprimeur anglais : il est question de lui à l'article *Londinum* de la NOTICE GÉOGRAPHIQUE, ainsi que des célèbres FOULIS à l'article *Glascua* de la même notice.

117 17 bibliographie *lisez* biographie.

---

(1) L'*errata* qui se trouve en tête du premier volume a été fait si précipitamment, qu'il est incomplet, et même qu'il s'y est glissé une erreur dans quelques exemplaires : la ligne qui commence par *idem* et qui est la dernière de l'errata dans les exemplaires fautifs, doit se trouver l'avant-dernière, c'est-à-dire, être placée entre les numéros 404 et 452. Au reste cet *errata* se retrouve ici en entier.

Pag. lig.

132 22 *Après* 3 vol. in-8, *ajoutez* en société avec feu l'abbé Duclos. Un 4ᵉ volume vient de paraitre chez Delalain fils.

141 30 à mot *lisez* à ce mot.

186 Avant l'article CONTRE-FAÇON, devait se trouver l'article COMMELIN : on parle de cet imprimeur au mot *Heidelberga* de la NOTICE GÉOGRAPHIQUE.

186 24 ont *lisez* on.

223 17 bibliographe *lisez* bibliographique

233 18 *Après* le nom de *ajoutez* docteur utile à Nicolas de Lyra.

244 16 1718, in-12 *lisez* 1718, in-8

247 28 il rapproche *lisez* il rapporte.

251 27 *O mirificam !* lisez *O ! mirificam,*

281 9 1734 *lisez* 1730

ibid 10 1788 *lisez* 1787

ibid 16 36 *lisez* 51

330 22 *Prodomus* lisez *Prodromus*

332 5 Schoffer *lisez* Schoeffer

345 26 *fountaine* lisez *Fountaine*

ibid 34 après en possède un *ajoutez* relié en 3 vol.

369 On trouve dans la note de cette page la définition de l'*écriture onciale*. Nous donnons dans la note de la page 394 du 2.ᵉ volume l'étymologie du mot *onciale*.

574 4 *Après* très-rares, *mettez en note les lignes suivantes* : Dans ces temps, il y avait très-peu de particuliers qui possédassent des livres : des monastères mêmes assez considérables n'avaient qu'un Missel. Loup, abbé de Ferrières, rapporte Muratori, conjure le pape, dans une lettre écrite en 855, de lui prêter une copie du livre de l'*Orateur de Ciceron* et des *Institutions*

Pag. lig.

> *de Quintilien.* Car, dit-il, quoique nous en ayons quelques fragmens, cependant on n'en trouverait pas un exemplaire complet dans toute la France. Muratori ajoute, dans un autre endroit, que lorsqu'un particulier faisait présent d'un livre à une église ou à un monastère (seuls lieux où il y eut des bibliothèques pendant ces siècles d'ignorance), le donateur venait lui-même l'offrir à l'autel au milieu de la pompe des cérémonies religieuses. (MURATORI *Antiquitates Italicæ medii ævi*, 1738—43, 6 vol. in-fol. Cet auteur a composé 46 vol. in-fol., 34 in-4, 13 in-8, et plusieurs in-12.)

378 31 *Après* bouquinistes *ajoutez :* On y consomme tous les ans, pour l'impression seulement, deux cent vingt-huit mille rames de papier, à peu près.

386 3 *Après* plus de cent *ajoutez :* l'Histoire des troubles des Pays-bas, par Vander Vinkt, n'a été tirée qu'à six exemplaires. Il en a paru une traduction allemande à Zurich, 1793, 3 volumes in-8. Un autre ouvrage encore très-rare est l'*Essai portatif de Bibliographie* de M. François-Ignace Fournier, jeune homme de dix-huit ans, 1796, 1 vol. petit in-8, qui renferme treize à quatorze mille articles de livres anciens et modernes, rares, singuliers et recherchés. Cet ouvrage n'a été tiré qu'à vingt-cinq exemplaires que l'auteur s'est réservés, et qui seraient sans doute portés à un prix très-haut, s'ils étaient exposés dans une vente. L'auteur a déjà plusieurs fois refusé 300 liv. d'un seul exemplaire. A la fin du volume, on trouve un Catalogue complet des ouvrages imprimés par les Aldes, les Elzéviers, les Barbou, les Bodoni, les Didot et autres, ainsi

Pag. lig.

qu'une notice complette des *Variorum*, *Ad usum*, etc., etc., etc.

386 6 *Helvetius*, lisez *Hevelius* ou *Hevelke*.

397 5 *Après* à Paris *ajoutez* : les exemplaires ne sont plus aussi rares maintenant. On vient de retrouver les planches de cet ouvrage (gravées en bois) dans la bibliothèque impériale, et on en a tiré des épreuves. En 1784, l'exemplaire de Paris, dont nous venons de parler, a été vendu chez le duc de la Vallière 1000 livres.

404 16 et 17 cette condition *lisez* ce 9.ᵉ volume

ibid 20 1797 et années suiv. 10 vol. in-4, *lisez* 1801

444 9 *Après* Briséïs *ajoutez* : c'est en 1656 que fut trouvé ce bouclier appelé improprement *bouclier de Scipion* : il est au cabinet des antiques, ainsi qu'un autre bouclier, dit *bouclier d'Annibal*, déterré par un laboureur en 1714 dans le ci-devant Dauphiné. Ces deux boucliers sont à peu près de même poids et de même grandeur (43 marcs et 27 pouces de diamètre).

452 9 Supprimez *anno* 1486.

Tome II.

7 9 OKYGRAPHIE. Cet article tout entier doit être reporté deux pages plus haut, entre les articles OBÈLE et OPISTOGRAPHIE.

9 16 pourra *lisez* pourrait

35 30 branches *lisez* tranches.

121 8 *Après* précieux, *ajoutez ce qui suit* : On assure que l'on sauva des mains d'un chaudronnier cinquante planches en cuivre gravées par Abraham Bosse, qui sont le restant d'un très-grand nombre sur lesquelles étaient gravées des plantes rares, dont quelques-unes n'ont pas été vues depuis : ces belles

Pag.	lig.	
		gravures forment un volume in-folio. On raconte encore que le chevalier Robert Cotton, étant allé chez un tailleur, le trouva qui allait faire des mesures avec la grande charte d'Angleterre, en original, avec tous les seings et tous les sceaux. Il eut pour quatre sous cette rare pièce que l'on croyait détruite depuis long-temps.
184	4 et 5	1470, dans les éditions du 15ᵉ siècle. Le mode des signatures varie. *lisez* 1470. Dans les éditions du 15ᵉ siècle, le mode des signatures varie.
213	4	*Après* cabinet des antiques, *mettez en note ce qui suit :* Bonaparte a enrichi ce cabinet, le 6 messidor an 10, de deux monumens égyptiens précieux ; l'un est un beau torse de statue de pierre cornéenne, appelée basalte par les antiquaires ; et l'autre est un fragment considérable de papyrus avec plusieurs colonnes d'écriture égyptienne-cursive, au-dessus desquelles se trouvent des figures peintes. Ce monument, dont l'écriture et la couleur des figures sont bien conservées, a été gravé par le citoyen Denon, et fait partie de son important ouvrage sur l'Egypte.

Nota. On se proposait, pour faciliter les recherches dans le dictionnaire bibliologique, de le terminer par trois tables : l'une des noms propres, l'autre des matières et la troisième des ouvrages cités ; mais, comme ces trois tables seraient d'une très-grande étendue (1), il est impossible de les ajouter à la fin du second volume, et l'on ne croit pas

---

(1) Il y a à peu près huit à dix mille noms propres, trois à quatre mille sujets différens, et douze à quinze cents ouvrages cités.

devoir en consacrer un troisième à ce seul objet. Nous préviendrons seulement le lecteur que, dans un Dictionnaire raisonné, on ne peut pas entrer dans tous les petits détails d'une nomenclature minutieuse qui n'appartient qu'aux lexiques proprement dits. Aussi n'avons-nous point fait d'articles particuliers pour beaucoup d'objets accessoires qui sont fondus dans les articles généraux. C'est ainsi que ce qui regarde la *presse*, le *mécanisme* et l'*histoire de l'imprimerie* se trouve à l'article TYPOGRAPHIE. Ce qui regarde les signes de ponctuation sous le rapport typographique, tels que *parenthèse*, *accolade*, *paragraphe*, etc., se trouve à l'article ORTHOGRAPHE. Ce qui regarde les bronzes, etc., se trouve à l'article MÉDAILLES, etc., etc. Nous prions donc le lecteur de ne point juger notre travail sur la simple série alphabétique des mots qui sont en tête des articles, parce qu'alors il pourrait nous accuser de quelques omissions. Mais lorsqu'il aura parcouru notre livre, surtout le petit supplément qui suit le discours préliminaire et le supplément de l'ouvrage entier qui précède la notice géographique, nous osons croire qu'il rendra justice à nos efforts et à l'attention que nous avons eue de ne rien omettre d'essentiel; et, tout en pardonnant à quelques fautes, peut-être inséparables d'un travail qui embrasse tant d'objets, il se convaincra qu'il serait difficile de réunir dans un aussi petit espace plus de détails sur la bibliologie. Enfin, nous avons tâché de faire un ouvrage utile à ceux qui débutent dans la carrière bibliographique; trop heureux si nous sommes parvenus à leur applanir les premières difficultés et à leur éviter des recherches souvent pénibles.

F I N.

www.ingramcontent.com/pod-product-compliance
Lightning Source LLC
Chambersburg PA
CBHW072125220426
43664CB00013B/2127